Accounting Classics

U0873760

# 银行会计

Bank Accounting

21世纪会计系列教材

Accounting Classics

贾建军 编著

中国人民大学出版社
·北京·

**图书在版编目（CIP）数据**

银行会计/贾建军编著．—北京：中国人民大学出版社，2013.9
（21世纪会计系列教材）
ISBN 978-7-300-17676-5

Ⅰ.①银… Ⅱ.①贾… Ⅲ.①银行会议 Ⅳ.①F830.42

中国版本图书馆CIP数据核字（2013）第214790号

21世纪会计系列教材
**银行会计**
贾建军　编著
Yinhang Kuaiji

| | | | |
|---|---|---|---|
| **出版发行** | 中国人民大学出版社 | | |
| **社　址** | 北京中关村大街31号 | **邮政编码** | 100080 |
| **电　话** | 010－62511242（总编室） | | 010－62511770（质管部） |
| | 010－82501766（邮购部） | | 010－62514148（门市部） |
| | 010－62515195（发行公司） | | 010－62515275（盗版举报） |
| **网　址** | http://www.crup.com.cn | | |
| | http://www.ttrnet.com(人大教研网) | | |
| **经　销** | 新华书店 | | |
| **印　刷** | 北京七色印务有限公司 | | |
| **规　格** | 185 mm×260 mm　16开本 | **版　次** | 2014年12月第1版 |
| **印　张** | 20 插页1 | **印　次** | 2014年12月第1次印刷 |
| **字　数** | 456 000 | **定　价** | 36.00元 |

# 前　言

银行是国民经济体系的中枢系统，担负着经济运转中资金清算和货币流通的重要职能。银行主要包括中央银行、商业银行和政策性银行，本书主要介绍商业银行会计业务的处理。商业银行自身的会计核算体系是对商业银行经营和业务的重要监督和保障，也是商业银行对外提供客观和可靠信息的基础。商业银行会计核算与一般工商业企业会计核算有比较大的差异。本教材立足于商业银行的会计核算方法和流程介绍，满足金融、财会专业和银行从业者教学和培训的需要。

本教材的编写具有以下几个特点：

（1）体现了商业银行会计核算的应用性和技术性特点，对于商业银行使用的主要凭证和票据都提供了样本，便于使用者了解和掌握商业银行传票和票据的特点和实际运用；

（2）尽可能与商业银行会计核算实务保持一致，在教材的编写过程中参考了主要商业银行尤其是上市商业银行的会计制度和办法，同时结合课堂教学的需要进行了相应的改编；

（3）增加了商业银行财务报表分析的内容，对商业银行使用的主要财务分析指标进行了介绍，同时结合案例进行了简单的分析。

本教材由上海金融学院和广东金融学院长期从事银行会计教学的教师联合编写，两所院校都是原隶属于中国人民银行的财经类院校，都具有深厚的金融行业背景，尤其是与银行保持着密切的联系。上海金融学院的贾建军负责编写本书的第一、第二、第四、第五、第十一、第十三章，莫桂青负责编写第三、第八、第十二章，李绍敬负责编写第九、第十章；广东金融学院的万静芳负责编写第六、第七章。贾建军负责对全书进行修改总纂。

本教材的编写参考了已出版的相关优秀教材、商业银行的会计制度和办法以及商业银行内部培训教材。限于编写者的水平，本教材难免存在不足之处，敬请读者批评指正。

本书的出版得到了中国人民大学出版社领导和编辑的大力支持和帮助，在此一并表示衷心的感谢。

编者

# 目　录

# 第一章 银行会计概论

Chapter 1

**学习目标：**

了解我国的金融机构体系；

了解我国商业银行的主要业务种类；

了解商业银行会计的特点；

了解商业银行会计工作的组织。

**重点难点：**

我国商业银行的主要业务种类；

商业银行会计的特点；

商业银行会计工作的组织。

银行业是金融体系的重要组成部分，根据联合国统计署有关“金融及相关服务”的统计口径，金融服务领域包括：金融中介服务，包括中央银行服务、存贷业务和银行中介业务服务；投资银行服务；非强制性的保险和养老金服务、再保险服务；房地产、租借、租赁等服务以及为以上各项服务的种种金融中介服务。而银行业则是整个金融体系的核心和枢纽，因为银行是经济交易的资金清算中介。

## 第一节 我国金融机构体系

金融机构体系是指金融机构的组织体系，简称金融体系，它是一个由经营和管理金融业务的各类金融机构组成的完整系统。我国金融机构体系由作为主导的中央银行——中国人民银行、占主体地位的商业银行（包括四大国有银行、股份制商业银行和城市商业银行等）、三大政策性银行以及多种类型的非银行金融机构（包括证券经营机构、保险公司、信托投资公司、基金公司、金融租赁公司、财务公司、资产管理公司等）所组成。

我国已形成了以中国人民银行为核心，国有商业银行为主体，政策性银行和各种金融机构并存的金融体系。

## 一、中央银行

中央银行是一国金融机构体系的核心，处于领导地位。中央银行负责全国的货币发行，制定和执行货币政策，集中管理商业银行和其他金融机构的支付准备金，并在金融危机时作为商业银行和其他金融机构的最后贷款人，因此中央银行是发行的银行、银行的银行和国家的银行。

中国人民银行是我国的中央银行。按照《中华人民共和国中国人民银行法》（以下简称《中国人民银行法》）的规定，中国人民银行履行下列职责：(1) 发布与履行其职责有关的命令和规章；(2) 依法制定和执行货币政策；(3) 发行人民币，管理人民币流通；(4) 监督管理银行间同业拆借市场和银行间债券市场；(5) 实施外汇管理，监督管理银行间外汇市场；(6) 监督管理黄金市场；(7) 持有、管理、经营国家外汇储备、黄金储备；(8) 经理国库；(9) 维护支付、清算系统的正常运行；(10) 指导、部署金融业反洗钱工作，负责反洗钱的资金监测；(11) 负责金融业的统计、调查、分析和预测；(12) 作为国家的中央银行，从事有关的国际金融活动；(13) 国务院规定的其他职责。

按照《中国人民银行法》的规定，中国人民银行为执行货币政策，可以运用下列货币政策工具：(1) 要求银行业金融机构按照规定的比例交存存款准备金；(2) 确定中央银行基准利率；(3) 为在中国人民银行开立账户的银行业金融机构办理再贴现；(4) 向商业银行提供贷款；(5) 在公开市场上买卖国债、其他政府债券和金融债券及外汇；(6) 国务院确定的其他货币政策工具。

## 二、商业银行

在市场经济国家，商业银行是金融体系的主体。在我国，占主体地位的商业银行包括四大国有银行、股份制商业银行、城市商业银行、农村商业银行等。目前我国已有包括四大国有商业银行在内的16家上市商业银行。

我国的商业银行是指依照《中华人民共和国商业银行法》和《中华人民共和国公司法》设立的吸收公众存款、发放贷款、办理结算等业务的企业法人。

商业银行可以经营下列部分或者全部业务：(1) 吸收公众存款；(2) 发放短期、中期和长期贷款；(3) 办理国内外结算；(4) 办理票据承兑与贴现；(5) 发行金融债券；(6) 代理发行、代理兑付、承销政府债券；(7) 买卖政府债券、金融债券；(8) 从事同业拆借；(9) 买卖、代理买卖外汇；(10) 从事银行卡业务；(11) 提供信用证服务及担保；(12) 代理收付款项及保险业务；(13) 提供保管箱服务；(14) 经国务院银行业监督管理机构批准的其他业务。商业银行的经营范围由其章程规定，报国务院银行业监督管理机构批准。商业银行经中国人民银行批准，可以经营结汇、售汇业务。

## 三、政策性银行

政策性银行主要是指由政府创立或担保，以贯彻国家产业政策和区域发展政策为目的，具有特殊的融资原则，不以盈利为目标的金融机构。我国政策性银行的金融业务受中国人民银行的指导和监督。我国于 1994 年成立了 3 家政策性银行，它们是中国国家开发银行、中国农业发展银行、中国进出口银行，分别从事国际重点建设项目资金融通、农产品收购和农业政策性贷款、出口信贷担保等业务。

## 四、其他金融机构

我国除中央银行、商业银行和政策性银行以外的其他金融机构主要有：

1. 保险公司

保险公司分为人寿保险公司和财产保险公司。人寿保险公司是按照保险法的规定，可以经营人寿保险、健康保险、意外伤害保险及年金保险业务的保险公司，大多采取股份制形式，也有互助形式。财产保险公司主要是对各种灾害造成的财产损失，以及投保人造成第三者的财产损失而引起的责任提供保险。有些西方国家除传统的保险机构以外，还设立了存款保险公司，以对商业银行和金融机构的存款提供保险，如美国联邦存款保险公司。

2. 信托投资公司

信托投资公司主要从事投资银行业务，如代理证券发行、经济咨询、金融租赁及投资等。

3. 财务公司

我国的财务公司是由企业集团内部成员入股，为企业向社会公开募集中长期资金的非银行金融机构。我国第一家财务公司于 1984 年在深圳成立，此后迅速发展。财务公司与商业银行不同的是，财务公司不得从企业集团以外吸收存款，也不得向企业集团以外发放贷款。

4. 租赁公司

租赁公司的业务分为经营性租赁和融资性租赁。融资性租赁又称金融租赁，具有租赁和融资的双重性质，是指实质上转移与资产所有权有关的全部或绝大部分风险和报酬的租赁。资产的所有权最终可以转移，也可以不转移。经营性租赁是为了满足经营使用上的临时或季节性需要而发生的资产租赁。经营性租赁是一种短期租赁形式，它是出租人不仅要向承租人提供设备的使用权，还要向承租人提供设备的保养、保险、维修和其他专门性技术服务的一种租赁形式。

5. 证券公司

证券公司又称证券商，主要业务是推销政府债券、企业债券和股票，代理买卖和自营买卖各类有价证券，参与企业收购、兼并，充当企业财务顾问等。

6. 信用合作社

我国农村信用合作社是农村群众性的合作金融组织。它的基本任务是：按照国家经济和金融政策，帮助农民、专业户、承包户以及农村合作经济组织解决生产、经营等方面的资金需要，支持农村商品经济的发展。

我国城市信用社是集体金融组织，是实行独立核算、自主经营、自负盈亏、资金自求平衡的经济实体。其主要业务是为集体企业、个体工商户办理存贷款和结算汇兑，办理城市居民储蓄存款，从事代办保险及其代收、代付、代保管业务。

7. 邮政储蓄机构

我国的邮政储蓄机构是实行自主经营、自负盈亏、自担风险、自求平衡的邮政金融机构。其主要业务是办理个人储蓄、个人汇兑和结算等。

中国邮政储蓄银行股份有限公司由原中国邮政储蓄银行有限责任公司（成立于2007年）依法于2012年1月整体变更而来。新组建的中国邮政储蓄银行股份有限公司，是在保留利用邮政网络基础功能的基础上，充分发挥其网络优势，完善城乡金融服务功能，以零售业务和中间业务为主，面向普通大众，特别是为城市社区和广大农村地区居民提供服务的金融机构。

8. 境内外资金融机构

自20世纪80年代始，我国以积极、审慎的态度引进外资金融机构。越来越多的外资银行正在融入中国金融体系，成为中国银行业的重要组成部分。目前的外资金融机构包括：中外合资银行、外资法人银行、外国银行分行等。

9. 金融资产管理公司

我国的金融资产管理公司是1999年由国家投资组建的，是指经国务院决定设立的收购国有商业银行不良贷款、管理和处置因收购国有商业银行不良贷款形成的资产的国有独资非银行金融机构。与四大国有商业银行相对应，我国分别成立了信达、华融、长城和东方四家资产管理公司，每家公司的注册资本均为100亿元，均由国家财政拨款。根据《金融资产管理公司条例》的规定，金融资产管理公司可以从事以下业务：追偿债务；对所收购的不良贷款形成的资产进行租赁或者以其他形式转让、重组；债权转股权，并对企业阶段性持股；资产管理范围内公司的上市推荐及债券、股票承销；发行金融债券，向金融机构借款；财务及法律咨询，资产及项目评估；中国人民银行、中国证券监督管理委员会批准的其他业务活动。

10. 基金管理公司

基金管理公司是管理投资基金、具有企业法人地位的非银行金融机构，是依据有关法律法规设立的对基金的募集、基金份额的申购和赎回、基金财产的投资、收益分配等基金运作活动进行管理的公司。

11. 典当行

典当是指当户将其动产、财产权利作为当物质押或者将其房地产作为当物抵押给典当行，交付一定比例费用，取得当金，并在约定期限内支付当金利息、偿还当金、赎回当物的行为。典当行是为私人企业和个人提供临时性质押贷款的非银行金融机构。

在银行中，商业银行居主导地位，中央银行和政策性银行的大部分业务可参照商业银行的业务进行处理。因此本书核心介绍商业银行的会计业务。

## 第二节 商业银行业务

商业银行依照《中华人民共和国商业银行法》，以安全性、流动性、效益性为经营原则，自主经营、自担风险、自负盈亏、自我约束。商业银行依法开展业务，不受任何单位和个人的干涉。商业银行以其全部法人财产独立承担民事责任。

## 一、负债业务

商业银行的负债业务是指商业银行吸收资金形成资金来源的业务，包括自有资本、存款负债、借入款及其他负债。

1. 自有资本

商业银行自有资本是指归银行永久支配使用的一定数额的资金。商业银行的自有资本包括银行成立时发行股票所筹集的股份资本（或实收资本）及资本盈余、储备资本及未分配利润。自有资本是银行抵御风险的最后防线，也是银行依法承担民事责任的保证。所有者或股东投入的资本不得要求商业银行退还。

2. 存款负债

吸收存款是商业银行负债业务中最重要的业务，是商业银行营运资金的主要来源。存款负债通常称为被动负债，是银行以承诺还本付息为代价取得的企事业单位或者居民的存款。

3. 借入款及其他负债

商业银行除了吸收存款的被动负债外，为了满足资金头寸管理的需要，可以主动向中央银行或同业机构拆借资金或者以发行自身债券的方式取得资金。

（1）向中央银行借款。

中央银行是商业银行的最后贷款人，当商业银行资金不足时，可以向中央银行借款，以维持资金周转。商业银行向中央银行借款主要有两种形式：一是再贴现，即把自己办理贴现业务而买进的未到期票据，如商业票据、短期国债等，再转卖给中央银行；二是直接借款，即商业银行用自己持有的合格票据、银行承兑汇票、政府公债等有价证券作为抵押品向中央银行取得抵押贷款。

（2）银行同业拆借。

银行同业拆借是银行的一项传统业务，是指金融机构之间为了满足头寸管理需要而发生的短期借贷行为。

（3）发行债券。

这是商业银行为筹集比较稳定的信贷资金或特定用途贷款的资金，通过向社会公开发行银行的债务证书而形成的一种借款负债。

（4）回购协议。

这是指商业银行通过出售证券取得资金时，同时安排一个约定的日期按事先确定的价格买回这些证券，本质上是以证券作为质押而取得资金，出售证券取得的款项实为银行的负债，需要在到期日按照约定价格偿还。

## 二、资产业务

商业银行的资产业务是指商业银行运用资金的业务，也是商业银行取得收入的最主要来源。主要有现金资产、信贷业务、投资业务三类。

1. 现金资产

现金资产是商业银行中流动性最高的资产，基本上不给银行带来直接收入，但法律对其持有量有严格规定。它包括库存现金、在中央银行的存款准备金、存放同业款项和托收未达款等。

（1）库存现金。

库存现金指商业银行金库中的现钞和硬币，主要是为了应付客户提款。对一家银行来说，要保持适量的库存现金，以减少不必要的风险和费用。

（2）存款准备金。

存款准备金是商业银行在中央银行的存款，包括按法定存款准备金率必须交存的法定存款准备金以及超额存款准备金。

（3）存放同业款项。

存放同业款项是商业银行为了开展支付结算业务在其他银行经常保持的一部分存款余额。

（4）托收未达款。

托收未达款是商业银行应收的清算款项。这部分款项在收妥前虽不能抵用，但收到后，或者增加该银行在中央银行准备金账户上的存款余额，或者增加存款同业的存款余额，所以托收未达款项视同现金。

2. 信贷业务

商业银行的信贷业务是指商业银行的贷款业务和贴现业务，是商业银行传统的但又主要的资产业务，也是商业银行利息收入的主要来源。

3. 投资业务

商业银行的投资是指商业银行购买有价证券的活动。银行购买有价证券包括债券（国债、公司债券）和股票。但对股票的购入，各国大都加以限制或禁止。目前各国商业银行的证券投资主要用于购买政府的债券。商业银行进行投资的目的是获取收益和增加资产的流动性。

## 三、中间业务和表外业务

商业银行所从事的不影响银行当期资产负债表账户余额的业务，包括中间业务和表外业务。

1. 中间业务

商业银行的中间业务是指银行代理客户办理收款、付款和其他委托事项中收取手续费的业务。商业银行经营中间业务无须占用自有资金，所以不体现在资产负债表内，而且这些业务绝大多数不会转化为资产负债表的表内项目。中间业务包括结算业务、代理业务、保管箱业务和咨询业务等。

2. 表外业务

列入表外业务的项目虽然不影响当期的资产负债总额，但有可能转化为表内业务，并可能带来风险和损失。所以这些项目也称为“或有负债”和“或有资产”。表外业务主要包括以下类型：

（1）提供担保和类似的或有负债。商业银行为债务人提供担保，保证债务人不能及时履约时，由担保人承担责任。主要有普通负债担保、票据承兑、备用信用证、贷款出售等。

（2）提供承诺。银行与客户之间达成的一种具有法律效力的正式契约，在有效期内，银行随时应客户的要求按约定的金额、利率提供信贷服务。主要有回购协议、贷款承诺、票据发行便利等。

（3）金融衍生品交易。金融衍生品是指在基础金融工具，如货币、利率、股票、债券等的基础上派生出来的交易合约，包括互换、期货、期权。商业银行经营金融衍生品交易有的是为自身资产规避风险，有的则是在进行营利性投资。

## 第三节　银行会计的对象和特点

商业银行开展的各类业务都必须通过会计核算转换成通用的会计信息提供给会计信息的使用者，以便使用者进行决策。商业银行会计信息的使用者群体包括：存款人、其他债权人、银行监管机构、税务机构、同业机构、股东（投资者）等。商业银行必须按照企业会计准则的要求提供信息，提供信息的基本手段是财务报告。商业银行必须合理组织会计核算工作，保证提供信息的可靠性。

### 一、银行会计的对象

商业银行会计的对象是商业银行会计反映和监督的具体内容，是商业银行所发生的能以货币计量的各类经济交易和事项，以及由此而引起的银行资金的变动。具体来说，是反映经济交易和事项对商业银行资产、负债、所有者权益、收入、费用和利润的影响。

#### （一）资产

商业银行的资产是商业银行持有的各类经济资源，这些资源能够为银行带来经济利益，并且能够以货币计量。持有资产是商业银行取得收入的基础，资产规模的大小是银行实力的证明。商业银行必须有效地使用各种渠道取得资金，这样才能取得令投资者满意的收益。

商业银行的资产按照具体内容可以分为现金资产、信贷资产、有价证券、固定资产和其他长期资产，按照是否能够为商业银行带来利息收入可以划分为生息资产和非生息资产。

1. 生息资产

生息资产是能够为商业银行带来利息收入的资产，包括客户贷款及垫款、证券投资、存放中央银行款项、存放同业款项、拆放同业款项等。

2. 非生息资产

非生息资产虽然不能为商业银行带来利息收入，但是非生息资产是商业银行开展业务和经营必不可少的资产，包括库存现金、长期股权投资、固定资产、递延所得税资产等。

#### （二）负债

负债是商业银行的主要资金来源，是商业银行所承担的需要到期偿还的各类债务。

按照是否承担利息，可以分为计息负债和不计息负债。

1. 计息负债

计息负债是商业银行承担的需要还本付息的债务，包括吸收需要支付利息的居民和企事业单位存款、同业及金融机构存放款项、同业拆入资金、应付债券等。

2. 不计息负债

除了计息负债外，商业银行还有一部分不需要支付利息的债务，比如应付职工薪酬、应付税款、递延所得税负债等。

**(三) 所有者权益**

所有转权益是所有者（股东）对商业银行净资产的要求权，从数量上看等于资产减去负债的差额。其包括投资者（所有者或者股东）初始投入资本和商业银行经营过程中的积累资金。按照我国的会计准则，目前我国商业银行的所有者权益包括：股本(实收资本)、资本公积、盈余公积、一般准备、未分配利润。

**(四) 收入**

收入是商业银行利用资产取得的各类经济利益的流入，包括利息收入、手续费及佣金收入、投资收益、汇兑收益等。利息收入按照其来源包括：贷款利息收入、存放央行利息收入、同业资产利息收入、债券投资收入。随着商业银行对于中间业务重视程度的提高，非利息收入的比重逐渐提高。

**(五) 成本和费用**

商业银行开展业务取得收入，必然要发生相应的成本和费用，包括利息支出、手续费及佣金支出、税金支出、业务及管理费和其他业务支出。其中利息支出包括：存款利息支出、同业负债利息支出、次级债发行利息支出等。营业费用中的业务及管理费主要是银行的职工费用。

**(六) 利润**

利润是商业银行的最终经营成果，是收入减去成本和费用的差额。

## 二、银行会计的特点

**(一) 业务活动和会计核算的统一性**

商业银行的各类业务的处理过程也就是会计核算的过程。与工商业企业和其他非营利机构相比，银行的会计与业务的联系更加密不可分。除了银行内部的业务外，商业银行面向客户的一线业务部门同时也是银行的会计核算部门。银行会计核算过程同时也是完成银行业务处理的过程。

**(二) 同时使用复式记账法和单式记账法**

商业银行会计核算使用复式记账法作为基本核算方法，同时使用单式记账法作为辅助核算方法。

1. 复式记账法

复式记账法就是对每一项经济业务，按照资金内在的对应关系，以对应相等的金额在所涉及的两个或两个以上账户中同时进行登记的记账方法。

2. 单式记账法

单式记账法就是对发生的每一项经济业务只在一个账户中进行登记的记账方法，主要适用于表外科目的登记。

**（三）会计信息提供的及时性**

商业银行业务处理上要求当日业务必须当日核算，在当日业务核算核对准确无误的基础上，编制当日的会计报表（日计表），以准确及时地反映当日业务活动及对财务状况的影响。同时银行的资金计划部门必须随时掌握银行的资金头寸变动情况，通过同业拆借或者向央行拆借满足头寸需要。

## 第四节　银行会计工作的组织

### 一、银行会计机构

目前我国商业银行一般在总行设会计司（部），省、市、自治区分行设会计处，地市中心支行设会计科，县支行（城市辖区办事处）设会计股（科）。支行以下的办事处或营业所，因业务量较少，一般不设置独立的会计机构，但仍需配备专职会计人员，负责处理日常会计工作。

商业银行会计机构分为独立会计核算单位和附属会计核算单位。

凡是具有独立会计核算体系的支行，可以直接在总行开立清算账户，自行办理决算计算损益，并单独向总行（或者省分行）和所在地区监管部门变动会计报表的均为独立核算单位。其余不论是否并表或者并账均为附属核算单位。

总行、省分行、直属分行、省辖分行均为独立核算单位，一般市内支行为附属核算单位。附属核算单位的会计核算采取并表或者并账方式归入其管辖单位汇总处理。

### 二、银行会计制度

凡是属于全国银行业需统一贯彻执行，并对全国银行会计工作具有广泛约束力的会计规范，均由财政部和中国人民银行总行统一制定与管理。各家商业银行总行可视自身经营业务的特点和需要，根据《企业会计准则》和统一的《金融企业会计财务规则》制定系统内的会计制度，报经中国人民银行总行批准后在本系统内使用。各商业银行分行对其总行的制度、办法可做必要的补充规定。

### 三、银行会计机构及组织

商业银行的各级会计机构，都是由一定的会计人员组成的。各级会计机构的任务，都要通过会计人员来完成。

### （一）会计机构

会计机构是指根据会计工作需要设置的职能部门，按业务性质分为会计管理部门、会计控制部门、后台处理部门和基层会计机构。

（1）会计管理部门是指组织会计结算业务管理的部门，是会计工作的主管部门，包括各级会计结算管理部门。

（2）会计控制部门是指对会计结算业务处理过程和结果进行监督、控制的部门，如风险监督中心。

（3）后台处理部门是指对本银行实际发生的经济业务进行后台集中会计核算和业务处理的操作运行部门，如账务中心、现金储运中心。

（4）基层会计机构是指对外办理会计结算业务的业务部门或基层营业机构。

### （二）基层营业机构对外业务组织

基层营业机构的会计结算业务组织的管理形式分为专业型和综合型两种模式。

专业型模式是指柜面会计结算业务分别在现金区和非现金区进行处理。现金区侧重于对私和出纳业务，非现金区侧重于对公转账业务。专业型模式一般适用于业务量较大且业务量在不同的业务类型分布不均衡，以及营业厅现有条件不便实施综合柜员制的基层营业机构。

综合型模式是指柜面会计结算业务统一在操作区进行处理。综合型模式一般适用于营业厅不存在空间上的隔离，而且单位客户的业务量占比较小、柜员素质较高的基层营业机构。

## 四、银行会计人员

商业银行会计人员包括会计主管和一般会计人员。

### （一）会计主管

会计主管是各级会计管理部门、会计控制部门、后台处理部门的负责人以及基层会计机构会计业务负责人。包括总行会计主管、分行会计主管、分行部门会计主管以及基层营业机构会计主管。

### （二）一般会计人员

一般会计人员是从事本外币对公和对私会计结算业务和各项代理业务的一般会计管理人员和业务处理人员。包括从事经办、复核、授权、监督、检查辅导、制度管理、参数管理、风险管理等会计管理或者账务的人员。

## 五、银行会计职责

（1）组织会计核算。合法、真实、准确、及时、完整地记载、计算和反映业务、财务活动，为经营决策和管理提供正确数据。

（2）做好服务监督。为客户提供高效、优质、文明的服务，提高资金使用效益；开展会计监督，抵制违反财经纪律和经济违法行为。

（3）参与经营管理。运用会计信息和会计方法，参与经营活动和决策，促进增收节支，提高经济效益。

## 复习思考题

1. 商业银行会计与一般工商业企业会计相比有哪些特殊性？
2. 商业银行的业务主要有哪些种类？
3. 商业银行的会计核算对象包括哪些内容？

# 第二章 Chapter 2 基本核算方法

**学习目标：**

了解商业银行会计科目的分类；

掌握商业银行的基本记账方法；

了解和掌握商业银行使用记账凭证的种类和使用范围；

掌握基本记账凭证的填写要求；

了解商业银行的账务组织体系；

掌握商业银行账务核对的基本要求及错账更正方法；

了解商业银行的会计档案管理要求。

**重点难点：**

商业银行的基本记账方法；

商业银行基本记账凭证的填写；

商业银行错账更正方法。

为了实现反映和监督的基本职能，商业银行会计工作必须按照会计的基本原理和方法进行组织，对银行发生的各类经济业务进行系统的确认、计量、记录和披露。银行会计的基本核算方法包括：会计科目的设置和使用、记账方法的选择运用、会计凭证的填制和审核、财务报告的编制和披露。

## 第一节　银行会计科目

会计科目是对会计核算对象的具体内容进行分类核算反映的类别名称，是设置账户、归集和记载各项经济业务的根据，是商业银行整个会计核算工作的基础。

只有通过正确设置和使用会计科目，才能将银行发生的各类经济业务进行分类记录和汇总，提供准确的会计信息，而且这也是准确编制财务报表的前提。

会计科目根据国家统一的企业会计准则结合商业银行实际，按照政策要求、资金性质、业务条线、产品特点、经营管理和核算需要设置。

会计科目是综合核算的基础，会计科目及代号由商业银行总行统一规定。分行增设的辖内专用会计科目，应以统一会计科目代号为基础进行编列。会计科目根据具体业务需要下设账户，商业银行各级会计核算单位按照会计科目设置总账和编制日报表，按照资产负债表归属关系编制资产负债表。

## 一、银行会计科目的分类

银行会计科目按照其与资产负债表的关系可以分为表内科目和表外科目。其中表内科目金额的变动会影响到银行的资产、负债和权益，反映银行的实际资金变动，要求按照借贷复式记账法保持平衡。而表外科目不会影响银行的资产、负债和权益，但是属于银行重要业务事项，为了加强对这些事项的控制和监督，需要进行表外的登记。比如代保管的有价值的物品、未发行的有价证券、重要的空白凭证等，但是这些凭证一旦使用就代表银行的资金或者对银行产生重大影响，需要通过系统的记录进行严格控制。

### （一）表内科目

表内科目按照资金性质和业务特点分为资产类、负债类、所有者权益类、资产负债共同类和损益类科目。

1. 资产类科目

银行的资产是银行对各种取得的资金的具体运用，银行持有的各类经济资源如符合企业会计准则中资产的定义就需要在资产类科目中反映，银行持有的资产是银行取得收入的源泉，资产规模的大小也是银行实力的重要标志。银行资产包括持有的货币资金、有价证券、发放的各类贷款、持有的实物资产，按照流动性的高低可以分为流动资产和长期资产，长期资产又可以分为长期投资、固定资产、无形资产、递延资产等（具体科目见表2—1）。资产类科目的余额在借方，用于核算库存现金、存放款项、拆放款项、各种贷款、贴现、投资、固定资产、无形资产等各类资产。

2. 负债类科目

由于银行的自有资金的比例极低，银行资金来源的主要渠道是负债，包括吸收的客户存款和主动从中央银行和其他机构借入的款项。具体而言包括：存款类科目、同业拆入、应付款项票据、应付债券等类别，按照流动性高低可以分为流动负债和长期负债（具体科目见表2—1）。负债类科目余额在贷方。

**表2—1　　商业银行会计科目一览表**

| 序号 | 编号 | 会计科目 | 序号 | 编号 | 会计科目 |
|---|---|---|---|---|---|
| 一、资产类 | | | 73 | 260 | 卖出回购金融资产款 |
| 1 | 101 | 库存现金 | 74 | 261 | 待处理汇划款项 |
| 2 | 102 | 银行存款 | 75 | 262 | 应付开出信用证款项 |
| 3 | 103 | 贵金属 | 76 | 263 | 交易性金融负债 |
| 4 | 111 | 存放中央银行款项 | 77 | 264 | 衍生金融负债 |
| 5 | 112 | 存放同业款项 | 78 | 265 | 应付利息 |
| 6 | 121 | 拆放同业 | 79 | 266 | 其他应付款 |
| 7 | 122 | 拆放金融性公司 | 80 | 267 | 应付职工薪酬 |

续前表

| 序号 | 编号 | 会计科目 | 序号 | 编号 | 会计科目 |
|---|---|---|---|---|---|
| 8 | 123 | 拆放境内非银行金融机构 | 81 | 268 | 应交税费 |
| 9 | 124 | 短期贷款 | 82 | 269 | 应付股利 |
| 10 | 125 | 中长期贷款 | 83 | 270 | 预计负债 |
| 11 | 126 | 抵押贷款 | 84 | 280 | 长期应付款 |
| 12 | 127 | 个人贷款 | 85 | 281 | 长期借款 |
| 13 | 128 | 贴现 | 86 | 282 | 应付债券 |
| 14 | 129 | 逾期贷款 | 87 | 283 | 长期次级债券 |
| 15 | 130 | 贷款减值准备 | 88 | 284 | 递延所得税负债 |
| 16 | 131 | 待处理抵债资产 | 89 | 431 | 委托存款 |
| 17 | 132 | 递延所得税资产 | 90 | 442 | 代理证券资金 |
| 18 | 134 | 应收开出信用证款项 | 91 | 443 | 回售债券款 |
| 19 | 135 | 进出口押汇 | 三、资产负债共同类 | | |
| 20 | 136 | 应收利息 | 92 | 511 | 同城票据交换 |
| 21 | 137 | 信用卡透支 | 93 | 512 | 待清算支付款项 |
| 22 | 138 | 其他应收款 | 94 | 513 | 系统内存放款项 |
| 23 | 139 | 上存系统内款项 | 95 | 514 | 辖内款项存放 |
| 24 | 140 | 辖内上存款项 | 96 | 515 | 待处理结算款项 |
| 25 | 141 | 应收股利 | 97 | 516 | 内部往来 |
| 26 | 142 | 交易性金融资产 | 98 | 517 | 辖内往来 |
| 27 | 143 | 可供出售金融资产 | 99 | 518 | 外汇买卖 |
| 28 | 144 | 短期外汇贷款 | 100 | 519 | 待提出票据交换及转汇款 |
| 29 | 145 | 进出口押汇 | 101 | 520 | 联行往来 |
| 30 | 146 | 持有至到期投资 | 102 | 521 | 营业机构往来 |
| 31 | 147 | 长期股权投资 | 四、所有者权益类 | | |
| 32 | 151 | 低值易耗品 | 103 | 601 | 实收资本（股本） |
| 33 | 152 | 待摊费用 | 104 | 602 | 资本公积 |
| 34 | 153 | 固定资产 | 105 | 603 | 盈余公积 |
| 35 | 154 | 累计折旧 | 106 | 604 | 一般准备（总行用） |
| 36 | 155 | 固定资产清理 | 107 | 605 | 本年利润 |
| 37 | 156 | 衍生金融资产 | 108 | 606 | 库存股 |
| 38 | 157 | 在建工程 | 109 | 607 | 利润分配 |
| 39 | 158 | 无形资产 | 五、损益类 | | |
| 40 | 159 | 累计摊销 | 110 | 701 | 利息收入 |
| 41 | 160 | 长期待摊费用 | 111 | 702 | 金融机构往来收入 |
| 42 | 161 | 待处理财产损溢 | 112 | 703 | 手续费及佣金收入 |
| 43 | 162 | 委托贷款 | 113 | 704 | 证券买卖差价收入 |
| 44 | 163 | 呆滞贷款 | 114 | 705 | 租赁收益 |
| 45 | 164 | 呆账贷款 | 115 | 706 | 其他业务收入 |
| 46 | 165 | 买入返售金融资产 | 116 | 707 | 汇兑收益 |
| 47 | 167 | 投资性房地产 | 117 | 711 | 投资收益 |
| 二、负债类 | | | 118 | 712 | 营业外收入 |
| 48 | 201 | 活期存款 | 119 | 731 | 利息支出 |
| 49 | 202 | 个人存款 | 120 | 732 | 金融机构往来支出 |
| 50 | 203 | 特种存款 | 121 | 733 | 手续费及佣金支出 |
| 51 | 204 | 定期存款 | 122 | 734 | 汇兑损失 |
| 52 | 210 | 信用卡存款 | 123 | 735 | 业务及管理费用 |
| 53 | 211 | 活期储蓄存款 | 124 | 736 | 其他业务成本 |

续前表

| 序号 | 编号 | 会计科目 | 序号 | 编号 | 会计科目 |
|---|---|---|---|---|---|
| 54 | 212 | 定期储蓄存款 | 125 | 741 | 营业税金及附加 |
| 55 | 213 | 定期储蓄外汇存款 | 126 | 742 | 营业外支出 |
| 56 | 214 | 活期储蓄外汇存款 | 127 | 750 | 以前年度损益调整 |
| 57 | 215 | 外汇专户活期存款 | 128 | 760 | 所得税 |
| 58 | 216 | 进出口企业活期存款 | 六、或有资产类 | | |
| 59 | 217 | 外汇活期存款 | 129 | 801 | 应收承兑汇票 |
| 60 | 218 | 个人信用卡存款 | 130 | 802 | 承兑汇票 |
| 61 | 220 | 财政性存款 | 131 | 803 | 未收托收款项 |
| 62 | 230 | 向中央银行借款 | 132 | 804 | 应收开出保证款项 |
| 63 | 231 | 同业存放款项 | 七、或有负债类 | | |
| 64 | 232 | 系统内联行存放 | 133 | 901 | 托收款项 |
| 65 | 233 | 同业存放定期款项 | 134 | 902 | 开出保证款项 |
| 66 | 234 | 系统内借入 | 八、表外类科目 | | |
| 67 | 235 | 同业拆入 | 135 | 301 | 重要空白凭证 |
| 68 | 236 | 金融性公司拆入 | 136 | 302 | 代保管有价值品 |
| 69 | 240 | 应解汇款 | 137 | 303 | 委托贷款欠息 |
| 70 | 241 | 汇出汇款 | 138 | 304 | 代转国库存款利息 |
| 71 | 251 | 保证金 | 139 | 305 | 代保管发行基金 |
| 72 | 252 | 本票 | 140 | 306 | 待处理抵押质押品 |

3. 所有者权益类科目

所有者权益类科目反映银行的净资产，即资产与负债的差额，是所有者（股东）对银行净资产的要求权。所有者权益类科目主要受银行经营损益的影响，包括实收资本（或股本）、资本公积、盈余公积、未分配利润、一般准备等。

4. 资产负债共同类科目

由于商业银行的职能之一是清算中介，在提供资金清算服务的过程中，银行可能是处于应收资金的一方（债权人），也可能是处于应付资金的一方（债务人），并且这种地位随时可能发生变动，资产负债共同类科目就是为了适应这种情况而设置的，这也是商业银行特有的一类科目，设置的目的是便于资金往来的核算和债权债务的轧差反映。

资产负债共同类科目用于核算各级行处资金清算往来、内部往来、同城票据清算、外汇买卖等。

资产负债共同类科目的特点有：一是余额为借贷双方轧差反映，当余额在借方时表明应收大于应付，属于资产性质；余额在贷方时表明应付大于应收，属于负债性质。二是该类科目余额为借贷双方同时反映，不得轧差。

5. 损益类科目

损益类科目是反映银行经营成果的科目，即银行取得的各类收入和发生的各类费用和支出，又可以细分为收入类科目和成本费用类科目，用于核算各项收入、各项支出、投资损益、汇兑损益、业务及管理费、税金等。

收入类科目反映银行经营过程中取得的各类收入，包括利息收入、手续费及佣金收入、金融机构往来收入等。收入类科目贷方反映增加数，借方反映减少数或者转出数。成本费用类科目借方反映增加数，贷方反映减少数或者转出数。损益类科目期末将余额按照相反方向转入本年利润科目来核算当期的最终经营成果。结转前，收入类科目正常余额在贷方，成本费用类科目正常余额在借方。

### （二）表外科目

表外科目用于核算承诺事项和远期、期货、期权、互换等金融衍生业务，以及一些不涉及银行资金增减变化的重要业务事项，如有价单证、重要空白凭证、代保管有价值物品、收到重要凭据等。表外科目按照业务类型和事项性质，可以分为或有事项类、委托—代理类和备查登记类。

（1）或有事项类科目，又可以分为或有资产类科目、或有负债类科目，用于核算担保业务、票据承兑、托收代收等。或有资产类和或有负债类科目相互对应。

（2）委托—代理业务类科目，反映商业银行接受客户委托所开展的不占用自身资金的业务。但是为了对重要的委托—代理业务进行反映和监督，需要将其纳入表内核算，比如委托贷款、委托存款等。

（3）备查登记类科目，用于核算承诺事项和远期、期货、期权、互换等金融衍生业务，以及一些不涉及银行资金增减变化的重要业务事项，如有价单证、重要空白凭证、代保管有价值品、收到重要凭据等。

## 二、会计科目体系

为了适应银行集中核算和信息化的要求，会计科目在账务系统中往往以代码的方式出现，通常把会计科目分为科目、子目、细目三个层次。表外科目的核算层次设置到子目，其他类科目的核算层次设置到细目。

会计科目是进行综合核算的基础。会计科目根据具体业务核算需要可下设账户。外部账户通过账户标识码和业务类别码组合与会计科目对应，内部账户通过内含科目代码与会计科目对应。各级会计核算单位，按会计科目设置总账和编制日报表，按照资产负债归属关系编制资产负债表。

# 第二节　记账方法

记账方法是按一定的记账规则，使用一定的记账符号，将经济业务进行整理、分类和登记会计账簿的一种专门方法。

## 一、复式记账法

复式记账法，要对发生的每项经济业务都按照相等的金额在两个或两个以上相互关联的会计科目中进行登记。复式记账法使有关科目之间的对应关系清楚、明了，对每一项经济业务的来龙去脉及全部的经济业务都相互联系地登记入账，完整、系统地反映了经济活动的过程和结果。同时，由于对每项经济业务都以相等的金额进行分类登记，因而对记录的结果，可以进行试算平衡，以检查会计记录的正确与否，防止会计差错，保证会计工作质量。

## 二、借贷记账法

借贷记账法是根据复式记账原理，以资产等于负债加所有者权益的平衡公式为基础，以“借”和“贷”为记账符号，按照“有借必有贷，借贷必相等”的记账规则在账户中进行登记的一种复式记账方法。其主要内容包括记账主体、记账符号、记账规则和试算平衡四个方面。

### （一）记账主体

借贷记账法以会计科目为主体，根据复式记账原理进行记录，借以反映资金运动的性质和数量的变化。对于会计科目按其经济内容划分为资产类、负债类、资产负债共同类、所有者权益类和损益类，从而确定会计科目的记账方向及其对应关系。

### （二）记账符号

借贷记账法是以“借”、“贷”作为记账符号，将每个会计科目所属账户划分为借方、贷方和余额三栏，通常是借方在左，贷方在右，根据账户的不同性质余额可以在借方也可以在贷方。借和贷作为记账的符号，对不同资金性质的账户代表着不同的含义。借贷记账法下各类账户的记账方向和含义如表2—2所示。

表2—2　借贷记账法下各类账户的记账方向

| 借方 | 贷方 |
| --- | --- |
| 资产增加 | 负债增加 |
| 负债减少 | 资产减少 |
| 权益减少 | 权益增加 |
| 损失增加 | 收益增加 |
| 收益减少 | 损失减少 |

### （三）记账规则

借贷记账法以“有借必有贷，借贷必相等”作为记账规则。当经济业务发生时，同时要引起至少两个账户发生变化，根据所涉资金增减变化的内在联系，在确定应记科目的基础上，以同等的金额记入一个账户的借方，另一个或两个账户的贷方，或者记入一个账户的贷方，另一个或两个账户的借方。有借方必有贷方，借贷双方金额必须相等。

### （四）试算平衡

借贷记账法是根据复式记账原理，按照“资产＝负债＋所有者权益”的平衡理论来检查和平衡账务的。由于每笔业务始终坚持“有借必有贷，借贷必相等”的记账规则，所以每天或一定时期内的借方发生额和贷方发生额必然是相等的。而每天或一定时期内的上期借方余额和贷方余额是相等的，所以本期借方余额与贷方余额也必然是相等的，其账务平衡公式如下：

各科目借方发生额合计＝各科目贷方发生额合计

各科目借方余额合计＝各科目贷方余额合计

## 三、表外科目的记账方法

表外科目是用以记载不涉及银行资金运动的重要业务事项。根据银行会计制度的规定，银行对业务上使用的重要空白凭证、未发行的国家债券、待结算凭证、待保管有价值品等应设置表外科目登记，并视情况使用单式记账。

目前各银行对表外科目的记录，一般采用单式收付记账方法，即以收入和付出作为记账符号，账簿设“收入”、“付出”、“余额”三栏，业务事项发生时，记收入，销账或减少时记付出，余额表示结存或剩余。表外科目的记账金额，一般是按业务发生额或凭证票面额记载，有些控制实物数量的表外科目，则按假定价格记载。

## 四、借贷记账法实例

现以商业银行业务举例说明借贷记账法的实际操作。

**【例 2—1】** 发放给光明食品公司流动资金贷款 100 000 元，转入该企业活期存款账户。

该项经济业务，涉及“短期贷款”和“活期存款”两个科目，短期贷款属资产类科目，活期存款属负债类科目。资产增加应记入借方，负债增加应记入贷方。会计分录为：

借：短期贷款——光明食品公司　　100 000
　　贷：活期存款——光明食品公司　　100 000

**【例 2—2】** 某储户从其活期储蓄存款中支取现金 8 000 元。

该项经济业务，涉及“活期储蓄存款”和“库存现金”两个科目，活期储蓄存款属负债类科目，库存现金属资产类科目。负债减少应记入借方，资产减少应记入贷方。会计分录为：

借：活期储蓄存款——某户　　8 000
　　贷：库存现金　　8 000

**【例 2—3】** 某商业银行签发现金支票一张，从中央银行存款账户中支取现金 100 000 元。

该项经济业务，涉及“存放中央银行款项”和“库存现金”两个科目，存放中央银行款项和库存现金均属资产类科目。库存现金增加应记入借方，存放中央银行款项减少应记入贷方。会计分录为：

借：库存现金　　100 000
　　贷：存放中央银行款项　　100 000

**【例 2—4】** 银行将 150 000 元盈余公积转增资本金。

该项经济业务涉及“盈余公积”和“实收资本”两个科目，盈余公积和实收资本均属所有者权益类科目。所有者权益类盈余公积减少应记入借方，所有者权益类实收资本增加应记入贷方。会计分录为：

借：盈余公积　　150 000
　　贷：实收资本　　150 000

从以上例子可以看出，尽管银行业务千变万化，但按照借贷记账规则可以归纳为以下四种类型的变化：

（1）资产增加，负债或所有者权益增加；

（2）资产减少，负债或所有者权益减少；

（3）资产增加，另一项资产减少；

（4）负债或所有者权益增加，另一项负债或所有者权益减少。

根据例2—1、例2—2、例2—3、例2—4四项经济业务的会计分录编制试算平衡表（见表2—3）。

**表2—3**　　**试算平衡表**

20××年××月××日　　单位：元

| 会计科目 | 上期余额 | | 本期发生额 | | 本期余额 | |
|---|---|---|---|---|---|---|
| | 借方 | 贷方 | 借方 | 贷方 | 借方 | 贷方 |
| 库存现金 | 100 000 | | 100 000 | 8 000 | 192 000 | |
| 存放中央银行款项 | 120 000 | | | 100 000 | 20 000 | |
| 短期贷款 | 500 000 | | 100 000 | | 600 000 | |
| 活期存款 | | 300 000 | | 100 000 | | 400 000 |
| 活期储蓄存款 | | 120 000 | 8 000 | | | 112 000 |
| 盈余公积 | | 200 000 | 150 000 | | | 50 000 |
| 实收资本 | | 100 000 | | 150 000 | | 250 000 |
| 合计 | 720 000 | 720 000 | 358 000 | 358 000 | 812 000 | 812 000 |

## 第三节　银行会计凭证

银行会计凭证是银行各项业务和财务收支的书面证明，是办理业务、记载账务的依据，也是对经济业务和会计核算内容进行监督、稽核、检查以及核对账务的重要会计资料和凭据。

### 一、银行会计凭证的种类

银行会计凭证按照其填制程序和用途的不同分为原始凭证、记账凭证和非账务类凭证。记账凭证应根据原始凭证填制。

**（一）原始凭证**

原始凭证，又称原始单据，是在经济业务发生时，由业务经办人员直接取得或者填制，用于记录、证明某项经营业务已经发生或完成，并明确有关经营责任的书面证明。原始凭证记载着大量的经济信息，也是证明经济业务发生的初始文件，与记账凭证相比，具有较强的法律效力。

（1）原始凭证按其来源不同分为外来原始凭证和自制原始凭证。

1）外来原始凭证在经营业务发生或完成时从客户、其他金融机构等外部主体处取得，如现金缴款单、进账单、个人业务凭条、联行及代理行报单以及以本行为付款行的汇票、支票、本票等。

2）自制原始凭证在经营业务发生或完成时由本行内部手工填制，或在业务交易发生后由系统打印输出。经上级部门批准的经济业务，应当将批准文件正本或复印件作为自制原始凭证的附件。

（2）原始凭证按格式和用途不同分为基本凭证、特定凭证。

1）基本凭证是根据其他合法原始凭证或业务事实自行编制，凭以记账的依据，亦称“会计传票”。按其性质分为现金收入（付出）传票（见图 2—1、图 2—2）、转账借方（贷方）传票（见图 2—3、图 2—4）、特种转账借方（贷方）传票（见图 2—5、图 2—6）、外汇买卖借方（贷方）传票（见图 2—7、图 2—8）、表外科目收入（付出）传票（见图 2—9、图 2—10）。特种转账传票是银行主动划收或划付客户账户资金时使用的会计凭证，可以分为特种转账借方和特种转账贷方凭证。特种转账凭证要按规定严格控制其使用范围。使用时必须附合法的业务凭证，如无业务凭证必须经会计主管审批后方能办理。

**中国××银行现金收入传票**

（贷）　　　　年　月　日　　　　总字第　　号<br>字第　　号

| 户名或账号 | 摘　要 | 金　额 | | | | | | | | | |
|---|---|---|---|---|---|---|---|---|---|---|---|
| | | 千 | 百 | 十 | 万 | 千 | 百 | 十 | 元 | 角 | 分 |
| | | | | | | | | | | | |
| | | | | | | | | | | | |
| | | | | | | | | | | | |
| | | | | | | | | | | | |

附单据　张

会计　　　　出纳　　　　复核　　　　记账

**图 2—1　现金收入传票**

**中国××银行现金付出传票**

（借）　　　　年　月　日　　　　总字第　　号<br>字第　　号

| 户名或账号 | 摘　要 | 金　额 | | | | | | | | | |
|---|---|---|---|---|---|---|---|---|---|---|---|
| | | 千 | 百 | 十 | 万 | 千 | 百 | 十 | 元 | 角 | 分 |
| | | | | | | | | | | | |
| | | | | | | | | | | | |
| | | | | | | | | | | | |
| | | | | | | | | | | | |

附单据　张

会计　　　　出纳　　　　复核　　　　记账

**图 2—2　现金付出传票**

**中国××银行转账借方传票**

年　月　日　　　　总字第　　号<br>字第　　号

| 科目 | （借） | 对方科目： |
|---|---|---|

| 户名或账号 | 摘　要 | 金　额 | | | | | | | | | |
|---|---|---|---|---|---|---|---|---|---|---|---|
| | | 千 | 百 | 十 | 万 | 千 | 百 | 十 | 元 | 角 | 分 |
| | | | | | | | | | | | |
| | | | | | | | | | | | |
| | | | | | | | | | | | |
| | | | | | | | | | | | |

附单据　张

会计　　　　出纳　　　　复核　　　　记账

**图 2—3　转账借方传票**

中国××银行转账贷方传票

年　月　日

总字第　　号
字第　　号

<table>
<tr><td colspan="2">科目　　（贷）</td><td colspan="10">对方科目：</td></tr>
<tr><td rowspan="2">户名或账号</td><td rowspan="2">摘　要</td><td colspan="10">金　额</td></tr>
<tr><td>千</td><td>百</td><td>十</td><td>万</td><td>千</td><td>百</td><td>十</td><td>元</td><td>角</td><td>分</td></tr>
<tr><td></td><td></td><td></td><td></td><td></td><td></td><td></td><td></td><td></td><td></td><td></td><td></td></tr>
<tr><td></td><td></td><td></td><td></td><td></td><td></td><td></td><td></td><td></td><td></td><td></td><td></td></tr>
<tr><td></td><td></td><td></td><td></td><td></td><td></td><td></td><td></td><td></td><td></td><td></td><td></td></tr>
<tr><td></td><td></td><td></td><td></td><td></td><td></td><td></td><td></td><td></td><td></td><td></td><td></td></tr>
</table>

附单据　张

会计　出纳　复核　记账

**图 2—4　转账贷方传票**

中国××银行特种转账借方传票

年　月　日

总字第　　号
字第　　号

<table>
<tr><td rowspan="3">付款单位</td><td>全称</td><td colspan="3"></td><td rowspan="3">收款单位</td><td>全称</td><td colspan="3"></td></tr>
<tr><td>账号或地址</td><td colspan="3"></td><td>账号或地址</td><td colspan="3"></td></tr>
<tr><td>开户银行</td><td></td><td>行号</td><td></td><td>开户银行</td><td></td><td>行号</td><td></td></tr>
<tr><td rowspan="2">金额</td><td colspan="6" rowspan="2">人民币<br>（大写）</td><td colspan="3">金额（位数）</td></tr>
<tr><td colspan="3"></td></tr>
<tr><td colspan="2">原凭证金额</td><td></td><td>赔偿金</td><td></td><td colspan="5" rowspan="3">科目（贷）<br>对方科目（借）<br>会计　复核　记账　制票</td></tr>
<tr><td colspan="2">原凭证名称</td><td></td><td>号　码</td><td></td></tr>
<tr><td>转账原因</td><td colspan="4">银行盖章</td></tr>
</table>

附件　张　白纸蓝油墨

**图 2—5　特种转账借方传票**

中国××银行特种转账贷方传票

年　月　日

总字第　　号
字第　　号

<table>
<tr><td rowspan="3">付款单位</td><td>全称</td><td colspan="3"></td><td rowspan="3">收款单位</td><td>全称</td><td colspan="3"></td></tr>
<tr><td>账号或地址</td><td colspan="3"></td><td>账号或地址</td><td colspan="3"></td></tr>
<tr><td>开户银行</td><td></td><td>行号</td><td></td><td>开户银行</td><td></td><td>行号</td><td></td></tr>
<tr><td rowspan="2">金额</td><td colspan="6" rowspan="2">人民币<br>（大写）</td><td colspan="3">金额（位数）</td></tr>
<tr><td colspan="3"></td></tr>
<tr><td colspan="2">原凭证金额</td><td></td><td>赔偿金</td><td></td><td colspan="5" rowspan="3">科目（借）<br>对方科目（贷）<br>会计　复核　记账　制票</td></tr>
<tr><td colspan="2">原凭证名称</td><td></td><td>号　码</td><td></td></tr>
<tr><td>转账原因</td><td colspan="4">银行盖章</td></tr>
</table>

附件　张　白纸紫油墨

**图 2—6　特种转账贷方传票**

中国××银行外汇买卖借方传票（外币）

（借）外汇买卖　　年　月　日　　（对方科目）

总字第　号
字第　号

| 外汇金额 | 牌价 | 人民币金额 |
| --- | --- | --- |
| | | |
| 摘要 | | |

会计　　复核　　记账　　制票

图 2—7　外汇买卖借方传票

中国××银行外汇买卖贷方传票（外币）

（贷）外汇买卖　　年　月　日　　（对方科目）

总字第　号
字第　号

| 外汇金额 | 牌价 | 人民币金额 |
| --- | --- | --- |
| | | |
| 摘要 | | |

会计　　复核　　记账　　制票

图 2—8　外汇买卖贷方传票

中国××银行表外科目收入传票

年　月　日

总字第　号
字第　号

| 科目 | | |
| --- | --- | --- |
| 户名或账号 | 摘　要 | 金额（位数） |
| | | |
| 合　计 | | |

附件　张

白纸橘油墨

会计　　出纳　　复核　　记账　　制票

图 2—9　表外科目收入传票

**中国××银行表外科目付出传票**

年 月 日

| | |
|---|---|
| 总字第 | 号 |
| 字第 | 号 |

| 科目 | | |
|---|---|---|
| 户名或账号 | 摘 要 | 金额<br>（位数） |
| | | |
| 合 计 | | |

附件 张

白纸深绿油墨

会计 出纳 复核 记账 制票

**图 2—10 表外科目付出传票**

2）特定凭证是根据某项业务的特殊需要而制定的专用凭证，如现金缴款单、进账单、联行报单、外汇买卖凭证、利息收付清单、手续费凭证、结算申请书、网银转账凭证、借款凭证、挂账通知书，以及支票、本票、汇票等票据凭证。一式多联的特定凭证，应注明各联的用途。各种特定凭证的种类、格式、基本内容、联数及印鉴要求等，均应符合票据法和相关业务办法的规定。

### （二）记账凭证

记账凭证是会计部门凭以登记账簿的依据，是根据审核合格的有效凭证、按经济业务性质和适用的会计科目、账户编制的。使用会计信息系统处理会计业务，统一采用机制复式记账凭证。

机制复式记账凭证，是根据会计信息系统设置的会计分录，在业务处理完成后，系统自动将某项经济业务涉及的全部会计事项（包括票据使用的表外支付登记等），集中在一张记账凭证上反映，表内业务按各币种借贷相等。

机制复式记账凭证分为复式记账凭证、汇总复式记账凭证、记账清单。复式记账凭证是业务处理后由会计信息系统逐笔生成的账务记录；汇总复式记账凭证是业务处理后由会计信息系统汇总多笔生成的账务记录；记账清单是系统完成批量处理业务后汇总多笔生成的账务记录。

机制复式记账凭证、汇总记账凭证，所附外来原始凭证借贷完整相等的可以以电子形式保存，不再打印；原汇总记账凭证可用汇总入账清单的形式打印。

### （三）非账务类凭证

非账务类凭证，是指由客户或会计机构根据规定填制或打印，作为会计管理的依据，如开销户申请书、查询查复书、挂失申请书等。非账务类凭证也是会计凭证的重要组成部分。

## 二、会计凭证的要素

会计凭证一般具备以下几个要素：

(1) 填制凭证的年、月、日；

(2) 收、付款单位（人）的户名、账号和开户行名称、行号；

(3) 货币名称、符号、大小写金额；

(4) 款项来源、用途摘要及有关业务凭证编号；

(5) 所附凭证张数；

(6) 会计分录；

(7) 凭证编号；

(8) 客户签章；

(9) 银行办理业务的印章及有关人员的签章。

## 三、会计凭证的填制要求

会计凭证填制的总体要求为：要素齐全、内容完整、反映真实、数字准确、字迹清晰、及时有效。具体要求如下：

(1) 各种凭证的内容必须填写齐全，做到不错不漏。各种凭证的内容若有具体规定，在填写时应按有关规定执行。

1) 现金传票的编制。银行内部发生现金收入或现金付出业务时，只编制一张“××科目”的现金收入传票或现金付出传票。对外业务中的现金收付，则以客户提交的现金缴款单、现金支票等代替现金收入和现金付出传票，为了简化手续，不再另行编制库存现金科目传票。

2) 转账传票的编制。发生转账业务，应逐笔编制转账借方传票和转账贷方传票，以借方科目和贷方科目对转。为了明确对转关系和便于事后查考以及核对账务，对于同一笔业务涉及的几张转账传票，应相互填写对方科目代号，并在全套转账传票上编列同一传票顺序号。对客户提交的特定凭证，可以按规定分别代替转账借方传票和转账贷方传票。

(2) 填写支票，应使用墨汁或碳素墨水笔书写；按规定单写的凭证，应使用蓝黑墨水、碳素墨水或黑色签字笔书写；多联套写的凭证，可以使用圆珠笔和复写纸复写，必须写透、写清，保持上下一致，不得分张单写。按规定可由计算机打印的会计凭证，其所使用的打印墨水有效期不得低于 20 年。

(3) 填写凭证时，书写各种标识及代用符号必须规范：第×号为“#”；每个为“@”；人民币符号为“¥”；年、月、日简写顺序应自左而右为“年/月/日”；年利率简写为“年%”；月利率简写为“月‰”；日利率简写为“日”。

(4) 各种凭证上的汉字要书写端正，不得潦草，不得使用未经国务院公布的简化字。

(5) 大小写金额数字要符合规范，正确填写，不得自造简化字或使用不规范写法。

1) 大写金额数字一律用正楷字或行书填写。如壹、贰、叁、肆、伍、陆、柒、捌、玖、拾、佰、仟、万、亿、圆（元）、角、分、零、整（正）等字样。不得用一、二（两）、三、四、五、六、七、八、九、十、念、另（或 0）等字样代替。如果金额数字书写中使用繁体字，也应受理。少数民族地区和外国驻华领事馆根据实际需要，金额大写可以使用民族文字或者外国文字。

2) 大写数字到“元”位为止的，在元之后应写“整”（“正”）字，在“角”之后可以不写“整”（“正”）字。大写金额数字有“分”的，“分”后面不写“整”（“正”）字。

3）中文大写金额前未印有货币名称的，应加填货币名称，大写数字应紧接货币名称填写，不得留空白。

4）阿拉伯数字应一个一个写，不得连笔，以免分辨不清。阿拉伯小写金额数字前面，应紧接填写人民币符号“￥”或其他货币符号。

5）所有以元为单位（包括其他货币）的阿拉伯数字，除表示单价等情况外，一律填写到角分；没有角分的金额数字在角位和分位应当写“0”。

6）阿拉伯金额数字中间有“0”时，汉字大写金额要写“零”字；阿拉伯数字金额中间连续有几个“0”时，汉字大写金额中可以只写一个“零”字；阿拉伯金额数字万位或元位是“0”，但千位、角位不是“0”时，中文大写金额可以只写一个零字，也可以不写“零”字。

7）按规定需要填写大写金额的各种凭证，必须填明大写金额，不得只填小写金额，且两者必须一致，不一致的凭证无效。

（6）各种凭证不得随意涂改、挖补。内部凭证填写错误时，必须由原经办人员重开。客户提交银行的各种票据和结算凭证的大小写金额、出票或签发日期、收款人名称不得更改，更改的结算凭证无效。其他记载事项，原记载人可以更改，更改时应当由原记载人在更改处签章证明。

（7）凭证上由银行填写和由客户填写的内容应有明显区分，由客户填写的，未经客户授权，银行工作人员不得代办。客户授权银行代制凭证，必须由客户事先提交委托书或协议书，或银行填制凭证其他要素后由客户签章确认。

## 四、电子记账信息

电子生成、传输的记账信息，必须符合以下要求：

（1）客户通过网上银行、自助设备等电子终端生成、传输的电子支付信息，其基本要素应符合柜面提交的相应会计凭证，必须使用约定的密码或电子签名，并在指定的账户中办理。本行进行身份认证后，可根据电子凭证信息直接记账，亦可由经办人员确认后记账，事后根据业务规定提供正式的回单或对账单。

（2）银行会计人员通过内部网络生成、发送的电子凭证信息，必须依据合法的会计凭证。接收方读入的电子凭证信息，应符合规定的格式。

（3）银行参加同城清算、支付系统等通过电子网络生成、传输的记账信息，根据中国人民银行的规定执行。

## 五、会计凭证的审查要素

处理业务时，必须认真审查各类会计凭证，做到符合法规、真实清楚、手续齐全。审查会计凭证要从有关业务的具体要求出发，并注意以下几点：

（1）客户提交的凭证是否为本行应受理的凭证；

（2）使用的凭证种类是否正确，凭证基本内容、联数与附件是否完整齐全，是否超过有效期；

（3）账号和户名是否相符；

（4）大小写金额是否一致，货币名称（符号）有无漏写、错写，凭证是否用蓝黑（或碳素）墨水的钢笔或黑色签字笔书写；

（5）签字、密押、印章是否真实齐全；

（6）款项来源是否符合有关政策规定；

（7）是否超过存款余额；

（8）利息、收费、赔偿金、牌价、罚金、滞纳金的计算是否正确。

凡经过银行编制或受理的凭证，都必须加盖有关人员名章；客户委托办理业务的相关凭证、申请书的回单（执）等加盖“业务受理章”；现金传票在办妥收付款后，应加盖“现金清讫章”；转账传票办理转账后，应加盖“转讫章”；作附件的单证加盖“作附件”戳记。机制凭证必须有经办人和有权审核人员签章或打印的柜员代码。

## 六、会计凭证的传递

会计凭证的传递，是指各种会计凭证从填制、取得到归档保管为止的全部过程，即在银行内外部有关人员和部门之间传送、交接的过程。会计凭证的传递程序，必须做到准确及时、手续严密、先外后内、先急后缓。各类业务凭证的传递，应遵守以下规定：

（1）现金收入业务，必须“先收款，后记账”，以防止漏收或错收款项。

（2）现金付出业务，必须“先记账，后付款”，以防止发生透支。

（3）转账业务，必须先记付款人账，后记收款人账；代收他行票据，收妥抵用，以贯彻银行不垫款原则。

凭证的内部传递，必须由银行指定专门人员负责传递，不得通过客户传递。本行不同会计机构之间的凭证传递，必须建立严格的登记签收制度。

凭证的外部传递，属于银行之间传递的，除中国人民银行在当地的分行或支行另有规定的，应使用专用信封，在封面上填明凭证的种类、件数并设置登记簿进行登记。对于托收凭证和各种收、付款通知等业务回单，可以用邮寄、投回单箱或留行待取方法。留行待取的重要凭证，应逐笔登记，由开户单位（人）签收。

凭证以电子形式进行传递时，由接收方实时打印，发送方不再传递原始纸质凭证。

## 七、会计凭证的整理与保管

会计凭证是重要的会计档案和经济资料，每个单位都要建立会计凭证的保管制度，妥善保管。在保管期间会计凭证不得外借，对超过规定期限（一般是15年）的会计凭证，要严格依照有关程序销毁。需永久保留的有关会计凭证，不能销毁。

（1）处理完毕的会计凭证，应按日装订或装袋。装订或装袋前应检查部门日结单、柜员日结单、凭证张数、附件张数以及有关戳记是否完整、齐全。发现不符或手续不全的，必须由有关人员更正补齐。

（2）凭证应按以下顺序进行装订或装袋：

1）部门各柜员汇总日结单；

2）部门各币种汇总日结单；

3）柜员日结单（按柜员号从小到大排列）；

4）原始凭证（按流水号从小到大成套排列，涉及一笔业务多张原始凭证的按输机的先后顺序排列，必须将打印会计流水号的原始凭证摆放在该笔业务凭证的第一张。有记账凭证的业务，原始凭证需附在相应记账凭证后）；

5）凭证附件、清单（附在原始凭证后）；

6）当日柜员汇总入账清单；

7）有非会计流水号的非账务类凭证（按非会计流水号从小到大排列）；

8）其他凭证、清单（放在柜员所有凭证最后）。

## 第四节　账务组织

账务组织是指账簿设置、记账程序及账务核对方法有机结合的系统。银行账簿按照用途可以分为序时账簿、总分类账簿、明细分类账簿和登记簿四种。

银行现行的账务组织由明细核算和综合核算两个系统构成。明细核算由分户账、登记簿（卡）、余额表组成；综合核算由科目日结单、总账、日计表组成。明细核算按账户核算，综合核算按科目核算。两个系统按双线核算原则，根据同一凭证分别进行，相互联系，相互制约，明细核算与综合核算的数字必须相符。

### 一、明细核算

明细核算是对每个会计科目设置详细分户，按照分户进行记录，由分户账、卡片账、登记簿、余额表和现金收付日记簿等组成，反映各项业务具体对象的资金来源和运用情况。

1. 分户账

分户账是明细核算的主要账簿，按单位或资金项目立户，是各科目的明细记录。它必须按户立账、连续记载，不得以凭证代替分户账。分户账的格式一般有以下四种：

（1）甲种账（见图 2—11）。设有借方发生额、贷方发生额和余额三栏，适用于不计息或用余额表计息以及银行内部科目的账户。

**中国××银行（　　）**

＿＿＿＿＿＿账

| 本账总页数 |
|---|
| 本户页数 |

户名：＿＿＿＿＿＿　领用凭证记录：＿＿＿＿＿＿

账号：＿＿＿＿＿＿　利率：＿＿＿＿＿＿

| 年 | | 摘要 | 凭证号码 | 对方科目代号 | 借方 | 贷方 | 借或贷 | 余额 | 复核盖章 |
|---|---|---|---|---|---|---|---|---|---|
| 月 | 日 | | | | （位数） | （位数） | | （位数） | |
| | | | | | | | | | |

会计　　　　　　　　记账

**图 2—11　甲种账**

（2）乙种账。设有借方发生额、贷方发生额、余额、积数四栏，适用于在账页上计息的账户（见图 2—12）。

**中国××银行（　　）**

____账

| 本账总页数 |
|---|
| 本户页数 |

户名：____　领用凭证记录：____

账号：____　利率：____

| 年 | | 摘要 | 凭证号码 | 对方科目代号 | 借方 | 贷方 | 借或贷 | 余额 | 日数 | 积数 | 复核盖章 |
|---|---|---|---|---|---|---|---|---|---|---|---|
| 月 | 日 | | | | 位数 | 位数 | | 位数 | | 位数 | |
| | | | | | | | | | | | |

会计　　　　　　记账

**图 2—12　乙种账**

（3）丙种账。设有借方发生额、贷方发生额和借方余额、贷方余额四栏，适用于借、贷双方反映余额的账户（见图 2—13）。

**中国××银行（　　）**

____账

| 本账总页数 |
|---|
| 本户页数 |

户名：____　领用凭证记录：____

账号：____　利率：____

| 年 | | 摘要 | 凭证号码 | 对方科目代号 | 发生额 | | 余额 | | 复核盖章 |
|---|---|---|---|---|---|---|---|---|---|
| | | | | | 借方 | 贷方 | 借方 | 贷方 | |
| 月 | 日 | | | | （位数） | （位数） | （位数） | （位数） | |
| | | | | | | | | | |

会计　　　　　　记账

**图 2—13　丙种账**

（4）丁种账。设有借方发生额、贷方发生额、余额、销账四栏，适用于逐笔记账、逐笔销账的一次性业务的账户，它兼有分户明细的作用（见图 2—14）。

**中国××银行（　　）**

____账

| 本账总页数 |
|---|
| 本户页数 |

户名：____

| 年 | | 摘要 | 凭证号码 | 对方科目代号 | 借方 | 贷方 | 借或贷 | 余额 | 复核盖章 |
|---|---|---|---|---|---|---|---|---|---|
| 月 | 日 | | | | （位数） | （位数） | | （位数） | |
| | | | | | | | | | |

会计　　　　　　记账

**图 2—14　丁种账**

登记分户账时应注意：第一，账页上首次按规定填记的事项，均应逐一详细填明，不得省略。更换新账页时，应将上页的最后余额过入新账页的第一行余额栏内，并在摘要栏内填写“承前页”字样。若使用乙种账，还应将累计计息积数同时过入次页。第二，记账前，必须切实核对户名、账号、印鉴、余额、凭证号码等业务内容，防止串户、冒领、透支等事故发生。第三，经济业务发生后，应根据凭证逐笔记载分户账，在分户账摘要栏内简明扼要填写业务事实，有关凭证号码等事项，并结出余额。

2. 登记簿（卡）

登记簿（卡）是用以登记有价单证、重要空白凭证和实物的账簿，是明细核算中的辅助性账簿，是为了适应某些业务需要而设置的账簿，以及统驭卡片账的辅助账簿。凡是分户账上未能记载而又需要查考的业务事项，都可以设置登记簿进行登记，也可以用于统驭卡片账或控制重要的空白凭证、有价单证、实物及某些重要的事项等。登记簿的格式根据业务需要而定，一般都采用借方、贷方（或是收入、付出）和余额三栏来反映数量及金额情况（见图 2—15）。

**中国××银行（　　）**

登记簿（卡）

| 本账总页数 |
|---|
| 本户页数 |

户名：　　　　　　单位：

| 年 | | 摘要 | 收入 | | 付出 | | 余额 | | 复核盖章 |
|---|---|---|---|---|---|---|---|---|---|
| 月 | 日 | | 数量 | 金额（位数） | 数量 | 金额（位数） | 数量 | 金额（位数） | |
| | | | | | | | | | |

会计　　　　　　记账

**图 2—15　登记簿（卡）**

3. 现金收入、付出日记簿

现金收入日记簿、现金付出日记簿是记载和控制现金收入、付出数字的逐笔、序时账簿，是现金收付的明细记录。它由出纳根据现金收入、付出传票逐笔记载，于每日营业终了加计各自合计数以控制现金收付总数（见图 2—16）。

柜组名称：　　　　年　月　日　　　　第　页共　页

| 凭证号数 | 科目代号 | 户名或账号 | 计划项目代号 | 金额（位数） | 凭证代号 | 科目代号 | 户名或账号 | 计划项目代号 | 金额（位数） |
|---|---|---|---|---|---|---|---|---|---|
| | | | | | | | | | |

复核　　　　出纳

**图 2—16　现金收入日记簿**

4. 余额表

余额表是核对总账与分户账余额和计算利息的重要工具。分为计息余额表和一般余额表两种。

计息余额表适用于计息的各科目，其填制的依据是计息科目各分户账，每日营业终了，根据分户账各户当日最后余额填列。若当日未发生收付业务，应根据上一日的最后余额填列，每日填记后，还应按科目加计余额合计数，并与总账同一科目余额核对相符。

一般余额表适用于不计息的各科目，根据分户账当日最后余额填列。

## 二、综合核算

综合核算是按会计科目进行的总括记录，由科目日结单、总账、日计表和业务情况表等组成。

1. 科目日结单

科目日结单（见图 2—17）是每一会计科目当日借方发生额、贷方发生额和传票张数的汇总记录，是监督明细账户发生额、轧平当日账务的重要工具，是记载总账的依据。

每日营业终了，将当天处理的全部传票按科目进行整理，同一科目的传票再分现金付出、现金收入、转账借方、转账贷方各自加计合计数和传票张数，填入科目日结单有关栏内。

库存现金科目由于不再另行编制传票，因此该科目日结单应根据其他各科目日结单中的现金借方合计数填写，反方填入库存现金科目日结单的贷方。只填金额，不填传票张数。全部科目日结单的借方合计汇总数与贷方合计汇总数必须平衡。

中国××银行（　　）

科目日结单

年　月　日

| 凭证种类 | 借方 | | 贷方 | |
|---|---|---|---|---|
| | 传票张数 | 金额（位数） | 传票张数 | 金额（位数） |
| 现金 | | | | |
| | | | | |
| 转账 | | | | |
| | | | | |
| 合计 | | | | |
| | | | | |

附件　张

事后监督　　复核　　记账　　制单

**图 2—17　科目日结单**

2. 总账

总账是各科目的总括记录，是综合核算和明细核算相互核对及统驭分户账的主要工具，也是编制日计表、月计表、业务状况报告表、资产负债表的依据。总账按科目设置，每月更换一张。其格式为借方发生额、贷方发生额、借方余额、贷方余额四栏（见图 2—18）。账页每月更换一次。外汇买卖科目总账，各种外币和人民币分开填记。

总账应逐日记载，每日营业终了，根据各科目日结单登记各总账的发生额栏，同时结出余额。当日未发生业务的科目，将上日余额填入本日余额栏内，以便与余额表核对。

**中国××银行（　　）**

总　　账

科目名称

科目代号

<table>
<tr><td colspan="2" rowspan="2">年　月</td><td colspan="2">借方</td><td colspan="2">贷方</td></tr>
<tr><td colspan="2">（位数）</td><td colspan="2">（位数）</td></tr>
<tr><td colspan="2">上年底余额</td><td colspan="2"></td><td colspan="2"></td></tr>
<tr><td colspan="2">本年累计发生额</td><td colspan="2"></td><td colspan="2"></td></tr>
<tr><td colspan="2">上月底余额</td><td colspan="2"></td><td colspan="2"></td></tr>
<tr><td colspan="2">上月底累计未计息积数</td><td colspan="2"></td><td colspan="2"></td></tr>
<tr><td rowspan="3">日期</td><td colspan="2">发生额</td><td colspan="2">余额</td><td>复核盖章</td></tr>
<tr><td>借方</td><td>贷方</td><td>借方</td><td>贷方</td><td rowspan="2">复核员</td></tr>
<tr><td>（位数）</td><td>（位数）</td><td>（位数）</td><td>（位数）</td></tr>
<tr><td>1 天～10 天小计</td><td></td><td></td><td></td><td></td><td></td></tr>
<tr><td>11 天～20 天小计</td><td></td><td></td><td></td><td></td><td></td></tr>
<tr><td>21 天～31 天小计</td><td></td><td></td><td></td><td></td><td></td></tr>
<tr><td>月计</td><td></td><td></td><td></td><td></td><td></td></tr>
<tr><td>自年初累计</td><td></td><td></td><td></td><td></td><td></td></tr>
<tr><td>本期累计计息积数</td><td></td><td></td><td></td><td></td><td></td></tr>
<tr><td>本月累计未计息积数</td><td></td><td></td><td></td><td></td><td></td></tr>
</table>

会计　　　　　　　　复核　　　　　　　　记账

**图 2—18　总账**

3. 日计表

日计表是反映当日银行全部业务和财务活动的会计报表，也是轧平当日账务的主要工具。日计表应每日根据总账各科目的借方、贷方的发生额和余额填列（见图 2—19）。日计表内全部科目的借方发生额、贷方发生额的合计数和借方余额、贷方余额的合计数，必须各自平衡。

**中国××银行（　　）**

**日计表**

**年　月　日**

| 科目代号 | 科目名称 | 发生额 | | 余额 | | 科目代号 |
|---|---|---|---|---|---|---|
| | | 借方 | 贷方 | 借方 | 贷方 | |
| | | （位数） | （位数） | （位数） | （位数） | |
| | | | | | | |
| | | | | | | |
| | | | | | | |
| 合计 | | | | | | |

行长（主任）　　会计　　复核　　制表

**图 2—19　日计表**

## 三、账务核对

账务核对，又称对账，是银行会计核算中为保证账务正确，对不同账户或其他核算资料所进行的相互对照与核实，是防止内外账务发生差错，确保账务准确、真实的重要措施，是查错防弊、防止经济案件发生的有效手段（见图 2—20）。

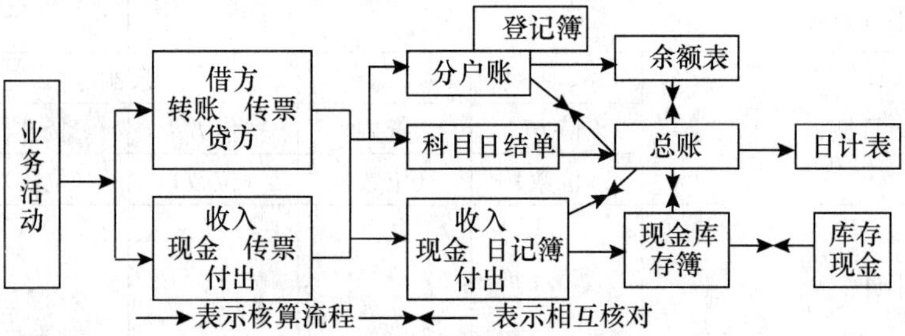


**图 2—20　银行内部账务处理程序和账务核对示意图**

账务核对主要包括内部账务核对、外部账务核对。

### （一）内部账务核对

按照核对的频率，内部账务核对分为每日核对和定期核对。

1. 每日核对

每日核对是指每日会计核算结束后，对账务的有关内容进行核对，主要核对以下内容：

（1）总账各科目余额和发生额的借贷双方合计相等。各科目的分户账（或卡片账）和余额表的余额与该科目总账的余额核对相等。分户账余额与该分户账下的各卡片账余额核对相等。分户账余额与该分户账有关的登记簿核对相等。

借贷双方反映余额的宗旨，应就账页本身的有关数字轧差核对，即前一日借、贷双方余额轧差，加减本日借、贷双方发生额，应等于本日借、贷双方余额的轧差数。

（2）账款核对。现金收付日记簿的总数，必须与库存现金科目总账的借方、贷方的发生额核对相符；现金库存簿的库存数，应与实际库存现金和“库存现金”科目总账的余额核对相符。

(3) 按照柜员、网点(部门)分科目加计凭证借方、贷方的发生额与计算机打印的柜员日结单和部门日结单总额核对相符。

(4) 表外类科目余额应与有关登记簿核对相符，其中有价单证、重要空白凭证应核对当天申领、保管、使用、出售、销毁及库存数。

(5) 核对暂收、暂付挂账通知书与分户账余额一致，对未销账款应指定专人及时查找原因。

(6) 核对各种即期套汇、即期实盘外汇买卖、远期结售汇账户每日余额必须为零(节假日除外)；即期结汇、售汇外币账户每日余额必须为零(节假日、外卡还款除外)，即期结汇、售汇等值人民币账户余额轧差只能有尾差。

每日营业终了，根据现金、重要空白凭证、流水账，进行柜员轧账和网点轧账，实现账款、账证、账账、账簿的试算平衡，打印柜员日结单和网点日结单。

2. 定期核对

定期核对是对未能纳入每日核对的账务按规定日期进行核对。

(1) 贷款借据必须按月与相应的卡片账、分户账、总账余额核对相符。

(2) 各种定期存款、票据等手工卡片账，每月与相应的分户账、总账或有关登记簿核对相符。

(3) 表外类科目备查事项的分户账或登记簿，每月应与所控制的实物(或账卡)、单证、债券等核对相符。其中会计主管每月应对各种有价单证、重要空白凭证和代保管有价证券等进行账实核对。

(4) 每月核对暂收暂付科目余额。对未销账款项必须及时查明原因，按季度填报“暂收暂付明细表”与对应科目余额核对一致。

(5) 每季度，基层营业机构会计主管应指定专人对机构使用的账户印鉴卡数量进行核对，确保与账务系统中的单位结算账户数、票据印鉴防伪系统有效账户数核对相符。

固定资产、低值易耗品、待处理抵债资产等账务应在年终决算前账实核对相符。

**(二) 外部账务核对**

外部账务核对是指银行与在本行开立存贷款账户的单位、个人之间的账务核对以及与中国人民银行、境内外同业和联行往来进行定期或不定期的账务核对。

(1) 分户账对账。按月和满页与开户单位提供包含收付发生额的分户账对账单进行对账。

(2) 余额对账单。每年按照季度或者月度打印附有余额调节表的对账单送达开户单位。

(3) 系统内往来和联行往来对账。与中国人民银行往来、系统内往来和联行往来的账户款项，除了在资金清算时及时核对，每月至少对账一次。如有不平衡应及时查找，及时更正。

使用丁种账页的账户，应按旬加计未销账的各笔金额总额，与各该科目总账的余额核对相符。储蓄科目必须按月通打一次全部分户账(卡)余额，与各该科目总账的余额核对相符。贷款类各科目每月至少通打一次全部分户账余额，与总账余额核对相符，并与借据逐笔勾对相符。余额表上的计息积数，应按旬、按月、按结息期与同科目总账上的累计积数核对相符。对应加、应减积数，应审查发生的原因和数字是否合理正确。

**（三）内外账务核对**

存折户应坚持账折核对；各往来账户，不论是否使用复写账页均应由内勤坐班主任按季填发“往来户对账单”与客户对账，限期收回。内勤坐班主任勾对未达账项无误后将对账回单联按科目、账号顺序排列装订保管备查。发现不符，会计人员要及时帮助查找。对于账务长期错乱、账务不符而又不进行认真核对的客户，应采取必要的制裁措施，限期纠正。

## 四、记账规则和错账冲正

1. 记账规则

会计核算必须遵循有账有据、当时记账、事权划分、当日结账、内外对账、事后监督的原则。核算质量要达到账账、账款、账据、账实、账表、账折、内外账务七相符。

（1）账簿必须根据合法有效的凭证记账，做到内容完整、数字准确、摘要字迹清晰，严禁弄虚作假。

（2）记账应用蓝、黑墨水钢笔书写，复写账页可用蓝色圆珠笔、双面蓝色复写纸书写。红色墨水笔只用于划线和冲账及规定用红字批注的有关文字说明。

（3）账簿上的一切记载，不得涂改、挖补、刀刮、皮擦和用药水销蚀，发现错账时要及时按规定方式更正。

（4）账簿上所写文字及金额，应占全格 1/2。摘要栏文字一格写不完时，可连续在下一格填写，但其金额应填在文字最后一格的金额栏内。金额结平时，应在金额栏的“借或贷”栏写“平”，金额栏元位以“—O—”表示。

（5）现金收入先收款后记账，现金付出先记账后付款，抵现业务先记付款账后收款；转账业务先记借后记贷，先记账后签回单；代收他行票据，收妥入账。

2. 错账冲正

（1）当日发生的差错，采用划线更正法进行更正。

1）账簿上写错日期和金额，应以一道红线划销全行数字，将正确数字写在划销数字上方，由经办柜员在红线左端盖章证明。如果划错红线，可在红线两端用红色墨水划“×”销去，并由经办柜员在右端盖章证明。

2）凭证填错账号和金额而发生的错账，应先更正凭证，并按照 1）项办法更正账簿。

3）在经办业务中，由于计算错误而发生的错账，发现后应按 1）、2）项办法进行更正。

4）账页记载错误无法更改时，不得撕毁，须经业务主管同意，另换账页记载，经过业务主办复核并在错误账页上划交叉红线注销，由经办柜员、业务主办、业务主管盖章证明。注销的账页另行保管，待装订账页时附于该户账页之后备查。

计算机记账发生错账时，要由原经办柜员使用反交易处理，现金业务冲账须同时清点钱箱，个人现金及转账业务冲正须经客户确认。

（2）隔日或以后发现的错账，应填制错账冲正凭证，经业务主管审查签批后办理。计算机操作使用隔日红字冲正交易冲正，用蓝字补账交易补记账；手工操作用红字冲销错账，用蓝字补记入账。

1）记账串户，应填制同一方向红、蓝字冲正凭证办理冲正。红字凭证的摘要中注明“冲销×年×月×日错账”字样（文字、数字均为红字），蓝字凭证的摘要中注明“补记冲正×年×月×日账”字样，经办柜员应按红字凭证记入错账账户，按蓝字凭证记入正确的账户。原错账凭证上用红字注明“已于×年×月×日冲正”字样。

**【例2—5】**　9月13日应记入永贸百货商店的一笔存款5 000元，串户误记入华联商厦存款户。于9月17日发现并冲正，其会计分录为：

借：活期存款——华联商厦　　5 000.00（红字）

　贷：活期存款——永贸百货商店　　5 000.00（蓝字）

2）科目、账户或金额因凭证填制错误而使得账簿记错，则应填制红字错账冲正凭证，将错误账务全数冲销，再按正确的科目、账户、金额重新填制蓝字凭证补记入账，摘要栏均应写明情况。同时在原错误凭证上用红字注明“已于×年×月×日冲正”字样。

**【例2—6】**　12月20日计算机床厂的贷款利息的5 943元，误将传票金额填为5 493元，于12月27日发现，办理冲正。其会计分录为：

借：活期存款——机床厂　　5 493.00（红字）

　贷：利息收入——短期贷款利息收入　　5 493.00（红字）

借：活期存款——机床厂　　5 943.00

　贷：利息收入——短期贷款利息收入　　5 943.00

（3）发现上年度错账，应填制蓝字反方向凭证冲账，不得更改决算报表。凭证的摘要栏应注明情况，原错账凭证上应用红字注明“已于×年×月×日冲正”字样。

（4）系统内同城或异地划款出现差错要凭划出行查询查复书调账，划入行无权自行调账。

划出行发生差错，向异地收款单位开户行发送查询查复书，要求冲正调账，等款项划回后再作账务处理。划入行收到划出行的查询查复书或电报，立即凭以填制特种转账凭证（查询查复书、电报附后）进行冲正调账，如存款不足应负责追索，可以分次扣款。划入行凭划出行查询查复书冲正调账，由此产生的一切问题由划出行负责。凡因冲正错账影响利息计算时，必须计算应加、应减积数。

## 第五节　会计档案管理

1. 永久保管的会计档案

（1）决算报表及决算分析资料；

（2）客户挂失登记簿及申请书、补发存单、存折收据以及账销案存的清单或资料；

（3）会计档案保管登记簿；

（4）会计档案销毁清单；

(5) 存、贷款开、销户登记簿；

(6) 机构撤并交接清册；

(7) 其他需要永久保管的有关资料。

2. 定期保管的会计档案

定期保管的会计档案分为 15 年和 5 年两种。

(1) 保管 15 年的。

1) 综合核算和明细核算的各种账、簿（卡）；

2) 联行专用章的颁发、使用、交销和保管情况登记簿；

3) 凭证及附件；

4) 月、季、半年报表。

(2) 保管 5 年的。

1) 计息科目余额表；

2) 下级行上报的月、季、半年报表和决算表及文字资料；

3) 储蓄所、储蓄代办所日报；

4) 联行往来科目的卡片账、往来账报告表及查询查复书等；

5) 密押代号表使用保管登记簿；

6) 会计人员的移交清册；

7) 各种不定期报表。

分行可以扩大保管范围和延长保管时间，但不能缩小范围或缩短保管时间。对尚待清查的账务，应予延长保管时间。

3. 磁性介质档案

磁性介质档案每年翻录一次，实行双备份，存放在两个不同的建筑物里，并做好防磁、防火、防潮和防尘等工作。保管年限按照上述规定办理。重要磁性介质档案应打印出书面档案，装订保管。

4. 会计档案保管期的计算

会计档案的保管期自档案所属年度终了后的次年 1 月 1 日起计算。

## □ 复习思考题

1. 商业银行的会计凭证可以分为哪几类？
2. 商业银行会计凭证的传递应该遵循什么原则？
3. 商业银行的账户按照格式不同可以分为哪几类？适用范围有何不同？
4. 商业银行的账务核对中每日核对和定期核对分别要核对哪些内容？

# 第三章 Chapter 3 存款业务核算

**学习目标：**

了解存款的种类；

熟悉单位存款资金账户类别与用途；

掌握单位活期、定期存款的核算和利息计算；

掌握单位存款对账和结清账务的内容；

掌握储蓄存款的核算。

**重点难点：**

单位存款的核算和利息计息。

存款是银行通过信用方式吸收的社会闲散资金，是银行资金的主要来源。银行作为信用中介，存款在负债中占有很大比重，是商业银行的主要负债和经常性的资金来源。本章主要就各项单位存款和居民储蓄存款的会计核算进行阐述。

## 第一节 存款的种类

存款是银行以信用方式组织吸收的社会闲置资金和待用资金。银行通过吸收存款，将闲置资金和待用款聚集起来，通过运营，扩大信贷资金来源，活跃金融市场，调节社会经济活动。这些存款，可以从存款期限、存入对象、是否计息、资金性质用途、记账单位等方式进行划分。

### 一、按存款期限分

按存款期限，存款可以分为活期存款（含定活两便存款）和定期存款。

**（一）活期存款**

活期存款是随时可以存取的存款。这类存款没有约定存取时间，没有确切的期限规定，银行也无权要求存款人取款时作事先的书面通知，如企事业单位活期存款、活期储蓄存款、财政性存款等。

### （二）定期存款

定期存款则是约定期限、到期支取的存款，如整存整取、零存整取、整存零取、存本取息等。我国商业银行提供的定期存款服务，期限一般为3个月、6个月、1年、2年、3年和5年等。

以定期、活期方式划分种类，是商业银行通用的基本分类方法。它的特点是反映资金的流动程度，便于银行掌握资金运用的对应期限、长短期贷款的比例和支付准备。现行的会计科目主要按定期、活期分类设置。

## 二、按存入对象分

按存入对象，存款可以分为单位存款、财政性存款和个人（储蓄）存款等。按照存款期限不同，三类存款均可分为定期和活期两类。

### （一）单位存款

单位存款是指银行吸收的国有、集体、合资企业、个体私营、股份企业、机关团体等单位的存款及财政预算外存款。这部分资金是商业银行主要的信贷资金来源，可自行支配、营运。

### （二）财政性存款

财政性存款主要是各银行经办的财政预算内资金存款及集中待缴财政的各种款项形成的存款。各级机关、团体、学校、部队由财政部门拨给的预算经费存款均属此类。

### （三）储蓄存款

储蓄存款也称个人存款，是银行吸收城乡居民的闲置资金形成的存款。储蓄存款不仅是银行资金来源的一个重要组成部分，而且能起到调节货币流通和稳定市场的作用。储蓄存款分为活期和定期两类。

1. 活期储蓄存款

活期储蓄存款是一种不限存期、凭银行卡或存折及预留密码可在银行营业时间内通过柜面或通过银行自助设备随时存取现金的服务，包含定活两便和通知存款。它有活期存折、银行卡、一本通、定活两便几种形式。

2. 定期储蓄存款

定期储蓄存款是约定存期、到期支取本息的存款形式，主要包括以下几种：

（1）整存整取定期存款，指在存款时约定存期，一次存入本金，全部或部分支取本金和利息的服务。

（2）零存整取存款，指客户按月定额存入，到期一次支取本息的服务。

（3）整存零取，指在存款时约定存期及支取方式，一次存入本金，分次支取本金和利息的服务。

（4）存本取息，指存款本金一次存入，约定存期及取息期，存款到期一次性支取本金，分期支取利息的服务。

（5）教育储蓄，指为接受非义务教育积蓄资金，实行优惠利率，分次存入，到期一次支取本息的服务。

## 三、按计息与否分

按计息与否，存款可以分为计息存款和不计息存款。

### （一）计息存款

计息存款是指银行吸收的按规定支付利息给存款人的存款，也称为一般性存款。

### （二）不计息存款

不计息存款是指银行吸收的按规定不计付利息的存款，主要指财政性存款和一些临时性结算存款。

## 四、按资金用途分

对于单位活期存款，以资金用途和账户类别划分，主要有基本存款账户、专用存款账户、一般存款账户和临时存款账户。

### （一）基本存款账户

基本存款账户是独立核算的单位在银行开立的、用于办理日常转账结算和现金收付的账户，包括企业存款户、预算存款户、预算外存款户、中央经费限额支出户和其他存款户。基本存款账户是存款人的主办账户，存款人经营活动的日常资金收付以及工资、奖金和现金的支取均可通过该账户办理。按中国人民银行的规定，存款人只能向银行开立一个基本账户，一般来说存款人可自由选择银行开立基本存款账户。开立基本存款账户是开立其他银行结算账户的前提。

### （二）专用存款账户

专用存款账户是存款人按照法律、行政法规和规章，对其特定用途资金进行专项管理和使用，与基本存款账户资金分别管理而开立的银行结算账户。根据《人民币银行结算账户管理办法》第十三条的规定，对下列资金的管理使用，存款人可以申请开立专用存款账户：（1）基本建设资金；（2）更新改造资金；（3）财政预算外资金；（4）粮、棉、油收购资金；（5）证券交易结算资金；（6）期货保证金；（7）信托基金；（8）金融机构存放同业资金；（9）政策性房地产资金；（10）单位银行卡备用金；（11）住房资金；（12）社会保障基金；（13）收入汇缴资金和业务支出资金；（14）党、团、工会设在单位的组织机构经费；（15）其他需要专项管理和使用的资金。专用存款账户用于办理各项专用资金的收付。

### （三）一般存款账户

一般存款账户是存款人在基本存款账户以外的因银行借款转存或其他结算需要、

在基本存款账户开户银行以外的银行营业机构开立的银行结算账户。该账户可以办理现金缴存、借款转存、借款归还和其他结算资金的收付，但不得办理现金支取。该账户的开立数量没有限制。

### （四）临时存款账户

临时存款账户是存款人因临时需要并在规定期限内使用而开立的银行结算账户。开立临时存款账户适用于以下情况：（1）设立临时机构；（2）异地临时经营；（3）验资。

因异地临时经营活动需要时，可以申请开立异地临时存款账户，用于资金的收付。存款人在账户的使用中需要延长期限的，应在有效期限内向开户银行提出申请，并由开户银行报中国人民银行当地分支行核准后办理展期。临时存款账户的有效期最长不得超过2年。注册验资的临时存款账户在验资期间只收不付，注册验资资金的汇缴人应与出资人的名称一致。

## 五、按存款货币的记账单位分

按存款货币的记账单位，存款可以分为本币存款和外币存款。我国商业银行目前开设了美元、港元、欧元、加拿大元、澳大利亚元等外币存款业务。

# 第二节　单位存款的核算

单位存款是我国银行业的一项传统负债业务，它指存款人以机关、团体、部队、企业、事业单位或其他组织名义在银行开立存款户而存入的款项。单位存款按照支取方式不同可分为单位活期存款、单位定期存款、单位通知存款、单位协定存款等。本节将重点讲述单位活期存款和单位定期存款这两种存款方式。

## 一、单位活期存款

单位活期存款是一种随时可以存取、按结息期计算利息的存款，其存取主要通过现金或转账办理。活期存款账户分为基本存款账户、一般存款账户、临时存款账户和专用存款账户。这种存款的特点是不固定期限，客户存取方便，随时可以支取。

### （一）开立账户

1. 申请与审核

存款单位开立账户时应到拟开户行领取空白“开户申请书”和“印鉴卡”一式三份，如实填写各项内容，并加盖与账户名称一致的单位公章和法人章或根据法人授权书的内容加盖其授权人章；在“印鉴卡”上还可加盖单位财务专用章和法人章，或加盖财务专用章、法人和财务主管人员章。私人名章均可用本人签字代替。

开户申请人还应提交：工商行政机关核发的营业执照；国家外汇管理局规定须提供的资料和批文（开立外汇存款账户时需要）；国家质量监督检验检疫总局办理的组织机构代码证书以及银行内部规定的其他资料。

银行在收到相关资料后，应按规定认真进行开户审查。经审查符合开户条件的，由银行会计主管人员审批。按照单位的条件和资金性质用途确定会计科目，编列账号，登记“开销户登记簿”。

2. 存款账户

单位活期存款账户，有支票户和存折户两种。一般单位的基本账户都可使用支票户，个体工商户视条件决定使用支票户或存折户。支票户还要开立存款分户账，按规定发售空白结算凭证。存折户在第一次存入款项时发给存折。

存款分户账是按存款单位或专户性质分别设置的账户，进行收支的明细记录，也是凭以控制存款余额和计息的依据。每一账户必须填明账号、户名及领用支票号码等。

**（二）存取款的核算**

单位活期存款的存取分为转账存取和现金存取两种形式。转账存取主要是通过各种结算方式和信用支付工具来实现的，也是单位存款收支中使用最多的方式（其核算方法将在第五章支付结算业务中详细介绍）。本节主要介绍现金存取业务的核算手续。现金存取业务在办理过程中应该遵循“现金收入业务，先收款后记账；现金付出业务，先记账后付款”的原则。

1. 支票户现金存取的核算

支票户是单位在银行开立的凭支票等结算凭证办理存取款项的存款账户。它适用于经营业绩良好、结算频繁、信用良好、严格执行结算纪律的单位和个体经营户。开立支票户时必须在银行预留印鉴，凭印鉴支取款项。

（1）存入现金。单位向开户行存入现金时，应填写现金缴款单（进账单，见图3—1）一式两联，连同现金到银行出纳部门缴款。出纳部门经审查凭证点收现金，登记现金收入日记账，并复核签章后，将第一联（回单）盖章退交单位。第二联（传票）经登记现金收入日记簿后，送银行会计部门，据以登记单位存款分户账，并结出余额。会计分录为：

借：库存现金

　贷：活期存款——××单位

**中国工商银行　现金缴款单（收入凭证）②**

年　月　日

总字第　　号

现金日记账顺序　号

此联由收款人开户银行代理凭证

<table>
<tr><td>款项来源</td><td colspan="9"></td><td rowspan="2">收款人</td><td>全称</td><td colspan="8"></td></tr>
<tr><td>缴款部门</td><td colspan="9"></td><td>账号</td><td colspan="8"></td></tr>
<tr><td colspan="11" rowspan="2">人民币<br>（大写）</td><td>十</td><td>万</td><td>千</td><td>百</td><td>十</td><td>元</td><td>角</td><td>分</td></tr>
<tr><td></td><td></td><td></td><td></td><td></td><td></td><td></td><td></td></tr>
<tr><td>票面</td><td>张数</td><td>票面</td><td>张数</td><td>种类</td><td>百</td><td>十</td><td>元</td><td>角</td><td>分</td><td rowspan="5">（收款银行盖章）</td><td colspan="8" rowspan="5">会计分录：<br>（贷）________<br>对方<br>科目：（借）______<br><br>会计　记账<br>复核　出纳</td></tr>
<tr><td>一百元</td><td></td><td>五元</td><td></td><td>角票</td><td></td><td></td><td></td><td></td><td></td></tr>
<tr><td>五十元</td><td></td><td>二元</td><td></td><td>分币</td><td></td><td></td><td></td><td></td><td></td></tr>
<tr><td>十元</td><td></td><td>一元</td><td></td><td>封包</td><td></td><td></td><td></td><td></td><td></td></tr>
<tr><td></td><td></td><td></td><td></td><td></td><td></td><td></td><td></td><td></td><td></td></tr>
</table>

附件　张

**图3—1　现金缴款单（收入凭证）**

（2）支取现金。单位向开户行提取现金，应签发现金支票（见图 3—2），填明取款人、用途，盖齐预留印鉴，并由取款人背书后持交银行，经银行会计部门审核支票内容完整合规（支票大小写金额是否相符，是否超过期限，出票人账户是否有足够支付的存款，是否背书等），并核对印鉴无误，发给取款人对号单，凭此到银行出纳部门取款。会计部门以现金支票代传票，登记单位存款分户账，并结出余额。其会计分录为：

借：活期存款——××单位

　贷：库存现金

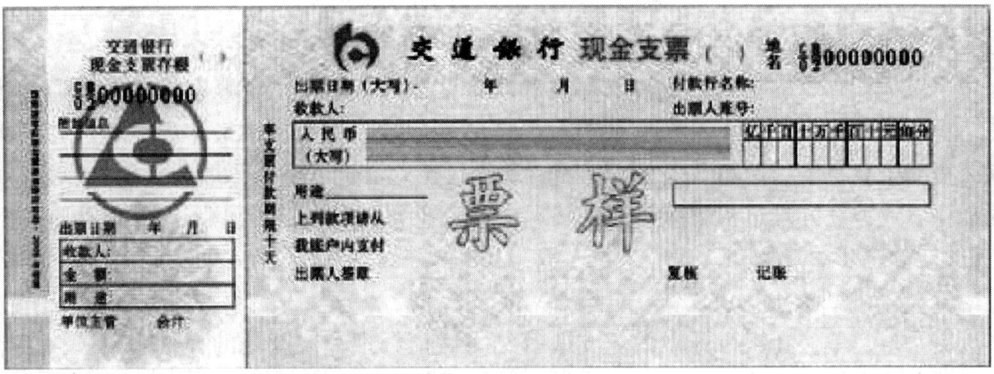


**图 3—2　现金支票**

上述支票经记账、复核并加盖名章后交出纳部门，由出纳部门收回对号单，凭以付现并登记现金付出日记簿，并将支票送回会计部门。

2. 存折户现金存取的核算

（1）存入现金。由单位填写存款凭条，连同存折和现金到银行存款。由银行出纳部门审核无误收妥现金后，登记现金收入日记簿，将凭条和存折一并送交银行会计部门，经会计部门审核无误，以存款凭条代传票，登记分户账和存折，结出余额，其会计分录与支票户存入现金相同。经复核后，存折交还单位收存。

（2）支取现金。由单位填写取款凭条，加盖预留印鉴，连同存折一并交于银行，经银行会计部门审查和核对印鉴无误后，以取款凭条代现金付出传票，登记分户账与存折，将取款凭条和存折送交银行出纳部门凭以付款，然后将存折交单位收存。其会计分录与支票户支取现金相同。

## 二、单位定期存款

定期存款是银行与存款人双方在存款时事先约定期限、利率，到期后支取本息的存款。财政拨款、预算内资金和银行贷款不得作为单位定期存款存入银行。客户若临时需要资金可办理提前支取或部分提前支取，但是只能提前支取一次。

定期存款存入方式可以是现金存入、转账存入或同城提出代付。人民币起存金额为 1 万元，存款通常分为三个月、半年、一年、二年、三年、五年六个利率档次，由单位根据本身的资金情况决定存入金额和期限，由银行开出定期存单，到期一次支取本息。

1. 存入定期存款

单位向银行办理定期存款，只能以转账方式将存款转入定期存款账户，可按存款金额签发转账支票，交银行会计部门。会计部门接到支票按照相关规定审核无误后，以转账支票代转账借方传票登记单位存款分户账，并填写一式三联单位定期存款存单，第一联作为定期存款转账户贷方传票，第二联作为存款单位取款依据，第三联代定期存款卡片账另行保管，并登记开销户登记簿。其会计分录如下：

借：活期存款——××单位

　贷：定期存款——××单位

2. 支取定期存款

按目前的规定，单位定期存款的支取方式有以下几种：

（1）到期全额支取；

（2）全额提前支取；

（3）部分提前支取。

定期存款到期，单位到银行支取款项时，应在存单上加盖预留印鉴送交银行。银行收到存单后，应抽出该户卡片账，审核是否与原留存的卡片账的户名、金额、印鉴等相符，审核无误后，按相关规定计算存款利息编制计息清单，在卡片账上加盖“结清”戳记，以定期存单代付出传票，并编制两联特种转账收入传票，以一联作“活期存款”的收入传票，另一联代收账通知交给单位。同时，填制利息支出的特种转账付出传票一联，一并办理转账手续，另外还要登记开销户登记簿，已结清的定期存款卡片账，另行装订保管。其会计分录如下：

借：定期存款——××单位

　　应付利息——××单位定期存款应付利息

或借：利息支出——××单位定期存款利息支出

　贷：活期存款——××单位

如单位要求将到期本息转期续存，应按上述有关存取手续，结清旧户，另开新存单。

如果全额提前支取，银行按支取日挂牌公告活期存款利率计付利息，其余手续与到期全额支取相同。部分提前支取，若剩余金额不低于起存金额，这部分存款按原定利率差和期限执行，银行换发新存单，其余手续与到期全额支取相同；若剩余金额不足起存金额，银行对于该项存款予以清户，其余手续与到期全额支取相同。

## 三、利息计算

### （一）一般规定

（1）利息计算公式：利息＝本金×存期×利率。

（2）本金以元起息，元以下不计息。计算的利息保留到分位，分位以下四舍五入。

（3）存期“算头不算尾”，即存入日计算利息，支取日不计算利息。在计算存期时，要注意与利率在计算单位上保持一致，即存期以天数计算时，用日利率；存期以月计算时，用月利率；存期以年计算时，用年利率。

（4）利率用年利率、月利率、日利率表示。年利率/12＝月利率；月利率/30＝日利率。

### （二）活期存款利息计算

单位活期存款除财政性存款和规定不计息的账户外，一般都计付利息。计息时一般按季结算利息，每季末20日为结息日，结算出来的利息于次日转账存入活期存款账户。如在结息日前销户，银行应于销户时计付利息。

活期存款计息根据结息期的累计积数计算，计息积数的取得有两种形式：一是用余额表积数计算；二是直接依据分户账上的积数计算。

1. 余额表计息

使用甲种、丙种明细账的存款分户账，采用余额表计息。银行会计部门每日营业终了，将各计息分户账的最后余额按户抄列在计息余额表内。结息日将余额表上各户的每日余额，作为计息积数，从上季结息后的第一天起，加总至结息日止，即为季度累计积数，据以结计本季度存款利息，其计息公式为：

利息＝计息积数(存款余额×日数)×日利率

有的账户如因发生错账进行冲正而涉及计息积数的，应将应加应减积数列入余额表中，以调整累计积数。

2. 分户账上计息

凡使用乙种明细账的存款分户账，因账页上已设置"日数"及"积数"两栏，平时在发生收付业务登记分户账时，将上次存款余额的实存日数和应计积数填列。结息日将各账户的积数分别加计填列，并计算应付利息。

### （三）单位定期存款利息计算

定期存款到期的利息，按存单约定利率计算，与存期内基准利率变动不相关。过期利率按支取日活期存款挂牌利率计算。

（1）按存期年限档次计算定期利息，即按对年、对月、对日计算，利息＝本金×存期×利率。对年一律按360天计算，对月按30天计算，零头天数按实际天数计算。

（2）过期的利息由于取款时可能已经过期，对于取款日与到期日之间的利息，应按实际天数以取款日的活期利率计算。

（3）全额提前支取，银行按支取日挂牌公告的活期存款利率计付利息。

（4）部分提前支取，若剩余定期存款不低于起存金额，则对提取部分按支取日挂牌公告的活期存款利率计付利息，剩余部分存款按原定利率和期限执行；若剩余定期存款低于起存金额，则应按支取日挂牌公告的活期存款利率计付利息。

## 四、对账和结清账务

### （一）对账

对账是指银行与开户单位核对存款账户余额。银行与开户单位定期核实账务，是确保内外账务相符的重要手段。

银行与开户单位的对账工作是对支票户而言的；存折户在账务处理时就已做到账折见面，故不再对账。银行与支票户的对账，分为平时对账和定期对账两种。

（1）平时对账。对使用套写账页的单位，在记满一页时即将一联撕下送交单位核对。

（2）定期对账。根据季末和每年 11 月末各单位账户余额，填发“余额对账单”与单位核对。经单位对账后，在回单联上注明未达账项的逐笔金额，并盖章退回。开户行收回对账回单应勾对未达账，发现问题应与单位联系查明。银行应将开户单位退回的对账单按科目、账号顺序排列装订保管。

#### （二）销户

单位因撤销、合并、迁移等原因以及专用账户的结束，不继续在原开户银行办理存取结算的，可以书面提出申请销户。

（1）申请销户。首先核对银行与单位的存款余额相符，要注意未达款项，包括已签发支票，尚未到银行办理支付的。结户时要将未用完的支票等重要空白结算凭证交回银行注销，应计息的账户将利息结至销户的前一天，并记入账户内结清。对于存折存款户，应收回存折注销。

（2）申请迁移账户。单位如因迁址等原因，要求把账户迁至本行系统的其他营业机构立户往来，由迁出行出具证明，让单位在迁入行另开账户，原账户办理结户手续。有贷款的账户，在未还清贷款前不能结户。

（3）申请变更户名。如单位的名称变动，需相应变更银行账户的户名，应交验有关部门批准的证明、工商部门发给的更名后新营业执照，并具函向开户行提出申请，经银行核查属实，办理更换户名。对于有的单位要求更换账号的，一般采取销旧户立新户的做法。

（4）注销账户。对办理销户、移户的原账页，在结清余额时，应在分户账最后一笔下面加盖销户戳记，并在销户登记簿作相应记录。

### 五、支票、存折、存单和印鉴挂失

支票、存折、存单和印鉴是取款的重要依据，如果发生丢失，有关单位应立即向开户银行办理挂失手续，以免发生被冒领事故和案件。

## 第三节　储蓄存款的核算

### 一、储蓄存款概述

#### （一）概念

储蓄存款即个人存款，是银行吸收城乡居民的闲置资金形成的存款。储蓄存款不仅是银行资金来源的一个重要组成部分，而且能起到调节货币流通和稳定市场的作用。

**（二）政策原则**

为了正确执行国家保护和鼓励人民储蓄的政策，银行办理储蓄业务必须遵循以下原则：

（1）存款自由。存与不存，存多存少，存何种储蓄，何时存入，存在何处，都由自己决定，任何单位和个人不得以任何方式强迫存储。

（2）取款自由。何时取款，取款多少，作何用途，都由自己决定，银行不能干预、留难。

（3）存款有息。各种储蓄存款都按规定利率计给利息。

（4）为储户保密。银行对储户的存款金额及有关情况严守秘密，不随意谈论或告诉他人，以维护储户的合法利益。

《中华人民共和国商业银行法》还对储户的利益作了进一步的保护：对个人储蓄存款，商业银行有权拒绝任何单位或者个人查询、冻结、扣划，但法律另有规定的除外。商业银行破产清算时，在支付清算费用、所欠职工工资和劳动保险费用后，应当优先支付个人储蓄存款的本金和利息。

## 二、储蓄存款业务的核算

**（一）活期储蓄存款业务的核算**

活期储蓄存款，是一种不限存期，凭银行卡或存折及预留密码可在银行营业时间内通过柜面或通过银行自助设备随时存取现金的服务。人民币活期存款1元起存，外币活期存款起存金额为不低于人民币20元的等值外汇。

1. 开户与续存的处理

储户第一次到银行办理存款称为开户。当申请开户时，储户应填写“活期储蓄存款凭条”连同现金一并交给银行柜员，经办人员经审核无误并收妥款项后，在凭条上加盖“新开户”戳记，据以登记在现金日记账和开销户登记簿上，编列账号，开立活期储蓄分户账，登记活期储蓄存折。以存款凭条代现金收入传票。会计分录为：

借：库存现金

　　贷：活期储蓄存款——××存款人

如果储户要求凭印鉴支取或凭密码支取存款，还应在账页上加添密码或在印鉴签章处加盖预留印鉴备验，在存折和账页上加盖“凭印（或密码）支取”戳记。

当储户持活期储蓄存折来银行办理续存时，储户填好“活期储蓄存款凭条”（见图3—3），连同存折和现金交银行柜员。银行柜员经审核无误并点收现金后，先抽出存款账进行记账，然后交会计人员凭存款凭条登记分户账及存折，将存折退交储户，其会计处理手续与开户时相同。

中国××银行活期储蓄存款凭条　　活

科目：211（贷）　　年　月　日

| 类别 |
|---|
| 100 |
| 50 |
| 10 |
| 5 |
| 2 |
| 1 |
| 辅币 |
| |

<table>
<tr><td rowspan="3">银行填写</td><td>账　号</td><td>存入日</td><td>起息日</td><td>存入所</td><td>套　号</td><td>性　质</td></tr>
<tr><td></td><td></td><td></td><td></td><td></td><td></td></tr>
<tr><td>印密</td><td colspan="2">存入金额</td><td colspan="2">余额</td><td>操作</td></tr>
<tr><td rowspan="5">储户填写</td><td colspan="3" rowspan="5">账号________户名........<br>存入金额<br>（大写）........<br>新开户填写证件号码或地址</td><td>1</td><td>个人</td><td></td></tr>
<tr><td>2</td><td>团体</td><td></td></tr>
<tr><td>3</td><td>计息</td><td></td></tr>
<tr><td>4</td><td>不计息</td><td></td></tr>
<tr><td>5</td><td>工资户</td><td></td></tr>
</table>

附件　张

事后监督　出纳　复核　接柜

**图 3—3　活期储蓄存款凭条**

2. 支取与销户的会计核算

储户支取存款时，应填写“活期储蓄取款凭条”（见图 3—4），连同存折一并交给银行柜员。凭印鉴支取，还应在凭条上加盖预留的印鉴，连同存折一并交给银行柜员。银行柜员根据凭条核对账、折和印鉴，经办人员核对无误后，根据存款凭条，先登记现金付出日记账、存折和分户账，并根据存款余额查出应减积数，结出积数余额记分户账积数余额栏。银行以存款凭条代现金付出传票办理转账。会计分录为：

借：活期储蓄存款——××存款人户

　贷：库存现金

中国××银行活期储蓄取款凭条　　活

科目：211（借）　　年　月　日

| 类别 |
|---|
| 100 |
| 50 |
| 10 |
| 5 |
| 2 |
| 1 |
| 辅币 |
| |

<table>
<tr><td>储户填写</td><td colspan="5">账号________户名........<br>支取金额<br>（大写）........</td><td>储户印鉴</td></tr>
<tr><td rowspan="3">银行填写</td><td>账号</td><td>支取日</td><td>止息日</td><td>支取所</td><td>套号</td><td>性质</td></tr>
<tr><td></td><td></td><td></td><td></td><td></td><td></td></tr>
<tr><td>印密</td><td>支取金额</td><td>余额</td><td>结清时利息</td><td>本息合计</td><td>操作</td></tr>
</table>

附件　张

事后监督　出纳　复核　接柜

**图 3—4　活期储蓄取款凭条**

经复核无误后，在存折、取款凭条上加盖个人名章，在取款凭条上加盖“现金收讫”戳记，存折和现金交储户收存。

储户要求取走全部款项，称为销户。储户销户时，应根据存款账最后余额填写“活期储蓄取款凭条”，连同存折一起交给银行柜员。其办理手续除了按一般付款手续办理外，还要计算应付利息，并且填制两联利息清单，一联连同本息交给储户，另一联由储户签名后，作为汇总编制利息支出科目的传票。同时，银行在账、折及取款凭条上加盖“结清”戳记，注销“开销户登记簿”，存折作为取款凭条附件，账页另行保管。会计分录为：

借：活期储蓄存款——××存款人

　　利息支出——活期储蓄存款利息支出

　贷：库存现金

上述程序是以活期储蓄存折户为代表来进行阐述的。活期储蓄存款除了活期储蓄存折，还有活期储蓄支票户、银行卡，其手续及会计分录与活期储蓄存折户基本相同。

3. 利息计算

储蓄存款计息的基本规定如下：

(1) 本金以“元”为起点计息，元以下不计息。各种储蓄存款利息应计算至厘位，支付时计至分位将厘位四舍五入。分段计息时，各段利息应计算至厘位，加总后厘位四舍五入计至分位。

(2) 各种储蓄存款利息（除活期储蓄年度结息、整存整取定期储蓄约定转存外）一律利随本清，不计复利，特殊规定除外。

(3) 计算存期采用“算头不算尾”方法。存入日计算利息，取款日不计算利息。

(4) 定期储蓄存款的存期全年按 360 天计算。不论月大月小，平月和闰月，每月均按 30 天计算，30 日和 31 日视为同一天，不足一个月的零头天数按实际天数计算。如 30 日到期，31 日来取，不作过期一天；31 日到期 30 日来取，也不作提前一天。30 日存入，当月 31 日支取不计息。2 月 28 日存入，第二天 3 月 1 日来取，按存期 3 天计算。

(5) 定期储蓄存款利息一律按“对年、对月、对日”计算。自存入日至次年同月同日为一整年；存入日至次月同日为一整月。

(6) 人民币活期储蓄存款按季结息，按结息日挂牌活期利率计息，每季末月的 20 日为结息日。未到结息日清户时，按清户日挂牌公告的活期存款利率计息到清户前一日止。人民币个人活期存款采用积数计息法按照实际天数计算利息。

**(二) 定活两便储蓄存款业务的核算**

人民币定活两便储蓄是存款时不确定存期，一次存入本金随时可以支取。它的优点是提取灵活，不受期限的约束，而利息计算随存期长短而变动，虽然比同期存款利率略低（为 60%），但明显优于活期存款利率。定活两便存款 50 元起存。

存期不满三个月的，按天数计付活期利息；存期三个月以上（含三个月），不满半年的，整个存期按支取日定期整存整取三个月存款利率打六折计息；存期半年以上（含半年），不满一年的，整个存期按支取日定期整存整取半年期存款利率打六折计息；存期在一年以上（含一年），无论存期多长，整个存期一律按支取日定期整存整取一年期存款利率打六折计息。打折后低于活期存款利率时，按活期存款利率计息。

人民币定活两便存款采用逐笔计息法计算利息。

### (三) 整存整取定期储蓄存款业务的核算

整存整取定期储蓄是适合较长时期闲置资金的存储，约定存期一次存入，到期一次支取本息。起存金额为人民币 50 元，存期分为三个月、半年、一年、二年、三年、五年等档次，利率以存入日规定的相应档次利率为准，与存期内基准利率变动无关，如需提前支取，全部按取款日挂牌的活期利率计息；部分提前支取根据储户需要办理，但以一次为限。

1. 存入

由储户填写“整存整取定期储蓄存款开户书”，填明储户姓名、存款金额、存期及地址等，连同现金交于银行。经办人员点收款项后，填制三联“整存整取定期储蓄存单”（见图 3—5）。第一联代收入传票，其会计分录为：

借：库存现金

　贷：定期储蓄存款—— 整存整取××人

第二联为存单，加盖公章后交储户保存；第三联代分户账，并登记储蓄存款开销户登记簿。有些银行的套写凭证为一式四联，一、二、三联与上述相同，增加第四联送事后监督部门作事后监督的依据。储户如要求凭印支取，应在第一、三联上预留储户印鉴，并在各联上加盖“凭印支取”戳记。

**整存整取定期储蓄存单**

科目：借　　　　　　　　　　　　　　　　　　　　　　　　总号：

账号…………　户名…………　存入：　年　月　日　到期：　年　月　日

存入人民币（大写）…………￥…………

存期　　按年息　　%计息　　起息：　　年　　月　　日

| 支取日期　年　月　日 | | | | | | | | | | | | | | | | | | 储户印鉴 | | (银行公章) |
|---|---|---|---|---|---|---|---|---|---|---|---|---|---|---|---|---|---|---|---|---|
| 利息 | 万 | 千 | 百 | 十 | 元 | 角 | 分 | 本息合计余额 | 百 | 十 | 万 | 千 | 百 | 十 | 元 | 角 | 分 | | | |
| | | | | | | | | | | | | | | | | | | | | |

凭本存单取款

支取时：事后监督　复核：　出纳：　记账：　　存入时：事后监督　复核：　出纳：　记账：

**图 3—5　整存整取定期储蓄存单**

2. 支取

(1) 到期支取。

存款到期，储户持存单向银行取款。经办人员检视存单无误后，抽出分户账（卡片账）与存单相核对，如预留印鉴的，必须在存单上加盖印鉴，核对相符后，即按存期及原定利率算出利息数，填入存单及卡片账有关栏，并据以抄列利息清单，以存单代付出传单。会计分录为：

借：定期储蓄存款——整存整取××人

利息支出——整存整取利息户

贷：库存现金

付款时，将利息清单连同本息款交于储户。结清的卡片账与营业终了轧计发生额和销记开销户登记簿，另行保管，定期装订。

(2) 过期支取。

储户提取到期的定期储蓄，往往不是在到期日向银行支取，而是在到期后若干天才向银行提取。其处理手续与到期支取相同，但其利息，应将到期日至支取日的实际过期天数按支取日活期利率计算，与到期的整存整取储蓄利息一并付给储户。

(3) 提前支取。

未到期的定期储蓄，储户要求提前支取，须由储户提供本人身份证件，经银行审核无误后，在存单背面填注证件名称及号码，并在存单和分户账（卡片账）加盖"提前支取"戳记，再根据实际存入天数，按支取日活期利率计算利息，其余手续与上述到期支取相同。

(4) 整存整取定期储蓄可由客户约定转存期，到期后可按约定存款期限无限次转存。

3. 利息计算

按存入日挂牌公告的相应期限档次整存整取定期存款利率计息。定期存款利息随本清，遇利率调整，不分段计息。

全部或部分提前支取的，支取部分按支取日挂牌公告的活期储蓄存款利率计息，未提前支取部分仍按原存单利率计息。

逾期支取的，超过存单约定存期部分，除约定自动转存外，按支取日挂牌公告的活期储蓄存款利率计息。

人民币整存整取定期存款采用逐笔计息法计算利息。

**(四) 零存整取定期储蓄存款业务的核算**

人民币零存整取存款是指客户按月定额存入，到期一次支取本息的服务。零存整取存款人民币 5 元起存，多存不限。零存整取存款存期分为一年、三年、五年。存款金额由客户自定，每月存入一次。

1. 存入

零存整取定期储蓄存款的存取手续和活期储蓄存款基本相同。开户时，由储户填写"零存整取定期储蓄存款凭条"，连同现金一并交给银行，经银行经办人员审查凭证无误后，点收现金，登记分户账及开销户登记簿，编列账号，开立账户和存折。如凭印鉴或密码支取的，应在分户账上预留印鉴和密码，并在存折和分户账上加盖"凭印（密码）支取"戳记。审核无误后，以存款凭条代现金收入传票，其会计分录为：

借：库存现金

贷：定期储蓄存款——零存整取××人

存折加盖公章后交储户收执。

储户按约定日期到银行进行续存时，银行经办人员收款并对账、折核对无误后，登记账、折，其余处理手续与开户时基本相同。

2. 支取

储户到期支取、过期支取和提前支取，可参照整存整取储蓄有关手续办理，但计息方法有所不同。

3. 利息计算

零存整取储蓄提前支付的，其利息按支取日活期利率计算，已满存期或超过到期日支付，按对年对月计息，不满月的零头天数也计息。利息的计算方法，有以下两种：

（1）采用月积数计息。指根据分户账上的每月余额，按月算出月积额，并加计支取时的累计积数，乘以规定的月利率，即为利息数。其计算公式为：

利息＝(第一个月存款余额＋最后一个月存款余额)×(存入次数/2)×月利率

（2）固定基数计算法。指把事先算出的每元存款到期时应计的利息作为计息基数，到期支取时，以最后存款余额乘以每元存款计息基数，即为应付的利息数。

本金应付利息＝固定基数应付利息×存款金额

固定基数应付利息＝本金×平均存期×月利率

平均存期＝(首月＋末月)/2

另外，月利率按存入日挂牌公告的相应期限档次零存整取定期储蓄存款利率计息。遇利率调整，不分段计息，利随本清。客户中途如漏存一次可在次月补齐，未补存或漏存次数超过一次的视为违约，对违约后存入的部分，支取时按活期存款利率计付利息。

**（五）整存零取定期储蓄存款业务的核算**

整存零取储蓄是适应大额款项存入，在存款时约定存期及支取方式，一次存入本金，分次支取本金和利息的服务。存期分一年、三年、五年，支取期分一个月、三个月、六个月，银行发给存折，以后凭存折分期支取本金，利率到期一次结清。整存零取存款 1 000 元起存。

整存零取储蓄的核算，与整存整取储蓄相同。

利息计算按存入日挂牌公告的相应期限档次整存零取储蓄存款利率计息。遇利率调整，不分段计息，利随本清。计算方法可比照零存整取储蓄存款采用月积数计息法。

**（六）存本取息定期储蓄存款业务的核算**

存本取息的特点是一次存入本金，按期支取利息，适用于大额储蓄存款不动本金、只取利息的需要。存期分一年、三年、五年。由银行发给存折，以后按约定期限，凭折分次支取利息，到期支取本金。存本取息定期存款 5 000 元起存。存本取息定期存款取息日由客户开户时约定，可以一个月或几个月取息一次。取息日未到不得提前支取利息；取息日未取息，以后可随时取息，但不计复息。

存本取息储蓄的核算，基本上与整存整取储蓄的手续相同，可参照办理。

利息用逐笔计息法计算利息，按存入日挂牌公告的相应期限档次存本取息储蓄存款利率。遇利率调整，不分段计息。提前支取本金时，按照整存整取定期存款的规定计算存期内利息，并扣除多支付的利息。

### （七）教育储蓄存款业务的核算

教育储蓄是指为接受非义务教育积蓄资金，实行优惠利率，分次存入，到期一次支取本息的服务。开户对象为在校小学四年级（含四年级）以上学生。其存期分为一年、三年、六年；50元起存，每户本金最高限额为2万元。按照国家相关政策规定，教育储蓄的利息收入可凭有关证明享受免税待遇。

一年期、三年期教育储蓄按开户日同期同档次整存整取定期储蓄存款利率计息；六年期按开户日五年期整存整取定期储蓄存款利率计息。遇利率调整，不分段计息。

客户按约定每月存入固定金额，中途如有漏存，应在次月补齐，未补存者按零存整取定期储蓄存款的有关规定办理。

教育储蓄提前支取时必须全额支取。提前支取时，客户能提供“证明”的，按实际存期和开户日同期同档次整存整取定期储蓄存款利率计付利息，并免征储蓄存款利息所得税；客户未能提供“证明”的，按实际存期和支取日活期储蓄存款利率计付利息，并按有关规定征收储蓄存款利息所得税。

逾期支取，其超过原定存期的部分，按支取日活期储蓄存款利率计付利息，并按有关规定征收储蓄存款利息所得税。

## 三、储蓄所结账与事后监督

储蓄存款核算由两部分组成：一是基层储蓄所机构的柜面核算（也称日常核算）；二是储蓄所管辖处所的账务汇总和事后监督。

### （一）储蓄所的结账与账务核对

1. 结账

每日营业终了，储蓄所要将一天的储蓄业务进行结账，根据各种收、付凭证，分别汇总编制各科目日结单，轧平当期收付发生额和余额，最后根据各科目日结单编制储蓄营业日报表，作为办理交账的依据。

2. 账务核对

每日营业终了需要做好账务核对工作，包括：

（1）核对库存现金。做到日报表上“库存现金”科目余额与当日实际库存现金数一致。

（2）核对分户账余额。采用变动户昨日余额和本日余额，其差额与本日借、贷方发生额之差数相等，即昨日余额－变动户昨日余额＋变动户本日余额＝本日余额，并与日报表科目余额核对相符。

（3）核对开销户。根据新开户的账卡及收回已结清的存单、存折和日报表上的开销户数核对相符。

（4）核对重要空白凭证。储蓄日报表中的重要空白凭证的本日结余数，应与本日各种重要凭证的实际结存数相符。

### （二）储蓄管辖行的账务处理和事后监督

1. 账务处理

基层储蓄机构（储蓄所、储蓄柜）的核算，只是管辖行账务的组成部分，每天营业终了，必须通过一定的方式并入管辖行。合并的方式有两种：

（1）并账的方式。管辖行收到储蓄所（柜）递送的传票及储蓄营业日报表，经审核无误，对各储蓄存款科目按储蓄所分别立账，并根据储蓄传票登记在有关账内，将传票视同本身传票一并处理，轧平当日账务。

（2）并表的方式。由于储蓄所业务量较大，并账有一定困难，因此采用将储蓄营业日报表直接并入管辖行的日记表。管辖行对储蓄所账务不设分户账，将日报表同管辖行同日的日报表合并，编制全辖区汇总日记表。

2. 储蓄的事后监督

管辖行设储蓄事后监督部门，对各种储蓄存款进行全面监督，或者只对几种储蓄存款进行监督，多数行采用后一种做法。

（1）审核储蓄存款凭证和报表。对凭证进行复审主要是审核存取款凭证内容是否齐全正确，结清户的存单、存折是否盖有“结清”戳记；审核储蓄营业日报表，各栏金额和借贷方合计数是否正确平衡，与上日报表余额相衔接。

（2）对定期、活期储蓄进行逐笔复核。活期储蓄的监督，通常有两种做法：一种采用设置副本分户账的办法，根据凭证核算登账，核对各户余额是否与营业日报表上的科目余额相符。另一种是设置复核卡片箱，把存取款凭证按账号顺序投入卡片箱，以后发生存取款，以新凭证（结出余额）投入，旧凭证取出，定期核对余额与营业日报表是否相符。这种形式因抽换凭证容易发生错漏，也不如副本账便于查账。

整存整取储蓄的监督，包括复核凭证内容是否正确、完整；凭印支取的是否盖有储户印鉴；提前支取的，有否摘录证件名称及号码；存取凭证有否漏盖现金收讫、付讫戳记。

（3）复核各类存款利息。对活期储蓄存款的利息余额和计给利息要进行复核；对整存整取储蓄存款、定活两便储蓄存款及其他各种存款的利息计算，包括利率档次、实际存期及算出的利息数是否正确进行复核。

储蓄事后监督对提高核算质量，减少差错，增强银行信誉、维护储户存款安全起着重要作用。管辖行对事后监督中发现的差错、问题，应认真分析原因，并建立定期通报制度，以吸取教训，采取措施，防止再次发生。

## 四、存单（折）及印鉴挂失

### （一）存单（折）挂失

存款人遗失银行卡、存折或存单，必须持本人有效身份证件，并提供存款人姓名、开户时间、储蓄种类、金额、账号及住址等有关信息，到银行书面正式申请挂失，填写一式三联挂失申请书。若委托他人代为办理挂失手续的，还应出示代理申请人身份证件。办理正式挂失后，客户遗失的银行卡、存折或存单将无法使用。

银行查明没有支付时，以挂失申请书第一联留存备查；第二联加盖公章后交给储户，作为日后换取新存单（折）的凭证；第三联凭以登记“储蓄挂失登记簿”。

在挂失卡片账上用红笔注明“×年×月×日挂失”字样，以防冒领。银行在挂失 7 天后，经过核对查实，没有发现问题和异议，储户可凭申请书第二联于 7 天后来行办理补发新存单（折）手续。补发时，应注销原户，另开新户。新存折仍按原起息日计息，并在原账页及开销户登记簿上注明“挂失结清”字样，以便日后查考。

**（二）印鉴挂失**

储户遗失印鉴申请挂失时，应提交本人身份证件，填写挂失申请书一式三联，经银行核实查明存期确未支取，即在原账卡的印鉴栏注明“×年×月×日印鉴挂失”字样，原印鉴注销。如储户仍要求凭印鉴支取，可重新预留印鉴。

## □ 复习思考题

1. 按存款期限，存款可分为哪几类？按计息与否，存款可分为哪几类？
2. 简述单位存款资金账户的类别及其用途。
3. 如何计算单位活期、定期存期利息？

# 第四章
Chapter 4

# 贷款业务核算

**学习目标：**

了解商业银行贷款的种类；

掌握商业银行贷款业务的会计核算；

掌握商业银行贷款利息的计算和会计核算；

掌握商业银行贷款减值准备的会计处理。

**重点难点：**

商业银行贷款的会计核算；

商业银行贷款利息的计算及核算；

商业银行贷款减值准备的提取及核算。

## 第一节　贷款业务概述

贷款是商业银行按照约定的利率和期限还本付息提供给借款人的货币资金。商业银行作为经营货币和货币资本的特殊企业，发放贷款是其重要的资金运用形式，也是商业银行取得收入的重要来源。贷款资产是商业银行最重要的资产，因此准确核算贷款资产和贷款产生的收入与费用是商业银行会计核算工作的重要内容。

### 一、贷款的种类

为了方便对贷款业务进行管理和会计核算，要按照一定的标准对贷款进行划分。

### （一）按照贷款期限划分

贷款按照期限分为短期贷款、中长期贷款。短期贷款是银行发放的期限在1年以内（含1年）的各种贷款；中长期贷款是期限在一年以上的贷款。

### （二）按照贷款性质和风险度划分

贷款按照性质和风险度分为信用贷款、担保贷款和票据贴现。信用贷款是无须任何担保完全凭贷款申请人的信用发放的贷款。担保贷款按照担保的不同形式可以分为保证贷款、抵押贷款、质押贷款。票据贴现贷款是商业银行给予未到期商业汇票的持票人的短期资金融通。

### （三）按照经营方式划分

贷款按照经营方式可分为自营贷款、委托贷款。自营贷款是银行以合法方式筹集资金，自主发放，风险由贷款银行承担，并由贷款银行收回本金和利息的贷款。委托贷款是指政府部门、企事业单位或个人等委托人提供资金，由贷款银行（即受托人）根据委托人确定的贷款对象、用途、金额、期限、利率等代为发放、监督使用并协助收回的贷款。贷款银行只收取手续费，不承担贷款风险，不得给委托人垫付资金。委托贷款又分为一般委托贷款、银团贷款、联合贷款、转入买方信贷、出口买方信贷。

以上不同的划分方法的结果会存在重叠。从会计核算的角度而言，信用贷款的核算与担保贷款的核算存在比较大的差异，因此我们按照这两大类来讲述贷款业务的会计核算。

## 二、贷款业务核算的基本要求

贷款业务的会计核算必须遵循以下基本要求：

### （一）准确及时地办理各项贷款业务的核算手续

商业银行的会计部门根据信贷部门与借款人签订的借款合同，办理贷款的发放手续。定期计算并收取利息，按照权责发生制的原则核算贷款业务的利息收入，到期收回贷款并对逾期贷款按照规定收取逾期利息。

### （二）加强对贷款业务的会计监督

根据国家法律法规的规定以及银行监管部门的要求，商业银行要对贷款业务进行全过程的监督，确保贷款符合法律法规的规定，保证借款人按照合同的约定使用借款资金，确保信贷资金的安全。

### （三）提供监管所需要的贷款信息

银行监管部门为了了解金融运行的总体状况，需要商业银行提供有关贷款的信息。通过会计核算工作提供金融监管所需要的信息也是贷款会计核算的重要内容。

## 三、贷款核算的基本原则

### （一）贷款应分本金和利息进行核算

银行对发放的贷款，应当按照实际贷出的贷款金额入账。期末应当按照贷款本金和适用的利率计算应收取的利息。

### （二）自营贷款与委托贷款应分别核算

自营贷款纳入表内核算，对由银行转贷并承担对外还款责任的国际融资转贷款也视同自营贷款纳入表内核算。委托贷款除资金的划转在表内核算外，其本金和未收利息均在表外进行核算。

### （三）商业性贷款与政策性贷款分别核算

政策性贷款是银行根据国家特定的政策向符合条件的借款人发放的贷款，此类贷款往往利率较商业性贷款优惠，必须与银行运用自有资金发放的商业性贷款分别核算。

# 第二节　信用贷款的核算

信用贷款是完全凭贷款申请人的信用无须担保发放的贷款。借款人需要资金时逐笔向银行提出借款申请，经过银行批准后逐笔签订借款合同，逐笔立据审查，逐笔发放，约定借款期限到期还款。

贷款业务的基本过程包括：借款人申请借款，信贷部门审核贷款申请、批准贷款并签订借款协议，计划部门核准贷款规模，会计部门发放贷款、定期计算并收取利息，信贷部门进行贷后管理并对贷款进行分类、到期通知收回，会计部门收回贷款本金和利息或者根据批准的核销通知核销无法收回的贷款。

## 一、贷款发放的会计处理

借款人借款时首先填写“借款申请书”向银行提出申请，并向银行信贷部门提供相关资料。商业银行的信贷部门根据审贷分离的原则和特定的授权进行审批，审批以后与借款人签订借款合同，约定借款的金额及用途、利率、还款期限、违约责任等条件。

发放借款时由借款人填写一式五联的借款凭证（见图 4—1），第一联（借方传票）应加盖借款单位公章及预留印鉴，第二联为贷方传票，第三联为收账通知，第四联为放款记录，第五联为到期卡，连同申请书经信贷部门审批盖章后送会计部门。

（　　　　贷款）借款凭证（申请书代借据）①

单位编号：　　　　　　　　　　日期：　年　月　日　　　　　　　　银行编号：

<table>
<tr><td rowspan="3">借款人</td><td>名称</td><td colspan="2">同右</td><td rowspan="3">收款人</td><td colspan="2">名称</td><td colspan="8"></td></tr>
<tr><td>放款户<br>账号</td><td colspan="2"></td><td colspan="2">往来<br>账号</td><td colspan="8"></td></tr>
<tr><td>开户<br>银行</td><td colspan="2"></td><td colspan="2">开户<br>银行</td><td colspan="8"></td></tr>
<tr><td colspan="2">借款期限<br>（最后还款日）</td><td colspan="2"></td><td colspan="3">借款计划指标</td><td colspan="8"></td></tr>
<tr><td colspan="2" rowspan="2">借款申请金额</td><td colspan="3" rowspan="2">人民币<br>（大写）：</td><td>千</td><td>百</td><td>十</td><td>万</td><td>千</td><td>百</td><td>十</td><td>元</td><td>角</td><td>分</td></tr>
<tr><td></td><td></td><td></td><td></td><td></td><td></td><td></td><td></td><td></td><td></td></tr>
<tr><td colspan="4" rowspan="2">借款原因及用途</td><td rowspan="2">银行<br>核定<br>金额</td><td>千</td><td>百</td><td>十</td><td>万</td><td>千</td><td>百</td><td>十</td><td>元</td><td>角</td><td>分</td></tr>
<tr><td></td><td></td><td></td><td></td><td></td><td></td><td></td><td></td><td></td><td></td></tr>
<tr><td>期限</td><td>计划还款<br>日期</td><td>√</td><td>计划还款<br>金额</td><td rowspan="5">银<br>行<br>审<br>批</td><td colspan="10" rowspan="5">负责人　　　信贷部门主管　　　信贷员</td></tr>
<tr><td>1</td><td></td><td></td><td></td></tr>
<tr><td>2</td><td></td><td></td><td></td></tr>
<tr><td>3</td><td></td><td></td><td></td></tr>
<tr><td>4</td><td></td><td></td><td></td></tr>
<tr><td colspan="5">兹根据你行贷款办法规定，申请办理上述借款，请核定贷给<br>此致<br>中国××银行<br>（借款单位预留往来户印鉴）</td><td colspan="10">会计分录：<br>（借）……………………户<br>对方科目：（贷）……………………<br>会计　　　复核　　　记账</td></tr>
</table>

此联由银行放款账户借方凭证　6168—94—4（2）8000本10×5

图 4—1　借款凭证

会计部门收到借款凭证后应认真审查以下内容：凭证各栏内容填写是否准确完整；大小写金额是否一致；印章是否齐全，与预留印鉴是否一致；印鉴与借款单位的名称是否一致；是否有信贷部门和相关人员的审批意见。会计部门经审核后，为借款单位开立贷款分户账，并将存款转入借款单位存款账户。其会计分录如下：

（1）借方、贷方账户均为本网点。

借：××贷款——××户

　贷：活期存款——××户

（2）借方账户为本核算网点，贷方账户为其他核算网点。

1）借方账户网点的会计分录：

借：××贷款——××户

　贷：辖内往来

2）贷方账户核算网点的会计分录：

借：辖内往来

　贷：活期存款——××户

（3）借方账户为其他核算网点，贷方账户为本核算网点。

1）贷方账户核算网点的会计分录：

借：辖内往来

　贷：活期存款——××户

2）借方账户核算网点的会计分录：

借：××贷款——××户

　贷：辖内往来

借款凭证第一、二联分别为借、贷方传票，第三联盖章后退回借款单位，第四联由信贷部门留存，第五联为到期卡专夹保管。

办理完毕后，第三联借款凭证盖章后退回借款人，第四联由信贷部门保管备查，第五联按照到期先后顺序保管。

## 二、贷款到期收回的处理

贷款到期后，借款人应按照合同的约定及时足额归还贷款本息，银行按照回收贷款的不同情况分别处理。

### （一）到期借款人主动归还贷款

贷款到期，由还款人签发支付凭证，柜员审查支付凭证无误后，作账务处理。借款到期时借款人主动归还贷款，填写一式四联还款凭证（见图4—2）或签发转账支票送借款银行，办理还款手续。银行收到还款凭证后与保管的贷款卡片核对，查看借款人账户中是否有足够的金额还款，审核无误后，计算利息，以还款凭证第一、二联做转账借贷方传票，办理转账。其会计分录为：

（1）借方、贷方账户均为本核算网点。

借：库存现金

或借：××存款——××户

　贷：××贷款——××户

　　利息收入

　　应收利息

（2）贷方账户为本核算网点，借方账户为其他核算网点。

1）贷方账户网点的会计分录：

借：辖内往来

　贷：××贷款——××户

　　利息收入

　　应收利息

银行（　　　　贷款）还款凭证（申请书付出凭证）①

原借款凭证银行编号：　　　　　　　　　　　　　　　　　　　银行编号：

此联由银行代存款账户付出凭证

<table>
<tr><td rowspan="3">借款单位</td><td>名称</td><td></td><td rowspan="3">付款单位</td><td colspan="3">名称</td><td colspan="7">同左</td></tr>
<tr><td>往来户账号</td><td></td><td colspan="3">放款户账户</td><td colspan="7"></td></tr>
<tr><td>开户银行</td><td></td><td colspan="3">开户银行</td><td colspan="7"></td></tr>
<tr><td colspan="2">计划还款日期</td><td>年　月　日</td><td colspan="2">还款次序</td><td colspan="9">第　　　次还款</td></tr>
<tr><td colspan="2" rowspan="2">借款申请金额</td><td colspan="2" rowspan="2">人民币<br>（大写）</td><td>千</td><td>百</td><td>十</td><td>万</td><td>千</td><td>百</td><td>十</td><td>元</td><td>角</td><td>分</td></tr>
<tr><td></td><td></td><td></td><td></td><td></td><td></td><td></td><td></td><td></td><td></td></tr>
<tr><td colspan="2">还款内容</td><td colspan="12"></td></tr>
<tr><td colspan="4">由借款单位存款户内转还上述借款<br>（盖借款单位预留存款户印章）<br>（银行主动转还时免盖）</td><td colspan="10">会计分录：借<br>对方科目：（贷）<br>会计　　　复核　　　记账</td></tr>
</table>

**图 4—2　还款凭证**

2）借方账户核算网点的会计分录：

借：××存款——××户

　贷：辖内往来

（3）借方账户为本核算网点，贷方账户为其他核算网点。

1）借方账户网点的会计分录：

借：库存现金

　　××存款——××户

　贷：辖内往来

2）贷方账户核算网点的会计分录：

借：辖内往来

　贷：××贷款——××户

　　利息收入

　　应收利息

### （二）到期银行主动扣收

到期日借款人未主动归还，银行可视单位存款账户余额，按有关规定主动予以扣收全部或部分贷款，由银行填制特种转账凭证进行账务处理。借款人用现金还贷，银行应将现金收妥后再作账务处理。

贷款到期后，借款人未能主动归还借款，但借款人银行账户中有足够余额还款时，银行会计部门征得银行信贷部门同意并出具贷款收回通知单，可直接扣款。会计部门根据贷款收回通知单编制一式四联的还款凭证，扣收贷款，会计处理同借款人主动归还贷款。

## 三、贷款逾期的处理

贷款到期前，如果借款人资金周转困难，可以填写“贷款展期申请书”向银行申请贷款展期，信贷部门审查同意后，书面通知前台业务人员办理展期。展期期限不能大于原贷款期限，且原贷款期限与展期期限累加后不能超过该类贷款所规定的最长期限。

银行会计部门抽出保管的原借款凭证第五联，批注新的到期日。到期后收回的处理同正常到期收回。

逾期贷款是指到期应收回而未能收回的贷款，逾期贷款不含呆滞贷款和呆账贷款。贷款逾期时银行应将原贷款转入逾期贷款科目。其会计分录为：

借：逾期贷款——××单位（预期 90 天以内）

贷：××贷款——××单位

到期贷款转入逾期贷款后，应从逾期日起到还清前 1 日按照规定比例加收过期利息或罚息。对贷款本金或利息逾期 90 天以上，或贷款虽然未逾期或逾期未超过 90 天但借款人生产经营已停止、项目已停建的自营贷款，应作为非应计贷款管理。贷款本金逾期 90 天或者应收利息逾期超过 90 天不再计入利息收入，而应转做表外核算，实际收回时计入当期利息收入。非应计贷款原已计入表内的应收未收利息和原已计入损益的利息收入，应转入表外核算。

当贷款为本金逾期时，无论该贷款是否为非应计贷款，都应将收到的还款首先冲减本金和表内欠息，其余部分确认为当期利息收入，即遵循“先本后息”的原则，还款顺序为：借据本金、表内欠息、借据利息、表内欠息复息、表外欠息、表外欠息复息。

当贷款仅为利息逾期（本金未逾期）时，应将收到的还款首先冲减欠息，即遵循“先息后本”的原则，具体分为以下两种情况：

（1）应计贷款的还款顺序为：表内欠息、表内欠息复息、表外欠息、表外欠息复息、借据本金、借据利息。

（2）非应计贷款由于无表内欠息，因此还款顺序为：表外欠息、表外欠息复息、借据本金、借据利息。

如借款人不能偿还以往的利息，且没有足够的证据表明以后能够按期及时足额偿还该笔贷款的本息，通常不能再从非应计贷款转回应计贷款。如客户能够及时偿还以往的欠息，并有足够的证据表明以后能够按期及时足额偿还该笔贷款的本息，则可将该笔贷款从非应计贷款转回应计贷款。

对于逾期贷款，银行应组织力量查明原因，及时催收。

逾期贷款超过 90 天后转为呆滞贷款，其会计分录为：

借：呆滞贷款——××单位

贷：逾期贷款——××单位

呆滞贷款指按有关规定，逾期（含展期后到期）超过规定年限仍未归还的贷款，或虽未逾期或逾期不满规定年限，但借款人生产经营已终止、项目已停建，但尚不符合呆账条件的贷款。如果确实无法收回，符合呆账核销条件的贷款转入呆账贷款科目，其会计分录为：

借：呆账贷款——××单位

贷：呆滞贷款——××单位

按照授权经批准后核销，其会计分录为：

借：贷款减值准备——专项准备

贷：呆账贷款——××单位

应收利息

借款人归还已核销的贷款呆坏账，其会计分录为：

(1) 对归还已核销的贷款呆账的处理。

借：××贷款——××户

贷：贷款减值准备

借：××存款——××户

贷：××贷款——××户

(2) 对收回已核销坏账表内利息的处理。

借：应收利息

贷：贷款减值准备

借：××存款——××户

贷：应收利息

(3) 对收回的已核销表外欠息的处理。

借：备查登记业务余额

贷：应收利息

借：××存款——××户

贷：利息收入

借：应收利息

贷：备查登记业务余额

## 第三节　担保贷款的核算

按照贷款的不同形式，担保贷款可以分为抵押贷款、保证贷款和质押贷款三种。

### 一、抵押贷款

抵押贷款是按照《中华人民共和国担保法》（以下简称《担保法》）规定的抵押方式以一定的财产作为抵押物而发放的贷款。借款人到期不能归还贷款时，贷款银行有权依法处置抵押物，从所得款项中优先收回贷款本息，或以抵押物折价充抵借款本息。

#### （一）抵押物的种类

《担保法》规定，借款人申请抵押贷款时可以充当抵押物的必须是借款人所有的、有价值的、可保存的、易变现的财产。主要有以下几项：

（1）抵押人所有的房屋和其他地上定着物；

（2）抵押人所有的机器、交通运输工具和其他财产；

（3）抵押人依法有处分权的国有土地使用权、房屋和其他地上定着物；

（4）抵押人依法有处分权的国有机器、交通运输工具和其他财产；

（5）抵押人依法承包并经发包人同意抵押的荒山、荒沟、荒丘、荒滩等荒地的土地使用权；

（6）依法可以抵押的其他财产。

借款人可以以其中一种、几种或全部财产做抵押，但是土地所有权、集体所有的土地使用权、公益单位的社会公益设施、所有权或者使用权不明或有争议以及被查封、扣押、监管的财产不能作为抵押物。

### （二）抵押贷款的申请和审批

抵押贷款由借款人向商业银行提出申请，并向银行提供以下资料：借款人的法人资格证明、抵押物清单及符合法律规定的所有权证明、需要审查的其他资料。收取抵债资产应当按照规定确定接收价格，核实产权。

商业银行收到借款申请后要对借款人的资格、借款目的和抵押物进行审查。审批同意后可签订抵押借款合同，按照抵押物价值的50%～70%发放贷款。

贷款额度＝抵押物作价金额×抵押率

每笔贷款的抵押率的高低要根据具体的情况确定，要考虑贷款风险、借款人的信用和抵押物的性质。

### （三）抵押物的保管

保管抵债资产应当按照物账分管的原则，运行部门负责管账，其他部门指定专人管物。及时进行账务处理，定期检查、账实核对。抵押合同签订、贷款发放后，抵押物依据合同要移交债权银行。动产抵押中体积小而金额高的抵押物一般由银行保管。对于保管技术性强的抵押物也可委托第三方。办理抵押贷款的各种费用由借款人承担。

### （四）抵押贷款的发放和收回

抵押贷款经银行信贷部门审批同意后，会计部门审查借款凭证和随附的抵押物清单无误，办理贷款的发放，会计分录为：

借：抵押贷款——××单位

　贷：活期存款——××单位

同时对抵押物进行表外登记，纳入“待处理抵押质押品”表外科目进行核算。

贷款到期，借款人主动向银行归还贷款时，银行根据还款凭证收回贷款本息，会计分录为：

借：活期存款——××单位

　贷：抵押贷款——××单位

　　　利息收入

贷款本息收回后，注销表外科目，同时将抵押物及有关单据退回借款人。

如果到期不能归还贷款，应转做逾期贷款处理，同时向借款人发送“处理抵押品通知单”。逾期超过规定期限的银行有权处置抵押物，处置所得扣除抵押物的保管费用后归还贷款本息。处置抵债资产应当按照公开、透明的原则，聘请资产评估机构评估作价。一般采用公开拍卖的方式进行处置。采用其他方式的，应当引入竞争机制选择抵债资产买受人。抵债资产不得转为自用。因客观条件需要转为自用的，应当履行规定的程序后，纳入相应的资产进行管理。

作价入账的会计分录为：

借：固定资产

　　贷：逾期贷款——××单位

　　　　利息收入（或应收利息）

变卖的会计分录为：

借：有关科目

　　贷：逾期贷款——××单位

　　　　利息收入（或应收利息）

## 二、保证贷款

保证贷款是按照《担保法》规定的保证方式由第三人承诺在借款人无力还款时，按照约定的承诺承担一般保证责任或连带责任而发放的贷款。

### （一）保证和保证人

保证是保证人和债权人的约定，当债务人不能偿还借款时，保证人按照约定履行债务或承担责任。

具有代为清偿能力的法人、其他组织或者公民，可以作为保证人。国家机关不得作为保证人，但经国务院批准为使用外国政府贷款或者国际组织进行转贷的除外。学校、幼儿园、医院等以公益为目的的事业单位、社会团体不得作为保证人。企业的分支机构或部门不得作为保证人，但是分支机构经过授权可以在授权的范围内提供保证。

在保证贷款中保证人处于债务人的地位，如果债务人不能按期还款时，保证人应就保证合同的约定承担一般保证或者连带保证责任，代为清偿债务后向借款人追偿。

### （二）保证合同和保证方式

保证人应与债权人签订书面保证合同。保证人可以就单个合同签订保证合同，也可以在协议的限额内就一定期间发生的借款合同签订一个保证合同。

保证的方式有一般保证和连带保证两种。如果合同约定在债务人不能偿还债务时由保证人承担偿还责任的保证合同为一般保证；如果合同约定保证人与债务人对债务承担连带责任的为连带保证合同。

### （三）保证贷款的发放和收回

借款人申请借款时应向银行提供由保证人签署的保证书，经银行审查同意后与保证人签订保证合同，填制借款凭证，由会计部门发放贷款。会计分录为：

借：××贷款——××单位

贷：活期存款——××单位

贷款到期后，借款人主动归还或由银行主动扣收款项。会计分录为：

借：活期存款——××单位

贷：××贷款——××单位

利息收入

借款人无力还款时，按照保证合同的约定向保证人收取贷款本金和利息。

### 三、质押贷款

质押贷款是指以借款人或者第三者的动产或权利作为质物而发放的贷款。质押贷款的关系人为借款人、出质人和质权人，出质人可以是借款人、借款人以外的第三人，质权人是发放贷款的商业银行。

质押贷款的发放以质物为基础，质物可以是动产也可以是财产权利，以动产做质押的必须将动产移交发放贷款的银行占有，并订立质押合同。可以做质押的财产权利包括：汇票、支票、本票、债券、存款单、仓单、提单，可以依法转让的股份、股票，依法可以转让的商标专用权、专利权、著作权中的财产权。以汇票、支票、本票、债券、存款单、仓单、提单作为质物的应当在合同约定的期限内将权利凭证交付发放贷款的银行；以依法转让的股份、股票作为质物的应向证券登记机构办理出质登记；以依法可以转让的商标专用权、专利权、著作权中的财产权作为质物的应向出质人的管理机构办理出质登记。

质押贷款的发放和收回与抵押贷款基本相同，贷款到期不能收回时银行可以以所得质物的价款来偿还贷款本息及其他相关费用。

## 第四节 票据贴现的核算

票据贴现是商业汇票的持票人为获得资金向银行贴付一定的利息转让未到期的商业汇票的行为。它是票据转让行为，也是商业银行发放贷款的一种方式，是商业信用与银行信用相结合的融资手段。

商业汇票的贴现必须具备以下条件：在银行开立存款账户的企业法人及其他组织；与出票人或其直接前手有真实的商品贸易关系；提供与其直接前手交易的增值税专用发票和发运单据的复印件。

### 一、银行汇票贴现的处理

商业汇票的持票人办理贴现时应根据汇票的金额填制一式五联的贴现凭证（见图4—3），填妥凭证后贴现申请人应在第一联上加盖预留印鉴，连同商业汇票提交银行信贷部门，信贷部门审核同意后在汇票第一联上签注“同意”字样，加盖名章后交会计部门。

会计部门收到汇票和贴现凭证后要审查汇票是否真实、内容填写是否完整、贴现凭证与汇票是否相符。审核无误后计算贴现利息和实付贴现金额。

**贴现凭证**（贷方凭证） **2**

申请日期 年 月 日　　　　第 号

| | | | | | | |
|---|---|---|---|---|---|---|
| 贴现汇票 | 种类 | | 号码 | | 持票人 | 名称 | |
| | 出票日 | 年 月 日 | | | | 账号 | |
| | 到票日 | 年 月 日 | | | | 开户银行 | |
| 汇票承兑人 | 名称 | | 账号 | | 开户银行 | |
| 汇票金额 | 人民币（大写） | | | | | 千百十万千百十元角分 |
| 贴现率 ‰ | 贴现利息 | 千百十万千百十元角分 | | 实付贴现金额 | | 千百十万千百十元角分 |
| 备注： | | | | 科目（贷）<br>对方科目（借）<br>复核　记账 | | |

此联银行作持票人账户贷方凭证

10×17.5公分（白纸红油墨）

**图4—3 贴现凭证**

银行受理票据贴现，应先根据中国人民银行规定的贴现利率正确计算贴现利息和贴现实得金额，计算公式如下：

票据到期价值＝票据面值×(1＋年利率×票据到期天数÷360)

＝票据面值×(1＋年利率×票据到期月数÷12)

贴现利息＝票据到期价值×贴现率×贴现天数÷360

贴现天数＝贴现日至票据到期日实际天数－1

贴现实得金额＝票据到期价值－贴现利息

实付贴现金额按票面金额扣除贴现日至票据前一日的利息计算。票据承兑人在异地的，贴现利息的计算应另加3天的划款日期。

计算完毕后将结果填入贴现凭证中的贴现利息和实付贴现金额栏内，以贴现凭证的第一、二和三联作为转账借方和贷方传票办理转账。会计分录为：

借：贴现——商业承兑汇票或银行承兑汇票

　贷：活期存款——××单位

　　　利息收入——贴现利息收入

转账后，第四联加盖银行业务公章后连同有关单证退还贴现申请人，第五联及汇票按照到期日顺序专夹保管。

## 二、汇票到期收回的处理

贴现的汇票到期后，贴现银行作为汇票新的持票人应及时收回票款，防止资金被占用。银行应根据不同的情况分别处理。

### (一) 商业承兑汇票贴现到期收回

对于同城的商业汇票在到期日办理收款；对于异地的商业汇票应匡算邮程，提前填制委托收款凭证连同汇票寄交承兑人开户银行向承兑人收取票款。

承兑人开户银行收到委托收款凭证和汇票后，于到期日将票款从承兑人账户划转贴现银行。会计分录为：

借：活期存款——承兑人

　贷：辖内往来

贴现银行收到划回的款项后，转销贴现科目。会计分录为：

借：辖内往来

　贷：贴现——商业承兑汇票

如果承兑人存款账户资金不足，则退回凭证，按照规定收取罚金。收到退回的有关凭证后，商业银行对已贴现的汇票款项向贴现申请人收取款项。会计分录为：

借：活期存款（或有关科目）——承兑申请人

　贷：贴现——商业承兑汇票

贴现银行则向贴现申请人追索贴现票款，办理转账。会计分录为：

借：活期存款——贴现申请人

　贷：贴现——商业承兑汇票

如果贴现申请人账户无足够资金，则转为逾期贷款处理。

**（二）银行承兑汇票贴现到期收回**

由于银行承兑汇票的承兑银行于汇票到期日从出票人的账户中扣收汇票款专户储存，即使出票人账户资金不足也由承兑银行承担付款责任，所以银行承兑汇票一般不会发生退票。贴现银行的具体会计处理手续参照商业承兑汇票，分同城和异地进行处理。

承兑银行收到委托收款凭证和汇票后，经审查无误，从汇票专户将款项转出，划转贴现银行。会计分录为：

借：应解汇款

　贷：辖内往来

贴现银行收到划回的款项后，按照委托收款的手续办理。会计分录为：

借：辖内往来

　贷：贴现——银行承兑汇票

## 第五节　贷款利息的核算

利息是使用资金所支付的代价，贷款利息是商业银行重要的收入来源。准确地核算贷款利息是商业银行会计核算的重要内容。贷款应根据规定的利率、结算日期和计息方法计息。贷款于结息日结计利息，所计利息应于结息日次日入账，贷款账户结清时当日结清到账。

### 一、贷款利率的分类

贷款利率分为年利率、月利率和日利率三种。年利率用“%”表示，月利率用“‰”表示，日利率用“‱”表示。

贷款年利率、月利率和日利率之间的换算公式为：

年利率＝月利率×12＝日利率×360

月利率＝年利率÷12＝日利率×30

日利率＝月利率÷30＝年利率÷360

## 二、贷款利息计算的基本问题

(1) 贷款期限内的天数计算。

各项贷款按实际天数每日累计账户余额，以累计积数乘以日利率计算利息。按月支付利息的应在每月 20 日结息，按季支付利息的应在季度末月 20 日结息。一次还本付息的按贷款到期日进行结息。

(2) 罚息及复息的天数计算。

复息及罚息的天数按占有资金的实际天数计算，即全年按 365 天计算，遇闰年按 366 天计算。

(3) 计算贷款应采用“算头不算尾”的方法，即天数由贷款发放的当日算至贷款归还的前一日为止，贷款归还的当日不计利息。

(4) 贷款到期日为节假日的，节假日后第一个营业日归还贷款，按合同利率加收到期日与归还日之间天数的利息；节假日后第一个营业日未归还贷款，从该日（指到期日）起按逾期贷款计算利息。

## 三、计息方法

(1) 积数计息法。应按实际天数每日累计账户余额，以累计积数乘以日利率计算利息。计算公式为：

利息＝累计计息积数×日利率

累计计息积数＝每日余额合计数

(2) 逐笔计息法。应按预先确定的计息公式逐笔计算利息。

计息期为年（月）的，计算公式为：

利息＝本金×年或月数×年或月利率

计息期有整年（月）又有零头天数的，计算公式为：

利息＝本金×年或月数×年或月利率＋ 本金×零头天数×日利率

全部化成天数的计算公式：

利息＝本金×天数×日利率

企业会计准则规定逐笔计息法中的实际天数为每年 365 天（闰年 366 天），每月为当月公历实际天数。

## 四、结息方式

根据不同的还款方法，选择不同的结息方式。

借款人按计息周期偿还利息，到期一次还本的还款方式。还款方式中的定期计息到期还本包含计息周期为利随本清的贷款；非分期贷款需使用这种还款方式。

计算公式为：

贷款利息＝金额×天数×执行利率÷360

（1）等额本金还款。借款人每期偿还等额本金，同时付清本期应付的贷款利息的一种还款方式。

对等额本金还款贷款系统控制每月最多只可归还一次贷款，最后一期还款日为贷款到期日，如果贷款到期日与末期还款日在同一个月内，则将到期日置为最后一期还款日，即等额本金贷款到期日与周期递推的还款日不一致时需对最后还款日进行调整。

1）按月等额本金归还法的计算公式为：

贷款每次归还的本金＝贷款总金额÷贷款期月数

贷款每次归还的利息＝(贷款总金额－已归还贷款本金累计额)×日利率×30

2）按季等额本金归还法的计算公式为：

贷款每次归还的本金＝贷款总金额÷贷款期季度数

贷款每次归还的利息＝(贷款总金额－已归还贷款本金累计额)×日利率×90

（2）等额本息还款。借款人每期偿还金额相同，偿还的金额中包含本期应付本金和应付利息的一种还款方式。随着本金偿还，每期所偿还的款项中利息部分逐年减少。

（3）不定期不定额还款：按合同约定还款期数，但每期的还款金额非等额还款，可以每期都不相同，也可以部分相同，部分不同，每期还款时间可以在起息日与到期日间指定，可以没有规律。

（4）贷款提前归还利息的计算。

1）一次性归还：

利息＝贷款本金×合同利率×贷款天数

一次性归还必须将贷款本金全部归还。

2）分期归还：

$$\text{应还利息}=\left(\text{贷款总金额}-\text{已归还贷款本金累计额}\right)\times\text{日利率}\times\text{上一个扣款日至提前还款前一天的天数}$$

提前还款后的各期还款按剩余贷款金额进行重新计算，打印新的还款计划。

（5）复息、罚息的计算。

对借款人不能按期支付的利息按贷款合同确定的利率（贷款合同期内）计收的利息计算。

复息＝应还利息×合同利率×违约天数

罚息是指贷款逾期后，对借款人尚未归还的贷款本金和应收利息按罚息利率所计收的罚息。

罚息=(逾期贷款本金+应收利息)×罚息利率×逾期天数

## 五、贷款利息的计算

### (一) 单位贷款利息的计算

单位短期贷款(一年以下，含一年)，按贷款合同约定的利率计息，利率调整方式、结息方式由双方协商确定。对贷款期内不能按期支付的利息，按贷款合同利率按月计收复利，贷款逾期后改按逾期利率计收复利。最后一笔贷款清偿时，利随本清。

单位中长期贷款(一年以上)的计息和结息方式由借贷双方协商确定；贷款利率由借贷双方按商业原则确定，可在合同期按月、按季、按年调整，也可采用固定利率方式。中长期贷款按季结息，每季度末月 20 日为结息日。对贷款期内不能按期支付部分的利息按合同利率按季计收复利，贷款逾期后改按逾期利率计收复利。最后一笔贷款清偿时，利随本清。

### (二) 个人贷款利息的计算

个人贷款根据不同的还款方式，选择不同的计息方式。对约定还款日内不能按期支付的利息，按贷款合同利率计收复利，贷款逾期后改按逾期利率计收复利；对约定还款日内不能按期支付的本金，按逾期利率计收利息。最后一笔贷款清偿时，利随本清。

个人贷款期限在 1 年内(含 1 年)的，实行合同利率，遇法定利率调整，不分段计息；贷款期限在 1 年以上的，遇法定利率调整，于次年 1 月 1 日开始，按相应利率档次执行新的利率规定。

个人贷款期限在 1 年(含)以内，采用按月付息，按月、季或一次还本的还款方式。

个人贷款期限超过 1 年，一律采用按月还本付息方式，质押贷款、助学贷款、其他产品特殊规定的除外。

以质押担保方式的个人消费贷款属于低风险贷款业务，可以实行到期一次性还本付息的还款方式。

# 第六节　贷款减值准备

由于贷款具有一定的风险，为了提高银行抵御风险的能力，《企业会计准则》规定，商业银行要在期末分析各项贷款的可收回性，并预计可能产生的贷款损失，计提贷款损失准备。这是稳健性原则在银行业的具体表现。

## 一、提取范围

商业银行贷款减值准备的计提范围为承担风险和损失的资产，具体包括：贷款(含抵押、质押、保证等贷款)、银行卡透支、贴现、银行承兑汇票垫款、信用证垫款、担保垫款、进出口押汇、拆出资金等。银行不承担风险和还款责任的委托贷款不计提。

## 二、贷款减值准备的种类及提取方法

银行应当按照谨慎会计原则，合理估计贷款可能发生的损失，及时计提贷款损失准备。贷款减值准备应根据借款人的还款能力、贷款本息的偿还情况、抵押品的市价、担保人的支持力度和商业银行内部信贷管理情况，分析贷款的风险和回收的可能性，合理提取。

### （一）贷款减值准备的种类

贷款减值准备包括一般准备、专项准备和特种准备。

一般准备是根据全部贷款余额的一定比例计提的，用于弥补尚未识别的可能性损失；专项准备是根据《贷款风险分类指导原则》，对贷款进行风险分类后，按每笔贷款损失的程度计提，用于弥补专项损失；特种准备是针对某一国家、地区、行业或某一类贷款风险计提的准备。

### （二）贷款减值准备的提取

大多数国家要求商业银行同时计提普通呆账准备和专项呆账准备。贷款减值准备由银行总行统一计提。我国《金融企业会计制度》要求提取三种准备，目前大部分银行只提取一般准备和专项准备，专项准备按照贷款五级分类的结果提取。每类贷款的提取比率由商业银行自主决定，中国人民银行发布的《贷款损失准备计提指引》提出了参考比例：

银行应按季计提一般准备，一般准备年末余额应不低于年末贷款余额的1%。

专项准备中，对于关注类贷款，计提比例为2%；对于次级类贷款，计提比例为25%；对于可疑类贷款，计提比例为50%；对于损失类贷款，计提比例为100%。其中，次级类和可疑类贷款的损失准备，计提比例可以上下浮动20%。

特种准备由银行根据不同类别（如国别、行业）贷款的特殊风险情况、风险损失概率及历史经验，自行确定按季计提比例。

### （三）贷款减值准备制度

商业银行应以贷款风险分类为基础，建立审慎的贷款减值准备制度。银行应建立贷款风险识别制度，按贷款风险分类的要求，定期对贷款进行分类，及时识别贷款风险，评估贷款的内在损失。

1998年以前，商业银行贷款分类方法基本上沿袭财政部1988年《金融保险企业财务制度》中的规定，把贷款划分为正常、逾期、呆滞、呆账，后三类合称不良贷款（简称“一逾两呆”）。但随着改革的深入，“一逾两呆”的局限性开始显现。主要存在以下问题：一是对信贷资产质量的识别滞后，未到期的贷款不一定都正常，尤其是期限长的贷款，虽然未到期，但借款人可能已丧失还款能力，按“一逾两呆”的标准，还是算正常。这不利于及时发现和防范风险。二是标准宽严不一，不利于衡量贷款的真实质量。逾期贷款的标准过严，过期一天即算不良贷款，而国际惯例一般过期90天以上才为不良贷款。从 1998 年开始，我国商业银行开始推行国际通行的贷款五级分类，按照风险的高低将贷款划分为正常、关注、次级、可疑和损失五类，针对五类贷款风险高低提取不同比例的贷款减值准备。

## 三、贷款减值准备的会计核算

### （一）贷款减值准备的提取

1. 一般准备的提取

一般准备由商业银行总行从净利润中提取，因此一般准备科目为总行专用。商业银行根据应提取贷款减值准备的贷款期末余额和规定的比例，计算一般准备的期末余额，与现有的一般准备的余额进行比较（或者按照现金流量贴现法提取贷款损失准备），如果现有余额不足，应按照差额补提一般准备。会计分录为：

借：利润分配——提取一般准备

　贷：贷款减值准备——一般准备

如果原有余额高于本期期末应有余额，则应按照差额冲减，会计分录与补提时相反。本科目的期末余额在贷方，反映提取的一般准备余额，按照目前的资本充足管理办法，计入附属资本。

2. 专项准备的提取

商业银行在会计期期末，按照贷款未来现金流折现，计算本期专项准备的应有余额，与期末已有余额比较，如果现有余额不足，应按照差额补提专项准备。会计分录为：

借：其他业务成本——呆账准备

　贷：贷款减值准备——专项准备

如果原有余额高于本期期末应有余额，则应按照差额冲减，会计分录与补提时相反。呆账核销通过专项准备核销。

特种准备的提取方法和会计处理与一般准备的提取方法和会计处理相同。

### （二）呆账贷款的核销

1. 呆账贷款的认定条件

《贷款通则》规定，呆账贷款包括以下几种：

（1）借款人和担保人依法宣告破产，进行清偿后，未能还清的贷款；

（2）借款人死亡或者依照《中华人民共和国民法通则》的规定，宣告失踪或宣告死亡，以其财产或者遗产清偿后，未能还清的贷款；

（3）借款人遭到重大自然灾害或意外事故，损失巨大且不能获得保险补偿，确定无力偿还的部分或全部贷款，或者以保险清偿后，未能还清的贷款；

（4）贷款人依法处置贷款抵押物、质物所得价款不足以补偿抵押、质押贷款的部分；

（5）经国务院专案批准核销的贷款。

符合规定条件的呆滞贷款应转入呆账贷款。会计分录为：

借：呆账贷款——××单位

贷：呆滞贷款——××单位

2. 呆账贷款的核销

商业银行根据银行制定的呆账贷款的核销规定，经过相应的授权或批准以后，可以进行核销。由于商业银行不再针对应收利息提取坏账准备，所以核销时应包括该笔贷款的本金和应收利息。同时报财政部门备案。会计分录为：

借：贷款减值准备——专项准备

　贷：呆账贷款——××单位

对于已经核销的呆账贷款，商业银行应贯彻“账销实存”的原则，保留对贷款的追索权。

**（三）已核销贷款的收回**

对于已经核销的贷款，如果以后又收回，商业银行仍然应通过“贷款损失准备——专项准备”科目进行核算。会计分录为：

借：呆账贷款——××单位

　贷：贷款减值准备——专项准备

然后再转销呆账贷款，根据收回的具体资产借记相关科目。会计分录为：

借：相关科目

　贷：呆账贷款——××单位

## □ 复习思考题

1. 什么是信用贷款？信用贷款的申请和发放有什么特殊要求？
2. 什么是保证贷款？保证贷款有哪些种类？
3. 贷款减值准备可以分为哪几种？如何提取？

# 第五章

Chapter 5

# 支付结算业务核算

**学习目标：**

了解我国商业银行支付结算的种类和方式；
掌握支票结算方式的会计核算；
掌握本票结算方式的会计核算；
掌握汇票结算方式的会计核算；
掌握汇兑结算方式的会计核算；
掌握委托收款结算方式的会计核算；
掌握托收承付结算方式的会计核算；
掌握信用卡结算业务的会计核算。

**难点与重点：**

支票结算方式的会计核算；
本票结算方式的会计核算；
汇票结算方式的会计核算。

## 第一节　支付结算业务概述

广义的结算是指交易双方由于商品买卖、劳务供应、资金调拨等经济关系引起的债权债务的清偿行为，即货币资金的收付行为。支付结算是指单位、个人在社会经济活动中使用票据、信用卡、汇兑、托收承付和委托收款等结算方式进行货币给付及其资金清算的行为。

银行是支付结算和资金清算的中介机构。票据和结算凭证是办理支付结算的工具。单位、个人办理支付结算业务，必须使用按中国人民银行统一规定印制的票据凭证，以及按中国人民银行和各商业银行统一规定的结算凭证。未使用按中国人民银行统一规定印制的票据，则无效；未使用中国人民银行及商业银行统一规定格式的结算凭证，银行不予受理。

支付结算方式包括票据和其他结算方式。票据包括汇票（银行汇票、商业汇票）、银行本票和支票，其他结算方式指信用卡、汇兑、托收承付、委托收款、国内信用证等。

## 一、票据和结算凭证签章

票据和结算凭证上的签章，为签名、盖章或者签名加盖章。单位在票据和结算凭证上的签章，为该单位的公章或财务专用章加其法定代表人或其授权的代理人的签名或盖章。个人在票据和结算凭证上的签章，应为个人本名的签名或盖章，如为个人支票，还应当记载支付密码。

（1）银行汇票的出票人在票据上的签章，应为经中国人民银行批准使用的银行汇票专用章加其法定代表人或其授权经办人的签名或盖章。

（2）银行承兑汇票、办理商业汇票转贴现、再贴现时的签章，应为经中国人民银行批准使用的银行汇票专用章加其法定代表人或其授权经办人的签名或盖章。

（3）银行本票的出票人在票据上的签章，应为经中国人民银行批准使用的银行本票专用章加其法定代表人或其授权经办人的签名或盖章。

（4）商业汇票贴现、转贴现、再贴现到期收款银行的签章，应为贴现、转贴现、再贴现银行的结算专用章加其法定代表人或其授权经办人的签名或盖章。

（5）支票的出票人和商业承兑汇票的承兑人在票据上的签章，应为其预留银行的签章。

## 二、票据和结算凭证的审核

票据和结算凭证上的金额、出票或签发日期、收款人名称不得更改。更改的票据无效；更改的结算凭证，银行不予受理。对票据和结算凭证上的其他记载事项，原记载人可以更改，更改时应当由原记载人在更改处签章证明。

票据和结算凭证上的金额以中文大写和阿拉伯数字同时记载的，二者必须一致。二者不一致的票据无效；二者不一致的结算凭证，银行不予受理。

少数民族地区和外国驻华使领馆根据实际需要，金额大写可以使用少数民族文字或者外国文字记载。

票据和结算凭证上的签章和其他记载事项应当真实，不得伪造、变造。票据上有伪造、变造签章的，不影响票据上其他当事人真实签章的效力。票据的伪造是指无权限人假冒他人或虚构人名义签章的行为。签章的变造属于伪造。票据的变造是指无权更改票据内容的人，对票据上签章以外的记载事项加以改变的行为。

## 三、票据的背书及转让

（1）背书是指在票据背面或粘单上记载有关事项并签章的票据行为。票据的背书人应当在票据背面的背书栏依次背书。背书栏不附背书的，可以使用统一格式的粘单，粘附于票据凭证上规定的粘接处。粘单上的第一记载人，应当在票据和粘单的粘接处签章。填明“现金”字样的银行汇票、银行本票、用于支取现金的支票不得背书转让。

(2) 票据背书转让时，由背书人在票据背面签章、记载被背书人名称和背书日期。背书未记载日期的，视为在票据到期日前背书。

(3) 持票人委托银行收款或以票据质押的，除按规定记载背书外，还应在背书人栏记载“委托收款”或“质押”字样。

(4) 票据出票人在票据正面记载“不得转让”字样的，票据不得转让。其直接后手再背书转让的，出票人对其直接后手的被背书人不承担保证责任，对被背书人提示付款或委托收款的票据，银行不予受理。

(5) 票据背书人在票据背面背书人栏记载“不得转让”字样的，其后手再背书转让的，记载“不得转让”字样的背书人对其后手的被背书人不承担保证责任。

(6) 票据被拒绝承兑、拒绝付款或者超过付款提示期限的，不得背书转让。背书转让的，背书人应当承担票据责任。

(7) 背书不得附有条件。以背书转让的票据，背书应当连续。持票人以背书的连续，证明其票据权利。背书连续是指票据第一次背书转让的背书人是票据上记载的收款人，前次背书转让的被背书人是后一次背书转让的背书人，依次前后衔接，最后一次背书转让的被背书人是票据的最后持票人。

(8) 依法背书转让的票据，任何单位和个人不得冻结票据款项，但是法律另有规定的除外。

## 四、票据的挂失

(1) 已承兑的商业汇票、支票、银行本票、填明“现金”字样和代理付款人的银行汇票的丧失，可以由失票人通知付款人或者代理付款人挂失止付。

(2) 未填明“现金”字样和代理付款人的银行汇票不得挂失止付，但可公示催告，对于法院依法送达的此类止付通知，各行无正当理由不得拒绝签收，也不得擅自解付，以防止引发相应的法律纠纷和法律责任。

(3) 允许挂失止付的票据丧失，失票人需要挂失止付的，应填写挂失止付通知书并签章。挂失止付通知书应记载以下事项：票据丧失的时间、地点、原因；票据种类、号码、金额、出票日期；付款日期、付款人名称、收款人名称；挂失止付人的姓名、营业场所或住所及联系方式。欠缺上述记载事项之一的，银行不予受理。

(4) 付款人或代理付款人收到挂失止付通知书后查明挂失票据确未付款时，应立即暂停支付。付款人或代理付款人自收到挂失止付通知书之日起 12 日内没有收到人民法院的止付通知书的，自第 13 日起，持票人提示付款并依法向持票人付款的，不再承担责任。

(5) 付款人或者代理付款人在收到挂失止付通知书之前，已经向持票人付款的，不再承担责任。但是付款人或者代理付款人以恶意或者重大过失付款的除外。

(6) 公示催告和挂失止付同属法律规定的失票救济措施，二者的不同在于：公示催告是持票人在票据丧失后采取的司法救济措施，属于司法程序。各商业银行应依据相关法律规定，妥善处理二者的关系。

### 五、银行结算账户种类

人民币银行结算账户是指银行为存款人开立的办理资金收付结算的人民币活期存款账户。人民币银行结算账户按存款人类型可分为单位银行结算账户和个人银行结算账户。银行结算账户按照用途不同可以分为：基本存款账户、一般存款账户、专用存款账户和临时存款账户。具体内容见本书第三章的介绍。

### 六、支付结算业务的基本原则

商业银行办理支付结算业务必须坚持以下原则：商业银行办理支付结算应准确、及时、安全，并做到恪守信用，履约付款；谁的钱进谁的账，由谁支配；银行不垫款。

## 第二节　支　票

支票是出票人签发的、委托办理支票存款业务的银行在见票时无条件支付确定金额给收款人或者持票人的票据，属于委付票据。支票可以用于买卖双方处于同一票据交换区或者同城的交易货款的结算。随着支票影像系统的投入使用，在全国范围内结算都可以使用支票。在银行开立结算账户的单位和个人都可以使用支票结算。

支票分为现金支票、转账支票和普通支票。支票上印有“现金”字样的为现金支票（见图 5—1），现金支票只能用于支取现金。支票上印有“转账”字样的为转账支票，转账支票只能用于转账（见图 5—2）。支票上未印有“现金”或“转账”字样的为普通支票（见图 5—3、图 5—4），普通支票可以用于支取现金，也可以用于转账。在普通支票左上角划两条平行线的，为划线支票，划线支票只能用于转账，不得支取现金（见图 5—5）。

图 5—1　现金支票票样（正面）

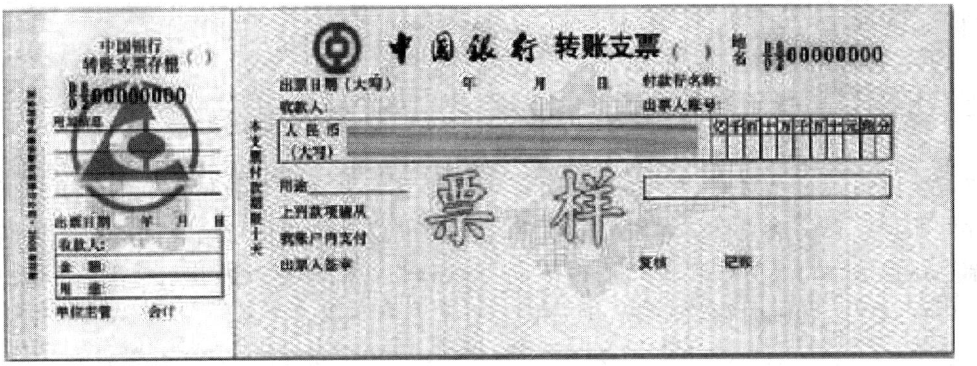

中国银行
转账支票存根（ ）

附加信息

出票日期 年 月 日
收款人：
金 额：
用 途：
单位主管 会计

中国银行 转账支票（ ） 地名

出票日期（大写） 年 月 日 付款行名称：
收款人： 出票人账号：

本支票付款期限十天

人民币（大写） 亿千百十万千百十元角分

用途
上列款项请从
我账户内支付
出票人签章 复核 记账

票样

图 5—2 转账支票票样（正面）

| ××银行<br>支票存根（ ） | 本<br>支<br>票<br>付<br>款<br>期<br>限<br>十<br>天 | ××银行 支票（ ） 地名 支票号码 |
|---|---|---|
| 支票号码<br>科 目<br>对方科目<br>出票日期 年 月 日<br><br>收款人：<br>金 额：<br>用 途：<br><br>单位主管 会计 | | 出票日期（大写） 年 月 日 付款行名称：<br>收款人： 出票人账号：<br>人民币（大写） 千 百 十 万 千 百 十 元 角 分<br>用途______ 科目（借）<br>上列款项请从 对方科目（贷）<br>我账户内支付 转账日期 年 月 日<br>出票人签章 复核 记账 |

8×22.5 公分，正联第 17 公分（底纹按行别分色，大写金额栏加红水纹）

图 5—3 普通支票票样（正面）

| 被背书人 | 被背书人 | 被背书人 |
|---|---|---|
| 背书人签章<br>年 月 日 | 背书人签章<br>年 月 日 | 背书人签章<br>年 月 日 |

贴粘单处

持票人向银行
提示付款签章：

证 件 名 称：
号 码：
发 证 机 关：

图 5—4 普通支票票样（背面）

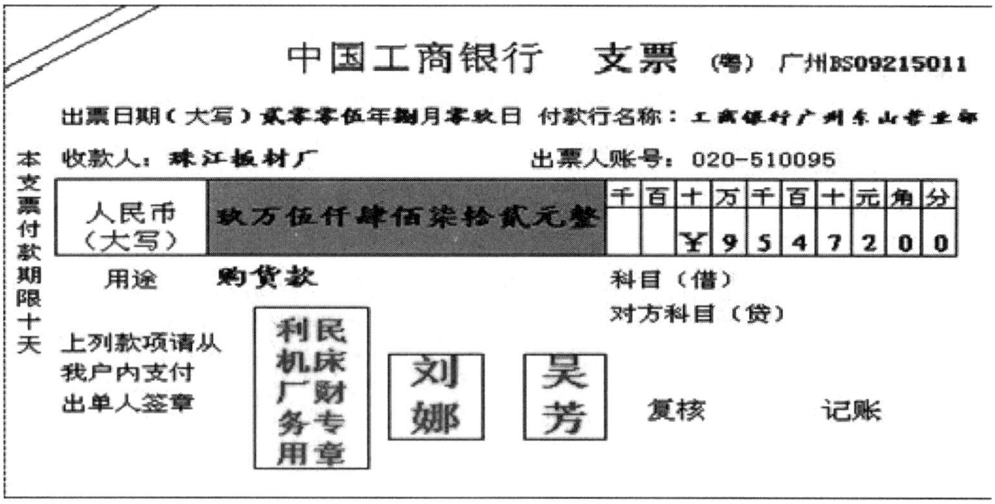

中国工商银行 支票 (粤) 广州BS09215011

出票日期(大写)贰零零伍年捌月零玖日 付款行名称:工商银行广州东山营业部

收款人:珠江板材厂 出票人账号:020-510095

本支票付款期限十天

| 人民币(大写) | 玖万伍仟肆佰柒拾贰元整 | 千 | 百 | 十 | 万 | 千 | 百 | 十 | 元 | 角 | 分 |
|---|---|---|---|---|---|---|---|---|---|---|---|
| | | | | ¥ | 9 | 5 | 4 | 7 | 2 | 0 | 0 |

用途 购货款 科目(借)

对方科目(贷)

上列款项请从我户内支付

出单人签章 利民机床厂财务专用章 刘娜 吴芳 复核 记账

图 5—5 划线支票票样

## 一、基本规定

(1) 签发支票必须记载以下事项:表明“支票”的字样、无条件支付的委托、确定的金额、付款人名称、出票日期、出票人签章。签发个人支票的,必须记载支付密码。欠缺记载上述事项之一的,支票无效。支票的付款人为支票上记载的出票人开户银行。

(2) 手工签发支票应使用碳素墨水或墨汁填写,或者使用计算机打印方式填写,中国人民银行另有规定的除外。

(3) 支票的出票人预留银行签章是银行审核支票付款的依据。采用支付密码核验方式的,应与出票人签订协议约定使用支付密码作为审核支付支票金额的依据。

(4) 出票人签发的空头支票、签章与预留银行签章不符的支票、支付密码错误的支票,银行应予以退票,并按票面金额处以5%但不低于1 000元的罚款。持票人有权要求出票人赔偿支票金额2%的赔偿金。对屡次签发空头支票的存款人,银行应停止其签发支票。

(5) 支票的提示付款期限为自出票日起10日,中间遇节假日不顺延,到期日遇节假日可顺延。超过提示付款期限提示付款的,持票人开户银行不予受理。

(6) 持票人委托开户银行收款时,应做委托收款背书,在支票背面背书人签章栏签章,记载“委托收款”字样、背书日期,在被背书人栏记载开户银行名称。

(7) 持票人持用于转账的支票向付款人提示付款时,应在支票背面背书人签章栏签章。收款人持用于支取现金的支票向付款人提示付款时,应在支票背面“收款人签章”处签章。持票人为个人的,还需交验本人有效身份证件,并在支票背面填明证件名称、号码、发证机关。

## 二、业务处理要点

### （一）支票流转流程

实际使用的支票分为借记支票和贷记支票（或者贷记凭证）。借记支票是出票人签发后给持票人，由后者向其开户银行提示收款的支票。其流程包括出票、持票人送交支票开户行收款、持票人开户行向出票人开户行清算资金、持票人开户行受托后入账等环节（见图 5—6）。而贷记支票则是由出票人签发后直接委托其开户银行向收款人付款的支票，其流程包括出票人向开户银行提示支票付款、出票人开户行向收款人开户行清算资金、收款人开户行收妥后通知收款人等环节（见图 5—7）。

### （二）转账支票的兑付

1. 持票人或出票人办理转账支票兑付

持票人或出票人办理转账支票兑付业务时，应填制一式三联“进账单”（见图 5—8），连同转账支票提交给受理网点处理。

图 5—6 借记支票流转过程

图 5—7 贷记支票流转程序

××银行 **进账单**（收账通知）　**1**

年　月　日　　　　　　　　第　　号

<table>
<tr><td rowspan="3">出票人</td><td>全　称</td><td></td><td rowspan="4">持票人</td><td>全　称</td><td colspan="10"></td></tr>
<tr><td>账　号</td><td></td><td>账　号</td><td colspan="10"></td></tr>
<tr><td>开户银行</td><td></td><td>开户银行</td><td colspan="10"></td></tr>
<tr><td colspan="3"></td><td colspan="11"></td></tr>
<tr><td colspan="5" rowspan="2">人民币<br>（大写）</td><td>千</td><td>百</td><td>十</td><td>万</td><td>千</td><td>百</td><td>十</td><td>元</td><td>角</td><td>分</td></tr>
<tr><td></td><td></td><td></td><td></td><td></td><td></td><td></td><td></td><td></td><td></td></tr>
<tr><td colspan="2">票据种类</td><td></td><td colspan="12" rowspan="3">持票人开户行盖章</td></tr>
<tr><td colspan="2">票据张数</td><td></td></tr>
<tr><td colspan="3">单位主管　会计　复核　记账</td></tr>
</table>

此联是持票人开户银行交给持票人的收账通知

8.5×17.5 公分（白纸黑油墨）

**图 5—8　进账单（第一联）**

2. 受理网点柜员审核转账支票进账单

（1）收款人与付款人的开户行属同一个网点或属系统内不同网点，但付款人的账户为通兑账户的。

审核内容包括：支票是否属于统一印制的凭证，支票是否真实，提示付款期是否超过；支票的持票人是否在本网点开户，持票人与票面和进账单的持票人是否一致；出票人账户余额是否足够支付款项；出票人签章是否符合规定，与预留银行的签章是否一致，使用密码支付的密码是否正确；支票的大小写金额是否一致，是否与进账单金额一致；支票记载事项是否齐全，出票金额、出票日期、收款人名称是否更改，其他记载事项更改是否由原记载人签章证明；背书转让支票是否按照规定的范围转让，其背书是否连续，签章是否符合规定，持票人是否在支票背面做委托收款背书。

审核无误后受理网点柜员直接通过系统进行转账处理，使用“通用机打凭证”打印转账信息，并在转账支票及进账单第二、三联上加盖核算用章及柜员名章，在进账单第一联上加盖受理凭证专用章。转账支票作借方凭证，通用机打凭证作转账支票的附件；进账单第二联作贷方凭证，第一联作受理回单交给持票人，第三联作入账通知交收款人。会计分录如下：

1）受理网点、收款人和付款人开户行属同一个核算网点的：

借：××存款——出票人

　　贷：××存款——持票人/收款人

2）受理网点与收款人或付款人开户行属同一个核算网点，但付款人或收款人开户行属不同核算网点的：

付款人开户网点：

借：××存款——出票人

　　贷：营业机构往来

收款人开户网点：

借：营业机构往来

贷：××存款——持票人/收款人户

3）受理行、收款人和付款人开户行均属不同核算网点的：

付款人开户行：

借：××存款——出票人/付款人户

贷：营业机构往来

收款人开户行：

借：营业机构往来

贷：××存款——持票人/收款人户

受理行：

借：营业机构往来

贷：营业机构往来

（2）收款人与付款人开户行属系统内不同网点，但付款人的账户为不通兑账户的。

1）收款人开户行受理持票人提交的支票和一式三联进账单。受理网点柜员在进账单第一联上加盖受理凭证专用章及柜员名章后交持票人，并将转账支票及进账单第二、三联按票据交换有关规定及时交换至付款人开户行。

付款人开户行按规定审核无误后通过系统进行账务处理，使用通用机打凭证打印转账信息，并在转账支票及进账单第二、三联上加盖核算用章及柜员名章。转账支票作借方凭证，通用机打凭证作转账支票的附件；进账单第二联作贷方凭证，第三联作入账通知交收款人。会计分录为：

付款人开户行：

借：××存款——出票人/付款人户

贷：营业机构往来

收款人开户行：

借：营业机构往来

贷：××存款——持票人/收款人户

2）付款人开户行受理持票人提交的支票和一式三联进账单。受理网点柜员直接通过系统进行转账处理，使用通用机打凭证打印转账信息，并在转账支票及进账单第二、三联上加盖核算用章及柜员名章，在进账单第一联上加盖受理凭证专用章。转账支票作借方凭证，通用机打凭证作转账支票的附件；进账单第二联作贷方凭证，第一联作受理回单交给持票人，第三联作入账通知交收款人。会计分录为：

付款人开户行：

借：××存款——付款人户

贷：营业机构往来

收款人开户行：

借：营业机构往来

贷：××存款——持票人/收款人户

（3）收款人与付款人开户行属跨系统，且通过跨行小额支付系统进行账务处理的。

1）收款人开户行受理持票人提交的转账支票和一式三联进账单。受理网点柜员通过跨行小额支付系统向出票行发出借记报文信息，并在进账单第一联上加盖受理凭证专用章及柜员名章后交持票人，进账单第二、三联专夹保管。将转账支票按同城票据交换有关规定及时提出交换。

付款行柜员审核借记报文信息及转账支票无误后，通过跨行小额支付系统进行回执处理，并在转账支票上加盖核算用章及柜员名章。会计分录为：

借：××存款——出票人户

　贷：营业机构往来

收款人开户行收到出票行返回的贷记报文，确认入账成功后，收款人开户行柜员使用一式两联“中国人民银行支付系统专用凭证”打印来账报文，并加盖核算用章和柜员名章。原留底的第二、三联进账单作为中国人民银行支付系统专用凭证第一联转账凭证的附件，第二联中国人民银行支付系统专用凭证作收款人回单。会计分录为：

借：营业机构往来

　贷：××存款——持票人/收款人

2）付款人开户行受理持票人提交的转账支票和一式三联进账单。受理网点柜员通过跨行支付系统向持票人开户行发出贷记报文，并在进账单第一联上加盖受理凭证专用章及柜员名章后交持票人，在转账支票及进账单第二、三联上加盖核算用章及柜员名章。转账支票作借方凭证，进账单第三联作第二联贷方凭证的附件。会计分录为：

借：××存款——付款人户

　贷：营业机构往来

收款人开户行收到出票行发送的贷记报文，确认入账成功后，收款人开户行柜员使用一式两联中国人民银行支付系统专用凭证打印来账报文，并加盖核算用章和柜员名章。中国人民银行支付系统专用凭证第一联作转账凭证，第二联作收款人的回单。会计分录为：

借：营业机构往来

　贷：××存款——收款人户

（4）收款人与付款人开户行属跨系统的，且通过同城票据交换进行账务处理的。

1）收款人开户行受理持票人提交的转账支票和一式三联进账单。收款人开户行柜员通过系统同城提出代付（收妥抵用）交易进行处理，并在进账单第一联上加盖受理凭证专用章及柜员名章后交持票人，转账支票按照同城票据交换有关规定及时提出交换，进账单第二、三联专夹保管。待退票时间过后，第二联进账单作贷方凭证将款项转入收款人账户，在进账单第二、三联上加盖核算用章及柜员名章，第三联作收款人回单。会计分录为：

收妥抵用前：

借：同城票据交换

　贷：待提出票据交换及转汇款

收妥抵用后：

借：待提出票据交换及转汇款

　贷：××存款

付款人开户行收到同城交换提入的转账支票，审核转账支票及要素真实、完整、合规、正确后，通过系统进行账务处理，并在转账支票上加盖核算用章及柜员名章。会计分录为：

借：××存款

　贷：同城票据交换

2）出票人开户行受理持票人提交的转账支票和一式三联进账单。受理网点柜员审核无误后进行账务处理，并在进账单第一联上加盖受理凭证专用章及柜员名章后交持票人，在转账支票上加盖核算用章。进账单第二联上加盖中国人民银行当地分支行规定的印章连同第三联按照同城票据交换规定及时提出交换。会计分录为：

借：××存款——出票人户

　贷：待提出票据交换及转汇款

借：待提出票据交换及转汇款

　贷：同城票据交换

收款人开户行收到同城票据交换提入的第二、三联进账单，收款人开户行柜员审核无误后进行账务处理，并在进账单上加盖核算用章及柜员名章。进账单第二联作贷方凭证，第三联交收款人。会计分录为：

借：同城票据交换

　贷：××存款——收款人户

**（三）兑付现金支票的处理**

（1）受理网点柜员审核现金支票及其要素是否真实、完整、合规，如为大额现金支票的，应按照现金管理条例进行审批。收款人为个人的，还应审核收款人的身份证件，是否在支票背面“收款人签章”处注明证件名称、号码及发证机关。

（2）受理网点审核无误后进行账务处理，使用通用机打凭证打印支付信息，并在现金支票上加盖核算用章及柜员名章，通用机打凭证作转账支票借方凭证的附件。会计分录为：

借：××存款

　贷：库存现金

**（四）支票挂失、解挂的处理**

1. 支票挂失

（1）失票人丧失内容填写齐全的支票后，应填制一式三联“票据挂失申请书”，并签章后到付款行办理挂失止付。如持票人为个人客户，还应提交个人有效身份证件。

（2）付款行柜员审核票据挂失申请书内容真实、完整、合规后办理挂失止付，使用特殊业务凭证打印挂失止付信息，并在特殊业务凭证上加盖核算用章，在票据挂失申请书上加盖核算用章及柜员名章，同时登记挂失登记簿。票据挂失申请书第一联交失票人，第二联留底专夹保管，第三联作特殊业务凭证附件。

2. 支票解挂

(1) 支票解除挂失时，失票人应持原票据挂失申请书第一联到原受理网点办理解挂。如持票人为个人客户，还应提交个人有效身份证件。

(2) 原受理网点柜员抽出专夹保管的原票据挂失申请书第二联与第一联以及挂失登记簿对应记录进行核对。核对相符后，填制特殊业务凭证，经营业务经理签批后进行解挂处理。

(3) 在特殊业务凭证上加盖核算用章，在原票据挂失申请书上加盖经办柜员及营业经理名章。同时，销记挂失登记簿。票据挂失申请书第二联网点专夹保管以备查。

## 第三节 银行本票

银行本票是银行签发的，承诺自己在见票时无条件支付确定的金额给收款人或者持票人的票据（图 5—9a 和图 5—9b）。银行本票的出票人，为经中国人民银行当地分支行批准办理银行本票业务的银行机构。银行本票的代理付款人是代理出票银行审核并支付银行本票款项的银行。银行本票可以在各省范围内进行支付结算。

付款期限
×个月

××银行

**本 票 2**

地本票号码
名

出票日期（大写） 年 月 日

第 号

| 收款人： | | | |
|---|---|---|---|
| 凭票即付 | 人民币（大写） | | |
| 转 账 | 现 金 | | 科目（借）<br>对方科目（贷）<br>付款日期 年 月 日<br>出纳 复核 经办 |
| 备注： | | 出票行签章 | |

此联出票行结清本票时作借方凭证

（使用清分机的，此区域供打印磁性字码）

8×17 公分（专用水印纸蓝油墨）

**图 5—9a 银行本票票样（正面）**

| 被背书人 | 被背书人 | 被背书人 |
|---|---|---|
| 背书人签章<br>年　月　日 | 背书人签章<br>年　月　日 | 背书人签章<br>年　月　日 |

贴粘单处

持票人向银行
提示付款签章：

证 件 名 称：
号　　　码：
发 证 机 关：

图 5—9b　银行本票票样（背面）

## 一、基本规定

（1）在中国人民银行规定区域内的单位和个人，不论是否开户，均可以使用银行本票支付各种款项。

（2）签发银行本票必须记载下列事项：

1）表明“银行本票”的字样；

2）无条件支付的承诺；

3）确定的金额；

4）收款人名称；

5）出票日期；

6）出票人签章；

7）密押。

欠缺记载上列事项之一的银行本票无效。

（3）银行本票可以用于转账，注明“现金”字样的银行本票可以用于支取现金。现金银行本票仅限系统内银行兑付，且不得转让。本票上未划去“现金”和“转账”字样的，一律按照转账银行本票办理。

现金本票仅适用于个人，申请人或收款人为单位的，不得申请签发现金银行本票。

（4）银行本票经主机系统签发，代理付款行通过实时清算系统或小额支付系统发送相关信息至出票银行，并根据实时返回的相关信息办理银行本票付款业务。代理付款行与出票银行间的银行本票资金清算统一纳入实时清算系统或小额支付系统处理。

（5）银行本票见票即付。银行本票的提示付款期限自出票日起最长不得超过 2 个月。超过付款期限提示付款的，代理付款行不予受理。

（6）代理付款行解付银行本票后，银行本票凭证留存在代理付款行。

（7）转账银行本票在付款期限内可以背书转让，现金银行本票不得背书转让。记载“不得转让”字样的银行本票不得背书转让。

（8）如银行本票凭证不能满足背书人记载事项的需要，可以加附粘单，粘附于票据凭证上。粘单上的第一记载人，应当在银行本票和粘单的粘接处签章。

## 二、业务处理要点

银行本票在结算中包括以下主要环节：申请人申请签发本票、出票行出票、购货后交付本票、持票人提示付款、代理付款人付款入账、代理付款人向出票行清算资金、退款、挂失（见图 5—10）。

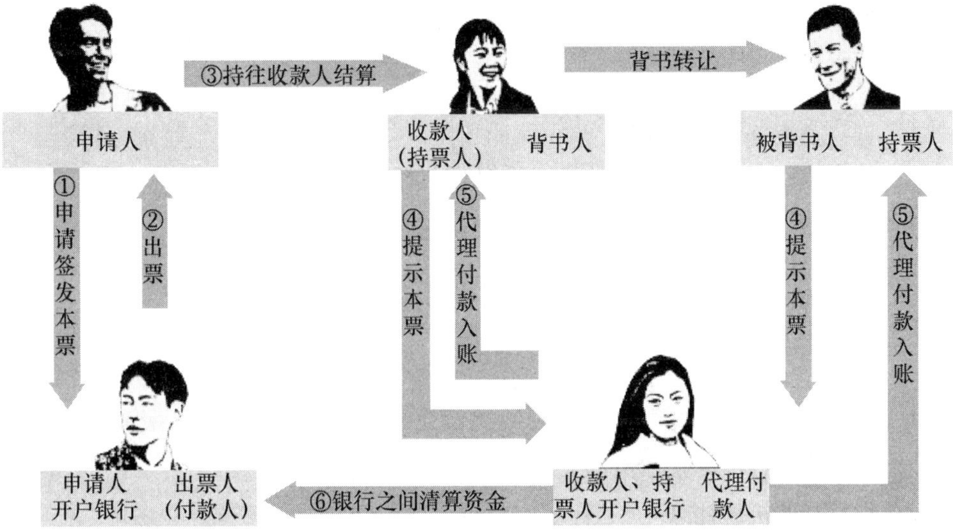


图 5—10 银行本票流转程序

**（一）签发银行本票**

（1）申请人申请使用银行本票，应填写一式三联“业务委托书”，并在业务委托书上加盖银行预留印章后提交出票行。

（2）出票行审核业务委托书中的要素真实、完整、合规，以及申请人有足够支付的款项后办理银行本票签发。

（3）出票行签发银行本票的基本规定包括以下几点：

1）银行本票的出票日期必须大写，大、小写金额必须同时记载。出票日期、出票金额、密押和收款人名称不得更改。其他记载事项若有更改，应有原记载人签章证明。

2）银行本票一律记名，应填写收款人名称。

3）申请人在业务委托书的“附加信息及用途”栏内注明“不得转让”的，出票行应在银行本票正面注明“不得转让”字样。

4）银行本票印有“现金”、“转账”字样的，如用于转账，应划去“现金”字样；如用于支取现金，应划去“转账”字样。

5）出票行签发银行本票时，应加编密押，并将密押记载在银行本票的“出纳、复核、经办”栏内。

6）在出票行签章处加盖银行本票专用章及授权的经办人签章。

（4）出票行应通过实时清算系统进行银行本票的签发，并将签发的银行本票信息打印在业务委托书和银行本票上。同时，在业务委托书上加盖核算用章，在银行本票第二联上加盖银行本票专用章，在银行本票各联上加盖有权人名章。银行本票第二联与业务委托书第三联交申请人，银行本票第一联（本票卡片）与业务委托书第一、二联送监督中心。会计分录为：

1）银行本票资金管理模式为集中模式的。

①申请人使用现金或属本核算网点的人民币银行结算账户购买银行本票的：

借：××存款

或借：库存现金

贷：营业机构往来

借：重要空白凭证

贷：备查登记业务余额

②申请人使用非本核算网点的人民币银行结算账户购买银行本票的：

出票行：

借：营业机构往来

贷：营业机构往来

借：重要空白凭证

贷：备查登记业务余额

银行结算账户开户行：

借：××存款——本票申请人户

贷：营业机构往来

③直属分行或二级分行业务处理中心（出票行）：

借：营业机构往来

贷：本票

2）银行本票资金管理模式为分散模式的。

①申请人使用现金或属本核算网点的人民币银行结算账户购买银行本票的：

借：××存款

或借：库存现金

贷：本票

借：重要空白凭证

贷：备查登记业务余额

②申请人使用非本核算网点的人民币银行结算账户购买银行本票的：

出票行：

借：营业机构往来

贷：本票

借：重要空白凭证

贷：备查登记业务余额

银行结算账户开户行：

借：××存款——本票申请人户

贷：营业机构往来

(5) 银行本票表外账务由系统自动处理。日终后，柜员必须填制“内部记账借方凭证”(表外)，汇总记录当日银行本票使用数量。若有银行本票作废的，应在银行本票上注明“作废”字样后，作为内部记账借方凭证附件，内部记账借方凭证应加盖核算用章。

**(二) 兑付银行本票**

(1) 持票人持转账银行本票提示付款，需填制一式三联进账单，并在银行本票背面“持票人向银行提示付款签章”处签章后连同转账银行本票交代理付款行。

持票人为个人的，应提交本人有效身份证件及复印件。如委托他人提示付款的，除提交原收款人有效身份证件及复印件外，还应提交被委托人有效身份证件及复印件。同时，委托人应在银行本票背面背书栏签章，记载“委托收款”字样、被委托人姓名和背书日期以及委托人的身份证件名称、号码、发证机关。被委托人向银行提示付款时，也应在银行本票背面“持票人向银行提示付款签章”处签章，记载身份证件名称、号码、发证机关。银行应校验委托人和被委托人身份证件，并留存委托人和被委托人身份证件复印件备查。

(2) 代理付款行审核银行本票、进账单、个人持票人身份证件及要素真实、完整、合规后，通过实时清算系统或小额支付系统将银行本票信息录入主机系统，由出票行系统自动核验密押等银行本票信息，并使用通用机打凭证打印业务回执。

(3) 在银行本票、进账单第二联上加盖核算用章和记账、授权柜员名章，柜员在银行本票上记载兑付日期。银行本票作借方凭证，打印的业务回执、身份证复印件一并作为进账单第二联贷方凭证的附件。在进账单第一联上加盖受理凭证专用章、第三联上加盖核算用章后一并交持票人。会计分录如下。

1) 系统内业务。

①银行本票资金管理模式为集中模式的。

兑付本地区银行本票业务时：

代理付款行：

借：营业机构往来

贷：××存款——持票人/收款人户

或贷：库存现金

直属分行或二级分行业务处理中心(出票行)：

借：本票

贷：营业机构往来

兑付异地银行本票业务时：

代理付款行：

借：营业机构往来

贷：××存款

或贷：库存现金

出票行业务处理中心：

借：本票

贷：存放中央银行款项——上存总行备付金

②银行本票资金管理模式为分散模式的。

兑付本地区银行本票业务时，如代理付款行与出票行同属一个核算网点，则

借：本票

贷：××存款

或贷：库存现金

如代理付款行与出票行属不同核算网点，则

出票行：

借：本票

贷：营业机构往来

代理付款行：

借：营业机构往来

贷：××存款——持票人/收款人户

或贷：库存现金

兑付异地银行本票业务时：

代理付款行：

借：营业机构往来

贷：××存款——持票人/收款人户

或贷：库存现金

出票行：

借：本票

贷：营业机构往来

2）跨系统业务的。

①属一级分行模式的资金清算。

代理付款行：

借：营业机构往来

贷：××存款——持票人/收款人户

②属直属分行模式的资金清算。

收报处理时：

代理付款行：

借：营业机构往来

贷：××存款——持票人/收款人户

与中国人民银行进行清算时：

直属分行业务处理中心：

借：存放中央银行款项

贷：待处理汇划款项

**（三）他行兑付本行签发的银行本票**

（1）他行兑付本行签发的银行本票业务时，系统自动将收到的小额支付系统发来的解付本票电子信息，与行内实时清算系统中存储的银行本票登记簿信息进行核对，确认无误后发回应答信息，并由系统自动销记本票登记簿。核对有误的，系统自动发

送拒绝回执到对方行。

（2）对账务处理成功的，使用一式两联中国人民银行支付系统专用凭证打印账务处理信息，并加盖核算用章，一联送监督中心，另一联做客户回单交给客户。会计分录如下。

1）银行本票资金管理模式为集中模式的。

①属一级分行模式的资金清算。

出票行业务处理中心：

借：本票

　　贷：待处理汇划款项

②属直属分行模式的资金清算。

回执处理时，直属分行业务处理中心（出票行）：

借：本票

　　贷：待处理汇划款项

与中国人民银行进行资金清算时，直属分行业务处理中心（出票行）：

借：待处理汇划款项

　　贷：存放中央银行款项

2）银行本票资金管理模式为分散模式的。

出票行回执处理：

借：本票

　　贷：营业机构往来

### （四）银行本票的结清

出票行收到实时清算系统或小额支付系统发来的本票兑付信息核对一致后，由系统自动销记银行本票登记簿。

### （五）退票处理

（1）代理付款行在受理持票人提交的银行本票时，如遇下列情形之一的应拒绝受理，并向持票人出具“拒绝受理通知书”。

1）银行本票必须记载事项记载不全；

2）银行本票未按中国人民银行统一规定印制；

3）银行本票大、小写金额不一致；

4）签章不符合规定；

5）未填写密押；

6）背书不连续或不符合规定；

7）超过提示付款期；

8）不得更改事项更改或可更改事项未按规定更改；

9）出票银行在银行本票正面记载“不得转让”的银行本票已背书转让；

10）使用粘单未按规定加盖骑缝章；

11）出票日期使用小写数字填写；

12）银行本票专用章上或票面上未记载银行机构代码；

13）因票面污损导致必须记载事项无法辨认；

14）单位持票人不在本行开户：

15）个人持票人身份证件虚假；

16）中国人民银行规定的其他拒绝受理事项。

（2）代理付款行通过实时清算系统或小额支付系统进行本票兑付时，如遇系统内本票核押不符，或被出票行拒绝付款的，由代理付款行根据出票银行的拒绝回执代为向持票人出具退票理由书。

（3）代理付款行在拒绝受理通知书或退票理由书加盖核算用章后连同银行本票、进账单一并退交持票人。拒绝受理通知书和退票理由书均可作为拒绝付款的证明。

**（六）退款、超过付款期限付款处理**

1. 申请人申请退款

（1）在票据权利时效内，申请人因银行本票超过提示付款期限或其他原因要求退款时，应填制一式三联进账单连同银行本票提交到出票银行。申请人为单位的，应出具该单位的证明；申请人为个人的，应出具本人的身份证件。

（2）出票行审核银行本票、进账单及其要素真实、完整、合规，并与银行本票登记簿对应记录核对无误后，在本票上注明“未用退回”字样，核验密押，并通过实时清算系统进行入账处理。对于在出票行开立人民币结算账户的申请人，只能将款项转入原申请人账户；对于现金银行本票和未在出票行开立人民币结算账户的申请人，才能退付现金。

（3）在银行本票、进账单第二联上加盖核算用章和柜员名章，银行本票作借方凭证，相关证明、个人的身份证件复印件作进账单第二联贷方凭证附件；在进账单第一联上加盖受理凭证专用章、第三联上加盖核算用章后一并交申请人。会计分录为：

借：本票

　贷：××存款——申请人账户

　或贷：库存现金（申请人未在本行开立账户）

2. 持票人超过付款期限申请付款

（1）持票人超过付款期限不获付款的，在票据权利时效内请求付款时，应当向出票行说明原因，并将银行本票及一式三联进账单交给出票行。持票人为单位的应提供单位证明，持票人为个人的应交验本人有效身份证件。

（2）出票行审核银行本票、进账单及其要素真实、完整、合规后，即在本票上注明“逾期付款”字样，按下述情形分别进行账务处理。

1）持票人在出票行或系统内开户的，可直接入账处理。在银行本票、进账单第二联上加盖核算用章和柜员名章，银行本票作借方凭证，相关证明、个人的身份证件复印件作进账单第二联贷方凭证附件；在进账单第一联上加盖受理凭证专用章、同进账单第三联一并交申请人。会计分录为：

借：本票

　贷：××存款

2）持票人提交注明“现金”字样本票要求提取现金的，进行提现业务处理。银行本票作现金支付凭证加盖核算用章，相关证明、个人的身份证件复印件作其附件。会计分录为：

借：本票

　贷：库存现金

3）持票人未在本系统开户的，出票行应将本票款项通过跨行支付系统划至持票人开户行账户。进账单第一联加盖“受理凭证专用章”交还持票人，银行本票、进账单第二、三联加盖核算用章，银行本票作借方凭证，相关证明及进账单第三联作为进账单第二联贷方凭证附件。

## 第四节　银行汇票

银行汇票是出票银行签发的、由其在见票时按照实际结算金额无条件支付给收款人或者持票人的票据。银行汇票的出票银行为银行汇票的付款人。

银行汇票主要适用于在商业银行开立结算账户的单位和个人在异地采购时尚未确定购货对象的情况，需要办理先收款后发货或者钱货两清的商品交易客户群体。银行汇票具有汇兑功能、信用功能和支付功能。

### 一、基本规定

(1) 单位和个人各种款项结算，同城和异地均可使用银行汇票。银行汇票可以用于转账，填明“现金”字样的可以用于支取现金。

(2) 企业单位不得使用现金银行汇票，银行不得为企业单位签发和解付现金银行汇票。签发现金银行汇票的，申请人和收款人必须均为个人，并交存现金。

(3) 银行汇票必须记载以下事项：表明“银行汇票”的字样、无条件支付的承诺、出票金额、收付款人名称、出票日期及出票人签章。欠缺记载上列事项之一的，银行汇票无效。

(4) 银行汇票的代理付款人是代理本系统出票行或跨系统签约银行审核支付汇票款项的银行。代理付款人不得受理未在本行开立存款账户的持票人为单位直接提交的银行汇票。跨系统银行签发的转账银行汇票的付款，应通过同城票据交换将银行汇票和解讫通知提交给同城的有关银行审核支付后抵用。

(5) 收款人可以将银行汇票背书转让给被背书人。银行汇票的背书转让以不超过出票金额的实际结算金额为准。未填明实际结算金额和多余金额或实际结算金额超过出票金额的银行汇票不得背书转让。

(6) 持票人向银行提示付款时，必须同时提交银行汇票和解讫通知，缺少任何一联，银行不予受理；申请人缺少解讫通知联要求退款的，出票行应在汇票提示付款期满一个月后按规定办理。

(7) 银行汇票的提示付款期限自出票日起1个月。持票人超过付款期限提示付款的，代理付款行不予受理。

(8) 收款人提示付款时，未填明实际结算金额和多余金额或实际结算金额超过出票金额的，银行不予受理。银行汇票实际结算金额不得更改，更改实际结算金额的银行汇票银行不予受理。

(9) 持票人向开户银行提示付款时，应在汇票背面“持票人向银行提示付款签章”处签章，签章必须与预留银行印鉴相符。未在银行开立存款账户的个人持票人，可向选择的任何一家银行机构提示付款，提示付款时应在汇票背面“持票人向银行提示付款签章”处签章，并填明本人的身份证件名称、号码、发证机关，并按要求提交身份证件和复印件。

(10) 持票人对填明“现金”字样的银行汇票，需要委托他人向银行提示付款的，应在银行汇票背面背书栏签章，记载“委托收款”字样、被委托人姓名和背书日期以及委托人的身份证件名称、号码、发证机关。被委托人向银行提示付款时，也应在银行汇票背面“持票人向银行提示付款签章”处签章，填明身份证件名称、号码、发证机关，银行应校验委托人和被委托人身份证件，并留存委托人和被委托人身份证件复印件备查。

(11) 实行大额付款确认制度。对签发银行汇票超过额度（额度和范围由各行自定或银企双方协商约定）或业务委托书在审查中认为有疑点的，银行应主动通过电话向申请人进行确认，查实后办理，并将通话时间、受话人、查实结果登记在委托书背面空白处以备查考。

(12) 办理银行汇票业务要坚持“印押证”分管分用的原则。

## 二、业务处理要点

银行汇票在结算中包括以下主要环节：申请人申请签发银行汇票，出票行出票，购货后交付汇票，持票人提示付款，代理付款人付款入账，代理付款人向出票行清算资金，出票行退回多余款（见图 5—11）。

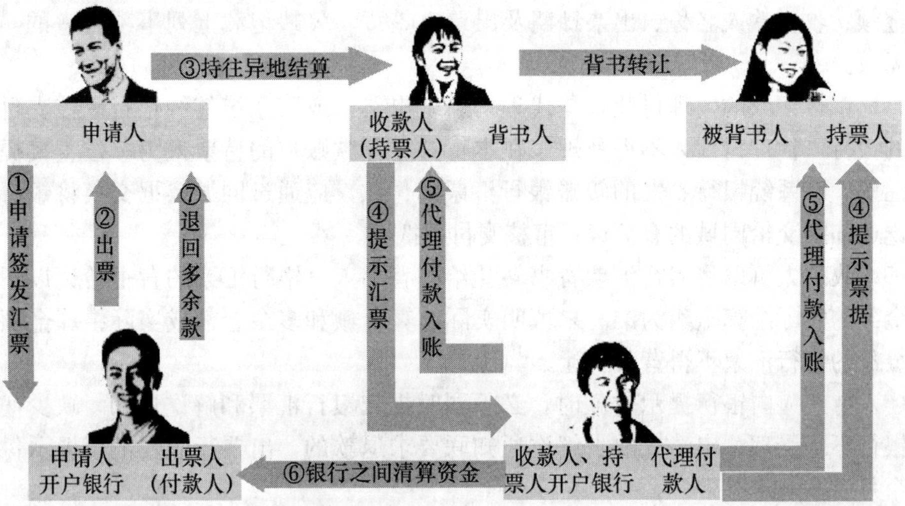


图 5—11 银行汇票流转程序

### (一) 银行汇票签发的处理

(1) 申请人申请使用银行汇票，应填写一式三联“业务委托书”，并在业务委托书上加盖银行预留印章后提交出票行。

(2) 出票行审核业务委托书各要素无误及申请人有足够支付的款项后办理银行汇票签发。

(3) 出票行签发银行汇票的基本规定如下：

1) 银行汇票的出票日期必须大写，大、小写金额必须同时记载。出票日期、出票金额和收款人名称不得更改。其他记载事项若有更改，应有原记载人签章证明。

2) 银行汇票上记载的收款人与申请书上的收款人必须一致。

3) 申请人在业务委托书的“附加信息及用途”栏内注明“不得转让”的，出票行应在银行汇票正面注明“不得转让”字样。

4) 签发转账银行汇票一律不得填写代理付款行名称；签发现金银行汇票的，代理付款行名称和行号应与客户提交的业务委托书上填明的代理付款行一致。

5) 银行汇票印有“现金”、“转账”字样的，用于转账的银行汇票，应划去“现金”字样；用于支取现金的银行汇票，应划去“转账”字样。

申请人和收款人均为个人并需要使用现金银行汇票的，申请人须在业务委托书“附加信息及用途”栏填写“现金汇票”字样。受理网点签发现金银行汇票，需审查申请人和收款人必须均为个人，收妥申请人交存的现金后，在银行汇票“出票金额”栏先填写“现金”字样，后填写出票金额，并填写指定代理付款行名称。

6) 出票行签发银行汇票时，应加编密押，并将密押记载在银行汇票第二联（见图5—12）、第三联（解讫通知）和第四联上。

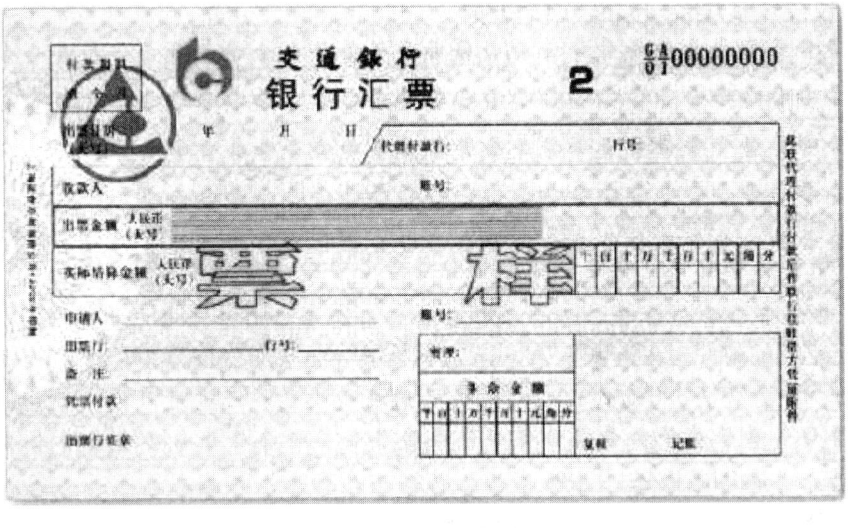
交通银行
银行汇票 2
00000000
年 月 日
收款人
账号
出票金额 人民币（大写）
实际结算金额 人民币（大写）
千 百 十 万 千 百 十 元 角 分
票样
申请人
账号
出票行 行号
备注
凭票付款
出票行签章
密押
多余金额
复核 记账

**图5—12 银行汇票票样（第二联汇票联正面，背面为背书联）**

7) 在出票行签章处加盖银行汇票专用章和法定代表人或授权代理人的签章。

(4) 出票行应通过实时清算系统进行银行汇票的签发，并将签发的银行汇票信息打印在业务委托书和银行汇票上。在业务委托书各联上加盖核算用章，在银行汇票第二、四联上加盖银行汇票专用章和法定代表人或授权代理人名章，在银行汇票第一联上加盖经办、复核名章。银行汇票第二联“银行汇票联”和第三联“解讫通知”与业务委托书第三联一并交申请人，并与申请人办理交接手续，业务委托书第一、二联送监督中心。会计分录如下：

1）集中模式的处理。

签发行：

借：××存款

或借：库存现金

贷：营业机构往来

借：重要空白凭证

贷：备查登记业务余额

业务处理中心：

借：营业机构往来

贷：汇出汇款

2）分散模式的处理。

签发行：

借：××存款

或借：库存现金

贷：汇出汇款

借：重要空白凭证

贷：备查登记业务余额

**（二）兑付银行汇票的处理**

1. 兑付系统内转账银行汇票的处理

（1）代理付款行兑付在本行开户的持票人申请兑付银行汇票的处理。

1）代理付款行接到在本行开户的单位持票人直接交来的银行汇票、解讫通知和一式两联进账单时，应审核银行汇票、解讫通知、进账单及其要素是否真实、完整、合规。

2）代理付款行对汇票有疑问的，应通过资金汇划系统向出票行发出查询确认，确认汇票真实可靠。对已确认伪造、变造、克隆的银行汇票应予以扣留，并立即报告业务主管或本行保卫部门。

3）审核无误后通过实时清算系统进行解付，使用通用机打凭证打印交易信息，并作为银行汇票的附件。在进账单第一、二联及银行汇票加盖核算用章和柜员名章。银行汇票作为借方凭证，解讫通知作其附件；进账单第二联作为贷方凭证，进账单第一联交持票人。会计分录为：

借：营业机构往来

贷：××存款——持票人/收款人户

（2）代理付款行兑付未在本行开户的个人持票人申请兑付银行汇票的处理。

1）代理付款行收到未在本行开户的个人持票人交来的银行汇票、解讫通知及一式两联进账单时，除按规定要求进行审核外，还应审查持票人的身份证件以及是否在汇票背面“持票人向银行提示付款签章”处签章和注明身份证件名称、号码及发证机关，并要求持票人提交身份证件复印件留存备查。

2）通过实时清算系统将汇票款项记入“应解汇款”有关账户，并使用通用机打凭证打印交易信息。持票人要分次支取的，需以持票人姓名开立手工分户，同时预留持票人签章及身份证件复印件。该账户只付不收，付完清户，不计利息。

3）在进账单第一、二联及银行汇票上加盖核算用章和柜员名章，银行汇票作为借方凭证，解讫通知作其附件；进账单第二联作为贷方凭证，进账单第一联交持票人。会计分录为：

借：营业机构往来

　贷：应解汇款

4）持票人需要一次或分次支取的，应填制支款凭证，向银行交验身份证件，并在凭证上签章，注明身份证件名称、号码及发证机关，办理支取手续。会计分录为：

借：应解汇款

　贷：营业机构往来（跨行支付系统）

　或贷：同城票据交换（同城票据交换系统）

2. 系统内现金银行汇票的处理

（1）代理付款行在接到持票人交来的现金银行汇票、解讫通知和一式两联进账单时，除按照转账银行汇票审查内容审查外，还应审查是否符合现金汇票签发的有关规定；收款人和申请人是否均为个人；代理付款行是否为本行，行名、行号是否正确；持票人是否在汇票背面“持票人向银行提示付款签章”处签章和注明身份证件名称、号码及发证机关。并要求持票人提交身份证件复印件留存备查。

（2）持票人委托他人向代理付款行提示付款的，还应审验被委托人的身份证件，被背书人栏是否记明被委托人姓名，背书人栏是否写明持票人姓名，身份证件名称、号码及发证机关，“委托收款”字样和背书日期。被委托人是否在“持票人向银行提示付款签章”处签章，记载身份证件名称、号码及发证机关，并要求提交持票人和被委托人身份证件复印件留存备查。

（3）审查无误后进行记账处理，将汇票款项记入“应解汇款”有关账户，并使用通用机打凭证打印交易信息。

（4）款项收妥后，填制“内部记账凭证”，摘录收款人身份证件名称、号码、发证机关，办理现金付款手续，并由收款人在凭证上签章。

（5）在进账单第一、二联及银行汇票上加盖核算用章和柜员名章；银行汇票作为借方凭证，解讫通知作为附件；内部记账凭证作为现金付款凭证；进账单第二联作为贷方凭证，进账单第一联交持票人。会计分录为：

借：营业机构往来

　贷：应解汇款

借：应解汇款

　贷：库存现金

3. 跨系统银行汇票的处理

（1）银行接到在本行开户的持票人或未在本行开立账户的持票人为个人交来的跨系统银行汇票和解讫通知及一式三联进账单，审核银行汇票、解讫通知、进账单及其要素真实、完整、合规。

（2）审核无误后，在进账单第一联上加盖受理凭证专用章交持票人。银行汇票、解讫通知书加盖中国人民银行当地分支行规定的印章后，按同城票据交换的有关规定提交至代理付款行审查支付，进账单第二、三联留底专夹保管。会计分录如下。

1）通过同城票据交换系统进行账务处理的。

提出交换时：

借：同城票据交换

贷：待提出票据交换及转汇款

收妥抵用时：

借：待提出票据交换及转汇款

贷：××存款——持票人/收款人户

2）代理付款行审查支付无误后，通过跨行支付系统进行账务处理的。

借：营业机构往来

贷：××存款——持票人/收款人户

**（三）银行汇票的结清**

1. 系统内汇票划回核销

（1）系统内银行汇票划回核销属实时清算汇划收报业务。银行汇票解付划回时，系统对报文中的汇票号码、签发日期、金额及付款账号与收报方汇票登记簿中对应要素均相符，无多余款的，由系统自动销记收报行的汇出汇款户，并核销汇票登记簿相应汇票；有多余款的，由系统自动销记收报行的汇出汇款户，并核销汇票登记簿相应汇票记录，同时实现多余款记账或多余款挂账。

（2）使用一式两联“资金汇划补充凭证”进行打印，并在凭证上加盖核算用章。有多余款的，原签发行应抽出原专夹保管的汇票卡片，填写实际结算金额和多余金额。

2. 汇票签发行手工核销

（1）汇票签发行手工核销的适用范围为：原银行汇票付款人持未使用过的银行汇票到出票行办理未用退回；交换提回本行签发的银行汇票的核销；原汇票付款人与汇票最终持有人为同一开户行客户银行汇票的核销；对汇票解付划回收报，因要素不符无法自动核销汇票登记簿的汇票。

（2）汇票有多余款的，根据具体情况系统自动作相应处理。申请人在本行开户的，系统自动入账并打印资金汇划汇票多余款记账凭证和客户回单。回单联加盖核算用章后交申请人。申请人未在银行开立账户的，系统转挂账，应通知申请人持申请书存根及本人有效身份证件来银行办理领取手续。

3. 银行汇票结清的会计分录

（1）集中模式的处理。

1）全额解付。

业务处理中心：

借：汇出汇款

贷：上存总行备付金

2）有多余款的处理。

业务处理中心：

借：汇出汇款

贷：上存总行备付金（实际结算金额）

营业机构往来（多余款）

签发行：

借：营业机构往来（多余款）

贷：××存款——银行汇票申请人户（多余款）

（2）分散模式的处理。

1）全额解付。

签发行：

借：汇出汇款

贷：营业机构往来

2）有多余款的处理。

签发行：

借：汇出汇款

贷：营业机构往来（实际结算金额）

××存款——银行汇票申请人户（多余款）

**（四）银行汇票的退款和超过提示付款期限的付款**

1. 申请人请求退款的处理

（1）申请人由于超过提示付款期限或其他原因要求退款的，应向出票行交回汇票及解讫通知。申请人为单位的，应由单位出具正式公函说明原因，申请人为个人的，应出示本人有效身份证件。

（2）签发行审核银行汇票、解讫通知及其要素是否真实、完整、合规，以及和《汇票电子登记簿》记载的对应汇票要素是否一致。

（3）签发行审核无误后，在银行汇票、解讫通知上填写“未用退回”字样，并进行银行汇票退回核销处理，销记汇出汇票登记簿。申请人为单位的，票款只能退回原申请人账户；申请人为个人且交存现金的，可凭本人有效身份证件支取现金。

（4）在银行汇票卡片、银行汇票、解讫通知、多余款客户回单加盖核算用章，银行汇票卡片作借方凭证，银行汇票作其附件，解讫通知作贷方凭证，多余款客户回单交申请人。会计分录为：

1）集中处理模式的。

业务处理中心：

借：汇出汇款

贷：营业机构往来

签发行：

借：营业机构往来

贷：××存款——银行汇票申请人户

或贷：库存现金

2）分散处理模式的。

签发行：

借：汇出汇款

贷：××存款——银行汇票申请人户

或贷：库存现金

（5）对代理付款银行查询过的汇票，在汇票出票日起一个月后方能办理退款；申请人由于短缺解讫通知要求退款的，应当备函向出票行说明短缺原因并交回持有的汇票，出票行于提示付款期满一个月后比照退款手续办理退款。

2. 持票人超过付款期限请求付款的处理

（1）持票人超过提示付款期限未获付款的，在票据权利时效内向出票行请求付款时，应备函说明原因，并提交银行汇票及解讫通知。持票人为个人的，还应交验本人有效身份证件并留存身份证件复印件备查。

（2）签发行审核银行汇票、解讫通知及其要素是否真实、完整、合规，以及是否与原专夹保管的汇票卡片和汇票电子登记簿记载的对应汇票要素一致。

（3）出票行在银行汇票和解讫通知的备注栏填写“逾期付款”字样，办理付款手续，并一律通过应解汇款核算。

1）对全额解付的，在银行汇票卡片实际结算金额栏填入出票金额。在银行汇票卡片、银行汇票、解讫通知上加盖核算用章。银行汇票卡片作为借方凭证，银行汇票作为其附件；解讫通知作为贷方凭证。会计分录如下。

①集中处理模式的。

业务处理中心：

借：汇出汇款

贷：营业机构往来

签发行：

借：营业机构往来

贷：应解汇款

②分散处理模式的。

签发行：

借：汇出汇款

贷：应解汇款

③持票人填写有关支款凭证进行支款，其会计分录为：

借：应解汇款

贷：××存款——持票人/收款人户

或贷：库存现金

2）银行汇票有余款的，应在银行汇票卡片上填写实际结算金额和余款金额。在银行汇票卡片、银行汇票、解讫通知、多余款客户回单上加盖核算用章。银行汇票卡片作为借方凭证，银行汇票作为其附件；解讫通知作为贷方凭证。余款客户回单交申请人。会计分录为：

①集中处理模式的。

业务处理中心：

借：汇出汇款

　贷：营业机构往来

签发行：

借：营业机构往来

　贷：应解汇款

　　××存款——银行汇票申请人户（转账多余款）

②分散处理模式的。

签发行：

借：汇出汇款

　贷：应解汇款

　　××存款——银行汇票申请人户（转账多余款）

③持票人填写有关支款凭证进行支款，其会计分录为：

借：应解汇款

　贷：××存款——收款人/持票人户

　或贷：库存现金

## 第五节　商业汇票

商业汇票是出票人签发的、委托付款人在指定日期无条件支付确定的金额给收款人或者持票人的票据。商业汇票根据承兑人的不同分为银行承兑汇票和商业承兑汇票。

银行承兑汇票是在承兑银行开立存款账户的存款人（即承兑申请人）签发的，经承兑银行承兑，保证承兑申请人在指定日期无条件支付确定金额给收款人或者持票人的票据（见图5—13）。

**银行承兑汇票　2**　　　　汇票号码

出票日期（大写）　年　月　日　　　　第　号

| | | | | | |
|---|---|---|---|---|---|
| 出票人全称 | | | 收款人 | 全　称 | |
| 出票人账号 | | | | 账　号 | |
| 付款行全称 | | 行号 | | 开户行 | 行号 |
| 汇票金额 | 人民币（大写） | | | | 千百十万千百十元角分 |
| 汇票到期日 | | 本汇票已经承兑，到期日由本行付款<br>承兑行签章<br>承兑日期　年　月　日 | | 承兑协议编号 | |
| 本汇票请你行承兑，到期无条件付款<br>出票人签章<br>年　月　日 | | | | 科目（借）<br>对方科目（贷）<br>转账　年　月　日<br>复核　记账 | |
| | | 备注： | | | |

此联收款人开户行随委托收款凭证寄付款行作借方凭证附件

10×17.5公分（专用水印纸蓝油墨）

**图5—13　银行承兑汇票（第二联正面为汇票联，背面为背书联）**

商业承兑汇票是由付款人或收款人签发，经付款人承兑，在指定日期无条件支付确定金额给收款人或者持票人的票据（见图5—14）。

**商业承兑汇票　2**　　　　汇票号码

出票日期（大写）　　年　月　日　　　　第　号

| | | | | | |
|---|---|---|---|---|---|
| 付款人 | 全称 | | 收款人 | 全称 | |
| | 账号 | | | 账号 | |
| | 开户银行 | 行号 | | 开户银行 | 行号 |
| 出票金额 | 人民币（大写） | | | | 千百十万千百十元角分 |
| 汇票到期日 | | | 交易合同号码 | | |
| 本汇票已经承兑，到期无条件支付票款<br>承兑人签章<br>承兑日期　年　月　日 | | | 本汇票请予以承兑于到期日付款<br>出票人签章 | | |

此联持票人开户行随委托收款凭证寄付款人开户行作借方凭证附件

10×17.5公分（专用水印纸蓝油墨，出票金额栏加红水纹）

**图5—14　商业承兑汇票（第二联正面为汇票联，背面为背书联）**

## 一、基本规定

（1）商业汇票必须记载以下事项：表明“商业承兑汇票”或“银行承兑汇票”的字样、无条件支付的承诺、出票金额、收付款人名称、出票日期及出票人签章。欠缺记载上列事项之一的，商业汇票无效。

（2）商业汇票的收款人、付款人必须是在银行开立存款账户的法人或其他组织，在同城或异地均可使用。

（3）商业汇票的付款期限自出票日开始计算，最长为6个月；商业汇票的提示付款期限，自汇票到期日起10日。商业汇票只能转账，不能支取现金。

（4）持票人提示付款时，应通过开户银行委托收款或直接向付款人提示付款。

（5）商业汇票在提示付款期限内可以背书转让，其背书必须是连续的；出票银行在商业汇票上填明“不得转让”字样的以及做成委托收款背书的商业汇票不得背书转让。

（6）银行承兑汇票申请人在汇票到期日未能足额交存票款的，应对出票人尚未支付的汇票金额按照每日万分之五计收利息。

## 二、业务处理要点

### （一）银行承兑汇票的处理

在银行开立账户的法人和其他组织，自身状况良好，具有支付银行承兑汇票金额可靠资金来源的都可以向其开户银行申请签发银行承兑汇票。

银行承兑汇票的结算过程主要包括以下环节：出票人出票并申请承兑，承兑行承兑，购买货物或劳务后交付汇票，持票人到期委托其开户银行收款，持票人开户行到期前向承兑行收款，承兑申请人汇票到期前缴存票款，承兑行划回票款，持票人开户行收妥入账（见图 5—15）。

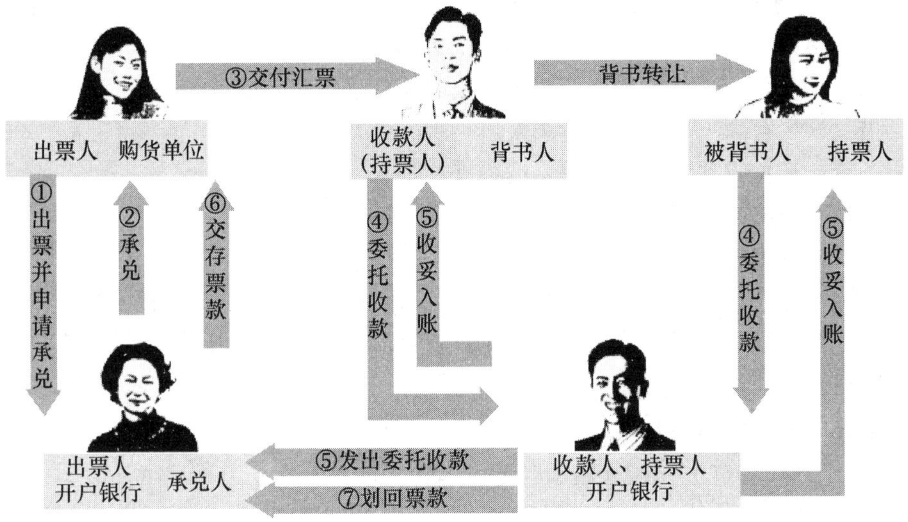


图 5—15　银行承兑汇票流转程序

1. 承兑银行办理银行承兑汇票的处理

（1）银行承兑汇票的出票人向银行申请承兑时，由银行信贷部门根据客户的信用等级核定应缴保证金比例，审查相关的单据、合同，同意后即可与出票人签署银行承兑协议，一联留存，另一联及其副本交银行运行管理部门。信贷部门通过资产管理系统完成审批流程，并发出电子准签证。

（2）保证金的处理。

1）各商业银行在办理银行承兑汇票业务时，为降低风险应按客户信用等级和信贷管理规定收取一定比例的业务保证金。保证金专户必须实行封闭管理，用于支付对应到期的银行承兑汇票，不得提前支取保证金。

2）客户缴存保证金应提交转账支票及一式三联进账单。

3）承兑行审核转账支票、进账单及其要素真实、完整、合规，依据信贷管理部门提交的银行承兑协议、纸质电子准签证及资产管理系统发出的缴存保证金电子准签证办理保证金缴存。

4）使用通用机打凭证打印保证金缴存信息，作为转账支票的附件。在进账单第一联上加盖受理凭证专用章，在转账支票及进账单第二联上加盖核算用章及柜员名章分别作为借方、贷方凭证，在进账单第三联上加盖核算用章后连同第一联交给客户。会计分录为：

借：××存款——银行承兑汇票承兑申请人户

　贷：保证金——银行承兑汇票

如果承兑申请人提供抵押、质押的，应纳入表外核算。承兑行填制“内部记账凭证”，加盖核算用章及经办名章。会计分录为：

借：备查登记业务余额

　贷：其他待处理抵押质押品

（3）出票的处理。

1）柜员审查承兑协议及纸质电子准签证无误后按照承兑协议内容签发银行承兑汇票。

2）按规定向承兑申请人收取承兑手续费及其他费用。

3）在银行承兑汇票第二联上加盖汇票专用章和法人代表人或授权代理人的签章。银行承兑汇票第一联连同承兑汇票审批表、承兑协议副本、不可撤销承诺函留存专夹保管，第二、三联交承兑申请人。按规定收取承兑手续费，会计分录为：

借：××存款——承兑申请法人户

　贷：汇兑收益——银行承兑汇票承兑收入

2. 持票人开户行受理银行承兑汇票的处理

（1）受理发出委托收款。

1）持票人持将要到期的银行承兑汇票，委托开户行向承兑银行提示付款时，应匡算至承兑银行的邮程，提前委托开户行收款，填制一式五联“托收凭证”，在“托收凭据名称”栏注明“银行承兑汇票”及汇票号码，并在第二联上加盖银行预留印章，连同银行承兑汇票提交给其开户行。

2）持票人开户行审核银行承兑汇票、托收凭证及其要素真实、完整、合规后，在托收凭证第一联上加盖受理凭证专用章，第三联上加盖结算专用章。第二联专夹保管，登记发出委托登记簿，其余手续按照发出委托收款的手续处理。会计分录为：

借：备查登记业务余额

　贷：应收托收款项

（2）收到划回的票款。

持票人开户行接到承兑银行划回的汇款款项后，按照委托收款的款项划回手续进行处理。会计分录同委托收款业务。

3. 银行承兑汇票到期时承兑行的处理

（1）划回保证金。票据到期日，承兑行将保证金划回承兑申请人账户。使用“特种转账凭证”打印保证金划回信息，并加盖核算用章。会计分录为：

借：保证金——银行承兑汇票

　贷：××存款——银行承兑汇票承兑申请人户

（2）扣收票据金额。保证金划回后，当承兑申请人账户可用余额足够支付票据金额时，应及时扣收票据款项。使用“特种转账凭证”打印保证金划回信息，并加盖核算用章。会计分录为：

借：××存款——银行承兑汇票承兑申请人户

　贷：应解汇款

如果账户可用余额小于票据金额，则应由承兑银行进行垫款。使用“特种转账凭证”打印保证金划回信息，并加盖核算用章。会计分录为：

借：垫款

　贷：××存款——银行承兑汇票承兑申请人户

（3）承兑银行支付汇票款项。

1）承兑银行接到持票人开户银行寄来的托收凭证及银行承兑汇票后，抽出专夹保管的汇票卡片和承兑协议副本及其他资料，认真审查票据及其要素是否真实、完整、合规，与留底资料是否一致。

2）经审查无误，应于汇票到期日或到期日之后的见票当日，将票据款项通过实时清算系统、同城票据交换或跨行支付系统划转到收款人开户银行。会计分录为：

借：应解汇款

贷：营业机构往来

或贷：待提出票据交换及转汇款

3）承兑银行在履行了付款责任后，必须核销银行承兑汇票登记簿的记录。会计分录为：

借：其他应付款——银行承兑汇票应付款

贷：其他应收款——银行承兑汇票应收款

4）收到对方银行寄来的委托收款单证时，贷记“代收托收款项”。划回款项时，借记“代收托收款项”。会计分录为：

收到托收凭证：

借：应付托收款项

贷：备查登记业务余额

划回款项：

借：备查登记业务余额

贷：应付托收款项

4．承兑银行对超过提示付款期限的银行承兑汇票的处理

（1）持票人持超过提示付款期限未获付款的银行承兑汇票，在票据权利时效内请求付款时，汇票的持票人应向承兑银行出具正式公函说明原因，并提交承兑汇票。

（2）承兑银行接到持票人递交的说明原因的公函及汇票，抽出专夹保管的汇票卡片和承兑协议副本等资料，认真审核公函、票据及要素无误后，在汇票的备注栏填写“逾期付款”字样，办理付款手续。核销处理手续及会计分录同银行承兑汇票到期时承兑行处理银行承兑汇票到期时的处理。

（3）持票人如为异地，由持票人填写业务委托书并签章，委托银行办理汇款。银行按规定审查和收取手续费及邮寄费。

5．银行承兑汇票未用退回或注销

（1）银行承兑汇票，如果未被使用而要求退回、注销，由承兑申请人备函说明原因，交回银行承兑汇票，向承兑行申请注销。

（2）银行信贷管理部门审核通过后，通过资产管理系统（CM2002）发出退票的电子许可证。

（3）承兑行审核票据及要素，与留存的汇票卡片、承兑协议副本等资料核对无误后，在汇票的备注栏填写“未用注销”字样，并凭银行信贷管理部门发送的电子许可证办理退回或注销。

（4）在特种转账凭证上打印处理信息，并在特种转账凭证、汇票卡片及汇票上加盖核算用章及经办名章。汇票及承兑协议副本等资料作为汇票卡片附件。会计分录为：

借：保证金——银行承兑汇票

贷：活期存款——银行承兑汇票承兑申请人户

借：其他应付款——银行承兑汇票应付款

贷：其他应收款——银行承兑汇票应收款

对于承兑申请人提供抵押、质押的，应将抵押、质押物退还承兑申请人，并销记有关登记簿。会计分录为：

借：备查登记业务余额

贷：其他待处理抵押质押品

**（二）商业承兑汇票的处理**

商业承兑汇票在结算过程中主要包括以下环节：购买货物或劳务后交付汇票，持票人到期委托其开户银行收款，收款人或持票人开户银行向承兑申请人开户银行发出委托收款通知，承兑申请人开户银行向承兑人发出付款通知，付款人（承兑申请人）通知付款，承兑人开户银行划回票款，持票人开户银行收妥入账（见图5—16）。

**图5—16 商业承兑汇票流转（收款人出票的，应该交付付款人承兑）**

1. 持票人开户银行受理商业承兑汇票的处理

（1）受理发出委托收款。

1）持票人持将要到期的商业承兑汇票，委托开户银行向付款人提示付款时，应匡算至付款人开户银行的邮程，提前委托开户银行收款，填制一式五联“托收凭证”，在“托收凭据名称”栏注明“商业承兑汇票”及汇票号码，并在第二联上加盖银行预留印章，连同承兑汇票提交其开户银行。

2）持票人开户银行审核商业承兑汇票、托收凭证及其要素真实、完整、合规后，在托收凭证第一联上加盖受理凭证专用章，第三联上加盖结算专用章，第二联专夹保管，登记发出委托登记簿，其余手续按照发出委托收款的手续处理。会计分录为：

借：备查登记业务余额

贷：应收托收款项

（2）收到划回的票款。

持票人开户银行接到付款人开户银行划回的汇款款项后，按照委托收款的款项划回手续进行处理。会计分录同委托收款业务。

2. 付款人开户银行收到汇票付款时的业务处理

（1）付款人开户银行收到持票人开户银行寄来的委托收款凭证及汇票时，经办柜员审核商业承兑汇票、托收凭证及其要素真实、完整、合规，并确认付款人确在本银行开户，以及承兑人在汇票上的签章与预留银行的签章相符后，将托收凭证第五联交给付款人并办理签收手续，登记收到委托收款登记簿，记载更新表外账务。会计分录同委托收款业务。

（2）付款人开户银行接到付款人的付款通知或在付款人接到开户银行的付款通知的次日起 3 日内仍未接到付款人的付款通知的，应按以下情况处理：

1）付款人的银行账户有足够票款支付的，将票款划给收款人开户银行，托收凭证第三联作为借方凭证，商业承兑汇票作为附件，同时使用"内部记账凭证"销记代收托收款项，销记收到委托登记簿。会计分录同委托收款业务。

2）付款人的银行账户不足支付的，在托收凭证备注栏注明"付款人无款支付"字样，并填制一式三联"支付结算通知/查询查复书"，并加盖结算专用章。将支付结算通知/查询查复书第一联和托收凭证第三联留存备查，将支付结算第二、三联同托收凭证第四联邮寄收款人开户银行。同时，使用内部记账凭证销记代收托收款项分户账，手工销记收到委托收款登记簿。会计分录同委托收款业务。

3）付款人拒绝付款时，银行在付款人接到通知日次日起 3 日内收到付款人的拒付款证明时，按照委托收款拒付手续处理。

## 第六节　汇　兑

汇兑是汇款人委托银行将其款项支付给收款人的结算方式。汇兑分为信汇和电汇两种。单位和个人的各种款项结算，均可使用汇兑结算方式。

### 一、基本规定

（1）汇兑凭证上记载收款人为个人的，收款人需要到汇入银行领取汇款，向汇入银行支取款项时，必须交验本人有效的身份证件。

（2）汇款人派人到汇入银行领取汇款时，应在汇兑凭证各联的"收款人账号或住址"栏标明"留行待取"字样。"留行待取"的汇款需要指定单位的收款人领取汇款的，应注明收款人的单位名称。凭签章支取的，应使用信汇凭证办理，并在其第四联上加盖预留的收款人签章。

（3）汇款人确定不得转汇的，应在汇兑凭证备注栏标明"不得转汇"字样。汇出银行采用"信汇付款指令"方式处理的汇兑业务在客户委托银行办理信汇业务时，发报经办银行将款项通过资金汇划清算系统划拨，然后在信汇凭证第三联上加盖结算专用章，连同有关凭证通过邮局寄发经办银行。

（4）汇款人和收款人均为个人，需要在汇入行支取现金的，汇款人应交存现金，并在业务委托书或信汇凭证"汇款金额"大写栏先填写"现金"字样，后填写汇款金额。

（5）汇出银行受理汇款人签发的汇兑凭证，经审核无误后，应及时向汇入银行办理汇款，并向汇款人签发汇款回单。汇款回单只能作为汇出银行受理汇款的依据，不能作为该笔汇款已转入收款人账户的证明。

（6）汇入银行对开立存款账户的收款人，应将汇给其的款项直接转入收款人账户，并向其发出收账通知。收账通知是银行将款项确已收入收款人账户的凭据。对未开立存款账户的收款人，应将款项转入“应解汇款”核算。

（7）汇款人对汇出银行尚未汇出的款项可以申请撤销。申请撤销时，应出具正式函件或本人有效身份证件及原业务委托书回单。汇出银行查明未汇出款项的，收回原回单，方可办理撤销。

（8）汇款人要求退汇时，对收款人在汇入银行开立账户的，由汇款人与收款人自行联系退汇；对收款人未在汇入银行开立账户的，应由汇款人备函和本人有效身份证件连同原业务委托书、信汇凭证或电汇凭证回单交汇出银行办理退汇。

（9）汇入银行对收款人拒绝接受的汇款，应立即办理退汇。对于向收款人发出取款通知，经 2 个月收款人尚未来行办理取款手续，或在规定期限内汇入行已寄出通知，但因收款人住址迁移或其他原因，以致该笔汇款无人受领时，汇入银行可以主动办理退汇。

（10）转汇银行不得受理汇款人或汇出银行对汇款的撤销或退汇。

## 二、业务处理要点

### （一）汇出银行的业务处理

（1）汇款人委托银行办理汇兑业务时，应填制并向受理银行提交一式三联“业务委托书”或一式四联“信汇凭证”（见图 5—17）或一式三联“电汇凭证”（见图 5—18）。

××银行 信汇凭证（借方凭证） **2**

委托日期　　年　月　日　　　　　　　　第　号

| | | | | | | | | | | | | |
|---|---|---|---|---|---|---|---|---|---|---|---|---|
| 汇款人 | 全　称 | | | | | 收款人 | 全　称 | | | | | 此联汇出行作借方凭证 |
| 汇款人 | 账　号<br>或住址 | | | | | 收款人 | 账　号<br>或住址 | | | | | |
| 汇款人 | 汇　出<br>地　点 | 省 | 市<br>县 | 汇出行<br>名　称 | | 收款人 | 汇　入<br>地　点 | 省 | 市<br>县 | 汇入行<br>名　称 | | |
| 金额 | 人民币<br>（大写） | | | | | | | | | 千百十万千百十元角分 | | |
| 汇款用途： | | | | | | 科目（借）<br>对方科目（贷）<br>汇出行汇出日期　年　月　日<br>复核　　记账 | | | | | | |
| 此汇款支付给收款人。<br><br>汇款人签章 | | | | | | | | | | | | |

8.5×17.5 公分（白纸蓝油墨）

图 5—17　信汇凭证

××银行 电汇凭证（借方凭证） 2

委托日期 年 月 日 第 号

<table>
<tr><td rowspan="3">汇款人</td><td>全 称</td><td colspan="3"></td><td rowspan="3">收款人</td><td>全 称</td><td colspan="3"></td><td rowspan="6">此联汇出行作借方凭证</td></tr>
<tr><td>账 号<br>或住址</td><td colspan="3"></td><td>账 号<br>或住址</td><td colspan="3"></td></tr>
<tr><td>汇 出<br>地 点</td><td>省 市<br>县</td><td>汇出行<br>名 称</td><td></td><td>汇 入<br>地 点</td><td>省 市<br>县</td><td>汇入行<br>名 称</td><td></td></tr>
<tr><td>金额</td><td colspan="7">人民币<br>（大写）</td><td colspan="2">千百十万千百十元角分</td></tr>
<tr><td colspan="6">汇款用途：</td><td colspan="4" rowspan="2">科目（借）<br>对方科目（贷）<br>汇出行汇出日期 年 月 日<br>复核 记账</td></tr>
<tr><td colspan="6">此汇款支付给收款人。<br>电 汇 汇款人签章</td></tr>
</table>

8.5×17.5 公分（白纸蓝油墨）

**图 5—18 电汇凭证**

（2）受理银行的柜员审核汇兑凭证及其要素真实、完整、合规后，通过实时清算系统、跨行支付系统或同城票据交换办理汇兑业务，并按照中间业务收费标准收取汇划费。

1）采用业务委托书方式办理汇兑业务的，在业务委托书各联上加盖核算用章。业务委托书第一联作为借方凭证，第二联作为发报的依据，第三联作为回单交给客户。

2）汇出银行采用“信汇付款指令”方式办理汇兑业务的，应复印信汇凭证第三、四联并经主管审批后作为发报依据。同时，使用通用机打凭证打印交易信息，作为借方凭证的附件。在信汇凭证第一、二联上加盖核算用章，第一联作为客户回单交给客户，第二联作为借方凭证；在信汇凭证第三联上加盖结算专用章，连同第四联及有关凭证通过邮局寄送汇入银行。受理的信汇凭证，必须于当日最迟于次日寄出。

（3）汇出银行业务处理的会计分录如下。

1）通过实时清算系统办理汇兑业务。

借：××存款——汇款人户

或借：库存现金

贷：营业机构往来

2）通过大额跨行支付系统办理汇兑业务。

借：××存款——汇款人户

或借：库存现金

贷：待处理汇划款项

借：待处理汇划款项

贷：营业机构往来

3）通过小额跨行支付系统办理汇兑业务。

借：××存款——汇款人户

或借：库存现金

贷：营业机构往来

4）通过同城票据交换办理汇兑业务。

借：××存款——汇款人户

或借：库存现金

贷：待提出票据交换及转汇款

5）收取汇兑业务手续费。

借：××存款——汇款人户

或借：库存现金

贷：其他业务收入——人民币结算业务收入

**（二）汇入银行的业务处理**

（1）系统内汇入款项，分为实时和批量业务。实时业务及时传至经办银行；批量业务经批量处理次日传至经办银行。

（2）应解汇款的处理。

1）资金汇划转应解汇款的报文，经收报确认后，由系统自动登记应解汇款登记簿并更新应解汇款账户。会计分录为：

借：营业机构往来

贷：应解汇款

2）收报银行使用一式两联资金汇划补充凭证或一式两联中国人民银行支付系统专用凭证分别打印系统内或跨行应解汇款收报信息，并在汇兑凭证及机制补充凭证上编列应解汇款顺序号，加盖核算用章。收报凭证第一联作为记账凭证，第二联作为收报通知联留存保管，并通知收款人来银行办理取款手续。

3）未在银行开立存款账户的收款人，以收款人姓名开立应解汇款账户的，该账户只付不收，付完清户，不计付利息。汇款人指定汇入银行的，必须由指定的汇入银行办理付款，其他银行均不得办理。

4）收款人不论一次支取，还是分次支取，都应由本人来银行交验其本人有效身份证件办理支款手续。分次支取的应以预留身份证件复印件及签章作为下次支款审查依据。

5）收款人来银行办理取款，“留行待取”的向收款人问明情况，抽出汇兑凭证收账通知联，认真审查收款人本人有效身份证件，保留身份证件复印件备查。

6）需要支取现金的，汇兑凭证或收报凭证上必须有汇出银行按规定填明的“现金”字样，应一次办理现金支付手续；未注明“现金”字样，需要支取现金的，由汇入银行按照现金管理规定审查支付。汇入银行应填制一联内部记账凭证作为现金付出凭证，并加盖核算用章，汇兑凭证或机制补充凭证的收账通知联及身份证件复印件作为其附件。会计分录为：

借：应解汇款

贷：库存现金

7）分次支取时，收款人应填制支款凭证，加盖其预留印鉴，并提交本人的身份证件。汇入银行审核其签章、身份证件与其预留印鉴、身份证件复印件核对相符后，办理支款手续。待最后结清时，将汇兑凭证收账通知联作为借方凭证附件。会计分录为：

借：应解汇款

贷：相关科目

需要转汇的，应重新办理汇款手续，其填写的汇款凭证的“收款人”与“汇款用途”栏必须是原汇款的收款人和用途，并在信汇或电汇凭证上加盖“转汇”戳记。对注明不得转汇的汇入款，不予办理转汇。

**（三）退汇处理**

1. 汇款人要求退汇的处理

（1）汇出银行的处理手续。

1）汇款人要求退汇时，对收款人在汇入银行开立账户的，由汇款人与收款人自行联系退汇；对收款人未在汇入银行开立账户的，应由汇款人备函或本人有效身份证件连同原业务委托书、信汇回单交汇出银行办理退汇。

2）汇出银行接到退汇函件或身份证件以及回单，应填制一式两联支付结算通知/查询查复书，并在第一联上批注“×年×月×日申请退汇，俟款项退回后再办理退汇手续”字样，经业务主管审核签章后，通过实时清算系统或跨行支付系统通知汇入银行办理退汇。同时在支付结算通知/查询查复书第一联上加盖核算用章后交给客户，第二联与函件和回单一并留存专夹保管。

（2）汇入银行的处理手续。

汇入银行接到汇出银行通知退汇的查询书，如该笔汇款已转入应解汇款及临时存款，尚未解付的，应及时与收款人联系，填制一式两联“特种转账记账凭证”，经营业经理审核后，根据汇出银行的要求，通过实时清算系统或跨行支付系统办理退汇，并在凭证上加盖核算用章。会计分录为：

借：应解汇款

　　贷：营业机构往来

如该笔汇款业务已解付，应通过实时清算系统或跨行支付系统分别及时发出查复。

（3）汇出银行收到退汇的处理手续。

1）系统外退汇的，汇出银行接到汇入银行划来的退汇款项，应通过跨行支付系统打印一式两联中国人民银行支付系统专用凭证办理入账，并在凭证上加盖核算用章。第一联作为银行转账凭证，第二联作为收账通知交给原汇款人。在原汇款凭证上注明“此款已于×年×月×日退汇”字样，作为中国人民银行支付系统专用凭证第一联的附件。会计分录为：

借：营业机构往来

　　贷：××存款——汇款人户

2）系统内退汇的，汇出银行收到系统内汇入银行的退汇款项报文，打印一式二联“资金汇划补充凭证”，在凭证上加盖核算用章。第一联作为贷方凭证，第二联为收账通知联作为收账通知交给原付款人。在原汇款凭证上注明“此款已于×年×月×日退汇”字样，作为资金汇划补充凭证第一联的附件。会计分录同系统外退汇。

如汇款人未在银行开立账户，退汇时，应审查其本人的身份证件，预留身份证件复印件的应进行核对，无误后，另填制一联内部记账凭证进行退款。会计分录为：

借：营业机构往来

　　贷：待处理汇划款项

借：待处理汇划款项

　　贷：应解汇款

借：应解汇款

　贷：库存现金

如接到系统外或系统内汇入银行发回的查复书，注明汇款已解付时，应在留存的查询书上批注解付情况，通知原汇款人。

2. 汇入银行主动退汇

（1）汇入银行的处理手续。

汇入银行对收款人拒绝接受的汇款，应立即办理退汇。对于向收款人发出取款通知，经2个月收款人尚未来行办理取款手续，或在规定期限内汇入银行已寄出通知，但因收款人住址迁移或其他原因，以致该笔汇款无人受领的，汇入银行可以主动办理退汇。

1）系统外退汇时，应填制一联特种转账借方凭证和一联特种转账贷方凭证，并在凭证上注明“退汇”字样，收报通知联作为借方凭证附件。通过跨行支付系统办理退汇，并在“附言”栏注明此款为退汇款项。会计分录同汇出业务处理。

2）系统内退汇时，应填制一联特种转账借方凭证和一联特种转账贷方凭证，并在凭证上注明“退汇”字样，收报通知联作为借方凭证附件。通过实时清算系统办理退汇，并在“附言”栏注明此款为退汇款项。会计分录同汇出业务处理。

（2）原汇出银行的处理手续。

1）系统外退汇的，原汇出银行打印一式两联中国人民银行支付系统专用凭证，在凭证上加盖核算用章。一联作为转账贷方凭证，另一联作为收账通知交给原汇款人。会计分录为：

借：营业机构往来

　贷：××存款——汇款人户

2）系统内退汇的，原汇出银行收到原汇入银行通过实时清算系统发来的退汇报文、一式两联资金汇划补充凭证，在凭证上加盖核算用章。一联作为转账贷方凭证，另一联作为收账通知交给原汇款人。会计分录同系统外退汇。

如汇款人未在银行开立账户，退汇时，应审查其本人的身份证件，预留身份证件复印件的应进行核对，无误后，另填制一联内部记账凭证办理退款。会计分录为：

借：营业机构往来

　贷：待处理汇划款项

借：待处理汇划款项

　贷：应解汇款

借：应解汇款

　贷：库存现金

收款人委托他人支取退汇款项的，具体办法比照应解汇款委托支取办法办理。

3）收报银行办理报文退汇发报时，应按原报文的收款、付款账号户名进行录入，并在附言栏注明退汇报文的原发报日期和发报流水号及退汇理由。原报文发报银行收到此退汇报文不得随意再作退汇处理，应根据退汇报文的附言进行相应的处理。对附言描述不清的，可通过查询查复方式要求对方银行补充说明。

3. 汇款人申请撤汇

汇款人对汇出银行尚未汇出的款项可以申请撤销。申请撤销时，应出具正式函件或本人有效身份证件及原汇兑业务回单。汇出银行查明确未汇出款项的，收回原汇兑业务回单作为附件，方可办理撤汇。

随着大额支付系统和小额支付系统的运行，信汇业务基本不再使用，电汇业务也不再通过邮局派发电报方式进行，而是直接通过支付系统贷记业务完成资金的支付和清算。

## 第七节 托收承付业务

托收承付是根据购销合同由收款人发货后委托银行向异地付款人收取款项，由付款人向银行承认付款的结算方式。托收承付分为托收和承付两个环节。

### 一、基本规定

#### （一）托收

（1）使用托收承付结算方式的收款单位和付款单位，必须是国有企业、供销合作社以及经营管理较好并经开户银行审查同意的城乡集体所有制工业企业。

（2）办理托收承付结算的款项，必须有商品交易或因商品交易而产生的劳务供应的款项。

（3）收付双方使用托收承付结算的必须是签有符合《中华人民共和国合同法》的购销合同，并在合同上注明使用托收承付结算方式。

（4）收款人对同一付款人发货托收累计 3 次收不回货款的，收款人开户银行应暂停收款人向该付款人办理托收；付款人累计 3 次提出无理拒付的，付款人开户银行应暂停其向外办理托收。

（5）收款人凭商品确已发运的证件（包括铁路、航运、公路等运输部门签发的运单、运单副本和邮局包裹回执）办理托收。

（6）托收承付结算每笔金额起点为 1 万元。新华书店系统每笔的起点金额为 1 千元。

#### （二）承付

（1）承付货款分为验单付款和验货付款两种，由收付双方协商确定，并在合同中明确规定。

1）验单付款：验单付款的承付期为 3 天，从付款人开户银行发出承付通知的次日（付款人来银行自取的，为银行收到托收凭证日的次日）算起（承付期内遇法定休假日顺延），必须邮寄的应加邮寄时间。付款人在承付期内未向银行表示拒绝付款，银行即视作承付，并在承付期满的次日上午银行开始营业时，将款项主动从付款人的账户内付出，按照收款人指定的付款方式，划给收款人。

2）验货付款：验货付款的承付期为 10 天，从运输部门向付款人发出提货通知的次日算起。对收付双方在合同中明确规定，并在委托收款凭证（见图 5—19）上注明验货付款期限的，银行从其规定。

委托收款 凭证（贷方凭证） 2 委托号码：

委托日期 年 月 日 第 号

<table>
<tr><td rowspan="3">付款人</td><td>全称</td><td></td><td rowspan="3">收款人</td><td>全称</td><td colspan="3"></td></tr>
<tr><td rowspan="1">账号或地址</td><td></td><td>账号</td><td colspan="3"></td></tr>
<tr><td>开户银行</td><td></td><td>开户银行</td><td></td><td>行号</td><td></td></tr>
<tr><td>委收金额</td><td colspan="5">人民币（大写）</td><td colspan="2">千百十万千百十元角分</td></tr>
<tr><td colspan="2">款项内容</td><td></td><td>委托收款凭据名称</td><td></td><td>附寄单证张数</td><td colspan="2"></td></tr>
<tr><td colspan="2">备注：</td><td colspan="2">上列委托收款随附有关单证请予办理收款。<br>收款人签章</td><td colspan="4">科目（贷）<br>对方科目（借）<br>转账 年 月 日<br>复核 记账</td></tr>
</table>

此联收款人开户银行作为贷方凭证

10×17.5公分（白纸红油墨） 收款人开户银行收到日期 年 月 日

**图5—19 委托收款凭证**

付款人在银行发出承付通知的次日起10日内，未收到提货通知的，应在第10天将货物尚未到达的情况通知银行。在第10天付款人没有通知银行的，银行即视作已验货，同意付款。在第10天付款人通知银行货物未到，而以后收到提货通知没有及时送交银行的，银行仍按10天期满的次日作为划款日期，并按超过的天数计扣逾期付款赔偿金。采用验货付款的，收款人必须在托收凭证上加盖“验货付款”字样戳记。未注明验货付款的，经付款人提出合同证明是验货付款的，银行可按验货付款处理。

3）无论是验单付款还是验货付款，付款人都可以在承付期内提前向银行表示承付，并通知银行提前付款；因商品的价格、数量或金额变动，付款人应多承付款项的，须在承付期内向银行提出书面通知，银行据以划付款项。付款人不得在承付货款中扣抵其他款项或以前托收的货款。

### （三）逾期付款

付款人在承付期满日银行营业终了时，如无足够资金支付，其不足部分，即为逾期未付款项，按逾期付款处理。

（1）付款人开户银行对付款人逾期支付的款项，应当根据逾期付款金额和逾期天数，按每天万分之五计算逾期付款赔偿金。

（2）赔偿金实行定期扣付，每月计算一次，于次月3日内单独划给收款人。

（3）付款人开户银行对付款人逾期未能付款的情况，应当及时通知收款人开户银行，由其转知收款人。

（4）付款人开户银行要随时掌握付款人账户逾期未付的资金情况，俟账户有款时，必须将逾期未付款项和应付的赔偿金及时扣划给收款人，不得拖延扣划。

（5）付款人开户银行对不履行合同规定、3次拖欠货款的付款人，应当通知收款人开户银行转知收款人，停止对该付款人办理托收。

（6）付款人开户银行对逾期未付的托收凭证，负责进行扣款的期限为3个月（从承付期满日算起)。

**(四) 拒绝付款**

付款人在承付期内，对下列情况，可以向银行提出全部或部分拒绝付款：

(1) 没有签订购销合同或购销合同未订明使用托收承付结算方式的款项；

(2) 未经双方事先达成协议，因收款人提前交货或逾期交货，付款人不再需要该项货物的款项；

(3) 未按合同规定到货地址发货的款项；

(4) 代销、寄销、赊销商品的款项；

(5) 验单付款，发现所到货物的品种、规格、数量、价格与合同规定不符，或货物已到，经查验货物与合同规定或发货清单不符的款项；

(6) 验货付款，经查验货物与合同规定或与发货清单不符的款项；

(7) 货款计算有错误的款项。

## 二、业务处理要点

**(一) 收款人开户银行受理托收承付的处理**

(1) 客户办理托收承付业务时，填写托收凭证，在托收凭证第二联上加盖其预留银行签章，并选择邮划或电划后，连同发运证件或其他符合托收承付结算的有关证明和交易单证提交其开户银行。

(2) 收款人开户银行审核托收凭证、有关单证及其要素真实、完整、合规后，登记“发出托收承付/委托收款登记簿”，并更新表外应收托收款项。对收款人向银行提交发运证件需要带回保管和自寄的，应在各联托收凭证和发运证件上加盖“已验发运证件”戳记后将发运证件退给收款人。

(3) 托收凭证第一联加盖受理凭证专用章后退给收款人，第二联留存专夹保管，第三联（借方凭证）上加盖结算专用章，连同第四联及第五联和所附交易单证，一并寄交付款人开户银行。会计分录为：

借：备查登记业务余额

　贷：应收托收款项

**(二) 付款人开户银行的处理**

(1) 付款人开户银行接到收款人开户银行寄来的第三、四、五联托收凭证及相关单证时，应审查付款人是否在本行开户，所附单证的张数与凭证记载是否相符。对非本行开户的托收凭证误寄本行的应代为转寄，并将情况通知收款人开户银行。如不能肯定收款人开户银行时，则退回原托收银行。

(2) 审核无误的，在凭证上填注收到日期和承付期，手工登记“收到托收登记簿”，同时填制内部记账凭证，将付款人应承付的款项记入“代收托收款项”。将第三、四联托收凭证专夹保管；将第五联托收凭证加盖结算专用章，连同交易单证一并及时交给付款人。会计分录为：

借：备查登记业务余额

贷：代收托收款项

（3）付款人开户银行根据收、付款人约定的验单付款或验货付款确定承付期限，在承付期限到期日的次日开始营业时视付款人账户存款余额及有无办理拒付手续分别采取如下处理：

1）全额付款的处理。

付款人在承付期满日、开户银行营业终了前，账户有足够资金支付全部款项的，付款人开户银行应在次日上午（遇法定休假日顺延）从付款人存款账户扣划托收款项，以第三联托收凭证作为借方凭证，第四联托收凭证作为发报依据。在第三联托收凭证上加盖核算用章。会计分录为：

借：××存款——付款人户

贷：营业机构往来

转账后手工销记“发出托收承付/委托收款登记簿”，填制内部记账凭证，并销记表外应收托收款项，在内部记账凭证上加盖核算用章。会计分录为：

借：代收托收款项

贷：备查登记业务余额

跨系统的托收承付付款后，应按照“跨行款项，相互转汇”的办法办理。双设机构地区，第四联托收凭证填注支付日期，并加盖结算专用章及中国人民银行当地分支行规定加盖的印章随转汇清单和划收凭证交转汇银行。

2）提前承付的处理。

付款人在承付期满前通知银行提前付款，银行划款可按全额付款的手续办理。

3）多承付的处理。

付款人要求多承付托收款项时，应填制四联“多承付理由书”（以“托收承付、委托收款结算全部（部分）拒绝付款理由书”改用）提交开户银行。

开户银行审查“多承付理由书”及其要素真实、完整、合规后，在托收凭证及“收到托收登记簿”备注栏注明多承付的金额。在“多承付理由书”第一、二联上加盖核算用章。多承付理由书第一联作为回单交给付款人；多承付理由书第二联作为借方凭证，托收凭证第三联作为其附件；多承付理由书第三、四联寄送收款人开户银行；托收凭证第四联作为辖内往来凭证的附件。

4）逾期付款的处理。

付款人在承付期满日银行营业终了时，如无足够资金支付，其不足部分，即为逾期未付款项，按逾期付款处理。

付款人开户行对付款人逾期支付的款项，应当根据逾期付款金额和逾期天数，按每天万分之五计算逾期付款赔偿金。逾期付款天数从承付期满日算起。承付期满日银行营业终了时，付款人如无足够资金支付，其不足部分，应当算作逾期1天，计算1天的赔偿金。在承付期满的次日（遇法定休假日，逾期付款赔偿金的天数计算相应顺延，但在以后遇法定休假日应当算作逾期付款天数）银行营业终了时，仍无足够资金支付，其不足部分，应当算作逾期2天，计算2天的赔偿金，以此类推。银行审查拒绝付款期间，不能算作付款人逾期付款，但对无理的拒绝付款而增加银行审查时间的，应从承付期满日起计算逾期付款的赔偿金。

赔偿金实行定期扣付，每月计算一次，于次月3日内单独划给收款人。在月内有部分付款的，其赔偿金随同部分支付的款项划给收款人，对尚未支付的款项，月终再计算赔偿金，于次月3日内划给收款人；次月又有部分付款时，从当月1日起计算赔偿金随同部分支付的款项划给收款人，对尚未支付的款项，从当月1日起至月终再计算赔偿金，于第3月3日划给收款人；第3月仍有部分付款的，按照上述方法计扣赔偿金。

赔偿金的扣付列为企业销货收入扣款顺序的首位。付款人账户余额不足全额支付时，应排列在工资之前，并对该账户采取“只收不付”的控制办法，待一次足额扣付赔偿金后，才准予办理其他款项的支付。

付款人开户银行对付款人逾期未能付款的情况，应当及时通知收款人开户银行，由其转知收款人。付款人开户银行要随时掌握付款人账户逾期未付的资金情况，俟账户有款时，必须将逾期未付款项和应付的赔偿金及时扣划给收款人，不得拖延扣划。在各单位的流动资金账户内扣付货款，要严格按照国务院关于国营企业销货收入扣款顺序的规定（即从企业销货收入中预留工资后，按照应缴纳税款、到期贷款、应偿付货款、应上缴利润的顺序）扣款，同类性质的款项按照应付时间的先后顺序扣款。

付款人开户银行对不履行合同规定、三次拖欠货款的付款人，应当通知收款人开户银行转知收款人，停止对该付款人办理托收。收款人不听劝告，继续对该付款人办理托收的，付款人开户银行对发出通知的次日起1个月以后收到的托收凭证，可以拒绝受理，注明理由，退回原件。

付款人开户银行对逾期未付的托收凭证，负责进行扣款的期限为3个月（从承付期满日算起）。期满时，付款人仍无足够资金支付该笔尚未付清的欠款，银行应于次日通知付款人将有关交易单证（单证已作账务处理或已经部分支付的，可以填制应付款项证明单）在2日内退回银行。银行将有关结算凭证连同交易单证或应付款项证明单退回收款人开户银行转交收款人，并将应付的赔偿金划给收款人。对付款人逾期不退回单证的，开户银行应当自发出通知的第3天起，按照该笔尚未付清欠款的金额，每天处以万分之五但不低于50元的罚款，并暂停付款人对外办理结算业务，直到退回单证为止。具体处理手续如下：

①付款人在承付期满日开户银行营业终了前，账户无款支付的，付款人开户银行应在托收凭证和登记簿备注栏分别注明“逾期付款”字样或注销登记簿并填制一式三联“托收承付结算到期未收通知书”（以“支付结算通知书/查询查复通知书”代），并加盖结算专用章。将通知书第一、二联寄收款人开户银行，第三联留存。俟付款人账户有款时可以一次或分次扣款，将逾期付款的款项连同赔偿金一并划给收款人。会计分录同全额付款。

②每月单独扣付赔偿金时，付款人开户行应填制二联特种转账借方凭证、一联特种转账贷方凭证，并注明原托收号码及金额，在转账原因栏注明第×个月逾期付款的金额及相应扣付赔偿金的金额，并在特种转账凭证上加盖核算用章。一联特种转账借方凭证作为借方凭证；另一联特种转账借方凭证作为回单交付款人，并在凭证备注栏注明第×个月扣付赔偿金的金额；一联特种转账贷方凭证作为贷方凭证。会计分录同全额付款。

③逾期付款期满，付款人账户不能全额或部分支付该笔托收款项，开户银行向付款人发出索回单证的通知一式四联（以“支付结算通知书/查询查复通知书”代），

并加盖结算专用章。通知书第一联给付款人，通知书第二联加托收凭证第三联一并留存备查，将通知书第三、四联及托收凭证第五联及有关单证一并寄收款人开户银行。

5）部分付款的处理。

付款人在承付期满日开户行营业终了前账户只能部分支付款项的，付款人开户行应在托收凭证上注明当天可以扣付的金额。填制二联特种转账借方凭证、一联特种转账贷方凭证，在凭证备注栏分别注明已承付和未承付的金额，并批注“部分付款”字样，加盖核算用章。特种转账借方凭证第一联作为借方凭证，第二联加盖核算用章作为回单交给付款人。会计分录同全额付款。

付款人开户银行要随时掌握付款人账户余额，以便将未承付部分款项及时地分次划转到收款人开户银行，同时应逐次扣收逾期付款赔偿金。其余手续与上述相同。俟最后清偿完毕应在托收凭证上注明“扣清”字样，托收凭证作为借方凭证的附件，并销记收到托收登记簿。

6）全部拒绝付款的处理。

付款人提出拒绝付款时，必须填写一式四联“托收承付（委托收款）结算全部（部分）拒绝付款理由书”（见图5—20）并签章，注明拒绝付款理由。涉及合同的应引证合同上的有关条款；属于商品质量问题，需要提出商品检查部门的检验证明；属于商品数量问题，需要提出数量问题的证明及有关数量记录。

托收承付/委托收款 结算 全部/部分 拒绝付款理由书（借方凭证） 2

拒付日期　年　月　日　　原托收号码：

| | | | | | |
|---|---|---|---|---|---|
| 付款人 | 全称 | | 收款人 | 全称 | |
| | 账号 | | | 账号 | |
| | 开户银行 | 行号 | | 开户银行 | 行号 |
| 托收金额 | | 拒付金额 | | 部分付款金额 | 千 百 十 万 千 百 十 元 角 分 |
| 附寄单证 | 张 | 部分付款金额（大写） | | | |
| 拒付理由：<br>付款人盖章 | | | 科目（借）<br>对方科目（贷）<br>转账日期　年　月　日<br>复核　记账 | | |

此联银行作为借方凭证或存查

10×17.5公分（白纸蓝油墨）

**图5—20 托收承付（委托收款）结算全部（部分）拒绝付款理由书**

付款人将委托收款（托收承付）结算全部（部分）拒绝付款理由书、有关的拒付证明、第五联托收凭证及所附单证送交开户银行。

付款人开户银行要严格按照支付结算办法有关托收承付拒绝付款的规定对付款人提出的拒绝付款进行认真审查。对拒绝付款的手续不全、依据不足、理由不合规定和不属于支付结算办法有关托收承付中七种可以拒绝付款情况的，以及超过承付期拒付或应部分拒付却提出全部拒付的，均不得受理。对于军用品的拒付，银行不审查拒付理由。

对符合规定同意拒付的，必须经银行业务主管人员审查，金额较大的要报经主管行长（主任）批准后方可办理拒付。未经批准，任何人不得擅自受理拒付或自行拒付退票。受理拒付时应在拒付理由书上签注意见，由经办和业务主管人员签章，经行长（主任）审批的，应由其签章，并在托收凭证和登记簿备注栏注明“全部拒付”字样。

最后，销表外账。将拒付理由书第一联上加盖核算用章作为回单退交付款人，将第二联连同托收凭证第三联一并留存备查，将拒付理由书第三、四联连同有关拒付证明和托收凭证第四、五联及有关单证一并寄给收款人开户银行。会计分录为：

借：代收托收款项

　贷：备查登记业务余额

7）部分拒绝付款的处理。

付款人在承付期内提出部分拒绝付款时，应填制一式四联拒绝付款理由书并签章，连同有关的拒付证明、拒付部分商品清单送交开户银行。开户银行应按照全部拒付的审查程序和要求审查。对不符合规定的不予办理拒付。对符合规定同意拒付的，依照全部拒绝付款的审查手续办理，并在托收凭证备注栏注明“部分拒付”的字样及部分拒付金额。

对同意承付的部分，在拒付理由书各联上加盖核算用章。拒付理由书第二联作为借方凭证，托收凭证第三联作为借方凭证附件；拒付理由书第一联作为回单交给付款人；将拒付理由书第三、四联连同拒付部分的商品清单和有关证明一并寄给收款人开户银行；托收凭证第四联作为“辖内往来”凭证的附件。会计分录同全额付款。

### （三）收款人开户银行办理托收款项划回的处理

1. 全额划回的处理

（1）收款人开户银行收报记账确认后，系统自动将托收款项记入收款人账户。

（2）收款人开户银行打印一式两联资金汇划补充凭证或中国人民银行支付系统专用凭证，将留存的托收凭证第二联抽出同资金汇划凭证进行核对。在资金汇划凭证各联上加盖核算用章。托收凭证第二联作为资金汇划凭证记账联的附件，资金汇划凭证回单联作为收账通知交给收款人。同时手工核销发出托收登记簿，填制内部记账凭证销记表外应收托收款项，并在凭证上加盖核算用章。会计分录为：

借：营业机构往来

　贷：××存款——收款人户

借：应收托收款项

　贷：备查登记业务余额

2. 多承付款划回的处理

（1）收款人开户银行接到付款人开户银行多承付理由书第三、四联后，收款人开户银行打印一式两联资金汇划补充凭证或中国人民银行支付系统专用凭证，抽出留存的托收凭证第二联，在备注栏注明多承付的金额。

（2）在资金汇划凭证各联上加盖核算用章。多承付理由书第三联作为资金汇划凭证记账联的附件，资金汇划凭证回单联及多承付理由书第四联交给收款人。会计分录同全额划回。

3. 逾期划回、无款支付退回凭证或单独划回赔偿金的处理

（1）逾期划回比照部分划回的有关手续处理。对于单独划回赔偿金的，在留存的托收凭证第二联上注明第×个月划回的赔偿金的金额。

（2）收款人开户银行在逾期付款期满后接到二联无款支付通知书和有关单证，经审核无误后，手工销记发出托收登记簿和应收托收款项分户账。同时抽出托收凭证第二联，并在该联备注栏注明“无款支付”字样，然后将托收凭证第四、五联（部分无款支付系托收凭证第四联）及无款支付通知书第一联和有关单证退给收款人。收款人在无款支付通知书第二联上签收，连同托收凭证第二联一并留存备查。会计分录同全额划回。

4. 部分划回的处理

收款人开户银行接到部分划回的款项信息，打印一式两联资金汇划补充凭证或中国人民银行支付系统专用凭证，并加盖核算用章。一联作为贷方记账凭证，另一联作为回单交给收款人。在托收凭证第二联和登记簿上注明部分划回的金额。俟最后清偿完毕在托收凭证第二联上注明结算终了日期，并手工销记发出托收登记簿。会计分录同全额划回。

5. 全部拒绝付款的处理

收款人开户银行接到托收凭证第四、五联及有关单证和全部拒绝付款理由书第三、四联及拒绝证明，经核对无误后，抽出托收凭证第二联，并在该联备注栏注明“全部拒付”字样，销记发出托收登记簿和应收托收款项。将托收凭证第四、五联及有关单证和拒付理由书第四联及拒付证明退给收款人，拒绝付款理由书第三联由收款人签收后，连同托收凭证第二联一并留存备查。会计分录为：

借：应收托收款项

　　贷：备查登记业务余额

6. 部分拒绝付款的处理

收款人开户银行接到通过实时清算系统或跨行支付系统划回的部分拒付的承付额，打印一式两联资金汇划补充凭证或中国人民银行支付系统专用凭证，并加盖核算用章，与部分拒绝付款理由书第三、四联及拒付部分的商品清单、证明核对相符后，抽出托收凭证第二联，并在该联备注栏注明“部分拒付”字样、拒付日期和部分拒付金额。如部分拒付将部分承付金额分次划回时，对划回的款项应比照部分划回的有关手续处理，并将每次划回的金额在托收凭证上注明。会计分录同全额划回。

随着支付系统的不断完善和支付结算工具的不断丰富，原有的国有和集体企业使用比较广泛的托收承付结算方式基本处于停用状态。

## 第八节　委托收款

委托收款是收款人委托银行向付款人收取款项的结算方式。

### 一、基本规定

（1）单位和个人凭已承兑的商业汇票、债券、存单、国内信用证等付款人债务证

明办理款项的结算，均可以使用委托收款结算方式。委托收款在同城、异地均可使用。

（2）委托收款凭证必须记载下列事项：表明“委托收款”的字样、确定的金额、付款人名称、收款人名称、委托收款凭据名称、附寄单证张数、委托日期、收款人签章。欠缺记载上述事项之一的，银行不予受理。

（3）委托收款以本银行以外的单位为付款人的，委托收款凭证必须记载付款人开户银行名称；以本银行以外的单位或在本银行开立存款账户的个人为收款人的，委托收款凭证必须记载收款人开户银行名称；以未在本银行开立存款账户的个人为收款人的，委托收款凭证必须记载被委托银行名称。欠缺上述记载事项的，银行不予受理。

（4）以银行为付款人的，银行应在当日将款项主动支付给收款人。以单位为付款人的，银行应及时通知付款人，按照有关办法规定，需要将有关债务证明交给付款人的应及时交给付款人。

（5）付款人未在接到通知日的次日起3日内通知银行付款的，视同付款人同意付款，银行应于付款人接到通知日的次日起第4日上午开始营业时，将款项划给收款人。

（6）付款人审查有关债务证明后，对收款人委托收取的款项需要拒绝付款的，可以办理拒绝付款。付款人为银行的，银行应在收到委托收款凭证及债务证明的次日起3日内出具拒绝证明，连同债务证明、委托收款凭证经收款人开户银行转交收款人。付款人为单位的，付款人应在收到委托收款凭证及债务证明的次日起3日内出具拒绝证明，送交其开户银行。持有债务证明的，连同债务证明一并送交其开户银行。

（7）在同城范围内，收款人收取公用事业费可以使用同城特约委托收款。收取公用事业费，必须具有收付双方事先签订的经济合同，由付款人向开户银行授权，并经开户银行同意，报经中国人民银行当地分支行批准。

## 二、业务处理要点

### （一）收款人开户银行受理委托收款的处理

收款人办理委托收款时，应填写并提交一式五联托收凭证，并在第二联上签章，连同债务证明送交其开户银行。

收款人开户银行审核托收凭证及其要素真实、完整、合规后，填列内部记账凭证，将委托收款款项记入“应收托收款项”，并在凭证上加盖核算用章。会计分录为：

借：备查登记业务余额

　　贷：应收托收款项

在托收凭证第一联加盖受理凭证专用章，交给收款人；将第二联专夹保管；在第三联上加盖结算专用章，连同第四、五联及有关债务证明一并寄交付款人开户银行。

### （二）付款人开户银行办理委托收款的处理

付款人开户银行接到收款人开户银行寄来的托收凭证第三、四、五联及有关债务证明时，应审查是否属于本行的凭证，以及托收凭证的要素真实、完整、合规后，在凭证上填注收到日期。

根据托收凭证第三、四联，使用内部记账凭证将委托收款款项记入“代收托收款项”，在内部记账凭证上加盖核算用章。委托收款凭证第三、四联留存专夹保管。会计分录为：

借：备查登记业务余额

贷：代收托收款项

1. 付款人付款的处理

(1) 付款人为银行的。

银行对委托收款凭证已到期并在付款期限内的应在收到委托收款凭证的当日将款项主动支付给收款人；对委托收款凭证未到期的，俟到期日将款项主动支付给收款人。

款项通过实时清算系统、跨行支付系统或同城票据交换划转收款人开户银行，打印通用机打凭证作为借方凭证附件。在托收凭证第三、四联上加盖核算用章，委托收款凭证第三联作为借方凭证，有关债务证明和委托收款凭证第五联作为借方凭证附件，委托收款凭证第四联作为汇划发报凭证。

银行按规定付款时手工销记代收托收款项分户账。会计分录为：

借：代收托收款项

贷：备查登记业务余额

(2) 付款人为单位的。

银行在接到委托收款凭证和有关债务证明时，在托收凭证第五联上加盖结算专用章，连同应交给付款人的有关债务证明及时交给付款人，并由付款人在托收凭证第三联上签收。

付款人应于接到付款通知的次日起 3 日内书面通知银行付款。付款人未在接到通知日的次日起 3 日内通知银行付款的，视同付款人同意付款。银行应于付款人接到通知日的次日起第 4 日上午开始营业时，将款项划给收款人。如果付款人提前收到由其付款的债务证明，应通知银行于债务证明的到期日付款。

银行在付款人签收日的次日起第 4 日上午开始营业时，付款人账户足够支付全部款项的，通过实时清算系统、跨行支付系统或同城票据交换将款项划转收款人开户银行，打印通用机打凭证，作为借方凭证附件，并在托收凭证第三、四联加盖核算用章。其第三联作为借方凭证，留存的债务证明作为借方凭证附件；其第四联作为发报依据。同时，使用内部记账凭证销记代收托收款项，在凭证上加盖核算用章。会计分录同付款人为银行的会计分录。

银行在办理划款时，付款人账户不足支付全部款项的，银行在委托收款凭证上注明退回日期和“无款支付”字样，并填制一式三联“付款人未付款通知书”（以“支付结算通知/查询查复书”代），将通知书第一联和委托收款凭证第三联留存备查，将通知书第二、三联同委托收款凭证第四联邮寄收款人开户银行。留存债务证明的，其债务证明一并邮寄收款人开户银行。同时，使用内部记账凭证销记代收托收款项，在凭证上加盖核算用章。

2. 付款人拒绝付款的处理

(1) 付款人为单位的。

付款人在签收日的次日起 3 天内，填制一式四联托收承付、委托收款结算全部（部分）拒绝付款理由书并签章，连同持有的债务证明和委托收款凭证第五联送交其开户银行。

付款人开户银行审核托收承付、委托收款结算全部（部分）拒绝付款理由书及其要素真实、完整、合规后，在委托收款凭证备注栏注明“拒绝付款”字样，将拒付理由书第一联加盖结算专用章作为回单退给付款人，将拒付理由书第二联连同托收凭证第三联一并留存备查，将拒付理由书第三、四联连同付款人提交或本银行留存的债务证明和托收凭证第四、五联一并寄交收款人开户银行。同时，使用内部记账凭证销记代收托收款项，在凭证上加盖核算用章。会计分录为：

借：代收托收款项

　　贷：备查登记业务余额

（2）付款人为银行的，拒绝付款手续比照付款人为单位的有关手续办理。

**（三）收款人开户银行办理委托收款划回的处理**

1. 款项划回的核算手续

收款人开户银行收到付款人开户银行发出的实时或批量收报报文，收报记账确认后，系统自动将委收款项记入收款人账户。收款人开户银行打印一式两联资金汇划补充凭证或中国人民银行支付系统专用凭证，将留存的委托收款凭证第二联抽出同资金汇划凭证进行核对。在资金汇划凭证各联上加盖核算用章。托收凭证第二联作为资金汇划凭证记账联的附件，资金汇划凭证回单联作为收账通知交给收款人。同时手工核销“发出托收登记簿”，填制内部记账凭证销记表外应收托收款项，并在凭证上加盖核算用章。会计分录为：

借：营业机构往来

　　贷：××存款——收款人户

借：应收托收款项

　　贷：备查登记业务余额

2. 拒绝付款的处理

收款人开户银行接到付款人开户银行寄回的托收凭证第四、五联和拒绝付款理由书第二、三联及相关的债务证明后，抽出留存托收凭证第二联，并在该联“备注栏”注明“无款支付”字样。使用内部记账凭证销记表外账，并在内部记账凭证上加盖核算用章。会计分录为：

借：应收托收款项

　　贷：备查登记业务余额

然后将托收凭证第四、五联及一联拒绝付款理由书、债务证明退给收款人。收款人在银行留存的一联拒绝付款理由书上签收以后，连同托收凭证第二联一并保管备查。

随着支付系统的不断完善，委托收款业务已被现行支付系统的借记业务所取代。

## 第九节　信用卡业务

信用卡是指由商业银行（含邮政金融机构）向社会发行的具有消费信用、转账结算、存取现金等功能的信用支付工具。

## 一、基本规定

### （一）信用卡的种类

信用卡按是否向发卡银行交存备用金分为贷记卡、准贷记卡两类。贷记卡是指发卡银行给予持卡人一定的信用额度，持卡人可在信用额度内先消费、后还款。准贷记卡是指持卡人须先按发卡银行要求交存一定金额的备用金，当备用金账户余额不足支付时，可在发卡银行规定的信用额度内透支。

信用卡也可按币种不同分为人民币卡、外币卡；按发行对象不同分为单位卡（商务卡）、个人卡；按信息载体不同分为磁条卡、芯片（IC）卡。但对于账务处理来说，这些分类意义不大，所以在此不作讨论。

### （二）计息及手续费

发卡银行对准贷记卡及借记卡（不含储值卡）账户内的存款，按照中国人民银行规定的同期同档次存款利率及计息办法计付利息。发卡银行对贷记卡账户的存款、储值卡（含 IC 卡的电子钱包）内的币值不计付利息。贷记卡持卡人非现金交易享受如下优惠条件：

（1）免息还款期待遇。银行记账日至发卡银行规定的到期还款日之间为免息还款期。免息还款期最长为 60 天（具体天数根据各发卡银行的规定而定）。持卡人在到期还款日发卡机构营业网点营业终了前偿还全部应付款项，且当期账单没有超限，则当期账单上的消费免息。持卡人如在到期还款日（含）未能偿还全部应付款项的，或超过信用限额的，则当期消费不享受免息还款待遇。

（2）最低还款额待遇。持卡人如按最低还款额还款的，发卡机构对账户内所有应付款项按每日万分之五计收从银行记账日起至还款日止的贷款利息，贷款按月计收复利。

（3）贷记卡持卡人支取现金、准贷记卡透支，不享受免息还款期和最低还款额待遇，应当支付现金交易额或透支额自银行记账日起、按规定利率（目前日利率为万分之五）计算的透支利息。

（4）贷记卡透支按月计收复利，准贷记卡透支按月计收单利。透支利率根据中国人民银行的此项利率的调整而调整。持卡人账户的溢还款不记付存款利息，但使用时先用溢还款，再用信用额度。

（5）商业银行办理银行卡收单业务应当按规定的标准向商户收取结算手续费。持卡人在 ATM 机跨行取款的费用由其本人承担，标准参照各发卡银行的规定。

### （三）卡内资金及转账

单位人民币信用卡账户的资金一律从其基本存款账户存入，不得存取现金，不得将销货收入存入单位信用卡账户。单位外币信用卡账户的资金应从其单位的外汇账户转账存入，不得在境内存取外币现钞。个人人民币信用卡账户的资金可以以其持有的现金存入，也可以以其工资性款项、属于个人的合法的劳务报酬、投资回报等收入转账存入。个人外币信用卡账户的资金以其个人持有的外币现钞存入或从其外汇账户（含外钞账户）转账存入。

单位人民币信用卡可办理商品交易和劳务供应款项的结算，但不得透支。超过中国人民银行规定起点的，应当经中国人民银行当地分行办理转汇。

## 二、信用卡结算的会计核算

### （一）信用卡发卡

凡申请办理信用卡的单位和个人，应填制信用卡申请表（以下简称“申请表”）提交发卡银行信用卡业务部（以下简称“信用卡部”），经信用卡部审批无误后，向申请人发出信用卡通知书（以下简称“通知书”），通知申请人到信用卡部办理开户手续。

1. 个人卡发卡的处理手续

个人申请人应根据交存的信用卡存款，填制一式两联现金交款单，连同现金、身份证件、通知书一并交信用卡部。信用卡部审核无误后在规定的期限内发放信用卡。会计分录为：

借：库存现金

　贷：活期储蓄存款——信用卡存款

　　　手续费及佣金收入

2. 单位卡发卡的处理手续

单位卡申请人按照规定填写申请表交发卡银行，信用卡部审查无误后，通知申请人领卡。申请人在发卡银行开户的，应填制支票及三联进账单提交银行。会计分录为：

借：活期存款——××单位基本存款户

　贷：信用卡存款——××单位信用卡户

　　　手续费及佣金收入

申请人未在发卡银行开户的，应填制一式两联内部往来划付款凭证，第二联作为借方记账凭证，第一联连同支票划转开户银行，由开户银行按照同城票据交换的规定将支票提出交换。如退票时间过后没有退票的，第二联进账单作为信用卡存款科目的贷方记账凭证，根据汇总的业务收费凭证填制一联手续费收入的特种转账贷方凭证。

借：存放中央银行款项（或者营业机构往来）

　贷：信用卡存款——××单位信用卡户

　　　手续费及佣金收入

### （二）持卡购货和消费的核算

1. 特约商户开户银行的处理手续

特约商户到开户银行进账，应提交一式四联直接购货签购单（第一联为持卡人存根；第二联为信用卡部存根；第三联为代理（办）银行存根；第四联为特约商户存根）、一式三联总计单（第一联为特约商户存根；第二联为代理（办）银行存根；第三联为信用卡部存根）和一式二联进账单。

特约商户的开户银行收到上述进账单、总计单和签购单后应审查如下内容：总计单填写的笔数和总计金额与直接购货签购单的合计笔数及金额是否一致；总计单回扣金额与净计金额计算是否正确；进账单进账金额与总计单净计金额是否一致；进账单大小写金额是否一致；直接购货签购单是否有持卡人签字；持卡人是否超限额购货、消费是否经过授权等。经审核无误后，一式两联进账单加盖转讫章（特约商户开户银行与信用卡部开户银行在同城的，一式两联进账单还要加盖“收妥后入账”戳记）。总计单第一联和直接购货签购单第四联加盖转讫章，进账单第一联、总计单第一联和直接购货签购单第四联作为回单退特约商户，按同城或异地，分不同情况处理。

（1）特约商户与持卡人在同一城市的银行开户。

1）特约商户在信用卡开户银行开户。应填制一式两联内部往来划付款凭证，其第二联作为借方记账凭证，内部往来付款凭证第一联连同总计单第三联和直接购货签购单第二联划转信用卡部；进账单第二联作为贷方记账凭证，总计单第二联和直接购货签购单第三联作为附件。会计分录为：

借：内部往来——信用卡业务部往来户

　　贷：活期存款——特约商户

2）特约商户与持卡人在同一城市同一系统银行开户。特约商户开户银行将总计单第三联和直接购货签购单第二联按同城票据交换的规定及时向信用卡部开户银行提出交换（特约商户开户银行不参加同城票据交换的，应通过代理交换银行划款，以下同）。进账单第二联作为贷方记账凭证，总计单第二联和直接购货签购单第三联作为附件。会计分录为：

借：存放中央银行款项

　　贷：活期存款——特约商户

3）特约商户与持卡人在同一城市非同一系统银行开户。特约商户开户银行将进账单第二联作为贷方记账凭证，总计单第二联和直接购货签购单第三联作为附件。根据总计单回扣金额和代办协议分润的规定，计算分润金额，并在总计单上注明分润金额数，根据分润金额填制一联贷方记账凭证。总计单第三联和直接购货签购单第二联按票据交换的规定向信用卡发卡银行提出交换。会计分录为：

借：存放中央银行款项

　　贷：活期存款——特约商户

　　　　手续费及佣金收入

（2）特约商户与持卡人在不同城市的银行开户。

1）特约商户与持卡人在不同城市同一系统银行开户。特约商户开户银行填制一式二联“联行往来划付款凭证”。存根联作为借方记账凭证；进账单第二联作为收入凭证，总计单第二联和直接购货签购单第三联作为附件。根据总计单回扣金额计算分润金额，并在总计单上注明分润金额数。根据分润金额填制一联贷方记账凭证作为营业收入科目贷方记账凭证。联行往来划付款凭证通知联连同总计单第三联和直接购货签购单第二联一并寄信用卡部开户银行。会计分录为：

借：营业机构往来

　　贷：活期存款——特约商户

　　　　手续费及佣金收入

2）特约商户与持卡人在不同城市的非同一银行开户，应按联行往来“跨行汇划款项，相互转汇”的办法办理。

2. 信用卡开户银行及信用卡部的处理手续

（1）信用卡开户银行的处理手续。

信用卡开户银行收到通过同城票据交换或联行往来划来的有关凭证后，应填制一式两联内部往来划付款凭证，第二联作为借方记帐凭证，第一联连同总计单和直接购货签购单划转信用卡部，联行往来划付款凭证通知联作为贷方记帐凭证。会计分录为：

借：信用卡存款

贷：存放中央银行款项

手续费及佣金收入

（2）信用卡部的处理手续。

信用卡部收到开户银行划来的有关凭证后，应按规定审查无误后，根据总计单第三联的总计金额汇总填制借方记账凭证，作为信用卡存款科目借方记账凭证，总计单第三联和直接购货签购单第二联作为附件；内部往来划付款凭证作为贷方记账凭证。根据总计单回扣或分润金额填制贷方记账凭证，作为营业收入科目贷方记账凭证。会计分录为：

借：信用卡存款

贷：联行往来（或营业机构往来）

手续费及佣金收入

## 三、取现的核算

持卡人到信用卡部或指定办理凭卡取现业务的银行（营业网点）取现时，应填制一式四联取现单（第一联为回单，第二联为信用卡业务部存根（借方凭证），第三联为代理（办）行存根（贷方凭证），第四联为存根），取现银行应审查信用卡的真伪、有效期限及是否列入止付名单；持卡人在取现单上的签名与信用卡预留签名是否相符；身份证与取现人是否相符等内容。超限额取现需要授权的，应向持卡人发卡银行的信用卡部申请授权。

审查无误后，在取现单第二、三联上注明持卡人身份证件号码，辘压卡号，加盖经办人名章和现金付讫章，按出纳制度办理付款（异地取现要计扣手续费）。取现单第一联连同现金、信用卡、身份证件退持卡人。业务核算按照同城异地分不同情况处理。

1. 持卡人直接到发卡银行取现

发卡银行以取现单第二联作为信用卡存款科目借方记账凭证，取现单第三联作为附件。根据现金付出日记簿填制一联贷方记账凭证。会计分录为：

借：信用卡存款

贷：库存现金

2. 持卡人到同城银行（营业网点）取现

取现银行（营业网点）根据现金付出日记簿填制一联贷方记账凭证，取现单第三联作为附件。向持卡人开户银行交换取现单第二联，取现单第四联留银行备查。会计分录为：

借：存放中央银行款项

贷：库存现金

3. 持卡人到异地银行（营业网点）取现

异地取现银行（营业网点）以取现单第三联作为库存现金科目贷方记账凭证。根据取现单手续费金额计算分润金额，并在取现单上注明分润金额数。根据分润金额填制一联贷方记账凭证，作为营业收入科目贷方记账凭证。根据取现金额和手续费分润金额填制一式两联联行往来划付款凭证，存根联作为借方记账凭证，通知联和取现单第二联寄给持卡人信用卡部开户银行。会计分录为：

借：联行往来

　贷：库存现金

　　手续费及佣金收入

信用卡部开户银行收到联行划转来的有关凭证，经审查无误，根据联行往来划付款凭证金额填制一式两联内部往来划付款凭证，第二联作为借方记账凭证。联行往来划付款凭证通知联作为贷方记账凭证，内部往来划付款凭证第一联连同取现单一并划转信用卡部。会计分录为：

借：活期存款——单位信用卡业务户

　贷：联行往来

## □ 复习思考题

1. 我国目前的支付结算方式主要有哪些，分别适用什么范围？
2. 什么是支票？支票的结算方式主要有哪些？
3. 什么是银行本票？银行本票的结算方式主要有哪些？
4. 什么是商业汇票？商业汇票的结算方式主要有哪些？
5. 什么是银行汇票？银行汇票的结算方式主要有哪些？
6. 委托收款和托收承付结算方式有哪些不同？

# 第六章 资金清算业务

Chapter 6

**学习目标：**

掌握商业银行系统内联行电子汇划及清算业务的相关知识；

了解中国人民银行现代支付系统的构成与核算；

了解同城票据交换与清算核算；

了解全国支票影像交换系统的流程与核算。

**重点难点：**

商业银行系统内联行电子汇划及清算业务；

同城票据交换与清算核算。

银行是国民经济资金活动的枢纽，承担着为社会各部门、各单位之间商品交易、劳务供应进行货币结算以及财政预算资金上缴下拨进行划拨清算的责任。中国人民银行作为中央银行，还担负着为商业银行上下级行间及跨系统的资金划拨提供清算服务的责任。在办理这些业务中，如果收、付款人在同一行处开户，那么资金划拨在一个行处内即可完成；如果收、付款人在不同的行处开户，资金则需要在两个行处之间划拨，并对由此而形成的相互之间资金的代收代付进行清偿。由此可见，资金清算是行与行之间办理资金调拨、划拨支付结算款项，并对由此引起的行与行之间资金存欠进行的清偿。

随着社会经济的发展，银行之间资金划拨的规模迅速增长，客观上对资金划拨和清算的要求不断提高。多元化的金融机构体系使得行与行之间的资金划拨关系更加复杂化；电子化核算在银行的广泛运用，使得银行之间的资金清算方式不断发展并更加科学和快捷。目前，中国人民银行和中国工商银行、中国农业银行、中国银行、中国建设银行四大银行各自建立有自己的资金清算系统，股份制商业银行也在逐步建立资金清算系统，但各行的资金清算做法差异很大。目前，我国商业银行的资金清算主要由以下几个部分组成：

（1）商业银行系统内联行电子汇划资金清算系统；

（2）中国人民银行跨行支付清算系统；

(3) 纸质票据同城交换清算系统及全国支票影像交换系统；

(4) 银行卡清算系统。

其中，中国人民银行跨行支付清算系统、纸质票据同城交换清算系统及全国支票影像交换系统、银行卡清算系统为外部清算系统。银行卡清算系统在支付结算一章介绍，本章主要介绍联行电子汇划资金清算系统、中国人民银行跨行支付清算系统、纸质票据同城交换清算系统及全国支票影像交换系统。

# 第一节 联行电子汇划资金清算系统

## 一、联行往来概述及联行电子汇划业务的发展

联行是指同一银行系统内各行处之间彼此的互称。联行往来是指联行之间因发生国内外支付结算或内部资金调拨业务等，而引起的资金账务往来。

联行往来是商业银行为客户办理支付结算业务和调拨行内业务资金的重要途径和工具，其实质是商业银行各行处之间由于办理结算业务和资金调拨而形成的应收、应付款关系。银行客户之间的支付结算，表面上银行只起到了收、付款人之间的媒介作用，但从银行的权责角度看，联行往来是银行办理支付结算业务的继续，是货币的无形运输，在付款人付给收款人每笔资金的同时，银行之间也同时、同步、同额转移资金，也就是付款银行付给了收款银行一笔等量资金。比如甲地某客户需付给乙地某收款人的汇款业务，需通过甲地与乙地银行间的资金代收代付。实质上是将客户之间的存欠关系转变为银行之间定期清算的资金存欠关系。每一笔联行往来业务就是同一系统内的两个行处分别在不同的时间、不同的地点共同记录一笔资金汇划关系的变化。

原来我国银行业资金往来清算主要通过手工处理，支付信息凭证采用邮局传递，中间环节多，传递速度慢，制约了银行资金结算流转。1989 年始，中国人民银行开始建设以金融卫星通信网络为支撑的电子联行系统，为银行业提供快捷、高效的资金汇划和清算渠道。1994 年以后，随着银行商业化和市场竞争的加剧，中国工商银行等各大商业银行也不断推进资金清算体制改革，陆续推出本行行内的电子联行汇划及清算系统。

电子联行汇划及清算业务是指系统内各行间通过本行资金清算系统进行异地资金电子汇划，各级行资金清算中心在上一级行开立活期备付金存款户，由上级行逐级清算往来汇差资金。

银行行内的电子联行汇划系统，在我国的支付清算体系中占据基础地位。它是银行业金融机构办理结算资金和银行内部资金往来的主渠道，是汇集汇划业务、清算业务、结算业务等功能为一体的综合性应用系统。随着银行经营水平的提高和计算机网络技术的发展，各大商业银行都优化了自身的电子汇划系统，并不同程度地进行了数据集中，实现了行内各项业务与支付清算业务的整合。

## 二、联行电子汇划的组织体系

### (一) 电子联行的管理体制

我国商业银行一般实行三级会计主体制度，总行、一级分行和二级分行各自作为

独立核算的会计主体。一级分行通常管辖省、直辖市、经济特区城市，二级分行管辖地级市，形成商业银行系统内的纵向核算体系。与此相适应，我国各银行的联行机构为方便监督和强化管理，基本都根据“统一领导，分级管理”的原则，采用总行、一级分行和二级分行三级管理的联行体制。

(1) 全国联行往来。凡由总行核准，发给全国联行行号和联行专用章的行处均可参加，适应于全国范围内跨省、自治区、直辖市行处之间的资金账务往来。全国联行往来按全国联行往来制度办理，由总行负责监督结清。

(2) 省辖联行往来。凡由省分行核准，发给分行辖内联行行号和分行联行专用章的行处均可参加，适应于同一省内行处之间的资金账务往来。分行辖内联行往来按分行辖内联行往来制度办理，由分行负责监督结清。

(3) 市辖联行往来。凡由地市分行核准，发给分行辖内联行行号和分行联行专用章的行处均可参加，适应于同一地市内行处之间的资金账务往来。地市分行辖内联行往来按分行辖内联行往来制度办理，由地市分行负责监督结清。

联行往来管理体制与方法也不是一成不变的。随着现代信息技术的发展，各银行联行往来的核算系统不断更新，其资金划转速度不断提高，业务处理能力不断增强，账务核对更加及时严密，在途资金及汇差资金占用明显减少，资金清算更加及时，传统的三级管理体制转向总行集中处理方式。如某些股份制银行，在全国账目数据大集中的前提下，实现“全国一本账”，总行清算中心可进行全国各地分支网点的集中记账与清算，市辖往来、省辖往来、全国联行往来三者合一，业务效率极高。

### (二) 电子联行的组织系统

全国电子汇划系统从组织的主体体系看由汇划业务经办行、清算行和总行清算中心组成。

(1) 汇划业务经办行是在上级清算行开立账户，具体办理结算业务和资金汇划业务的行处。主要负责电子汇划业务往来的发报、收报以及办理相关查询查复业务。其中，发出汇划业务的经办行又称发报行；收到汇划业务的经办行又称收报行。

(2) 清算行，又称清算分中心，是在总行清算中心开立备付金存款账户，具体办理电子汇划业务往来的报文转发和辖属行汇划清算的行处。主要负责办理报文转发、账务核对、辖属清算和对辖属行进行业务指导。清算行一般设置在一级分行或二级分行。

(3) 总行清算中心负责办理系统内各经办行之间的资金汇划、各清算行之间的资金清算及资金拆借、账户对账等核算与管理。

清算行及经办行的设立、撤销，应由主管分行向总行提出书面申请，总行核准同意后颁发或撤销电子汇划联行行号。电子汇划联行行号是参加电子汇划系统的专用标识，经办行必须凭电子汇划联行行号办理发报和收报。

## 三、联行电子汇划业务的范围、机构要求及信息传输方式

### (一) 联行电子汇划业务的范围和机构要求

商业银行系统内、跨清算行的各行处间的异地结算与清算，可通过联行电子汇划

及清算业务实现。电子汇划业务的范围包括系统内行际间的异地划收款、划付款业务。其中，异地划收款业务包括单位、个人之间结算业务的各项资金划拨（包括信汇、电汇、托收承付、委托收款结算）、系统内行处间的资金划拨等；异地划付款业务的范围限于解付银行汇票、系统内按规定扣划款项、贷款账户移转以及按规定允许扣收的款项和特定的直接借记业务。

电子汇划业务作为系统内各行际间的异地资金汇划，其在汇划主体上的汇出行、汇入行均要求为通过资金清算中心（组）办理电子汇划业务的全国联行机构。发有全国联行行号且已成立清算中心（组）机构的行处，可直接将汇划款项信息提交其清算中心（组）办理；发有全国联行行号但尚未成立清算中心（组）机构的行处，汇划款项信息采用委托管辖行清算中心或同一管辖行的邻近行清算中心（组）转划的方法办理；没有全国联行行号的行处，应将款项汇划至其管辖行会计部门，再按电子汇划规定转汇。

### （二）各级行清算中心间的信息传输方式和特点

（1）电子汇划信息采用全自动、全封闭、无纸方式传输。汇划款信息一经入网即进行自动传递，不受人工和其他因素干扰，网上传输的汇划信息是无纸信息，有效纸凭证停留在发出行，不在清算中心之间进行传递。

（2）电子汇划信息的传输，采用树形多级架构进行逐级纵向传输，各清算中心（组）不直接发生横向电子汇划信息的传输。

（3）发送电子汇划信息可采取紧急的即时发送、一般的定额批发送和定时批发送三种方法进行。已发出的电子汇划信息不得撤销。

（4）各级清算中心（组）对电子汇划信息要做到及时发送和处理，并坚持当日事项当日处理完毕的原则，并自动结计当日资金清算汇差。

## 四、联行电子汇划业务的基本做法和处理程序

### （一）联行电子汇划业务的基本做法

联行电子汇划业务的基本做法可概括表述为：实存资金，同步清算，头寸控制，集中监督。

1. 实存资金

实存资金是指以清算分中心为单位在总行清算中心开立备付金存款账户，用于汇划款项时的资金清算。

2. 同步清算

同步清算是指经办行汇出汇入资金要同时进行清算，随发随收。即当发报经办行通过其清算行经总行清算中心将款项汇划至收报经办行的同时，总行清算中心每天根据各行汇出汇入资金情况，从各清算行备付金账户付出资金或存入资金，从而实现各清算行之间的资金清算保持同步。

3. 头寸控制

头寸控制是指各清算行在总行清算中心开立的备付金存款账户，保证足额存款，总行清算中心对各行汇划资金进行集中清算。清算行备付金存款不足，二级分行可向

管辖省区分行借款，省区和直辖市分行、直属分行头寸不足可向总行借款。

4. 集中监督

集中监督是指电子汇划系统中，总行清算中心对汇划往来数据发送、资金清算、备付金存款账户资信情况和行际间查询和查复情况进行管理和监督。

### （二）联行电子汇划业务的基本程序

联行电子汇划系统的运作方式是：发报行将汇划信息经计算机加密处理后，形成加密数据，通过通信专用线路传输至分中心、总中心；总中心将整理后的加密数据，再通过通信专用线路传输至分中心，转发给收报行。

1. 发报经办行

各发报经办行根据发生的结算等资金汇划业务录入数据，并全部及时发送至发报清算分中心。

2. 发报清算分中心

发报清算分中心将辖属各发报经办行的资金汇划信息传输给总行清算中心。所有经办行的资金汇划、查询和查复全部通过清算分中心进出，清算分中心管理监督辖属经办行的资金清算。

3. 总行清算中心

总行清算中心将发报清算分中心传输来的汇划数据即时传输给收报清算分中心，并于当日更新各分中心备付金账户存款。

4. 收报清算分中心

收报清算分中心当天将汇划信息传输给收报经办行，办理资金收付。

由此可见，清算分中心处于信息中转站的地位，既要向总行清算中心传输发报经办行的汇划信息，又要向收报经办行传输总行清算中心发来的汇划业务信息，汇划资金的出口、入口均反映在分中心。清算分中心受理的电子汇划业务，除辖内业务外，只能直接发送总行。各清算分中心之间不发生直接的横向关系，由总中心负责各清算分中心之间汇划业务的转收转发。在每日营业终了前的规定对账时间，从上到下，由总中心和各分中心、各分中心和经办行核对当日往来账笔数、金额无误后，结出当日电子汇划往来账务余额。

### （三）联行电子汇划业务的处理要求

联行电子汇划系统是银行的一项整体工作，为保证系统的正常运行和资金快捷汇到，要集中统一管理，明确各级行的要求，加速资金周转，简化业务手续。

1. 对经办行的要求

做到随收随发、当日核对、每日结平、存欠反映。（1）及时处理资金汇划往来报文数据，做到不积压、不延误。（2）汇划业务数据的录入必须换人复核，严格内部控制。（3）严格执行经办、复核、授权相分离的规定。大额资金汇划业务逐笔授权，经各经办行会计主管人员审核授权后办理；发报业务在 1 亿元（含）以上的，经办行必须将原始凭证送至管辖清算分中心，由清算分中心双人办理特大额发报授权。（4）坚持印、押、证分管分用的原则。（5）经办行应每日核对当日业务，结平账务，准确反映资金存欠。

2. 对分中心的要求

(1) 办理资金的借出、借入、归还等手续，计收计付内部资金利息；(2) 接收并负责处理总行发送对账差错信息，并对辖属各行的对账业务进行管理。

3. 对总行清算中心的要求

(1) 根据汇划业务信息，办理资金清算，实时更新备付金账户；(2) 根据财务资金部门的调拨通知，及时办理清算资金调度，计收计付内部资金利息、资金的借出和归还等手续；(3) 及时核对账务，查清未达款项。

## 五、联行电子资金汇划的核算

### (一) 科目的设置

商业银行的资金汇划和清算通常设置如下几个会计科目：

(1)“上存系统内款项”科目，用于核算和反映下级行存放在上级行的清算（调拨）备付金，属资产类科目，余额一般在借方。本科目为省分行、直辖市分行、总行直属分行、二级分行使用，核算各级下级行存入上级行的存款。上存和转存时记借方，调回和清算支付时记贷方。

(2)“系统内存放款项”科目，是各上级行用以核算和反映下级行备付金存款和调拨资金的科目，属负债类科目，余额一般在贷方。本科目为总行、各省分行使用。上级行收到下级行交存和清算转存时记贷方，下级行调回和清算支付时记借方。

(3)“辖内上存款项”科目，是辖内各支行或网点用于核算和反映存放在上级行的备付金存款，属资产类科目。

(4)“辖内款项存放”科目，是各分行、支行用以核算和反映下级行或网点上存的备付金存款，属负债类科目。

### (二) 联行电子汇划清算资金账户的开立

(1) 清算行和省分行在总行清算中心开立备付金存款账户时，通过中国人民银行实汇资金，划往上级行在中国人民银行的账户。下级行会计部门收到资金部门的资金调拨通知单后，填制汇款凭证，向中国人民银行办理汇款手续。会计分录为：

借：其他应收款——待处理汇划款项户

　贷：存放中央银行款项

待总行清算中心收到后，清算行和省分行由系统自动进行账务处理。会计分录为：

借：上存系统内款项——上存总行备付金存款户

　贷：其他应收款——待处理汇划款项户

总行清算中心收到中国人民银行收账通知后，填制转账借方、贷方凭证办理转账。会计分录为：

借：存放中央银行款项

　贷：系统内款项存放——××分行存放备付金户

(2) 各支行或网点在上级管辖分行开立备付金存款账户时，具体处理手续同上。通过中国人民银行将款项汇入省分行。会计分录为：

借：其他应收款——待处理汇划款项户

贷：存放中央银行款项

待省分行收到后，系统自动进行账务处理。会计分录为：

借：辖内上存款项——上存分行备付金存款户

贷：其他应收款——待处理汇划款项户

(3) 省分行收到各支行或网点上存的备付金后，进行相应的账务处理。会计分录为：

借：存放中央银行款项

贷：辖内款项存放——××支行存放备付金户

**(三) 联行电子汇划款项的具体核算**

联行电子汇划款项分为两大类：划收款项和划付款项。

划收款项是指本银行代对方银行收款而引起的款项划出，也称为贷方报单业务。此时在联行往来的两个行处之间，本银行为付款行，对方银行为收款行。具体包括汇兑、委托收款、托收承付等结算业务及系统内资金的调拨等情况。

划付款项是指本银行代对方银行付款而引起的款项划入，也称为借方报单业务。此时在联行往来的两个行处之间，本银行为收款行，对方银行为付款行。具体包括银行汇票的解付、信用卡的解付以及定期借记业务等。

1. 发报经办行的账务处理

经办行办理系统内汇划发报业务时，需根据原始凭证，按不同的业务种类，确定汇划业务的应用类型。业务数据经录入、复核后发送至清算行。金额在 2 亿元以上 (含) 的业务，经办行必须将原始凭证送交或使用加押传真至管辖清算行。

若为贷方汇划业务，会计分录为：

借：活期存款——××存款户 (或其他科目)

贷：上存辖内款项——上存分行备付金

若为借报业务，会计分录相反。

2. 发报清算银行的账务处理

清算银行收到经办银行上送的已复核报文，由系统自动更新备付金后，将汇划数据传输到收报清算银行。对于经办银行不能授权处理的特大额汇划报文，需由清算银行有权人员进行发报授权。贷报业务的会计分录为：

借：辖内款项存放——××支行存放备付金

贷：上存系统内款项——上存总行备付金

如为借报业务，会计分录相反。

3. 总行清算中心的账务处理

总行收到各省行、直辖市行上送的全国汇划报文，由系统自动登记后，将全国汇划报文实时联机转发各省行；日终批量处理时，将日间登记的全国汇划报文按各省清算银行汇总，并归并各省行上送的省内汇划报文汇总后，传输给清算子系统进行各清算银行备付金账户的更新处理。贷报业务的会计分录为：

借：系统内款项存放——发报清算行存放备付金

贷：系统内款项存放——收报清算行存放备付金

如为借报业务，会计分录相反。

4. 收报清算银行的账务处理

收到总行传来资金汇划业务数据，系统自动更新备付金，根据分散式、集中式管理模式进行账务处理。分散式即业务的账务核算均在各经办银行处理，只需经清算银行转划。集中式即清算银行业务处理中心负责全辖汇划收报的集中处理及汇出汇款等内部账务的集中管理。会计分录如下。

(1) 集中式处理模式。

贷报业务的会计分录为：

借：上存系统内款项——上存总行备付金

贷：辖内款项存放——××支行存放备付金

同时，代理辖属经办银行记账，会计分录为：

借：辖内上存款项——上存分行备付金

贷：活期存款——××收款人存款户（或其他科目）

如为借报业务，会计分录相反。

(2) 分散式处理模式。

贷报业务的会计分录为：

借：上存系统内款项——上存总行备付金

贷：辖内款项存放——××支行存放备付金

如为借报业务，会计分录相反。

5. 收报经办银行的业务处理

集中式处理模式下，收报经办银行的收报业务由清算银行代理记账，只需打印相关凭证，用于账务核对；分散式处理模式下，收报经办银行对于收到的实时报文，系统自动核对后记账，对于不能自动记账的报文，需对报文确认后进行账务处理。贷报业务的会计分录为：

借：上存辖内款项——上存分行备付金

贷：活期存款——××收款人存款户（或其他科目）

借报业务的会计分录与此相反。

**(四) 辖内汇划**

辖内汇划是系统内人民币汇划的一种特例。同一清算银行、经办银行之间的资金汇划业务，系统不更新清算银行在总行存放的备付金，而是批量更新经办银行在二级清算银行存放的辖内备付金。贷报业务的会计分录为：

借：辖内款项存放——辖内存放备付金（发报经办行）

贷：辖内款项存放——辖内存放备付金（收报经办行）

借报业务的会计分录与此相反。

**(五) 系统内借款的核算**

在联行电子汇划与清算过程中，如果出现资金头寸不足，各清算银行或省分行可通过中国人民银行及时补足在总行的备付金存款，会计分录与开立备付金存款户相同。

清算银行如不能通过中国人民银行汇款补足在总行清算中心的头寸，可向其管辖银行资金营运部门发出借款申请，请求通过系统内借款补足在中国人民银行的准备金存款。由此，应设置“系统内借出”、“系统内借入”两个科目，分别核算系统内借出与借入资金情况，并按借款性质或种类进行明细核算。

1. 借出款项的处理

(1) 借出资金的处理。根据资金管理部门借出款项的通知，填制中国人民银行汇款凭证或一式两联特种转账借方凭证，通过中国人民银行或电子汇划办理汇划手续。以一联特种转账借方凭证作为借方记账凭证，另一联交资金管理部门，而以中国人民银行汇款凭证回单或日终以“电子清算划收款专用凭证”作为贷方记账凭证；或填制特种转账凭证两借一贷办理转户，以特种转账借、贷凭证各一联作为记账凭证，另一联特种转账借方凭证交资金管理部门。会计分录为：

借：系统内借出——××行××借款户

　贷：存放中央银行款项——存××人行存款户

(2) 收到还款的处理。收到借入银行还款时，以电子汇划收款补充报单凭证的第一联作为贷方记账凭证，第二联上加盖“转讫章”后交资金管理部门；或以中国人民银行收账通知作为借方记账凭证，另填制一式两联特种转账贷方凭证，一联作为记账凭证，另一联交资金管理部门；或根据资金管理部门的内部资金转户通知，填制特种转账凭证一借两贷，其中一联特种转账借方凭证和一联特种转账贷方凭证作为记账凭证，另一联特种转账贷方凭证加盖“转讫章”后交资金管理部门。会计分录为：

借：存放中央银行款项——存××人行存款户

　贷：系统内借出——××行××借款户

　　金融机构往来收入——系统内借出利息收入户

2. 借入款项的处理

(1) 借入资金的处理。收到借入款项时，以电子汇划收款补充报单的第一联作为贷方记账凭证，第二联交资金管理部门；或以中国人民银行收账通知作为借方记账凭证，另填制一式两联特种转账贷方凭证，一联作为记账凭证，另一联交资金管理部门。会计分录为：

借：存放中央银行款项——存××人行存款户

　贷：系统内借入——××行××借款户

(2) 归还借款的处理。归还借款时，根据资金管理部门书面还款通知分本金、利息填制相关凭证转账。会计分录为：

借：系统内借入——××行××借款户

　　金融机构往来支出——系统内借入利息支出户

　贷：存放中央银行款项——存××人行存款户

## 第二节 中国人民银行的现代化支付系统

中国现代化支付系统（CNAPS）是中国人民银行按照我国支付清算需要，利用现代计算机技术和通信网络自主开发建设，能够高效、安全、快捷处理各金融机构之间的异地和同城各种支付业务、货币市场交易及资金清算的应用系统。它是商业银行同业和货币市场的公共支付清算平台，是中国人民银行发挥其金融服务职能的核心支持系统。

## 一、中国现代化支付系统概述

### (一) 中国现代化支付系统的参与者

现代化支付系统的参与者分为直接参与者、间接参与者和特许参与者。

直接参与者是指直接与支付系统城市处理中心连接并在中国人民银行开设清算账户的银行机构，以及中国人民银行地市级以上中心支行。

间接参与者是指未在中国人民银行开设清算账户而委托直接参与者办理资金清算的银行和非银行金融机构，以及中国人民银行县支行。

特许参与者是指经中国人民银行批准通过现代支付系统办理特定业务的机构，如中央国债登记结算有限责任公司。

### (二) 中国现代化支付系统的结构

为适应各类支付业务处理的需要，现代化支付系统由大额实时支付系统（HVPS）和小额批量支付系统（HEPS）两个应用系统组成。

大额实时支付系统实行逐笔实时处理支付指令，全额清算资金，旨在为各银行和广大企事业单位以及金融市场提供快速、安全、可靠的支付清算服务。该系统处理同城和异地、商业银行跨行之间和行内的大额贷记及紧急的小额贷记支付业务，处理中国人民银行系统的贷记支付业务。

小额批量支付系统实行批量发送支付指令，轧差净额清算资金，旨在为社会提供低成本、大业务量的支付清算服务，支撑各种支付业务，满足社会各种经济活动的需求。

在物理结构上，中国现代化支付系统建立有两级处理中心，即国家处理中心（NPC）和城市处理中心（CCPC）。国家处理中心分别与各城市处理中心相连，其通信网络采用专用网络，以地面通信为主，卫星通信备份。

### (三) 中国现代化支付系统的功能特点

1. 支持跨行支付清算

商业银行总行及其分行与所在地支付系统的城市处理中心连接，通过支付系统提供的开放的业务处理路径，实现跨行支付业务的快捷、安全、方便处理，并有利于实现其最终清算。

2. 支持货币政策的实施

中国人民银行公开市场操作业务系统与支付系统连接，实现央行公开市场操作业务资金的即时转账。系统还能支持对商业银行法定存款准备金的管理。

3. 支持货币市场的资金清算

中央债券综合业务系统与支付系统联系，实现债券交易的“钱券对付”，即 DVP 清算。外汇交易的人民币资金和同业拆借市场的资金拆借，也可通过支付系统办理资金的快速划分和清算。

4. 适度集中管理清算账户

中国现代化支付系统对清算账户的设置采取“物理上集中摆放，逻辑上分散管理”，即全国各商业银行在中国人民银行当地分支行开设的所有清算账户物理上均在全国处理中心存储和处理资金清算，但逻辑上由中国人民银行当地分支行进行处理。这一做法提高了支付系统处理资金清算的效率，便于中央银行对商业银行流动性的集中监管和金融市场资金清算的即时转账，同时又适应了商业银行会计业务处理逐步集中的需求，符合支付系统的国际发展趋势。

5. 有利于商业银行流动性管理

商业银行总行及其分行可以通过支付系统实时监控本机构及辖属各机构清算账户的变动情况，并灵活地进行头寸调度，提高资金使用效率。系统还提供日间透支、自动质押回购等功能，为商业银行提供紧急融资服务，提高商业银行的支付能力。

6. 具有较强的支付风险防范和控制机制

系统采用了大额支付实时清算、小额支付净额清算、不足支付排队处理的方式。为防止隔夜透支，系统设置了清算窗口时间，用于头寸不足的银行在清算窗口时间筹措资金。支付系统还设置头寸预警功能，清算账户达到余额警戒线时，系统自动报警，中央银行可根据管理的需求对清算账户实施必要的控制。此外，系统还具有支付清算信息和异常支付监测等功能。

## 二、大额实时支付系统

### （一）大额实时支付系统适用的业务种类

（1）规定金额起点以上的跨行贷记支付业务；

（2）规定金额起点以下的紧急跨行贷记支付业务；

（3）商业银行行内需要通过大额支付系统处理的贷记支付业务；

（4）特许参与者发起的即时转账业务；

（5）城市商业银行银行汇票资金的移存和兑付资金的汇划业务；

（6）中国人民银行会计营业部门、国库部门发起的贷记支付业务及内部转账业务；

（7）中国人民银行规定的其他支付清算业务。

### （二）大额实时支付系统的业务流程

大额实时支付系统处理的支付业务，其信息从发起银行发起，经发起清算银行、发报中心、国家处理中心、收报中心、接收清算银行，至接收银行终止。

发起银行是向发起清算银行提交支付业务的参与者；发起清算银行是向支付系统提交支付信息并开设清算账户的直接参与者或特许参与者（发起清算银行也可作为发起银行向支付系统发起支付业务）；发报中心是向国家处理中心转发发起清算银行支付信息的城市处理中心；国家处理中心是接收、转发支付信息，并进行资金清算处理的机构；收报中心是向接收清算银行转发国家处理中心支付信息的城市处理中心；接收清算银行是向接收银行转发支付信息并开设清算账户的直接参与者；接收银行是从接收清算银行接收支付信息的参与者。

### （三）大额实时支付系统的基本规定

（1）支付信息由纸质凭证转换为电子信息，或由电子信息转换为纸质凭证，具有同等的支付效力。支付信息由纸质凭证转换为电子信息，电子信息产生支付效力，纸质凭证失去支付效力；电子信息转换为纸质凭证，纸质凭证产生支付效力，电子信息失去支付效力。

（2）支付信息经过确认才产生支付效力。支付信息经发起清算银行至接收清算银行的确认，应符合中国人民银行规定的信息格式，并按照规定编核密押。

（3）支付业务信息的密押分为全国密押和地方密押。支付业务信息经由发报中心至收报中心，加编全国密押。支付业务信息经由发起清算银行至发报中心、收报中心至接收清算银行，加编地方密押。全国密押由中国人民银行负责管理，地方密押由中国人民银行当地分支行负责管理。

（4）大额支付系统运行工作日为国家法定工作日，运行时间由中国人民银行统一规定。中国人民银行根据管理需要可以调整运行工作日及运行时间。

（5）中国人民银行对大额支付系统实行统一管理，对大额支付系统的运行及其参与者进行管理和监督。

**（四）大额实时支付系统的会计科目设置**

1. 存款类科目

所有参加大额实时支付系统的商业银行、农村信用社、其他金融机构须在中国人民银行开设存款账户，如"中国工商银行准备金存款"、"中国农业银行准备金存款"、"中国银行准备金存款"、"中国建设银行准备金存款"、"浦东发展银行准备金存款"、"城市信用社准备金存款"、"农村信用社准备金存款"等账户。

商业银行准备金存款科目用以核算各金融机构存放在中国人民银行的法定准备金和超额准备金。各银行以及特许参与者直接与支付系统城市处理中心连接的，由其在中国人民银行当地分支行开设清算账户，该清算账户物理上摆放在国家处理中心。通过省会城市处理中心集中接入支付系统的银行，其所属的地市分支行作为支付系统的间接参与者可以在中国人民银行当地分支行开设专用账户，专门用于办理其现金存取业务和同城票据交换等轧差净额的清算。

2. 联行类科目

（1）大额支付往来。本科目核算支付系统发起清算银行和接收清算银行通过大额支付系统办理的支付结算往来款项，余额轧差反映。年终，本科目余额全额转入"支付清算资金往来"科目，余额为零。

（2）支付清算资金往来。本科目核算支付系统发起清算银行和接收清算银行通过大额支付系统办理的支付结算汇差款项。年终，"大额支付往来"科目余额对清后，结转至本科目，余额轧差反映。

"大额支付往来"、"支付清算资金往来"科目按中国人民银行分支行的会计营业部门、国库部门和电子联行转换中心等机构分设账户。

3. 汇总平衡科目（国家处理中心专用）

本科目用于平衡国家处理中心代理中国人民银行分支行（库）账务处理，不纳入中国人民银行（库）的核算。"汇总平衡"科目按中国人民银行分支行的会计营业部门、国库部门和电子联行转换中心等机构分设账户。

### （五）大额实时支付系统一般跨行贷记业务的核算处理

1. 商业银行发起清算行的核算处理

商业银行根据发起人提交的原始凭证和要求，确定普通、紧急的优先级次（救灾战备款为特急；低于规定的大额金额起点的，应设定为紧急），并由业务操作员录入、复核，系统自动逐笔加编地方密押后发送发报中心，待国家处理中心清算资金后接收回执。其会计分录为：

借：××科目

　贷：存放中央银行款项

2. 发报中心的核算处理

商业银行发报中心业务处理系统与大额实时支付系统的前置机直接相连。发报中心收到发起清算银行发来的支付信息，确认无误后，逐笔加编全国密押，实时发送国家处理中心。

3. 国家处理中心的核算处理

国家处理中心收到发报中心发来的支付报文，逐笔确认无误后，做会计分录：

借：××存款——××行户

　贷：大额支付往来——中国人民银行××行户

借：大额支付往来——中国人民银行××行户

　贷：××存款——××行户

发起清算行为的商业银行的清算账户头寸不足时，国家处理中心将该笔支付业务进行排队处理。待商业银行补足存款准备金后，国家处理中心再完成相关支付结算处理。

4. 收报中心的处理

收报中心接收国家处理中心发来的支付信息，确认无误后，逐笔加编地方密押实时发送接收清算行。

5. 接收清算行的处理

商业银行前置机收到收报中心发来的支付信息，逐笔确认后发送至银行行内业务处理系统，并按规定打印支付信息。其会计分录为：

借：存放中央银行款项

　贷：××科目

### （六）大额实时支付系统的日终处理

1. 国家处理中心试算平衡

日终，国家处理中心以中国人民银行××行（库）为单位，将其管理的清算账户、大额支付往来、支付清算资金往来和汇总平衡科目账户当日累计发生额和余额以及各行（库）大额支付往来累计发生额和余额分别进行试算平衡。

试算平衡的，国家处理中心于当日夜间将账户明细信息下载至城市处理中心存储，次日由中国人民银行会计营业部门或国库部门根据需要向城市处理中心查询下载。

试算不平衡的，转入暂收（付）款项科目，可以向国家处理中心发出下载账务明细信息的申请。国家处理中心收到申请后，及时将申请银行（库）所管理的清算账户、大额支付往来、支付清算资金往来、汇总平衡科目的当日账务明细信息下载至申请银行（库）。申请下载的银行（库）收到国家处理中心下载的账务明细信息后，将下载的账务明细与当日存档的账务明细进行核对，查找账务不平衡的原因，查清后，按规定调整账务。调整试算平衡后，须立即下载账务信息和核对支付信息。

2. 日终支付信息核对的处理

（1）国家处理中心下载核对信息的处理。国家处理中心在账务信息下载后，将当日发生的大额支付业务的总笔数、总金额及各类支付报文（含即时转账通知，区分被借记、被贷记）的总笔数、总金额按规定格式发送相关的城市处理中心。

（2）城市处理中心收到核对信息的处理。城市处理中心收到核对信息后，自动与存档的大额支付业务、各类支付报文（含即时转账通知）的总笔数、总金额进行核对。当支付信息核对不符时，立即向国家处理中心申请下载不符信息的明细，并以国家处理中心下载的明细信息为准进行调整。

（3）国家处理中心与中央银行会计集中核算系统的信息核对。

（4）国家处理中心与电子联行转换中心的信息核对。

（5）城市处理中心与商业银行等直联系统的信息核对。

## 三、小额支付系统

### （一）小额支付系统适用的跨行支付业务种类

1. 普通贷记支付业务

普通贷记支付业务指付款银行向收款银行主动发起的付款业务，包括汇兑、委托收款（划回）、托收承付（划回）、国库贷记汇划业务、网银贷记支付业务、中国人民银行规定的其他普通贷记支付业务。

2. 定期贷记支付业务

定期贷记支付业务指付款银行依据当事各方事先签订的协议，定期向指定收款银行发起的批量付款业务，包括代付工资业务，代付保险金、养老金业务等。

3. 实时贷记支付业务

实时贷记支付业务指付款银行接受付款人委托发起的、将确定款项实时贷记指定收款人账户的业务，包括个人储蓄通存业务、中国人民银行规定的其他实时贷记支付业务。

4. 普通借记支付业务

普通借记支付业务指收款银行向付款银行主动发起的收款业务，包括中国人民银行机构间的借记业务、国库借记汇划业务等。

5. 定期借记支付业务

定期借记支付业务指收款银行依据当事各方事先签订的协议，定期向指定付款银行发起的批量收款业务，包括代收水、电、煤气等公用事业费业务和国库批量扣税业务等。

6. 实时借记支付业务

实时借记支付业务指收款银行接受收款人委托发起的、将确定款项实时借记指定付款人账户的业务，包括个人储蓄通兑业务、对公通兑业务、国库实时扣税业务等。

### （二）小额支付系统的业务流程

小额支付系统处理的同城贷记支付业务，其信息从付款银行发起，经付款清算银行、城市处理中心、收款清算银行，至收款银行止。小额支付系统处理的异地贷记支付业务，其信息由付款银行发起，经付款清算银行、付款银行城市处理中心、国家处理中心、收款银行城市处理中心、收款清算银行，至收款银行止。

小额支付系统处理的同城借记支付业务，其信息从收款银行发起，经收款清算银行、城市处理中心、付款清算银行、付款银行后，付款银行按规定时限发出回执信息原路径返回至收款银行止。小额支付系统处理的异地借记支付业务，其信息从收款银行发起，经收款清算银行、收款银行城市处理中心、国家处理中心、付款银行城市处理中心、付款清算银行、付款银行后，付款银行按规定时限发出回执信息原路径返回至收款银行止。

### （三）小额支付系统的基本规定

（1）小额支付系统处理的支付业务一经轧差即具有支付最终性，不可撤销。银行业金融机构收到已轧差的贷记支付业务信息或已轧差的借记支付业务回执信息时应当贷记收款人账户。

（2）支付业务信息在小额支付系统中以批量包的形式传输和处理。支付业务信息由纸质凭证转换为电子信息，或由电子信息转换为纸质凭证，具有同等的支付效力。

（3）支付业务信息只有经过确认才产生支付效力。支付业务信息经小额支付系统传输过程的确认，应符合中国人民银行规定的信息格式，并按照规定编核密押。

（4）支付业务信息的密押分为全国密押和地方密押。支付业务信息在直接参与者与城市处理中心间传输，加编地方密押。支付业务信息在城市处理中心与国家处理中心间传输，加编全国密押。全国密押由中国人民银行负责管理，地方密押由城市处理中心所在地的中国人民银行当地分支行负责管理。

（5）小额支付系统采取以中国人民银行为中央对手，对直接参与者设置净借记限额实施风险控制。直接参与者以及所属间接参与者发起的贷记支付业务和借记支付业务回执只能在净借记限额内支付。净借记限额是指小额支付系统为开立清算账户的直接参与者设定的、对其发生支付业务的净借记差额进行控制的最高额度。

（6）小额支付系统实行 7×24 小时不间断运行。小额支付系统的系统工作日为自然日，其资金清算时间为大额支付系统的工作时间。中国人民银行根据管理需要可以调整系统的运行时间和资金清算时间。

（7）中国人民银行对小额支付系统实行统一管理，对小额支付系统的运行及其参与者进行管理和监督。

### （四）小额支付系统的会计科目设置

小额支付系统的会计科目设置与大额实时支付系统的会计科目设置方法类似，包括存款类科目、联行类科目、汇总平衡类科目。区别在于，大额实时支付系统设置“大额支付往来”科目，而小额支付系统设置“小额支付往来”科目，用以核算支付系统发起清算银行和接收清算银行通过小额支付系统办理的支付结算往来款项，余额轧差反映。

**（五）小额支付系统的普通贷记业务核算**

1. 付款（清算）银行发起普通贷记业务的处理

付款（清算）银行根据客户提交的普通贷记凭证（或信息），审核无误后进行账务处理。会计分录为：

借：××存款——××户

贷：待清算支付款项

完成账务处理后，付款（清算）银行将收款清算银行数据组包后发送前置机。前置机收到业务包后，对业务包的格式、业务权限、每笔业务的金额上限进行检查，并对业务包的笔数和金额总分核对后，逐包加编地方押发送至城市处理中心。

2. 付款清算业务行城市处理中心的业务处理

城市处理中心收到付款清算业务行发来的业务包后，进行格式、业务权限等合法性检查并核验地方押。此外，城市处理中心还须对检查、核押无误的同城业务进行净借记限额检查。检查通过的，纳入轧差处理并对业务包标记“已轧差”状态，转发收款清算银行，同时向付款清算银行返回已轧差信息；检查未通过的，将业务包作排队处理并向付款清算银行返回已排队信息。

城市处理中心对检查、核押无误的异地业务加编全国押后转发国家处理中心。

3. 国家处理中心的处理

国家处理中心收到城市处理中心发来的业务包，进行合法性检查并核验全国押。国家处理中心对检查、核押无误的业务包进行净借记限额检查。检查通过的纳入轧差处理并对业务包标记“已轧差”状态，转发收款清算银行城市处理中心，同时向付款清算银行城市处理中心返回已轧差信息；检查未通过的，将业务包作排队处理并向付款清算银行城市处理中心返回已排队信息。

4. 收款清算银行城市处理中心的处理

收款清算银行城市处理中心收到国家处理中心发来的业务包，核验全国押无误后，加编地方押转发收款清算银行。

5. 收款（清算）银行的处理

银行行内业务处理系统与前置机直连的，前置机收到城市处理中心发来的业务包，逐包确认并核地方押无误后，发送至行内系统拆包并立即进行账务处理。其会计分录为：

借：待清算支付款项

贷：××存款——××户

6. 各节点对各类反馈通知的处理

付款（清算）银行、城市处理中心、国家处理中心、收款（清算）银行等各节点收到已拒绝、已排队、已轧差和已清算通知后，修改相应业务的状态。

付款（清算）银行收到已清算通知，进行账务处理，其会计分录为：

借：待清算支付款项

贷：存放中央银行款项

收款（清算）银行收到已清算通知，进行账务处理，其会计分录为：

借：存放中央银行款项

贷：待清算支付款项

**（六）小额支付系统的普通借记业务核算**

1. 收款（清算）银行发起借记业务的处理

收款（清算）银行业务处理系统与前置机直连的，根据客户提交的普通借记凭证，将付款清算银行组包后发送前置机。前置机对业务包的格式、业务权限进行检查，并对业务包的笔数和金额总分核对后，逐包登记借记业务登记簿并加编地方押后发送城市处理中心。

2. 收款清算银行城市处理中心的处理

收款清算银行城市处理中心收到收款清算银行发来的业务包后，进行合法性检查并核验地方押，无误后登记借记业务登记簿。

城市处理中心对同城业务转发付款清算银行，对异地业务加编全国押后发送国家处理中心。

3. 国家处理中心的处理

国家处理中心收到城市处理中心发来的业务包，进行合法性检查并核验全国押，无误后登记借记业务登记簿并将业务包转发付款清算银行城市处理中心。

4. 付款清算银行城市处理中心的处理

城市处理中心收到国家处理中心发来的支付业务，核验全国押无误后，登记借记业务登记簿并加编地方押后转发付款（清算）银行。

5. 付款（清算）银行的处理

付款（清算）银行业务处理系统与前置机直连的，前置机收到城市处理中心发来的业务包，逐包确认并核验地方押无误后，登记借记业务登记簿并发送至行内业务处理系统拆包和处理。

付款（清算）银行前置机收到城市处理中心发来的业务包，逐包确认并核验地方押无误后，登记借记业务登记簿并进行拆包。付款（清算）银行将业务明细转存磁介质或使用中国人民银行规定格式的来账清单或统一印制的来账凭证打印支付信息，送行内系统进行相应处理。

付款（清算）银行收到借记业务后，立即检查协议，执行扣款。其会计分录为：

借：××存款——××户

贷：待清算支付款项

付款（清算）行对原包业务全部扣款成功的，应立即返回借记业务回执包；到期日原包业务无论扣款是否成功，应返回借记业务回执包。借记业务回执包发送前置机，包中附扣款成功和扣款失败的业务明细。前置机对包的格式、业务权限进行检查，将回执包与原包核对无误后，加编地方押发送城市处理中心。

6. 付款清算银行城市处理中心的处理

城市处理中心收到付款清算银行发来的借记业务回执包后，进行合法性检查并核验地方押。城市处理中心还要对检查、核押无误的同城借记业务回执包中的成功金额进行净借记限额检查。对检查通过的实时纳入轧差处理，销记登记簿，并对回执包标记“已轧差”状态后转发收款清算行，同时向付款清算行返回已轧差信息；净借记限额检查未通过的，作排队处理并向付款清算行返回已排队信息。城市处理中心对检查、核押无误的异地借记业务回执包加编全国押后发往国家处理中心。

7. 国家处理中心的处理

国家处理中心收到城市处理中心发来的借记业务回执包后，进行合法性检查并核验全国押。国家处理中心对检查、核押无误的借记业务回执包中的成功金额进行净借记限额检查。检查通过的实时纳入轧差处理，销记登记簿，并对回执包标记“已轧差”状态后转发收款清算行城市处理中心；净借记限额检查未通过的，进行排队处理并向付款清算行城市处理中心返回已排队信息。

8. 收款清算行城市处理中心的处理

城市处理中心收到国家处理中心发来的借记业务回执包后，核验全国押无误后销记登记簿，并加编地方押转发收款（清算）行。

9. 收款（清算）行的处理

收款（清算）行业务处理系统是与前置机直连的。前置机收到收款清算行城市处理中心发来的借记业务回执包，逐包确认并核地方押无误后销记登记簿，发送至行内业务处理系统拆包并立即进行账务处理。其会计分录为：

借：待清算支付款项

　贷：××存款——××户

10. 各节点对各类通知的处理

付款（清算）行、城市处理中心、国家处理中心、收款（清算）行等各节点收到已排队、已轧差、已拒绝和已清算通知后，修改相应业务状态。收到已轧差通知时需销记登记簿。

付款（清算）行收到已清算通知时进行账务处理，其会计分录为：

借：待清算支付款项

　贷：存放中央银行款项

收款（清算）行收到已清算通知时进行账务处理，其会计分录为：

借：存放中央银行款项

　贷：待清算支付款项

### （七）小额支付系统的轧差处理

1. 城市处理中心的轧差处理

城市处理中心对通过净借记限额检查的同城贷记支付指令和借记回执，按付款清算行和收款清算行双边实时轧差。轧差公式为：

$$\text{某清算行提交清算的贷方净额}(+)[\text{或借方净额}(-)] = \frac{\text{同城贷记}}{\text{来账金额}} + \frac{\text{他行返回同城借记}}{\text{回执成功交易金额}} - \frac{\text{同城贷记}}{\text{往账金额}} - \frac{\text{发出同城借记}}{\text{回执成功交易金额}}$$

2. 国家处理中心的轧差处理

国家处理中心对通过净借记限额检查的异地贷记支付指令和借记回执，按付款清算行和收款清算行双边实时轧差。轧差公式为：

$$\text{某清算行提交清算的贷方净额}(+)[\text{或借方净额}(-)] = \frac{\text{异地贷记}}{\text{来账金额}} + \frac{\text{他行返回异地借记}}{\text{回执成功交易金额}} - \frac{\text{异地贷记}}{\text{往账金额}} - \frac{\text{发出异地借记}}{\text{回执成功交易金额}}$$

**（八）小额支付系统的清算处理**

1. 设置清算场次

国家处理中心根据中国人民银行业务管理部门的规定，通过操作终端设置异地日间轧差净额提交清算的场次和时间。

城市处理中心则根据中国人民银行当地分支行业务管理部门的规定，通过操作终端设置同城日间轧差净额提交清算的场次和时间，并自动将城市处理中心设置的提交清算场次和时间上传至国家处理中心，国家处理中心对上传信息进行监测。

异地业务和同城业务当日最后一场轧差净额提交清算的场次和时间，由国家处理中心根据中国人民银行业务管理部门的规定统一设置。

法定节假日期间，国家处理中心和城市处理中心日间轧差场次暂时失效，仅在每日小额支付系统日切时形成一场异地业务轧差净额和同城业务轧差净额。

2. 提交轧差净额

国家处理中心和城市处理中心在规定提交时点对本场轧差净额进行试算平衡检查，检查无误后自动提交清算。

3. 国家处理中心的清算账务处理

国家处理中心收到同城和异地轧差净额清算报文后，自动完成相关账务处理。

（1）属于清算行贷方差额的，其会计分录为：

借：小额支付往来——中国人民银行××行户

贷：××存款——××行户

（2）属于清算行借方差额的，如清算账户可用头寸足以支付，则会计分录为：

借：××存款——××行户

贷：小额支付往来——中国人民银行××行户

（3）如清算账户可用头寸不足支付，作排队处理。

完成账务处理后，小额支付系统自动生成清算通知发送至各参与者。各参与者根据清算通知变更业务状态，完成相应的账务处理。

## 第三节　纸质票据同城交换清算系统

### 一、同城票据交换的意义

同城票据交换，就是同城有关行处之间，将相互代收代付款的凭证票据，按规定的时间场次集中在某一场所进行交换，并轧计往来行间应收应付款差额，由主办清算行以转账方式进行清算。

在同一城市和毗邻地区范围内由中国人民银行（或委托银行）统一组织各商业银行进行票据交换清算的意义在于：

（1）可以加速有关银行间的凭证传递，加速资金周转，提高结算效率。

（2）可以简化各商业银行间的往来核算手续，及时清算银行间的往来占款，有利于各行处的业务经营。

## 二、同城票据交换的基本做法

**(一) 同城票据交换的组织**

同城有关商业银行间进行的票据交换清算，一般由中国人民银行通过设立票据交换所统一组织；当地未有中国人民银行分支机构的，一般由中国人民银行委托当地某商业银行组织。参加票据交换清算的行处一般是同城内的有关商业银行。交通方便的地区，也可吸收毗邻市县的有关行处参加本地区的票据交换。进行票据交换的具体场次和时间，须根据各地的具体情况而定。一般大中城市每天进行两次，在中小城市每天进行一次。

**(二) 同城票据交换的业务处理程序**

对于同城票据交换业务的规定，全国各地均有不同，在此仅概括一般做法。

1. 提出行的处理

参加票据交换的商业银行，根据已收到的代收款票据（付款单位在本行，先记付款单位账）和代付款票据（付款单位在他行，回单加收妥抵用戳记）编制“提出代收、代付款清算单”，附上代收代付款凭证，由交换员持清算单和各种结算凭证等准时到票据清算所，提出交换，将代收代付的他行票据等分别交对方交换员点收。

2. 提入行的处理

在票据清算所内，提出行同时又是提入行。交换员在票据清算所提出票据的同时又接受他行提出的本行付款凭证和本行收款凭证。然后根据提出与提入票据的张数和金额，轧抵后计算出本次交换应付或应收款项。其计算方法为：

本行代收票据＋本行付款凭证＝本行应付款

本行代付票据＋本行收款凭证＝本行应收款

两项相抵后，计算出应付差额或应收差额，并填制一式两份“清算差额报告单”，一份交清算所，一份留存。

3. 票据清算所的处理

中国人民银行主办交换员根据各行提交的“清算差额报告单”进行总轧平衡（收差＝付差）。轧平后，各应付差额行当场签发转账支票给中国人民银行。各应收差额行填制一式两联进账单，中国人民银行据此通过各行在中国人民银行的存款户当场办理各行间资金的清算。

4. 提回后的处理

交换员及时将交换提回的各种票据及有关凭证交会计人员记账。

## 三、同城票据交换的核算

实务工作中，提出和提入的票据并非每笔业务都直接通过“存放中央银行款项”科目核算，而是在每日营业过程中，通过“同城票据清算”科目挂账，每日营业终了后由当地清算中心完成同城票据结算资金清算，实际调整参加票据交换业务各行处的“存放中央银行款项”科目。在科目性质上，“同城票据清算”属资产负债共同类科目。

**（一）提出票据的处理**

1. 提出贷方票据的处理

（1）提出贷方票据时，会计分录为：

借：活期存款——××存款人户

　贷：同城票据交换——××人行同城票据清算户

（2）超过当日最后一场交换提出时间受理的他行贷方票据，经审查无误后，填制一联贷方记账凭证，以客户提交的票据或结算凭证作为借方记账凭证。会计分录为：

借：活期存款——××存款人户

　贷：待处理结算款项——待处理同城票据款项户

（3）次日提出第一场交换时，填制一联借方记账凭证。会计分录为：

借：待处理结算款项——待处理同城票据款项户

　贷：同城票据交换——××人行同城票据清算户

（4）提出贷方票据被他行退票的，在中国人民银行规定的退票时间内接到对方银行"退票理由书"时，将退票理由书和有关贷方票据一并退还收款人，并填制借、贷方记账凭证各一联，以退票理由书作为贷方记账凭证附件。会计分录为：

借：同城票据交换——××人行同城票据清算户

　贷：活期存款——××存款人户

2. 提出借方票据的处理

（1）提出借方票据时，会计分录为：

借：同城票据交换——××人行同城票据清算户

　贷：待处理结算款项——提出××人行票据×日×场户

（2）在规定期限内无退票时，填制借方记账凭证一联，以客户提交的结算凭证作为贷方记账凭证。会计分录为：

借：待处理结算款项——提出××人行票据×日×场户

　贷：活期存款——××存款人户

（3）在中国人民银行规定的退票时间内接到对方银行的"退票理由书"时，填制借、贷方记账凭证各一联，以退票理由书作为借方记账凭证的附件。会计分录：

借：待处理结算款项——提出××人行票据×日×场户

　贷：同城票据交换——××人行同城票据清算户

**（二）提入票据的处理**

1. 提入贷方票据的处理

提入票据经审核无误后，以提入的票据或结算凭证作为贷方记账凭证。会计分录为：

借：同城票据交换——××人行同城票据清算户

　贷：活期存款——××存款人户

2. 提入借方票据的处理

提入票据经审核无误后，以提入的票据或结算凭证作为借方记账凭证。会计分录为：

借：活期存款——××存款人户

　贷：同城票据交换——××人行同城票据清算户

3. 提入票据退票的处理

经审核提入票据或结算凭证存在印鉴不符、存款不足、收付款人账号户名有误、大小写金额不符等情况的，须在规定时间内填制“退票理由书”作退票处理。若当天不能退回的，应填制一联借方或贷方记账凭证办理挂账，次日再办理提出退票处理。

提入借方凭证退票挂账时的会计分录为：

借：待处理结算款项——待处理同城票据款项户

　贷：同城票据交换——××人行同城票据清算户

提入借方凭证次日退票时的会计分录为：

借：同城票据交换——××人行同城票据清算户

　贷：待处理结算款项——待处理同城票据款项户

提入贷方凭证退票挂账及退票时，作相反的会计分录。

### （三）同城票据交换资金清算的处理

清算资金时，应将中国人民银行的差额报告表数据与“同城票据清算”科目各账户余额分别进行核对，无误后填制借、贷方记账凭证各一联办理转账，中国人民银行差额报告表作为“存放中央银行款项”科目记账凭证的附件；也可填制一联借（贷）方记账凭证作为“同城票据清算”科目的记账凭证，以中国人民银行的差额报告表作为“存放中央银行款项”科目的记账凭证。会计分录为：

（1）应付资金时：

借：同城票据交换——××人行同城票据清算户

　贷：存放中央银行款项——存××人行存款户

（2）应收资金时：

借：存放中央银行款项——存××人行存款户

　贷：同城票据交换——××人行同城票据清算户

## 第四节 全国支票影像交换系统

支票影像交换系统是指运用影像技术将实物支票转换为支票影像信息，通过计算机及网络将支票影像信息传递至出票人开户银行提示付款的业务处理系统。

支票影像交换系统支持支票全国通用，改变了传统的实物票据交换模式，其业务处理流程包括三个阶段：第一阶段是纸质票据流，即实物支票经过出票、转让和提示付款等环节流通到收款行或票据交换所，完成实物支票的截留和影像采集；第二阶段是影像信息流，即将采集的支票影像业务信息通过影像交换系统传递给出票人开户行审核付款；第三阶段是资金清算流，即出票人开户行收到支票影像信息审核无误后，通过小额支付系统返回业务回执和完成资金清算。

## 一、全国支票影像交换系统的基本规定

（1）全国支票影像交换系统支持 7×24 小时连续运行，每个系统工作日的运行时间为上一工作日 16:00 至当前工作日 16:00，系统日切时间和小额支付系统日切时间保持一致。

（2）全国支票影像交换系统处理的业务种类包括支票业务和通用业务（银行汇票、商业承兑汇票、银行承兑汇票、商业本票、银行本票、其他票据）。目前中国人民银行全国支票影像交换系统仅支持支票业务，暂不支持通用业务。

（3）通过影像交换系统处理的支票影像信息，具有与原实物支票同等的支付效力，出票人开户银行收到影像交换系统提交的支票影像信息，应视同实物支票提示付款。

（4）提入行可以采用印鉴核验方式或支付密码核验方式对支票影像信息进行付款确认。采用印鉴核验方式的，可使用电子验印系统，付款确认以签章为主，支票影像其他要素为辅。采用支付密码核验方式的，应与出票人签订协议约定使用支付密码作为审核支付支票金额的依据。

（5）支票影像信息一经影像交换系统发出，不得更改或撤销。对发出有误的支票影像信息，提出行可以通过影像交换系统向提入行申请止付。

（6）金融机构出售支票时，应在支票票面记载付款银行的银行机构代码。

（7）影像交换系统处理规定金额以下的支票业务，单笔金额上限暂定为 50 万元（含 50 万元），超过单笔金额上限的支票，系统不予受理。

（8）通过影像交换系统处理的支票，未附粘单支票应采集其正面和背面影像；附粘单支票应采集其正面和记载最后一手委托收款背书粘单的影像，其他背书信息在电子清算信息中连续记录。

（9）提出行对受理提出的支票负审核责任，未尽审核责任造成提入行付款损失的，应由提出行承担相应的违规责任。

（10）出票人签发空头支票、签章与预留银行签章不符的支票、支付密码错误的支票，银行应予以退票，并按规定填制报告书上报中国人民银行，按票面金额处以 5%但不低于 1 千元的罚款。对 3 次签发有误的，银行应停止其签发支票。

## 二、全国支票影像交换系统的业务流程

### （一）提出的业务流程

提出的业务流程为：审核凭证，提出业务录入，提出业务影像加载，提出业务影像复核，提出业务收到回执。

1. 审核凭证

持票人开户银行收到持票人送来的支票和三联进账单时，应认真审查：

（1）支票票面是否记载银行机构代码。

（2）支票金额是否超过中国人民银行规定的影像支票业务的金额上限。

（3）支票是否统一规定印制的凭证，支票是否真实，是否超过提示付款期限，是否为远期支票。

（4）支票填明的持票人是否在本行开户，持票人的名称是否为该持票人，与进账单上的名称是否一致。

（5）出票人的签章是否符合规定。

（6）支票的大小写金额是否一致，与进账单的金额是否相符。

（7）支票必须记载的事项是否齐全，出票金额、出票日期、收款人名称是否有更改，其他记载事项的更改是否由原记载人签章证明。

（8）背书转让的支票，其背书是否连续，签章是否符合规定，背书使用粘单的是否按规定加盖骑缝章。

（9）持票人是否在支票的背面作委托收款背书。

（10）进账单收、付款人名称、账号是否与支票记载的信息一致。

（11）采用支付密码核验方式的，支付密码是否按规定书写。

凭证审查无误的，在第一联进账单上加盖受理凭证专用章，作为回单退持票人，在进账单第二联上加盖“收妥后入账”字样的戳记；对拒绝受理的支票，营业机构应制作一式两联拒绝受理通知书，加盖业务专用章和经办员名章，经运营主管审批签章后，一联连同支票和进账单一并退持票人，一联留存，定期装订保管。

2. 提出业务录入

录入柜员审核原始凭证无误后，选择“提出业务录入”交易，根据支票实物及进账单输入相关要素。交易提交成功后，使用记账凭证打印柜员的记账凭证和一式两份的录入清单。

记账凭证由录入柜员按序号顺序保管，录入清单、支票及进账单传递给扫描支票影像的柜员进行加载。该交易不产生会计分录。录入成功后，报单状态为“已录入”，业务状态为“待回执”。

3. 提出业务影像加载

扫描支票影像的柜员收到录入柜员传递过来的录入清单、支票及进账单后，登录省行支票影像交换系统，根据需要选择“单笔提出业务影像文件加载”、“多笔提出业务影像文件加载”或“批量提出业务影像文件加载”功能加载支票影像。支票影像加载成功后，柜员将录入的清单、支票及进账单传递给复核员复核支票清算信息。

4. 提出业务影像复核

复核柜员（与录入柜员不能为同一柜员）收到录入的清单、支票及进账单后，审核支票、进账单与录入清单内容是否一致。确认一致后，选择“提出业务复核”交易，根据录入清单的交易序号，依据原始凭证复核提出业务。交易提交成功后，复核柜员在录入清单上打印记账凭证。

其中一份录入清单由复核柜员按序号顺序保管，另一份录入清单交录入员附记账凭证后保管；支票和进账单配对专夹保管。该交易不产生会计分录。复核成功后中国人民银行收到前，报单状态为“已复核”；中国人民银行收到后，报单状态为“发送成功”，业务状态为“待回执”。

5. 提出业务收到回执

可以通过“多笔影像交换业务回执”或“支票影像交换系统待处理业务汇总信息”，查询本行是否有未核销的影像交换业务回执。

收到状态为“自动核销”的影像交换业务回执报单时，次日只需选择“打印自动入账通知书”交易，用联行来账凭证第三联或客户回执打印自动入账记账凭证，加盖业务办讫章，并抽出原专夹保管的支票和进账单，核对无误后，支票、进账单第二联附自动入账记账凭证后，一并随入账日传票装订。进账单第三联加盖业务办讫章作为收账通知交持票人。

收到状态为“待核销”的影像交换业务回执报单时，选择“生成提出业务回执待核销凭证”和“提出业务回执待核销凭证”两项交易，打印一式三联联行来账凭证，并在来账凭证上加盖打印柜员的名章。

收到拒绝付款的回执，用客户回执打印退票理由书。

**（二）提入的业务流程**

提入的业务流程为：省中心接收支票业务，省中心自动验印，二级分行人工辅助验印，票面审核，发送回执。

1. 提入业务电子验印

省行电子验印系统对数字签名核验正确的提入业务发起自动验印。自动验印通过的，由提入行登录影像交换系统进行票面审核；自动验印不通过的，由提入行登录电子验印系统进行人工辅助验印。

（1）印鉴初验。

对自动验印未通过的提入支票，由初验柜员登录电子验印系统进行人工辅助验印。初验不通过的，由二级以上（含二级，以下同）主管登录电子验印系统作退票处理。

（2）印鉴复验。

初验柜员完成提入支票印鉴初验后，由复验柜员进行复验。初验与复验均为通过的，提入报文发送至影像交换系统进行票面审核；初验通过，复验不通过的，由二级以上主管登录电子验印系统作退票处理。

（3）主管退票。

提入支票印鉴初验、复验不通过的，由二级以上主管登录电子验印系统进行退票处理。

（4）报表打印。

营业终了，打印提入支票影像业务验印结果清单，验印结果清单专夹保管。

2. 提入业务票面审核

（1）对验印通过或填写除“印鉴不符”外其他退票理由的，提入支票影像业务，由柜员登录影像交换系统进行票面要素审核。

（2）初审柜员选择“提入业务票面待审核”交易，系统显示多笔支票信息，点击“审核”操作，进入票面审核界面按键盘左上侧的“Tab 健”进行电子清算信息与支票影像上的信息比对。同时要对以下票面信息进行审核：

1）票面记载的银行机构代码是否为本行机构代码；

2）支票的大小写金额是否一致；

3）支票必须记载的事项是否齐全；

4）持票人是否在支票的背面作委托收款背书；

5）电子清算信息与支票影像内容是否相符；

6）是否超过提示付款期。

票面审核无误的，点击“通过”，由复审柜员进行复审。票面审核有误的，点击“不通过”，选择退票理由后提交，系统自动通过小额支付系统发起退票回执。

(3) 对初审通过的提入支票影像业务，复审柜员选择“提入业务票面待复审”交易进行审核。审核结果一致的，点击“通过”，由系统自动进行扣款，并通过小额支付系统发送付款回执；审核结果不一致的，点击“不通过”，系统返回票面初审状态，由初审柜员重新进行票面审核。

3. 提入业务付款/拒付

对票面要素复审通过的提入支票影像业务，系统自动借记支票户并通过小额支付系统发送付款回执；对核验数字签名失败、收到止付申请后同意止付、印鉴审核不通过、票面初审未通过的提入支票影像业务，系统自动通过小额支付系统发送退票回执。

对账户余额不足等原因导致系统不能自动发送回执的业务，由柜员选择“生成提入业务待处理凭证”和“打印提入业务待处理凭证”两项交易，打印一式三联联行来账凭证，并在来账凭证上加盖打印柜员的名章。

最后，柜员选择“提入业务付款/拒付”交易，依据提入业务待处理凭证，按系统提示录入相关要素。交易提交成功后，打印联行来账凭证。

## 三、全国支票影像交换系统的账务处理

### (一) 支票提入行的处理

支票提入行收到支票影像信息，经审核无误后，通过小额支付系统返回业务回执，并通过中国人民银行跨行清算系统（CCPC）完成资金清算。若支票提入行未直接参加小额支付系统，可通过行内汇划系统传到总行再到 CCPC，或通过小额支付代理行，完成资金清算。

提入行接收到小额支付系统已拒绝、已排队、已轧差和已清算通知后，应修改相应业务的状态。

提入行审核无误后确认付款的，其会计分录为：

借：活期存款——××户

　贷：待清算支付款项

提入行收到已清算通知，进行账务处理。其会计分录为：

借：待清算支付款项

　贷：存放中央银行款项

### (二) 支票提出行的处理

支票提出行受理客户支票，并将采集的支票影像业务信息通过影像交换系统传递给出票人开户行审核付款。提出行（或小额业务代理行）接收 CCPC 发来的支票业务包，确认并核验密押无误后回复确认信息。如果核押错误，则作拒绝处理。提出行为直联方式的，支票回执业务包直接发送到行内系统进行处理；间接方式的，提出行根据收到支票回执业务包，使用中国人民银行规定格式的来账清单和统一印制的来账凭证打印支付信息，送行内系统进行处理。

提出行行内系统对回执确认付款的，销记支票业务登记簿后，进行账务处理。其

会计分录为：

借：待清算支付款项

　贷：活期存款——××户

提出行收到已清算通知，进行账务处理。其会计分录为：

借：存放中央银行款项

　贷：待清算支付款项

提出行行内系统对回执拒绝付款的，销记支票业务登记簿后，打印退票理由书并连同支票实物退还持票人。

## 复习思考题

1. 简述系统内电子汇划清算的意义和作用。
2. 电子汇划业务的范围是什么？如何理解划收款和划付款？
3. 什么是中国现代化支付系统，该系统包括哪些子系统？
4. 中国现代化支付系统具备哪些功能特点？
5. 同城票据交换业务的基本程序包括哪些内容？
6. 简述全国支票影像交换系统的含义及业务处理流程。

# 第七章 Chapter 7 银行机构往来核算

**学习目标：**

了解银行机构往来业务的组织体系、业务种类；

了解商业银行与中国人民银行之间往来的核算；

了解同业往来的核算。

**重点难点：**

商业银行与中国人民银行之间往来的核算；

商业银行跨系统转划款业务的种类与核算。

## 第一节 银行机构往来业务概述

国民经济运行中，除少部分业务直接通过现金收付外，绝大多数的资金运动均以银行为中介，依托其核算系统，实现支付结算、资金划拨、代收代付等日常经济活动。为了适应数以千万计的企事业单位、政府机关与个人客户的资金往来业务需要，银行机构编织了一张庞大的网，覆盖了全国乃至世界的各个角落。中国人民银行（以下简称“人民银行”）作为银行网络的神经中枢，监管着众多独立核算的商业银行，而各家商业银行层叠设置的千万家营业机构，将无数客户联系在一起。不同客户之间通过银行办理支付结算，表面上是资金从一个客户转移给另外一个客户，而内在往往导致资金从一家银行流转到另外一家银行，或从同一家银行的一个营业机构流转到另外一个营业机构。

### 一、银行机构往来业务的概念

广义的银行机构往来包括同一商业银行内部各机构间的资金账务往来、不同商业银行跨系统机构间的资金账务往来以及商业银行与中央银行之间的资金账务往来。狭义的银行机构往来仅指商业银行跨系统机构间的资金账务往来（即同业往来）和商业银行与中央银行之间的资金账务往来，亦即跨系统往来。

本节基于狭义的银行机构往来，即各银行机构之间，由于资金划拨、款项汇划、相互借贷以及办理货币结算，而相互代收、代付款项所发生的资金账务往来。

## 二、银行机构往来的业务类型

银行机构往来业务可划分为两种类型：商业银行与人民银行的往来和同业往来。

（1）商业银行与人民银行的往来。人民银行作为“银行的银行”，一方面具有制定宏观货币政策与实施行业监管的功能，另一方面具有调控商业银行资金余缺，帮助商业银行之间实现资金收付与清算的功能。当商业银行吸纳的一般性存款总额发生增减，或存款准备金率发生变更，须定期调整上缴人民银行的存款准备金数额；当商业银行的资金头寸发生缺口，可向人民银行申请再贷款；当商业银行拥有大额商业票据并希望筹集短期资金，也可向人民银行申请再贴现；各家商业银行之间的资金拆借与转贴现，同样须由人民银行帮助结算。

（2）同业往来。同业往来是商业银行有关跨系统行处之间，由于办理结算、资金拆借及代理业务等，而直接代理收、付款项所发生的资金账务往来。主要包括异地跨系统转划款及同业拆借业务等。

异地商业银行之间的汇划款，除借助人民银行现代化支付系统高效、快捷实现之外，还可依托商业银行系统内联行往来与系统间同城清算系统共同完成，即异地跨系统转划款。与人民银行现代化支付系统相比，跨系统转划款业务的时效性较差，但费用更加低廉。

## 三、银行机构往来的核算要求

（1）商业银行之间跨系统的资金划拨、汇划款项及相互之间办理货币结算、代收或代付款项的清算，其金额在 5 万元以下（不含 5 万元）的，通过同业往来及跨系统转划款业务方式实现；商业银行跨系统 5 万元以上（含 5 万元）和商业银行系统内 50 万元以上（含 50 万元）的大额汇款与资金调拨，通过人民银行现代化支付系统实现。目前，人民银行现代化支付系统存在服务于商业银行之间小额汇划与结算服务的趋势。

（2）商业银行在人民银行的存款账户须严格管理，不能透支，商业银行向人民银行计划内借款不能超出人民银行规定的贷款额度。

（3）商业银行之间资金横向融通、相互拆借资金，应通过人民银行存款账户进行核算，不能直接彼此拆借，也不能以现金形式支付。

# 第二节　商业银行与人民银行的往来核算

我国商业银行一般实行三级会计主体制度，总行、一级分行和二级分行各自作为独立核算的会计主体，一级分行通常管辖省、直辖市、经济特区城市，二级分行管辖地级市，形成商业银行系统内的纵向核算体系。与商业银行的层级组织结构相对应，人民银行在北京设总行，以经济大区划分九大分行，于省会城市、直辖市、经济特区城市设中心支行，于地级市（州、盟、区）设支行，实现对商业银行各层机构的监管、支付清算、金库管理和金融统计等职能。商业银行自身的业务核算体系与人民银行提供的支付结算系统交叉在一起，共同满足繁重、多样的社会资金运动需求。

## 一、商业银行与人民银行的往来关系

商业银行在日常经营中，与人民银行主要存在如下往来关系：（1）在当地人民银行开立存款户，将业务资金存入人民银行，与其建立收支往来关系；（2）商业银行上下级行、处之间的业务资金调拨，可通过人民银行汇拨；（3）商业银行与其他商业银行的资金清算，要通过人民银行办理；（4）商业银行的业务现金，要向人民银行发行库或发行保管库办理存取；（5）商业银行要按规定向人民银行缴存法定的存款准备金；（6）商业银行可以在核定额度内向人民银行借入资金；（7）商业银行按规定通过人民银行办理资金拆出拆入，再贴现；（8）商业银行可以接受人民银行的委托，办理人民银行的委托贷款业务等。

## 二、人民银行存款户日常收支的核算

商业银行各级核算主体行在人民银行开立存款账户，并按规定存入和支取款项。营业机构符合规定要求的可在当地人民银行开立一个备付金账户，并按照“先存后用，不得透支”的原则进行管理。

为反映和核算商业银行存入开户人民银行的业务资金收支及结存情况，商业银行会计制度设置了“存放中央银行款项”科目。存入资金时记借方，支取资金时记贷方。余额在借方，表现商业银行在人民银行的存款资金数额。

商业银行向开户人民银行存款户存取资金主要包括现金存取和转账存取两种方式。其现金存取留待现金出纳一章中说明，这里仅介绍转账存取资金的核算。

商业银行转账收入的各项资金主要包括上级银行汇拨来的资金、同业行处转入的结算资金、同业拆入资金、向开户人民银行借入资金等。商业银行收到有关资金时，根据人民银行转来的回单填制借、贷方记账凭证办理转账。会计分录为：

借：存放中央银行款项——××总分支行

　贷：××科目——××户

商业银行从开户人民银行存款户转账支取资金主要包括给下级银行调出业务资金、付给同业行处结算资金、同业或系统行拆出资金、归还人民银行借款资金等。具体支取时，应签开存款户的支款凭证，送交开户人民银行办理支款手续。会计分录为：

借：××科目——××户

　贷：存放中央银行款项——××总分支行

## 三、商业银行向人民银行缴存存款的核算

1. 缴存范围和比例

缴存的准备金分为法定存款准备金和财政性存款准备金。各行吸收的存款应按人民银行规定的范围和比例缴存存款准备金。

人民银行总行对各金融机构的法定存款准备金按法人统一考核。商业银行吸收的机关团体存款、财政预算外存款、个人储蓄存款、单位存款及其他各项存款均作为一般存款，由商业银行总行按规定比例将其中的一部分作为法定存款准备金存入人民银行总行。法定存款准备金缴存比例，由人民银行根据宏观调控的需要予以核定与调整。自2012年5月18日起，大型金融机构的缴存比例为20%，中小型金融机构的缴存比例为16.5%。

商业银行代办的中央预算收入、地方金库存款和代理发行国债款项等财政性存款是中央银行的资金来源，应全额就地划缴人民银行。

2. 缴存的行处和缴存时间

法定存款准备金由各一、二级分行向上级银行缴存，商业银行总行向人民银行总行缴存。人民银行总行按旬进行考核，即从当旬第5日至下旬第4日营业终了时，大型金融机构总行存入的准备金余额与上旬末全行一般存款余额之比，不得低于20%。

财政性存款由经办行直接向开户的人民银行缴存。根据人民银行规定，各级商业银行向人民银行缴存财政性存款每旬调整一次，具体时间是总行、省分行在旬后8日内办理，其余行处（含计划单列市分行）在旬后5日内办理（最后一天遇例假日顺延）。不单独在人民银行开户的行处，其应缴的存款，委托其管辖行代为缴存，管辖行每月汇总调整一次。

3. 法定存款准备金的计算方法

各级行处在规定时间内缴存存款准备金时，根据旬（月）末的试算平衡表（以总账传输数据为准），填制“应缴存存款科目余额表”，计算出本期应缴存的余额后，与上期已缴存的余额进行比较，大于上期已缴存数时，应调增；少于上期已缴存数时，应调减。初次上缴时以应缴存的全部余额作为调增金额。计算缴存金额时，按一般性存款余额总和计至角分，调整金额计至万元，万元以下四舍五入。

4. 缴存法定存款准备金的处理

法定存款准备金由核算主体行逐级向总行缴存，总行统一缴存人民银行。当商业银行在人民银行准备金存款未达到法定准备金的最低限额时，人民银行将按照欠缴金额和规定利率计收罚息。商业银行总行收到人民银行罚息单时，应填制一联借方记账凭证，以人民银行的罚息单作为贷方记账凭证。会计分录为：

借：营业外支出——欠缴人行存款准备金罚款支出户

　贷：存放中央银行款项——存××人行存款户

5. 缴存财政性存款准备金的处理

应缴存的财政性存款，由各核算主体行直接向其开户的人民银行缴存。核算主体行根据“缴存财政性存款科目余额表”，填制“缴存（调整）财政性存款划拨凭证”一式四联，第一联作为贷方记账凭证，第二联作为借方记账凭证，第三、四联和一份

“缴存财政性存款科目余额表”提交人民银行。另一份“缴存财政性存款科目余额表”作为“缴存中央银行财政性存款”科目记账凭证附件。

调增（补缴）财政性存款准备金时，会计分录为：

借：缴存中央银行财政性存款——缴存××人行财政性存款户

贷：存放中央银行款项——存××人行存款户

调减（退缴）财政性存款准备金时，会计分录为：

借：存放中央银行款项——存××人行存款户

贷：缴存中央银行财政性存款——缴存××人行财政性存款户

### 四、商业银行向人民银行借款的核算

中央银行向商业银行发放的贷款，称为再贷款。目前人民银行对商业银行发放的贷款按期限划分，可分为年度性贷款、季节性贷款和日拆性贷款。

为核算商业银行向人民银行借款的业务，商业银行需设置“向中央银行借款”科目，并按借款期限开设账户进行核算。

商业银行向人民银行申请借款时，应向人民银行提交“贷款申请书”，经人民银行审核同意后，填制一式五联借款凭证，送交人民银行办理借款手续。商业银行会计部门以人民银行的收账通知作为借方记账凭证，另填制贷方记账凭证一式两联，一联作为记账凭证，另一联送资金管理部门，人民银行的有关借款借据则作为贷方记账凭证附件。其会计分录为：

借：存放中央银行款项——存××人行存款户

贷：向中央银行借款——××人行借款户

归还借款时，商业银行会计部门根据资金管理部门的书面通知，填制付款凭证送交人民银行，以回单联作为贷方记账凭证，填制两联借方记账凭证，分别作为“向中央银行借款”科目和“向中央银行借款利息支出”科目的记账凭证。其会计分录为：

借：向中央银行借款——××人行借款户

金融机构往来支出——向中央银行借款利息支出户

贷：存放中央银行款项——存××人行存款户

## 第三节 同业往来的核算

### 一、同业往来的业务内容和方式

**（一）同业往来的核算内容**

同业往来是商业银行有关跨系统行处之间，由于办理结算、资金拆借及代理业务等，而直接代理收、付款项所发生的资金账务往来。

同业往来的主要内容包括：（1）商业银行与其他商业银行间，相互办理同城和异地结算业务时，发生的业务往来。（2）商业银行与其他商业银行间，办理资金拆借、

证券票据转贴现业务时，发生的业务往来。(3) 一些商业银行由于条件不具备或其他原因，导致一些业务需由其他商业银行代理时，发生的业务往来。(4) 在未设置人民银行机构的地区，商业银行经营业务的资金往来，由人民银行委托当地代理人民银行账务的商业银行办理时，发生的业务往来。

**(二) 同业往来的核算方式**

(1) 同业往来业务，发生在同城时，凡当地开展票据交换清算的，可以将同业往来的当天差额委托人民银行（或人民银行指定的当地商业银行）办理清算；当地未开展票据交换清算中心（或往来一方未参加票据交换）的，双方可直接进行代收、代付款的往来核算。

(2) 同业往来业务发生在异地时，需借助有关商业银行内部汇划系统进行跨系统转汇款的处理，或通过人民银行电子汇划系统划转。

## 二、同业存放的核算

同业存放是指同业金融机构之间，由于办理支付结算、资金划拨等，而相互代收、代付款，所产生的存放款项。

同业存放有两种形式：一种是单向存放款项，指同业往来双方由一方将资金存到另一方，结算资金时只从一个账户结算，即本行存入他行或他行存入本行。另一种是双向存放款项，指同业往来双方相互将资金存到对方。即每一方对另一方要同时开设两个账户：一个为资产账户，核算本行存入他行的款项；另一个为负债账户，核算他行存入本行的款项。

核算同业存放须设置“存放同业款项”和“同业存放款项”两个科目。“存放同业款项”，属资产类科目，核算本行存入他行的款项；“同业存放款项”，属负债类科目，核算他行存入本行的款项。

1. 存放同业的处理

(1) 存入资金的处理。

存入资金时，以回单作为借方记账凭证，以付款凭证存根联作为贷方记账凭证附件。其会计分录为：

借：存放同业款项——××行户

　贷：存放中央银行款项——存××人行存款户

(2) 票据结算收付业务的处理。

发生票据结算收付时，本行付款的，应根据有关凭证填制同业划款凭证办理转账，以有关付款凭证作为借方记账凭证。其会计分录为：

借：××科目——××户

　贷：存放同业款项——××行户

本行收款的，以有关同业划款凭证作为借方记账凭证，以有关票据或结算凭证作为贷方记账凭证。其会计分录为：

借：存放同业款项——××行户

　贷：××科目——××户

2. 同业存放的处理

(1) 收到同业存入本行资金的处理。

以收账通知作为借方记账凭证，另填制一联贷方记账凭证。其会计分录为：

借：存放中央银行款项——存××人行存款户

贷：同业存放款项——××行户

(2) 发生票据结算收付业务的处理。

发生票据结算收付时的处理比照上述“存放同业”的手续处理。

本行付款时，会计分录为：

借：××科目——××户

贷：同业存放款项——××行户

本行收款时，会计分录为：

借：同业存放款项——××行户

贷：××科目——××户

3. 同业存款余额的清算

同业存款的余额，一般按约定每十天清算一次。资金清算时，一般指定其中一方为主动清算行，负责清算资金和计算利息。主动清算行在规定时间计算相互存欠的款项时，根据“存放同业款项”和“同业存放款项”两个科目的余额差，确认占用或被占用资金数额。如本期“同业存放款项”科目余额大于“存放同业款项”科目余额，则其差额为本行占用他行资金，清算时应付出资金；如本期“存放同业款项”科目余额大于“同业存放款项”科目余额，则其差额为他行占用本行资金，清算时应收回资金。

## 三、同业拆借的核算

同业拆借，是指商业银行在从事业务经营过程中，由于季节性存款下降、贷款上升和业务资金调拨未达等原因，或因弥补转汇、交换，而产生的资金不足，按需要可以在金融同业机构之间相互拆借资金。

核算同业拆出设置“拆放同业”科目，属资产类科目，由拆出方使用；核算同业拆入设置“同业拆入”科目，属负债类科目，由拆入方使用。

1. 拆出行的处理

(1) 拆出款项的处理。

拆出款项时，商业银行根据其资金管理部门提交的书面划款通知，填制人民银行支款凭证办理划款。然后根据人民银行支款回单填制两联借方记账凭证，一联交资金管理部门，另一联作为记账凭证，回单联作为贷方记账凭证。会计分录为：

借：拆放同业——××行户

贷：存放中央银行款项——存××人行存款户

(2) 收回拆放款项的处理。

根据人民银行的收账通知，经资金管理部门审核无误后，按收到的拆出资金本金和利息金额分别填制贷方记账凭证一式两联，一联作为记账凭证，另一联交资金管理部门，人民银行回单作为借方记账凭证。会计分录为：

借：存放中央银行款项——存××人行存款户

贷：拆放同业——××行户

金融机构往来收入

2. 拆入行的处理

（1）拆入款项的处理。

拆入款项时，商业银行以人民银行收账通知作为借方记账凭证，根据商业银行资金管理部门提交的拆入资金通知填制一式两联特种转账贷方凭证，一联作为记账凭证，另一联送交资金管理部门。会计分录为：

借：存放中央银行款项——存××人行存款户

贷：同业拆入——××行户

（2）归还拆入款项的处理。

归还拆入款项时，商业银行根据其资金管理部门的书面还款通知办理还款手续。其后，按还款金额填制一联贷方记账凭证，以人民银行付款凭证存根联作为贷方记账凭证附件；按归还本金和利息分别填制一式两联特种转账借方凭证，一联作为记账凭证，另一联送交资金管理部门。会计分录为：

借：同业拆入——××行户

金融机构往来支出

贷：存放中央银行款项——存××人行存款户

## 四、跨系统转划款的核算

### （一）异地跨系统转划款的方式

异地跨系统转划款，是指异地的同业银行之间，因客户办理异地结算等，而相互转划的款项。例如在中国工商银行广州天河区支行开户的天河城百货公司需汇款给在中国建设银行北京西城区支行开户的某服装厂 3 万元，就需要通过异地跨系统转划款进行汇划。

各商业银行间跨系统的大额汇划款项（如 5 万元以上），应通过人民银行系统进行汇划和清算资金。在实际工作中，在限额以下的异地跨系统的汇划款项采用“相互转汇”的办法进行。根据银行机构设置的不同情况，可以分别采用下列不同的转汇方式。

（1）“先横后直”方式，是指汇出行先通过同城票据交换（或直接同业往来）将款项先转划给同城跨系统的转汇行，然后再由该转汇行通过其系统联行将款项汇往异地的汇入行。接上例，中国工商银行广州天河区支行可以将天河城百货公司的汇款先通过同城票据交换划给中国建设银行广州天河区支行，然后再由中国建设银行广州天河区支行通过其系统联行，将款项汇划给中国建设银行北京西城区支行。该种方式适用于汇出行所在地为双设机构地区，即该地区既有汇出行，又有与汇入行相同系统的银行机构作为转汇行。

（2）“先直后横”方式，是指汇出行先通过本系统联行将款项汇往异地本系统转汇行，然后再由该转汇行通过同城票据交换（或直接同业往来）将款项转划给汇入行。该种方式适用于汇出行所在地为单设机构地区，而汇入行所在地为双设机构地区。

（3）“先直后横再直”方式，是指对于汇出行、汇入行均为单设机构地区的跨系统汇划款项，汇出行应通过本系统联行划转至双设机构地区的系统内银行，该行再通过同城票据交换将款项转入与汇入行同系统的银行，再由此银行通过系统内联行将款项汇至汇入行。该种方式适用于汇出行、汇入行所在地均为单设机构地区，即在汇出行所在地找不到汇入行的系统行作为转划行，汇入行所在地也找不到汇出行的系统行作为转划行。

**（二）异地跨系统转划款的核算（以代收业务为例）**

1.“先横后直”方式的核算

（1）汇出行的核算。汇出行跨系统向异地其他商业银行汇划款项时，应根据客户提交的跨系统汇划凭证，按不同系统的汇入行逐笔填制转汇清单，将转汇清单连同有关汇划款项的凭证等一起送交跨系统的转汇行。其会计分录为：

借：活期存款——付款单位户

　　贷：存放中央银行款项

（2）转汇行的核算。转汇行收到汇出行送交的转汇清单及汇划凭证后，应据以编制联行报单，通过系统内的联行往来将款项划往汇入行。其会计分录为：

借：存放中央银行款项

　　贷：上存系统内款项（或相关科目）

（3）汇入行的核算。汇入行收到同系统的转汇行发来的联行信息，经审核无误后，应根据有关凭证办理转账。其会计分录为：

借：上存系统内款项（或相关科目）

　　贷：活期存款——收款单位户

2.“先直后横”方式的核算

（1）汇出行的核算。汇出行要跨系统向异地其他商业银行汇划款项时，应根据客户提交的跨系统汇划凭证，填制系统内联行报单，将报单连同汇划凭证一起寄交汇入行所在地的本系统转汇行。其会计分录为：

借：活期存款——付款单位户

　　贷：上存系统内款项（或相关科目）

（2）转汇行的核算。转汇行收到同系统的汇出行寄来的联行报单和有关结算凭证，经审核无误后，应填制转汇清单，通过同城票据交换，将有关凭证转给汇入行。其会计分录为：

借：上存系统内款项（或相关科目）

　　贷：存放中央银行款项

（3）汇入行的核算。汇入行收到从票据交换所提入的转汇凭证，应根据有关凭证办理转账。其会计分录为：

借：存放中央银行款项

　　贷：活期存款——收款单位户

3.“先直后横再直”方式的核算

（1）汇出行的核算。汇出行收到单位提交的跨系统汇划凭证，填制系统内联行报单，将报单连同有关汇划凭证寄给双设机构地区的系统内银行机构。其会计分录为：

借：活期存款——付款人户

　　贷：上存系统内款项（或相关科目）

（2）汇出行同系统的双设机构地区银行的核算。该行收到汇出行寄来的联行报单和有关汇划凭证，经审核无误后，办理转账。其会计分录为：

借：上存系统内款项（或相关科目）

　贷：存放中央银行款项

（3）汇入行同系统的双设机构地区银行的核算。该行收到从票据交换所提入的转汇清单及有关汇划凭证，应填制系统内联行报单，连同有关汇划凭证一起寄给汇入行。其会计分录为：

借：存放中央银行款项

　贷：上存系统内款项（或相关科目）

（4）汇入行的核算。汇入行收到系统内联行报单和有关汇划凭证，经审核无误后，办理转账。其会计分录为：

借：上存系统内款项（或相关科目）

　贷：活期存款——收款人户

## □ 复习思考题

1. 银行机构往来业务的种类有哪些？
2. 简述商业银行向人民银行缴存存款的种类、范围和比例。
3. 同业往来业务包括哪些内容？其核算方式及程序是什么？
4. 跨系统转划款包括几种方式？其业务程序与核算有何差异？

# 第八章 Chapter 8 外汇业务核算

**学习目标：**

熟悉外汇和汇率的概念；
了解银行外汇业务类别；
熟悉外汇会计的特点；
掌握外汇买卖科目的核算内容和账务处理；
掌握外汇买卖业务的核算；
掌握外汇存款和贷款的核算；
了解国际结算的概念和方式；
掌握国际结算的账务处理。

**重点难点：**

外汇买卖的核算；
外汇存款业务的核算；
外汇贷款业务的核算。

中国与外国进行贸易和非贸易的资金往来和货币结算时，要对外国货币、票据和有价证券等外汇资金开展兑换买卖和收支结算业务，这些构成了银行经营外汇业务的主要部分。本章旨在介绍外汇业务的具体种类及其核算方法。

## 第一节　外汇业务概述

### 一、外汇和汇率

**（一）外汇**

外汇是国际汇兑的简称，是以外国货币表示的，可用作国际支付手段的金融资产。它有动态与静态、广义与狭义之分。动态意义上的外汇，是指将一种货币兑换成另一种货币，清偿国际间债权债务关系的行为。静态意义上的外汇有广义和狭义之分。广义的静态外汇泛指一切以外国货币表示的资产；狭义的静态外汇是指以外币表示的用以进行国际之间结算的支付手段。根据我国《外汇管理暂行条例》第二条的规定，外汇包括：

（1）外国货币，包括纸币、铸币等；

（2）外币有价证券，包括政府债券、国库券、公司债券、股票、息票等；

（3）外币支付凭证，包括票据、银行存款凭证、邮政储蓄凭证等；

（4）其他外汇资产等。

其中，前三项属于狭义的外汇概念，加上第四项后属于广义的外汇概念。

此外，根据外汇能否自由兑换，可将外汇分为自由外汇和记账外汇两类。自由外汇，是指无须货币发行国批准，可以随时动用，自由兑换为其他货币，或可以向第三者办理支付的外汇。记账外汇是指未经货币发行国批准，不能自由兑换为其他货币或对第三者进行支付的外汇。根据我国对外结算制度的规定，作为国际业务支付手段的外汇，可分为现汇和记账外汇。现汇即自由外汇。

### （二）汇率

汇率是指一国货币与另一国货币兑换的比率，也即以一国货币表示的另一国货币的价格。一般而言，一国政府制定和公布的汇率称为法定汇率或外汇牌价；而外汇市场上的汇率，一般称为外汇行市或外汇详情。

1．汇率标价方法

常见的汇率标价方法有直接标价法和间接标价法。

（1）直接标价法，是指用本国货币表示的一定单位的外国货币，也就是以一定单位的外币为标准，折算成若干单位本币的一种汇率表示方法。在这一标价法下，外国货币好似商品，称为单位货币；本国货币好似货币，称为计价货币。比如 1 美元＝6.121 元人民币。如果一定单位的外币折算成本币的数额比原来多，则外汇汇率上升，反之，则外汇汇率下降。目前世界上绝大多数国家都采用直接标价法。我国国家外汇管理局公布的外汇牌价，就是采用直接标价法。

（2）间接标价法，与直接标价法相反，是指用外国货币表示的一定单位的本币，也就是以一定单位的本币为标准，折算成若干单位外币的一种汇率表示方法。如果一定单位的本币折成外币的数量比原来多，则说明本币汇率上升，外币汇率下跌。目前只有极少数国家，比如美国、英国等采用该标价法。

随着国际金融市场外汇交易量的猛增，为了便于国家间进行交易，在银行之间报价时采用美元标价法，这种方法在各大国际金融中心已普遍使用。它是以一定单位的美元为标准来计算应兑换多少其他货币的汇率表示方法。在这种方法下，美元的单位始终不变，美元与其他货币的比值是通过其他货币量的变化体现出来的。

2．汇率种类

（1）按国际货币制度演变，可分为固定汇率、浮动汇率和联合浮动汇率。

（2）按汇率计算方法，可分为基本汇率和套算汇率。

（3）按银行买卖外汇的角度，可分为买入汇率、中间汇率和卖出汇率。

（4）按外汇管理的宽严程度，可分为官方汇率和市场汇率。

（5）按银行外汇汇付方式，可分为电汇汇率、信汇汇率和票汇汇率。

（6）按外汇买卖交割期限，可分为即期汇率和远期汇率。

（7）按外汇银行营业起讫时间，可分为开盘汇率和收盘汇率。

（8）按汇率在经贸金融往来中的重要性，可分为实际汇率和有效汇率。

## 二、外汇买卖价格

外汇的买卖和兑换，必须按一定的牌价计算，汇率就是牌价的基础，但两者有一定的区别。我国人民币同外国货币的汇价，由国家外汇管理局制定，并在经营外汇业务的银行挂牌公布。现行各种外汇的牌价，按规定有下列四种：

（1）外汇买入价，是银行买入单位和个人的外汇票据、单证等的计算价格。

（2）外汇卖出价，是银行卖出外币现汇的计算价格，与银行卖出现金（钞票）的计算价格相同。

（3）外钞买入价，是银行买入外币现钞的计算价格。

（4）外汇中间价，是银行间买卖外汇的价格，也即买入和卖出的平均价。

表 8—1 是中国工商银行在 2014 年 10 月 30 日发布的实时外汇汇率。

**表 8—1　　中国工商银行 2014 年 12 月 2 日实时外汇汇率**　　单位：人民币/100 外币

| 币种 | 现汇买入价 | 现钞买入价 | 现汇卖出价 | 发布时间 |
|---|---|---|---|---|
| 美元（USD） | 613.71 | 608.79 | 616.17 | 2014 年 12 月 2 日 15：27：08 |
| 港币（HKD） | 79.15 | 78.51 | 79.45 | 2014 年 12 月 2 日 15：27：08 |
| 日元（JPY） | 5.164 1 | 5.016 4 | 5.200 3 | 2014 年 12 月 2 日 15：27：08 |
| 欧元（EUR） | 763.31 | 741.48 | 768.67 | 2014 年 12 月 2 日 15：27：08 |
| 英镑（GBP） | 962.87 | 935.33 | 969.63 | 2014 年 12 月 2 日 15：27：08 |
| 瑞士法郎（CHF） | 634.41 | 616.27 | 638.87 | 2014 年 12 月 2 日 15：27：08 |
| 加拿大元（CAD） | 540.33 | 524.88 | 544.13 | 2014 年 12 月 2 日 15：27：08 |
| 澳大利亚元（AUD） | 521.98 | 507.05 | 525.64 | 2014 年 12 月 2 日 15：27：08 |
| 新加坡元（SGD） | 469.19 | 455.77 | 472.49 | 2014 年 12 月 2 日 15：27：08 |
| 丹麦克朗（DKK） | 102.59 | 99.66 | 103.31 | 2014 年 12 月 2 日 15：27：08 |
| 挪威克朗（NOK） | 88.12 | 85.60 | 88.74 | 2014 年 12 月 2 日 15：27：08 |
| 瑞典克朗（SEK） | 82.30 | 79.95 | 82.88 | 2014 年 12 月 2 日 15：27：08 |
| 澳门元（MOP） | 76.84 | 76.22 | 77.14 | 2014 年 12 月 2 日 15：27：08 |
| 新西兰元（NZD） | 482.51 | 468.71 | 485.89 | 2014 年 12 月 2 日 15：27：08 |
| 韩元（KRW） | — | 0.536 4 | 0.556 0 | 2014 年 12 月 2 日 15：27：11 |
| 卢布（RUB） | 12.06 | 11.68 | 12.14 | 2014 年 12 月 2 日 15：27：08 |
| 林吉特（MYR） | 179.20 | — | 180.46 | 2014 年 12 月 2 日 15：27：08 |
| 南非兰特（ZAR） | 55.73 | 53.02 | 56.13 | 2014 年 12 月 2 日 15：27：08 |
| 菲律宾比索（PHP） | 13.708 | 13.279 | 13.804 | 2014 年 12 月 2 日 15：27：08 |
| 泰国铢（THB） | 18.68 | 18.10 | 18.82 | 2014 年 12 月 2 日 15：27：08 |

续前表

| 币种 | 现汇买入价 | 现钞买入价 | 现汇卖出价 | 发布时间 |
| --- | --- | --- | --- | --- |
| 越南盾（VDN） | 0.028 0 | 0.028 0 | 0.029 8 | 2014 年 12 月 2 日 15：27：08 |
| 哈萨克斯坦坚戈(KZT) | 3.383 2 | 3.277 3 | 3.407 0 | 2014 年 12 月 2 日 15：27：08 |
| 巴西雷亚尔（BRL） | 229.40 | 229.40 | 252.22 | 2014 年 12 月 2 日 15：27：08 |

## 三、外汇业务

我国银行先后经批准可以办理各项外汇业务，但是各银行的业务并不完全一致。总体来说，银行的外汇业务主要包括：

（1）外汇存款；

（2）外汇贷款；

（3）国际结算业务；

（4）外币兑换和代理外汇买卖；

（5）境外借款；

（6）其他业务。

# 第二节　外汇会计的特点

外汇业务会计处理的是银行的外汇资金来源和资金运用过程及结果，其特点是：外汇记账方法采用分账制，兼用单复式凭证以贯彻权责发生制原则。

## 一、外汇记账方法——外币分账制

### （一）本币统账制

简称统账制，在这种方法下，记账单位为人民币，也称为本币或本位币，各项业务都按本币列账核算。统账制仅以人民币反映各种外汇业务活动和金融资产，不能完全适应业务的要求，因此统账制一般只在外汇业务数量不多，币种单一或较少的银行使用。我国的许多金融企业均不采用统账制记账方法。

### （二）外币分账制

分账制记账方法是金融类企业普遍采用的记账方法。银行外币交易频繁，涉及外币币种较多，可以采用分账制记账方法进行日常核算。外币分账制的特点是人民币和外币分账核算，即一切外汇业务，均按其外币（原币）为单位记账核算，并按各币种设置系统的凭证、账簿和报表记录。在定期汇总时，按当时汇率牌价将各币种报表折算成人民币，并入全行的汇总资产负债表和利润表。

这种核算方法似乎增加了工作量，但有以下优点：

（1）随时反映外汇各币种的资产负债情况，并便于内外账务核算，有利于外汇的管理和运用。

(2) 各种外币汇率时有变动，分账制便于折算反映外汇损益和人民币情况。

(3) 人民币与各外币在账上同值表现，保持双方平衡。

(4) 同币种的收付核算处理简便。

在这种方法下，银行必须设置“外汇买卖”科目。该科目属于共同类，在会计核算和账务处理中起着平衡账务的桥梁作用。

## 二、会计凭证——单式凭证为主，兼用复式凭证

外汇业务会计采用借贷记账法。在实行外币分账制原则下，各种货币均以原币填制凭证，这些凭证以单式凭证为主，兼用复式凭证。

对于每一笔业务所涉及的会计科目均按各个科目分别编制传票，各经办不同科目的人员可以同时办理审核、收付、记账、编制科目日结单等手续。不仅凭证传递迅速、方便，而且也便于综合整理和装订保管。我国商业银行由于业务量大、分工细，在经营外汇业务时，原则上都采用单式凭证进行核算。但对反映与“或有资产”、“或有负债”等经济业务有固定对应关系的会计科目，为了确切反映权责关系同时发生、同时解除，则使用复式凭证比较合理，可以在同一凭证上完整反映一笔业务的全貌，简化编制传票手续。

## 三、会计基础——权责发生制

银行外汇会计的确认、计量和报告应当以权责发生制为基础。权责发生制要求，凡是当期已经实现的收入和已经发生或应当负担的费用，无论款项是否收付，都应当作为当期的收入和费用，计入利润表；凡是不属于当期的收入和费用，即使款项已在当期收付，也不应当作为当期的收入和费用。

# 第三节 外汇买卖的核算

## 一、外汇买卖

外汇买卖，是指在日常业务中，由于使用货币种类不同，银行经常开展的卖出一种货币或买入一种货币的业务。银行办理外汇买卖时，通过“外汇买卖”科目核算，使用特定的外汇买卖科目凭证和外汇买卖科目分户账。

我国现行的外汇管理制度规定，银行对各单位的外汇收入和外汇支出实行结汇、售汇制。结汇是指境内企事业单位和机关团体的外汇收入，除按规定可以保留的外汇外，都要按银行挂牌的汇率卖给银行，即银行买进这部分外汇，同时给付相应的人民币；售汇是指境内企事业单位和机关团体需要外汇时，持有效凭证，用人民币到外汇指定银行办理兑付，外汇指定银行收取人民币、付给等值外汇的行为。这样，外汇指定银行办理的外汇业务都需要通过外汇买卖进行。因此，外汇买卖是外汇业务中的一项基础业务，是实现结汇、售汇的手段。

## 二、外汇买卖科目

外汇买卖科目，是在实行外币分账制情况下的一个特定科目，属于资产负债共同类科目。它用于核算银行发生的外币与人民币或者一种外币与另一种外币之间进行兑换时的金额。这个会计科目在本币和外币账务中都使用。

当买入外汇时，银行贷记“外汇买卖”科目；付出人民币时，银行借记“外汇买卖”科目。

当卖出外汇时，银行借记“外汇买卖”科目；收到人民币时，银行贷记“外汇买卖”科目。

此外，一种外汇向另一种外汇转换称为套汇。对于收入的外币按买入价折算成人民币，银行应填制外汇买卖科目传票，然后将折合的人民币按另一种外币的卖出价折算出另一种外汇金额，银行也应填制外汇买卖科目传票。

1. 买入外汇

借：有关科目　　（外币）
　贷：外汇买卖　　（外币）
借：外汇买卖　　（人民币）
　贷：有关科目　　（人民币）

2. 卖出外汇

借：有关科目　　（人民币）
　贷：外汇买卖　　（人民币）
借：外汇买卖　　（外币）
　贷：有关科目　　（外币）

3. 套汇

借：有关科目　　（外币（买入））
　贷：外汇买卖　　（外币（买入））
借：外汇买卖　　（人民币）
　贷：外汇买卖（汇卖价）　　（人民币）
借：外汇买卖（汇卖价）　　（外币（卖出））
　贷：有关科目　　（外币（卖出））

## 三、外汇买卖凭证

银行进行外汇买卖业务时，需要填制外汇买卖凭证，并凭以入账。外汇买卖凭证分为外汇买卖借方（贷方）传票和外汇买卖套汇传票两种。

### （一）外汇买卖借方（贷方）传票

外汇买卖借方（贷方）传票（见图 8—1），为套写的外币计量单位与人民币计量单位并列的专用凭证。一般各由三联组成：第一联是外币的外汇买卖凭证；第二联是人民币的外汇买卖凭证，第三联是外汇买卖统计卡。如银行买入外汇，使用外汇买卖贷方传票一式三联，第一联是贷记外币账务“外汇买卖”科目的传票，第二联是借记人民币账务“外汇买卖”科目的传票，第三联为买入外汇的统计卡。

**中国银行贷方传票**

| 传票编号 | |
|---|---|

（借） 外汇买卖 年 月 日 （对方科目）

| 外汇金额 | 牌 价 | 人民币金额 |
|---|---|---|
| （百亿位） | | （百亿位） |
| 摘要 | | |

会计 复核 记账 制票

**图 8—1 外汇买卖传票**

**（二）外汇买卖套汇传票**

这是两种外汇通过人民币牌价换算套汇使用的传票，一式五联。其中，两联是外币的外汇买卖凭证，两联是人民币的外汇买卖凭证，一联是两种外币套汇的统计卡。第一联是借记卖出某种外汇账务“外汇买卖”科目的传票，第二联是贷记买入另一种外汇账务“外汇买卖”科目的传票，第三、四联分别为借记和贷记人民币账务“外汇买卖”科目的传票，第五联是两种外币套汇的统计卡。

## 四、外汇买卖科目的账簿

外汇买卖科目设置总账和分户账两类账簿。外汇买卖科目分户账（见图 8—2），是一种特定格式的账簿。它以每一种外币立账，将人民币金额和外币金额记在一张账页上，账簿格式通常由买入、卖出、结余三栏组成，买入、卖出栏各由外币、牌价、人民币三部分组成。

**外汇买卖科目账**

货币： 账户：

| 公元年 | | 摘要 | 买入 | | | 卖出 | | | 买入 | | | |
|---|---|---|---|---|---|---|---|---|---|---|---|---|
| | | | 外币（贷） | 牌价 | 人民币（借） | 外币（贷） | 牌价 | 人民币（借） | 借或贷 | 外币 | 借或贷 | 人民币 |
| 月 | 日 | | （十亿位） | | （十亿位） | （十亿位） | | （十亿位） | | （十亿位） | | （十亿位） |
| | | | | | | | | | | | | |

**图 8—2 外汇买卖科目分户账**

外汇买卖科目总账采用一般总账格式，将外币和人民币分开填列，外币科目总账应于营业终了时，根据各种货币的外汇买卖科目日结单借贷方发生额填记，然后根据上日余额分别求出本日外币和人民币的余额，记入余额栏。如果是某种外币买卖的外币余额反映在贷方，表示该种外汇买入多于卖出，即有结余，称多头；反之，则称空头。

## 五、外汇买卖业务的核算

### （一）买入外汇业务的核算

**【例 8—1】** 某客户持美元现钞 5 000 元到某银行要求兑换成人民币现金，当天美元现钞买入价为 RMB￥650.75/US＄100。银行编制的会计分录如下：

借：库存现金　　US＄5 000
　贷：外汇买卖　　US＄5 000
借：外汇买卖　　RMB￥32 537.5
　贷：库存现金　　RMB￥32 537.5

### （二）卖出外汇业务的核算

**【例 8—2】** 某客户准备出境旅游，持有效护照及人民币现金到某银行要求兑换美元现金 5 000 元，当天美元的卖出价为 RMB￥658.63/US＄100。银行编制的会计分录如下：

借：库存现金　　RMB￥32 931.5
　贷：外汇买卖　　RMB￥32 931.5
借：外汇买卖　　US＄5 000
　贷：库存现金　　US＄5 000

### （三）套汇业务的核算

套汇包括两种情况：一是两种外币之间的套算，即一种外币兑换成另一种外币，中间以人民币进行套汇，也就是先用一种外币按买入价兑换成人民币，再将人民币兑换成另一种外币；二是同种货币现钞与现汇之间的套算，包括钞兑汇和汇兑钞两种。

**【例 8—3】** 某企业拥有现汇活期存款 US＄10 000，要求兑换成港币现汇，港币现汇存入该企业活期存款账户，当日人民币牌价为：美元汇买价 RMB￥656.01/US＄100，港币汇卖价 RMB￥84.56/HK＄100。其会计分录为：

借：外汇活期存款——××单位户　　US＄10 000
　贷：外汇买卖　　US＄10 000
借：外汇买卖　　RMB￥65 601
　贷：外汇买卖　　RMB￥65 601
借：外汇买卖　　HK＄77 579.23
　贷：外汇活期存款——××单位户　　HK＄77 579.23

# 第四节　外汇存款的核算

## 一、外汇存款的概念

外汇存款是指银行以信用方式吸收的国内外单位和个人在经济活动中暂时闲置的

并能自由兑换或在国际上获得偿付的外币资金，并于以后随时或约定期限支取的一种存款。外汇存款是银行存款业务的重要组成部分，是吸收外汇信贷资金的主要来源。

## 二、外汇存款的种类

外汇存款可以从存款对象、外汇币种、存款期限和存取方式等方面进行分类。

### （一）按存款对象划分

按存款对象，外汇存款分为甲种外汇存款、乙种外汇存款、丙种外汇存款三类。甲种外汇存款的主要对象为各国驻华外交代表机构、领事机构、商务机构，国际组织机构和民间机构在中国境内的侨资、外资、合资经营企业，以及我国机关、团体、企业等。乙种外汇存款的主要对象为居住在国外或我国港澳地区的外国人、外籍华人、华侨、港澳同胞以及按国家规定有个人留成外汇的中国个人等。丙种外汇存款的主要对象为中国境内的居民。

### （二）按外汇币种划分

按外汇币种，外汇存款可分为港币、美元、日元、英镑、欧元、加拿大元、澳大利亚元、新加坡元等。其他可自由兑换的外币可在存款日按当天牌价折算成上述货币之一办理外汇存款。

### （三）按存款期限划分

外汇存款按存款期限可分为定期和活期两种。定期存款为记名式存单，整存整取；活期存款分支票和存折两种方式，可随时存取。

### （四）按存取方式

按存取方式，外汇存款分为凭存单支取、签发支票支取以及使用存折存取。

### （五）按存入资金形式

外汇存款按存入资金形式分为现汇存款和现钞存款。

## 三、单位外汇存款业务的核算

单位外汇存款是国家外汇管理局规定允许开立现汇户的单位或经济组织的外汇资金，它可以分为单位活期存款和单位定期存款。单位活期存款是指不受存款期限限制，可以随时办理存取的一种存款，可分为存折户和支票户，其起存金额不低于人民币1 000元的等值外汇；单位定期存款是规定一定期限，到期凭存单支取本息的一种存款，它采用记名式存单，整存整取，存期分为7天、1个月、3个月、半年、1年、2年六个档次。各家银行的起存金额不一样，一般不低于人民币5 000元～10 000元的等值外汇。

### （一）单位活期外汇存款的核算

目前，银行对单位外汇存款通过“活期外汇存款”科目进行核算。该科目按币种、存款人分别设置“单位活期存款”、“华侨合资企业存款”、“外资企业存款”、“驻华机构活期存款”等明细账户进行核算。

单位申请开立外币活期存款账户，应填具“开户申请书”和印鉴卡，并提供有关证明，经审核同意办妥开户手续后，开立支票户的发给支票簿和进账单，开立存折户的发给存折。

（1）单位以外币现钞存入的因单位外汇存款只有现汇户，所以应通过外汇买卖科目进行钞买汇卖处理。其会计分录如下：

借：库存现金　（外币）
　贷：外汇买卖——钞买价　（外币）
借：外汇买卖——钞买价　（本币）
　贷：外汇买卖——汇卖价　（本币）
借：外汇买卖——汇卖价　（外币）
　贷：活期外汇存款——××存款人户　（外币）

（2）国外汇入外汇，应根据结算专用凭证办理存入核算。

借：汇入汇款或存放港澳地区及国外同业　（外币）
　贷：活期外汇存款——××存款人户　（外币）

以不同开户货币的外币存入时，通过套汇处理。

（3）支取款项的处理。支取存款时，存折户要填取款凭条，支票户填写支票，加盖预留印鉴。经银行审查后，办理取款。支取外钞时单位外汇存款最多只能支取 50 000 美元，50 000 美元以上的现金支取必须经国家外汇管理局批准。其会计分录如下：

借：活期外汇存款——外汇户　（外币）
　贷：外汇买卖——汇买价　（外币）
借：外汇买卖——汇买价　（人民币）
　贷：外汇买卖　（人民币）
借：外汇买卖——钞卖价　（外币）
　贷：库存现金　（外币）

（4）以汇出汇款方式支取款项的，其会计分录如下：

借：活期外汇存款——××外汇户　（外币）
　贷：汇出汇款　（外币）

支取货币与原货币不同时须通过套汇处理。

（5）利息计算。除国库款项和属于财政预算拨款性质的经费预算单位的存款不计息外，其他性质的单位存款均计付利息。计息方法与人民币相同，按不同币种活期存款利息采用积数计息法计算利息。

### （二）单位定期外汇存款的核算

单位定期外汇存款是指一次存入、约定期限、到期一次支取本息的外汇存款。目前，银行对单位定期外汇存款通过“定期外汇存款”科目进行核算。

单位在申请开立定期存款账户时，凡是由该单位的活期外汇存款账户转存的，或是由汇入款及其他来源款项转存的，银行可按单位要求办理开户手续，开立定期存款账户；若单位直接存入款项，应按照有关开户规定申请办理开户手续，经银行审查同意后，开设账户。

有关存入款项和到期支取款项的会计分录，除科目使用“定期外汇存款”外，其余与活期存款的有关分录相同。

## 四、个人外汇存款的核算

个人外汇存款分为现汇户和现钞户。凡从我国港澳地区或国外汇入、携入和国内居民持有的可自由兑换的外汇，均可存入现汇存款户。对不能立即付款的外币票据，经外汇银行托收后，方能存入。现汇户存款可支取外币现钞，也可汇往我国港澳地区或国外。凡从我国港澳地区或国外携入或国内居民持有的可自由兑换的外币现钞，均可存入现钞存款户。现钞户存款可支取外币现钞，也可汇往港澳地区或国外。

无论是现汇户，还是现钞户，个人外汇储蓄存款均可分为活期储蓄存款和定期储蓄存款两种，分别用“活期储蓄外汇存款”和“定期储蓄外汇存款”科目核算，同时按币种、存期、存款个人设置明细账户核算。

### （一）个人活期外汇存款的核算

1. 开户与存款

存款人填写“外币存款开户申请书”及存款凭条，写明户名、地址、存款种类、金额等，连同外汇或现钞一同交给银行。银行认真审核申请书、外币票据或清点外币现钞，同时按规定审查开户人的有关证件如护照、身份证等。经核对无误后，即可为其办理存折账户或支票账户的开立手续，手续同单位活期外汇存款。

（1）存款人以外币现钞存入时，其会计分录为：

借：库存现金　　（外币现钞）

　贷：活期储蓄外汇存款（现钞户）——××户　　（外币）

（2）存款人以汇入汇款存入时，应通过应解汇款转入，其会计分录为：

借：汇入汇款或存放港澳地区及国外同业　　（外币）

　贷：应解汇款　　（外币）

借：应解汇款　　（外币）

　贷：活期储蓄外汇存款（现汇户）——××户　　（外币）

2. 续存

存户续存应填写存款凭条。若是存折户，则应将存款凭条连同存折、外币票据或外币现钞交给银行。银行经审核认可后办理续存，其会计分录与开户时的会计分录相同。

3. 支取

存户支取存款，支票户应填写支票，存折户应填写取款凭条，连同存折交给银行办理取款。支取外币现钞时，存款人从外币现钞户支取同币种现钞，直接根据取款凭条或支票办理取款。同时，登记分户账和存折，经复核无误后，付现并退回存折。其会计分录如下：

借：活期储蓄外汇存款——现钞户　　（外币）
　贷：库存现金　　（外币）

如存款人要求从现汇户或现钞户取款并兑换成人民币现金，应按当日牌价折算，其会计分录如下：

借：活期储蓄外汇存款——现钞户　　（外币）
　贷：外汇买卖（钞卖价）　　（外币）
借：外汇买卖　　（人民币）
　贷：库存现金　　（人民币）

4. 计息

个人外汇存款的利息计算方法与人民币存款相同。

**（二）个人定期外汇存款的核算**

个人定期外汇存款是存款人以个人名义将外币资金存入银行、事先约定存期、到期一次支取本息的一种外币存款。有 1 个月、3 个月、半年、1 年和 2 年期 5 个档次。它通过“定期储蓄外汇存款”科目核算。

1. 开户

存款人申请开立外汇存款账户，要求和手续与开立个人活期外汇存款账户相同。经银行审核后，开立定期存款存折或外汇定期存款存单一式三联。其会计分录为：

借：库存现金　　（外币）
　贷：定期储蓄外汇存款　　（外币）

2. 支取

存款人支取到期定期外汇存款时，凭本人签字的到期存单或凭存折和取款凭条办理。银行审核无误后，办理相关手续并加盖“结清”字样。其会计分录为：

借：定期储蓄外汇存款　　（外币）
　　应付利息　　（外币）
　贷：库存现金或定期（活期）外汇存款（本利转存）　　（外币）

3. 计息

个人定期外汇存款要计付利息。银行会计人员要按照总行规定，结合存款种类、币种、期限及其他因素，正确选用利率和计算存期，其具体核算方法与单位定期外汇存款相同，这里不再赘述。

## 第五节　外汇贷款的核算

### 一、外汇贷款的概念

外汇贷款是指银行办理的以外币为计量单位的放款业务，是银行外汇资金的主要运用途径之一。它对加速企业资金周转，引进国外先进设备、技术以及国内短缺的原材料，促进我国经济发展，扩大进出口贸易和增加国家外汇收益，具有重要意义。

## 二、外汇贷款的种类

外汇贷款可以根据贷款期限、贷款性质和用途、贷款发放条件等进行分类。

### (一) 按贷款期限分类

外汇贷款按贷款的期限可分为短期贷款和中长期贷款。短期外汇贷款是指期限在一年以内（含一年）的外汇贷款，主要包括打包贷款、进出口押汇和票据融资。中长期外汇贷款是指期限在一年以上的外汇贷款。

### (二) 按贷款性质和用途分类

按贷款性质和用途，外汇贷款可分为固定资产贷款和流动资金贷款。前者是对企业引进国外技术、设备或科技开发的外汇贷款；后者是对生产储备、营运、结算融资的贷款和临时贷款。

### (三) 按贷款发放条件分类

按贷款发放条件，外汇贷款可分为信用贷款、担保贷款和抵押贷款。

其他的外汇贷款种类有：出口买方信贷、银团贷款和票据贴现等。

## 三、外汇贷款的核算

此处主要介绍以下几种外汇贷款的核算。

### (一) 短期外汇贷款的核算

短期外汇贷款是外汇银行为了充分利用国外资金，进口国内短缺的原材料和先进设备，发展出口商品生产，增加外汇收入，将外汇资金贷给有外汇偿还能力并具备贷款条件的企业单位而发放的一种贷款。

1. 短期外汇贷款的发放

借款单位申请外汇贷款时，必须填具外汇贷款申请书，经银行批准后，订立借款合同，注明贷款的金额、期限、利率等，用以明确银行和企业应担负的责任。同时，借款企业还须由代办进口的外贸公司填具一式五联的外汇贷款借款凭证提交银行，银行审核借款凭证的有关内容与借款合同规定相符后，才能办理发放手续。银行根据贷款合同开立外汇贷款账户，放款时使用“短期外汇贷款”科目核算。其会计分录为：

借：短期外汇贷款——××贷款户　　　　（外币）

　贷：活期储蓄外汇存款——××存款户　　　　（外币）

若借款用于进口付汇或汇往境外，其会计分录为：

借：短期外汇贷款——××贷款户　　　　（外币）

　贷：存放港澳地区及境外同业或汇出汇款　　　　（外币）

若以非贷款货币对外付汇，其会计分录为：

借：短期外汇贷款——××贷款户 （外币）
　贷：外汇买卖——汇买价 （外币）
借：外汇买卖——汇买价 （本币）
　贷：外汇买卖——汇卖价 （本币）
借：外汇买卖——汇卖价 （外币）
　贷：活期储蓄外汇存款——××存款户 （外币）

2. 短期外汇贷款的还本付息

短期外汇贷款必须按期偿还。借款单位还款时，如不直接以外汇偿还，则须由外贸公司签发还款凭证，还款凭证一式两份，一份交借款单位到银行办理还款手续，另一份由签证的外贸公司送交银行。短期外汇贷款的利息实行浮动利率核算每月应收利息，计入贷款账户的利息栏内。每季向借款单位收息一次，每季末月 20 日为结息日，贷款期限按实际天数计算，算头不计尾。浮动利率贷款是参照伦敦银行同业拆放利率计息，由银行不定期公布利率。浮动档次有 1 个月浮动、3 个月浮动、6 个月浮动及 1 年浮动四种。以按贷款合同规定的浮动利率档次为准，在该档次内无论利率有无变动，都按贷款日确定的该档次利率计算利息。该档次期满后再按新利率计算。银行收回本息的会计分录为：

借：活期存款 （人民币）
　贷：外汇买卖 （人民币）
借：外汇买卖——汇卖价 （外币）
　贷：短期外汇贷款—— ××贷款户 （外币）
　　利息收入——外汇贷款利息收入 （外币）

借款单位如使用现汇偿还，直接减少外汇存款即可，其会计分录为：

借：活期储蓄外汇存款——××户 （外币）
　贷：短期外汇贷款——××贷款户 （外币）
　　利息收入——外汇贷款利息收入 （外币）

如果偿还的外币不是原贷款货币，其会计分录为：

借：活期存款——××存款户 （外币）
　贷：外汇买卖——汇买价 （外币）
借：外汇买卖——汇买价 （本币）
　贷：外汇买卖——汇卖价 （本币）
借：外汇买卖——汇卖价 （外币）
　贷：短期外汇贷款 （外币）
　　利息收入——贷款利息收入 （外币）

**（二）买方信贷外汇贷款**

买方信贷是出口商银行直接向买方或买方的银行提供的信贷，以便买方利用这项贷款向提供贷款的国家购买技术和设备，以及支付有关的劳务费用。该种信贷是出口国为了鼓励本国商品出口而通过银行提供的。

1. 对外签订信贷协议

出口国商业银行总行对外谈判签订买方信贷总协议，总协议签订后，有关每个具体项目的具体信贷协议或按贸易合同申请的贷款，由总行对外谈判签订，也可由总行授权分行谈判签订。总行在签订具体协议时，应通过“买方信贷用款限额”表外科目进行核算，使用贷款时，按使用金额逐笔转销表外科目。

2. 支付定金

根据买方信贷协议的规定，对外预付一定比例的定金。借款单位用现汇或贷款等支付定金，其会计分录为：

借：活期储蓄外汇存款或其他科目　　(外币)
　贷：存放国外同业或其他科目　　(外币)

3. 使用贷款

买方信贷项下进口，动用买方信贷资金对外付款时，应根据不同情况进行转账。

(1) 进口商有现汇。按正常手续向银行办理结汇，银行利用买方信贷资金，承担买方信贷项下利息，并按规定收取结汇手续费。

如果进口商与贷款总行在同一地区，由总行办理结汇。其会计分录为：

借：进出口企业活期存款或其他科目　　(本币)
　贷：外汇买卖　　(本币)
借：外汇买卖　　(外币)
　贷：借入买方信贷　　(外币)

与此同时，减少买方信贷用款限额。如果进口商与贷款总行在异地，由当地分行办理结汇时. 以“全国联行外汇往来”科目代替“借入买方信贷”。总行收到分行报单时的会计分录为：

借：全国联行外汇往来　　(外币)
　贷：借入买方信贷　　(外币)

与此同时，减少买方信贷用款限额。

(2) 进口商无现汇。须取得买方信贷外汇贷款，到期时进口商归还贷款本息。如果进口商与贷款总行在同地，由总行直接发放买方信贷外汇贷款。会计分录为：

借：买方信贷外汇贷款　　(外币)
　贷：借入买方信贷　　(外币)

与此同时，冲销表外科目用款限额。

如果进口商与贷款总行在异地，由分行发放外汇贷款。会计分录为：

借：买方信贷外汇贷款——借款单位　　(外币)
　贷：全国联行外汇往来　　(外币)

总行接到分行发来报单时的会计分录为：

借：全国联行外汇往来　　(外币)
　贷：借入买方信贷额　　(外币)

与此同时，冲销表外科目用款限额。

4. 贷款本息的偿还

买方信贷项下借入国外同业款本息的偿还，由总行统一办理。总行按协议规定计算利息，对国外贷款行寄来的利息清单，应认真核对并按规定及时偿还本息。总行偿还国外贷款行本息时的会计分录为：

借：借入买方信贷款　　(外币)

利息支出——借入买方信贷利息支出 （外币）
贷：存放国外同业或其他科目 （外币）

5. 向国内借款单位收回买方信贷外汇贷款本息

银行对国内借款单位，应按借款契约的规定计算借款利息，并按期收回贷款本息。如果借款单位有外汇额度或交来外贸还款凭证，以人民币结汇偿还本息。会计分录为：

借：进出口企业活期存款或其他科目 （本币）
贷：外汇买卖 （本币）
借：外汇买卖 （外币）
贷：买方信贷外汇贷款 （外币）
利息收入——买方信贷外汇贷款利息收入 （外币）

如果借款单位以外汇偿还，会计分录为：

借：外汇专户活期存款或其他科目 （外币）
贷：买方信贷外汇贷款 （外币）
利息收入——买方信贷外汇贷款利息收入 （外币）

如果借款单位不能按期还款，应按照贷款契约规定的到期日，将贷款本息转入“短期外汇贷款”科目核算，并按规定利率计算到期应收利息。转入短期外汇贷款科目后，借款单位逾期仍未能偿还贷款，应采取有效措施，督促借款单位偿还。

**（三）进出口押汇**

1. 进口押汇

进口押汇是指进口商申请银行开出信用证，通知出口商所在地的联行或代理行按规定条件购进出口商签发的以进口商为付款人的跟单汇票，再由开证行向出口商先行付款，这是一种向进口单位提供的融资贷款。

（1）进口商申请开证并递交进口押汇申请书，根据合同规定使用授信额度或交存一定的保证金，开证行审核同意后对外开证。会计分录为：

借：活期储蓄外汇存款——××开证人户 （外币）
贷：存入保证金——××开证人户 （外币）
借：应收开出信用证款项 （外币）
贷：应付开出信用证款项 （外币）
借：活期储蓄外汇存款——××开证人户 （外币）
贷：手续费及佣金收入 （外币）

（2）发放进口押汇时的会计分录为：

借：进出口押汇——××进出口押汇户 （外币）
存入保证金——××开证人户 （外币）
贷：存放境外同业款项或其他科目 （外币）
借：应付开出信用证款项 （外币）
贷：应收开出信用证款项 （外币）

（3）进口单位偿还本息、赎回单据时的会计分录为：

借：活期储蓄外汇存款——××开证人户 （外币）
贷：进出口押汇——××进出口押汇户 （外币）

利息收入——贸易贷款利益收入户 （外币）

2．出口押汇

出口押汇是指出口商根据境外开来的信用证，在发运商品后，以全套出口单据和以进口方为付款人的汇票，向出口地银行提出出口押汇形式的结算融资。银行在办理出口押汇业务时，需要先垫款，因而有一定的风险。因此，银行在审核单证时一定要注意国外银行的资信。银行在承做出口押汇时，在应收出口单位金额内合理估计收到票据所需日数，在贷款金额内扣除出口押汇利息、手续费等费用后，转入申请人存款户。

1．银行押汇时，会计分录为：

借：进出口押汇——××押汇入户 （外币）
　贷：活期储蓄外汇存款——××户 （外币）
　　利息收入——贸易贷款利息收入户 （外币）
　　手续费及佣金收入 （外币）
　　其他应付款——××境外行户 （外币）

如果是结汇后入账，则会计分录为：

借：进出口押汇——××押汇入户 （外币）
　贷：外汇买卖——××户（汇买价） （外币）
　　利息收入——贸易贷款利息收入户 （外币）
　　手续费及佣金收入 （外币）
　　其他应付款——××境外行户 （外币）
借：外汇买卖——××户（汇买价） （人民币）
　贷：活期存款——××押汇入户 （人民币）

2．押汇款收回的会计核算

经办行接到境外行的贷记通知，即可收回押汇款。其会计分录为：

借：其他应付款——××境外行户 （外币）
　存放国外同业款项——××境外账户行户 （外币）
　贷：进出口押汇——××押汇入户 （外币）

**(四) 打包贷款**

打包贷款是指出口商以将信用证正本交银行保管为条件，申请短期贷款。出口商必须保证贷款资金用于信用证项下出口货物的组织和装运，并保证按信用证的规定向银行提交合格的单据，供银行对外寄单索汇。

打包贷款的会计核算如下：

1．发放外汇打包贷款时

借：贸易短期贷款——××打包贷款户 （外币）
　贷：活期储蓄外汇存款——××户 （外币）

2．收回打包贷款

(1) 以出口押汇归还打包贷款本息。

借：进出口押汇——××押汇入户 （外币）
　贷：贸易短期贷款——××打包贷款户 （外币）
　　利息收入——贸易贷款利息收入户 （外币）

活期储蓄外汇存款——××户　　(外币（剩余部分）)

（2）以收妥款项归还打包贷款本息。

借：存放境外同业款项——××境外账户行户　　(外币)

贷：贸易短期贷款——××打包贷款户　　(外币)

利息收入——贸易贷款利息收入户　　(外币)

活期储蓄外汇存款——××户　　(外币（剩余部分）)

（3）以存款归还打包贷款本息。

借：活期储蓄外汇存款——××户　　(外币)

贷：贸易短期贷款——××打包贷款户　　(外币)

利息收入——贸易贷款利息收入户　　(外币)

# 第六节　国际结算

## 一、国际结算概述

国际结算是清偿贸易和非贸易引起的外汇债权、债务的结算业务，概括起来可分为记账结算和现汇结算两种方式。

记账结算是按贸易双方政府间签订的支付协定中的有关规定，双方贸易通过两国银行间开立的清算记账办理，结算不必动用现汇支付。只有超过协定规定的信用额度、协定年度末的账户差额、协定期满后的账户差额，才根据协定规定采取相应的清偿办法进行清算。现汇结算是以两国贸易部门签订的贸易合同为依据，办理进出口业务，双方贸易结算一律以现汇逐笔结清。

目前进出口贸易业务的结算中，以现汇结算为主，主要采用信用证、汇款、代收与托收这几种结算方式。本节后续内容主要讨论进出口贸易结算业务的会计核算。

## 二、信用证结算方式

信用证结算是以买卖双方交易合同为基础，进口商所在地银行根据进口商的要求，向出口商开出信用凭证，进出口双方根据信用凭证规定的条款发货和结算。它是我国对外贸易结算中采用的主要方式。

**（一）进口信用证结算**

进口信用证结算，是指银行根据经批准的进口单位的申请，向国外出口商开立信用证或信用保证书，凭国外寄来的信用证单据，按照信用条款对外付款，从而向进口公司办理结汇的一种结算业务。进口信用证结算主要包括开立信用证、修改信用证以及审单付款三个环节。

1. 开立信用证

进口商同国外出口商签订交易合同，根据合同规定，填具开证申请书，向银行提出申请。银行收到进口商的开证申请书，首先进行审核，并根据不同情况收取开证保证金。银行审核同意后签发的信用证采用套写格式，共六联（第一联为正本，其余为副本）：第一、二联通过国外联行或代理行转给出口商；第三联开证行代统计卡；第四、五联退给进口商；第六联信用证留底。

办理上述存入保证金、收取手续费、邮电费的有关会计分录和开证的表外科目记录如下：

借：进出口企业活期存款——开证人户 （外币）
贷：保证金——开证人户 （外币）
借：进出口企业活期存款——开证人户 （人民币）
贷：手续费及佣金收入 （人民币）
业务及管理费用 （人民币）

同时，登记表外科目，即收入：开往国外保证凭信（表外科目）。

银行开出信用证后，即与进口商和国外议付银行（以下简称“议付行”）构成一种债权债务关系，它通过以下分录反映：

借：应收开出信用证款项——开证人户 （外币）
贷：应付开出信用证款项——国外议付行 （外币）

2. 修改信用证

进口商如需修改信用证，应向银行提出申请。经银行审核印鉴审核同意后，即可通知国外联行或代理人银行，同时修改信用证的增减额。增加或减少金额，都应填具“开往国外保证凭信”传票并在信用证留底联上批注、结出余额。信用证到期，应将逾期失效金额同有关合同联系确认后，填制传票予以冲销，并将信用证留底卡余额结平。

修改信用证，要加收手续费和邮电费，有关会计分录，可参照开立信用证的有关会计分录。

增加信用证金额的会计分录为：

借：应收开出信用证款项——开证人户 （外币）
贷：应付开出信用证款项——国外议付行 （外币）

减少信用证金额的会计分录为：

借：应付开出信用证款项——国外议付行 （外币）
贷：应收开出信用证款项——开证人户 （外币）

3. 审单付款

收到国外寄来的信用证项下单据，应立即送进口商审查。经审核同意后，由银行根据信用证规定，付款或承兑，并对进口商办理进口结汇。

信用证付款方式，一般分即期信用证支付和远期信用证支付两种。即期信用证支付又分为单到国内审单付款、国外审单主动借记、国外审单后电报向我索汇、授权国外议付行向我账户行索汇四种，它的特点是单证相符，见单即付。远期信用证支付方式又分为由国外付款行承兑和国内开证行承兑两种，特点是单证相符，到期付款。

（1）即期信用证付款大多采用单到国内审单付款。单到国内，进口商确认付款后，银行即办理对外付款。若企业采用现汇开证，则会计分录为：

借：外汇专户活期存款——开证人户 （外币）

保证金——开证人户 （外币）
贷：港澳及国外联行往来、存放国外同业或有关科目 （外币）
借：应付开出信用证款项 （外币）
贷：应收开出信用证款项 （外币）

付汇后，销记表外科目，即付出：开往国外保证凭信（表外科目）。

（2）远期信用证的付款核算处理手续，分两个阶段进行，即承兑和到期付款。承兑时，开证行向议付行开出承兑通知书，说明承兑时期、付款方式等。

承兑时，编制的会计分录为：

借：应付开出信用证款项——国外议付行 （外币）
贷：应收开出信用证款项——开证人户 （外币）
借：应收承兑汇票款 （外币）
贷：应付承兑汇票款 （外币）

同时，销记表外科目，即付出：开往国外保证凭信（表外科目）

到期付款时的会计分录为：

借：应付承兑汇票款 （外币）
贷：应收承兑汇票款 （外币）
借：保证金——开证人户 （外币）
外汇专户活期存款——开证人户 （外币）
贷：存放国外同业或其他科目 （外币）

**（二）出口信用证结算**

出口信用证结算是出口商根据国外进口商通过境外银行开来的信用证和保证书，按其条款规定，将出口单据送交国内银行，由国内银行办理审单议付，并向国外银行收取外汇后向出口商办理结汇的一种结算方式。

出口信用证结算的处理，包括受理国外开来信用证、交单议付、结汇三个环节。

1. 受理国外开来信用证

银行接到国外银行开来的信用证时，经审核并核对印鉴，确认无误，同意受理的，当即编列信用证通知流水号，即将信用证正本盖章后送交有关出口商，信用证副本留底，并作表外科目记录，即收入：国外开来保证凭信（表外科目）。

之后，若接到开证银行的信用证修改通知书，要求修改金额，或信用证受益人因故申请将信用证金额的一部分或全部转往其他银行时，除按规定办理信用证修改和通知或转让手续外，其增减金额还应在表外科目“国外开来保证凭信”中核算。

另外，对开证行汇入的信用证押金，授权出口商银行在议付单据后进行抵扣的，应在信用证以及其他有关凭证上做好记录。其会计分录为；

借：存放国外同业 （外币）
贷：保证金 （外币）

2. 来证交单议付

议付银行接到出口商交来的办理议付的信用证和全套单据后，按信用证条款认真审核，保证单证一致、单单相符。审核无误后，应在信用证上批注议付日期并编列银行出口押汇编号，填制“出口寄单议付通知书”，连同有关单据向开证银行寄单索汇。其会计分录为：

借：应收即（远）期信用证款项 （外币）

贷：代收即（远）期信用证款项 （外币）

同时转销表外科目，即付出：国外开来保证凭信（表外科目）。

3. 结汇

议付行在完成以上工作后，直到接到国外银行将票款打入出口商银行的账户通知书时，银行应按规定的汇价买入外汇，同时折算成相应的人民币支付给出口商，以结清代收妥的出口外汇。其会计分录为：

借：代收即（远）期信用证款项 （外币）

贷：应收即（远）期信用证款项 （外币）

借：存放国外同业款或其他科目 （外币）

贷：外汇买卖 （外币）

其他业务收入——国外银行费用收入 （外币）

借：外汇买卖——汇买价 （本币）

贷：进出口企业活期存款——出口单位户 （本币）

手续费及佣金收入

## 三、汇款结算方式

国际汇款结算，是银行在不需运送现金的原则下，利用汇票或其他信用工具，使处于不同国家的债权人或债务人清算其债权债务的一种方式。汇款结算程序可分为汇出汇款和汇入汇款两类。

### （一）汇出汇款

汇出汇款，是指银行接受汇款人的委托，以电汇、信汇、票汇等方式，将款项汇往国外收款人开户银行的汇款方式。

（1）汇款申请。汇款人填写“汇出汇款申请书”，选定汇款的方式，写明金额、收款地、收款人名称、地址，连同汇出款项和汇费交与银行办理。

（2）受理审查。审查内容包括汇款是否符合国家外汇管理的规定，申请书填写的内容是否符合要求等。

（3）汇出汇款的会计分录为：

借：进出口企业活期存款或其他有关科目 （本币）

贷：外汇买卖 （本币）

手续费及佣金收入 （本币）

业务及管理费用 （本币）

借：外汇买卖 （外币）

贷：汇出汇款 （外币）

（4）汇款解付。汇出银行收到解汇借记通知时，应转销汇出汇款科目，其会计分录为：

借：汇出汇款 （外币）

贷：存放国外同业或其他科目 （外币）

**（二）汇入汇款**

汇入汇款，是指汇入银行根据境外代理银行和国内联行的电汇、信汇委托，以及收款人提出的汇票，把汇入的款项解付给收款人。

1. 收到汇款

电汇和信汇的会计分录为：

借：港澳及国外联行往来或存放国外同业等科目 （外币）

贷：活期外汇存款——收款人户（或应解汇款） （外币）

取款人如要领取现金，则借记应解汇款，付给现金。

如果没有现汇账户，收汇时，必须结汇，会计分录略。

2. 票汇的核算

收到国外汇款行寄来的票汇通知书，经核对签字等无误后，办理转账。会计分录为：

借：存放国外同业或其他科目 （外币）

贷：库存现金或活期外汇存款——收款人户 （外币）

## 四、代收、托收结算方式

**（一）进口代收**

进口代收，即进口托收，是指国内银行接受托收行的委托，向进口单位交单并代收货款的贸易结算。进口代收的结算过程包括代收通知、承付交单及拒付退单等阶段。

1. 收到国外寄来代收单据

国内银行收到进口代收单据以后，经编列排序号，填制进口代收单据通知书，将汇票和单据连同代收单据通知书送交进口商，同时填制传票记账。其会计分录为：

借：应收进口代收款项 （外币）

贷：进口代收款项 （外币）

2. 承付交单

待进口商确认付款，并交来进口代收单据承认书后，国内银行应立即办理汇付款的手续，从进口商账户汇划转往国外委托银行。其会计分录为：

借：进出口企业活期存款——进口企业户 （本币）

贷：外汇买卖——汇卖价 （本币）

借：外汇买卖——汇卖价 （外币）

贷：存放国外同业或其他科目 （外币）

与此同时，转销原代收款项，会计分录为：

借：进口代收款项 （外币）

贷：应收进口代收款项 （外币）

3. 拒付退单

若进口商因故不同意承付，应提出拒付理由书，连同单据退回国内银行，由国内银行转告国外委托行。若提出部分拒付，在取得国外委托行同意后，按实际付款金额办理付款手续，并按部分付款的金额进行相应的转账，拒付时也应转销表外科目。

**（二）出口托收**

出口托收，是指出口商根据贸易合同的规定，在货物发运后，委托银行向进口商收取贷款。出口托收可分为光票托收和跟单托收两种，其中跟单托收所占比重较大。出口托收的结算过程包括发出托收与收妥进账两个阶段。

1. 发出托收

出口企业委托跟单托收，应填写“出口托收申请书”连同汇票和货运单据交于银行，经审核无误后，选定代收行，填制委托书，一并寄交代收行。会计分录为：

借：应收出口托收款项（外币）
　贷：代收出口托收款项（外币）
借：进出口企业活期存款——出口企业户（外币）
　贷：手续费及佣金收入（外币）

2. 收妥进账

（1）现汇进账。

借：存放国外同业（外币）
　贷：进出口企业活期存款——出口企业户（外币）

（2）结汇进账。

借：存放国外同业（外币）
　贷：外汇买卖（汇买价）（外币）
借：外汇买卖（本币）
　贷：进出口企业活期存款——出口企业户（本币）
借：代收出口托收款项（外币）
　贷：应收出口托收款项（外币）

## □ 复习思考题

1. 什么是外汇？
2. 汇率标价法有哪几种？
3. 简述外汇牌价的种类及其含义。
4. 简述统账制和分账制的特点及主要内容。
5. “外汇买卖”科目有何特点？

# 第九章 Chapter 9 投资业务核算

**学习目标：**

了解投资的概念、公允价值的含义和应用；

掌握交易性金融资产的概念、初始计量、后续计量和会计核算；

掌握持有至到期投资的概念、初始计量、后续计量和会计核算；

掌握可供出售金融资产的概念、初始计量、后续计量和会计核算；

掌握长期股权投资的概念、初始计量、后续计量和会计核算，并熟练掌握长期股权投资权益法和成本法的具体要求和区别。

**重点难点：**

交易性金融资产的会计核算；

持有至到期投资的会计核算；

可供出售金融资产的会计核算；

长期股权投资的权益法和成本法。

投资有广义和狭义之分。广义的投资不仅包括对外投资（如长期股权投资），还包括对内投资（如投资购买固定资产）。狭义的投资仅指对外投资，是指企业为通过分配来增加财富，或为谋求其他利益，而将资产让渡给其他单位所获得的另一项资产。本章所讨论的投资仅指狭义的投资，主要包括交易性金融资产、持有至到期投资、可供出售金融资产和长期股权投资。

## 第一节 交易性金融资产

### 一、交易性金融资产的概念

交易性金融资产是指企业为交易目的所持有的、以公允价值计量且其变动计入当期损益的债券投资、股票投资、基金投资等金融资产。

交易性金融资产最重要的特征是企业持有的目的主要是近期出售，通常用于从价格或交易商保证金的短期波动中获利。例如，为充分利用闲置资金、以赚取差价为目的，企业从二级市场购入的股票、债券、基金等。

## 二、交易性金融资产的计量

### （一）计量原则

1. 初始计量

对于交易性金融资产的初始确认，企业应当按照公允价值计量，相关交易费用应当直接计入当期损益。

交易费用是指可直接归属于购买、发行或处置金融工具新增的外部费用。新增的外部费用是指企业不购买、发行或处置金融工具就不会发生的费用。交易费用包括支付给代理机构、咨询公司、券商等的手续费和佣金及其他必要支出，不包括债券溢价、折价、融资费用、内部管理成本及其他与交易不直接相关的费用。

2. 后续计量

企业应当按照公允价值进行交易性金融资产的后续计量，且不扣除将来处置该金融资产时可能发生的交易费用。交易性金融资产公允价值变动形成的利得或损失，应当计入当期损益。

### （二）公允价值的确定

公允价值是指在公平交易中，熟悉情况的交易双方自愿进行资产交换或者债务清偿的金额。在公平交易中，交易双方应当是持续经营的企业，不打算或不需要进行清算、重大缩减经营规模，或在不利条件下仍进行交易。

对于公允价值的确定，应当采用两个层次的原则：一是如果存在活跃市场，则交易性金融资产在活跃市场中的报价应当用于确定其公允价值；二是如果交易性金融资产不存在活跃市场，企业应当采用估值技术确定其公允价值，该估计应基于该环境下可以得到的最好信息。

## 三、交易性金融资产的核算

### （一）账户设置

商业银行应设置“交易性金融资产”科目，核算本行为交易目的所持有的债券投资、股票投资、基金投资等交易性金融资产的公允价值。银行持有的直接指定为以公允价值计量且其变动计入当期损益的金融资产，也在本科目核算。本科目可按交易性金融资产的类别和品种，设置“成本”、“公允价值变动”等进行明细核算。本科目期末借方余额，反映商业银行持有的交易性金融资产的公允价值。

（1）银行取得交易性金融资产，按其公允价值，借记“交易性金融资产——成本”科目；按发生的交易费用，借记“投资收益”科目；按已到付息期但尚未领取的利息或已宣告但尚未发放的现金股利，借记“应收利息”或“应收股利”科目；按实际支付的金额，贷记“存放中央银行款项”等科目。

（2）交易性金融资产持有期间被投资单位宣告发放的现金股利，或在资产负债表日按分期付息、一次还本债券投资的票面利率计算的利息，借记“应收股利”或“应收利息”科目，贷记“投资收益”科目。

（3）资产负债表日，交易性金融资产的公允价值高于其账面余额的差额，借记“交易性金融资产——公允价值变动”科目，贷记“公允价值变动损益”科目；公允价值低于其账面余额的差额做相反的会计处理。

（4）出售交易性金融资产，应按实际收到的金额，借记“存放中央银行款项”等科目，按该金融资产的账面余额，贷记“交易性金融资产——成本、公允价值变动”科目，按其差额，贷记或借记“投资收益”科目。同时，将原计入该金融资产的公允价值变动转出，借记或贷记“公允价值变动损益”科目，贷记或借记“投资收益”科目。

**【例 9—1】**　2×09 年 5 月 20 日，甲银行从深圳证券交易所购入乙公司股票 1 000 000 股，占乙公司有表决权股份的 5%，支付价款合计 5 080 000 元，其中，证券交易税等交易费用 8 000 元，已宣告发放现金股利 72 000 元。甲银行没有在乙公司董事会中派出代表，甲银行将其划分为交易性金融资产。

2×09 年 6 月 20 日，甲银行收到乙公司发放的 20×8 年现金股利 72 000 元。

2×09 年 6 月 30 日，乙公司股票收盘价为每股 5.20 元。

2×09 年 12 月 31 日，甲银行仍持有乙公司股票。当日，乙公司股票收盘价为每股 4.90 元。

2×10 年 4 月 20 日，乙公司宣告发放 20×9 年现金股利 2 000 000 元。

2×10 年 5 月 10 日，甲银行收到乙公司发放的 20×9 年现金股利。

2×10 年 5 月 17 日，甲银行以每股 4.50 元的价格将股票全部转让，同时支付证券交易税等交易费用 7 200 元。

假定不考虑其他因素，甲银行的账务处理如下：

（1）2×09 年 5 月 20 日，购入乙公司股票 1 000 000 股。

| | | |
|---|---|---|
| 借：交易性金融资产——乙公司股票——成本 | 5 000 000 | |
| 　　应收股利——乙公司 | 72 000 | |
| 　　投资收益 | 8 000 | |
| 　贷：存放中央银行款项 | | 5 080 000 |

乙公司股票的单位成本＝(5 080 000－72 000－8 000)÷1 000 000＝5.00(元/股)

（2）2×09 年 6 月 20 日，收到乙公司发放的 2×08 年现金股利 72 000 元。

| | | |
|---|---|---|
| 借：存放中央银行款项 | 72 000 | |
| 　贷：应收股利——乙公司 | | 72 000 |

（3）2×09 年 6 月 30 日，确认乙公司股票公允价值变动＝(5.20－5.00)×1 000 000＝200 000 元。

| | | |
|---|---|---|
| 借：交易性金融资产——乙公司股票——公允价值变动 | 200 000 | |
| 　贷：公允价值变动损益——乙公司股票 | | 200 000 |

（4）2×09 年 12 月 31 日，确认乙公司股票公允价值变动＝(4.90－5.20)×1 000 000＝－300 000（元）。

| | | |
|---|---|---|
| 借：公允价值变动损益——乙公司股票 | 300 000 | |
| 　贷：交易性金融资产——乙公司股票——公允价值变动 | | 300 000 |

（5）2×10 年 4 月 20 日，确认乙公司发放的 2×09 年现金股利中应享有的份额＝

2 000 000×5%=100 000 元。

借：应收股利——乙公司 100 000

贷：投资收益 100 000

(6) 2×10 年 5 月 10 日，收到乙公司发放的 2×09 年现金股利。

借：存放中央银行款项 100 000

贷：应收股利——乙公司 100 000

(7) 2×10 年 5 月 17 日，出售乙公司股票 1 000 000 股。

借：存放中央银行款项 4 492 800

投资收益 407 200

交易性金融资产——乙公司股票——公允价值变动 100 000

贷：交易性金融资产——乙公司股票——成本 5 000 000

乙公司股票出售价格=4.50×1 000 000=4 500 000(元)

出售乙公司股票取得的价款=4 500 000-7 200=4 492 800(元)

乙公司股票持有期间公允价值变动计入当期损益的金额=200 000-300 000=-100 000(元)

出售乙公司股票时的账面余额=5 000 000+(-100 000)=4 900 000(元)

出售乙公司股票的损益=4 492 800-4 900 000=-407 200(元)

同时，

借：投资收益——乙公司股票 100 000

贷：公允价值变动损益——乙公司股票 100 000

原计入该金融资产的公允价值变动=-100 000(元)

**【例 9—2】** 2×09 年 1 月 1 日，甲银行从二级市场购入丙公司债券，支付价款合计 2 060 000 元，其中，已到付息期但尚未领取的利息 40 000 元，交易费用 20 000 元。该债券面值 2 000 000 元，剩余期限为 3 年，票面年利率为 4%，每半年末付息一次。甲银行将其划分为交易性金融资产。其他资料如下：

(1) 2×09 年 1 月 10 日，收到丙公司债券 2×08 年下半年利息 40 000 元。

(2) 2×09 年 6 月 30 日，丙公司债券的公允价值为 2 300 000 元（不含利息）。

(3) 2×09 年 7 月 10 日，收到丙公司债券 2×09 年上半年利息。

(4) 2×09 年 12 月 31 日，丙公司债券的公允价值为 2 200 000 元（不含利息）。

(5) 2×10 年 1 月 10 日，收到丙公司债券 2×09 年下半年利息。

(6) 2×10 年 6 月 20 日，通过二级市场出售丙公司债券，取得价款 2 360 000 元。

假定不考虑其他因素。

甲银行的账务处理如下：

(1) 2×09 年 1 月 1 日，从二级市场购入丙公司债券。

借：交易性金融资产——丙公司债券——成本 2 000 000

应收利息——丙公司 40 000

投资收益 20 000

贷：存放中央银行款项 2 060 000

(2) 2×09 年 1 月 10 日，收到该债券 2×08 年下半年利息 40 000 元。

借：存放中央银行款项 40 000

贷：应收利息——丙公司　40 000

（3）2×09 年 6 月 30 日，确认丙公司债券公允价值变动 300 000 元（2 300 000－2 000 000）和投资收益 40 000 元（2 000 000×4%÷2）。

借：交易性金融资产——丙公司债券——公允价值变动　300 000
　贷：公允价值变动损益——丙公司债券　300 000
借：应收利息——丙公司　40 000
　贷：投资收益——丙公司债券　40 000

（4）2×09 年 7 月 10 日，收到丙公司债券 2×09 年上半年利息。

借：存放中央银行款项　40 000
　贷：应收利息——丙公司　40 000

（5）2×09 年 12 月 31 日，确认丙公司债券公允价值变动－100 000 元（2 200 000－2 300 000）和投资收益 40 000 元（2 000 000×4%÷2）。

借：公允价值变动损益——丙公司债券　100 000
　贷：交易性金融资产——丙公司债券——公允价值变动　100 000
借：应收利息——丙公司　40 000
　贷：投资收益——丙公司债券　40 000

（6）2×10 年 1 月 10 日，收到该丙公司债券 2×09 年下半年利息。

借：存放中央银行款项　40 000
　贷：应收利息——丙公司　40 000

（7）2×10 年 6 月 20 日，通过二级市场出售丙公司债券。

借：存放中央银行款项　2 360 000
　贷：交易性金融资产——丙公司债券——成本　2 000 000
　　　　　　　　　　　　　　　　——公允价值变动　200 000
　　投资收益——丙公司债券　160 000

出售丙公司债券取得的价款＝2 360 000(元)

丙公司债券持有期间公允价值变动计入当期损益的金额＝300 000－100 000＝200 000(元)

出售丙公司债券时的账面余额＝2 000 000＋200 000＝2 200 000(元)

出售丙公司债券的损益＝2 360 000－2 200 000＝160 000(元)

同时，

借：公允价值变动损益——丙公司债券　200 000
　贷：投资收益——丙公司债券　200 000

原计入该金融资产的公允价值变动＝200 000(元)

## 第二节　持有至到期投资

### 一、持有至到期投资的概念

持有至到期投资是指到期日固定、回收金额固定或可确定，且企业有明确意图和能力持有至到期的非衍生金融资产。例如，企业从二级市场购入的固定利率3年期国债、浮动利率3年期公司债券等，如符合持有至到期投资的条件，可以归为持有至到期投资。但购入的股权投资因没有固定的到期日，不符合持有至到期投资的条件，不能归为持有至到期投资。持有至到期投资通常具有长期性质，但期限较短（1年以内）的债权投资，如符合持有至到期投资的条件，也可以将其归为持有至到期投资。

## 二、持有至到期投资的确认与计量

### （一）持有至到期投资的确认

持有至到期投资应当同时符合三个条件：一是到期日固定、回收金额固定或可确定；二是企业有能力持有至到期；三是企业有明确意图持有至到期。任何一个条件不满足，都不能归为持有至到期投资。

下列非衍生金融资产不属于持有至到期投资：一是初始确认时被指定为以公允价值计量且其变动计入当期损益的非衍生金融资产；二是初始确认时被指定为可供出售的非衍生金融资产；三是符合贷款和应收款项定义的非衍生金融资产。

企业应当在资产负债表日对持有的意图和能力进行评价。发生变化的，应当按照金融工具确认和计量准则的有关规定处理。

对于如何判断企业有能力并且有明确的意图把一项金融资产持有至到期，金融工具确认和计量准则给出了详细标准。在实务中，应本着实质重于形式的原则做出正确的判断。

### （二）持有至到期投资的计量

1. 初始计量

持有至到期投资应当按照取得时的公允价值和相关交易费用之和作为初始确认金额；支付的价款中包含的已宣告发放但尚未领取的债券利息，应当单独确认为应收利息。

2. 后续计量

持有至到期投资在持有期间应当按照实际利率确认利息收入，计入持有至到期投资的账面价值。实际利率应当在取得持有至到期投资时确认，在随后期间保持不变。资产负债表日，持有至到期投资应当按摊余成本计量。处置持有至到期投资时，应将所取得的对价的公允价值与该投资账面价值之间的差额确认为投资收益。

## 三、持有至到期投资的核算

### （一）账户设置

商业银行应设置“持有至到期投资”科目，核算银行持有至到期投资的摊余成本。本科目可按持有至到期投资的类别和品种，分别按“成本”、“利息调整”、“应计利息”等进行明细核算。本科目期末借方余额，反映商业银行持有至到期投资的摊余成本。

商业银行还应设置“持有至到期投资减值准备”科目，核算持有至到期投资的减值准备。本科目可按持有至到期投资类别和品种进行明细核算。本科目期末贷方余额，反映已计提但尚未转销的持有至到期投资减值准备。

### （二）主要账务处理

1. 取得持有至到期投资

银行购入持有至到期投资，可以分为按债券面值购入、溢价购入和折价购入。溢价或折价购入是由于债券的名义利率（或票面利率）与实际利率（或市场利率）不同而引起的。

债券票面利率高于市场利率，表明债券发行单位实际支付的利息将高于按市场利率计算的利息，发行单位则在发行时按照高于债券票面价值的价格发行，即溢价发行，对购买单位而言则为溢价购入。溢价发行对投资者而言，是为以后多得利息而事先付出的代价；对于发行单位而言，是为以后多付利息而事先得到的补偿。

债券的票面利率低于市场利率，表明发行单位今后实际支付的利息低于按照市场利率计算的利息，发行单位则按照低于票面价值的价格发行，即折价发行，对于购买单位而言，是折价购入。折价发行对投资者而言，是为今后少得利息而事先得到的补偿；对发行单位而言，是为今后少付利息而事先付出的代价。

银行取得的持有至到期投资，应按该投资的面值，借记“持有至到期投资”科目（成本）；按支付的价款中包含的已到付息期但尚未领取的利息，借记“应收利息”科目；按实际支付的金额，贷记“存放中央银行款项”等科目；按其差额，借记或贷记“持有至到期投资”科目（利息调整）。

2. 持有至到期投资计息并摊销溢折价

溢价或折价购入的债券，其溢价或折价应在债券购入后至到期前的期间内于确认相关债券利息收入时摊销，从而调整各期的投资收益。当期按债券面值和适用利率计算的应计利息扣除当期摊销的溢价，或当期按债券面值和适用利率计算的应计利息与摊销的折价的合计，确认为当期投资收益。摊销方法可以采用实际利率法。

资产负债表日，持有至到期投资为分期付息、一次还本债券的，应按票面利率计算确定的应收未收利息，借记“应收利息”科目；按持有至到期投资摊余成本和实际利率计算确定的利息收入，贷记“投资收益”科目；按其差额，借记或贷记“持有至到期投资”科目（利息调整）。持有至到期投资为一次还本付息债券的，应于资产负债表日按票面利率计算确定的应收未收利息，借记“持有至到期投资”科目（应计利息）；按持有至到期投资摊余成本和实际利率计算确定的利息收入，贷记“投资收益”科目；按其差额，借记或贷记“持有至到期投资”科目（利息调整）。

3. 持有至到期投资发生减值

资产负债表日，持有至到期投资发生减值的，计算应减记的金额，借记“资产减值损失”科目，贷记“持有至到期投资减值准备”科目。已计提减值准备的持有至到期投资价值以后又得以恢复的，应在原已计提的减值准备金额内，按恢复增加的金额，借记“持有至到期投资减值准备”科目，贷记“资产减值损失”科目。

4. 将持有至到期投资重分类为可供出售金融资产

将持有至到期投资重分类为可供出售金融资产的，应在重分类日按其公允价值，借记“可供出售金融资产”科目；按其账面余额，贷记“持有至到期投资”科目（成本、利息调整、应计利息）；按其差额，贷记或借记“资本公积——其他资本公积”科目。已计提减值准备的，还应同时结转减值准备。

5. 出售持有至到期投资

出售持有至到期投资，应按实际收到的金额，借记“存放中央银行款项”等科目；按其账面余额，贷记“持有至到期投资”科目（成本、利息调整、应计利息）；按其差额，贷记或借记“投资收益”科目。已计提减值准备的，还应同时结转减值准备。

**【例 9—3】** 2×09 年 1 月 1 日，甲银行支付价款 1 000 000 元（含交易费用）从上海证券交易所购入 A 公司同日发行的 5 年期公司债券 12 500 份，债券票面价值总额为 1 250 000 元，票面年利率为 4.72%，于年末支付本年度债券利息（即每年利息为 59 000 元），本金在债券到期时一次性偿还。合同约定：A 公司在遇到特定情况时可以将债券赎回，且不需要为提前赎回支付额外款项。甲银行在购买该债券时，预计 A 公司不会提前赎回。甲银行有意图也有能力将该债券持有至到期，属于持有至到期投资。假定不考虑所得税、减值损失等因素。

计算该债券的实际利率 $r$。

$$59\,000\times(1+r)^{-1}+59\,000\times(1+r)^{-2}+59\,000\times(1+r)^{-3}+59\,000\times(1+r)^{-4}$$
$$+(59\,000+125\,000)\times(1+r)^{-5}$$
$$=1\,000\,000$$

采用插值法，计算 $r=10\%$。

**表 9—1** 单位：元

| 日期 | 现金流入 (a) | 实际利息收入 (b)＝期初 (d)×10% | 已收回的本金 (c)＝(a)－(b) | 摊余成本余额 (d)＝期初(d)－(c) |
|---|---|---|---|---|
| 2×09 年 1 月 1 日 | | | | 1 000 000 |
| 2×09 年 12 月 31 日 | 59 000 | 100 000 | －41 000 | 1 041 000 |
| 2×10 年 12 月 31 日 | 59 000 | 104 100 | －45 100 | 1 086 100 |
| 2×11 年 12 月 31 日 | 59 000 | 108 610 | －49610 | 1 135 710 |
| 2×12 年 12 月 31 日 | 59 000 | 113 571 | －54 571 | 1 190 281 |
| 2×13 年 12 月 31 日 | 59 000 | 118 719* | －59 719 | 1 250 000 |
| 小计 | 295 000 | 545 000 | －250 000 | 1 250 000 |
| 2×13 年 12 月 31 日 | 1 250 000 | — | 1 250 000 | 0 |
| 合计 | 1 545 000 | 545 000 | 1 000 000 | — |

* 尾数调整：1 250 000＋59 000－1 190 281＝118 719（元）

根据表 9—1 中的数据，甲银行的有关账务处理如下。

（1）2×09 年 1 月 1 日，购入 A 公司债券。

借：持有至到期投资——A 公司债券——成本 1 250 000
　贷：存放中央银行款项 1 000 000
　　　持有至到期投资——A 公司债券——利息调整 250 000

（2）2×09 年 12 月 31 日，确认 A 公司债券实际利息收入、收到债券利息。

借：应收利息——A 公司 59 000
　　持有至到期投资——A 公司债券——利息调整 41 000
　贷：投资收益——A 公司债券 100 000

借：存放中央银行款项 59 000
　贷：应收利息——A 公司 59 000

（3）2×10 年 12 月 31 日，确认 A 公司债券实际利息收入、收到债券利息。

借：应收利息——A 公司 59 000

　　持有至到期投资——A 公司债券——利息调整　　45 100
　贷：投资收益——A 公司债券　　104 100
借：存放中央银行款项　　59 000
　贷：应收利息——A 公司　　59 000

（4）2×11 年 12 月 31 日，确认 A 公司债券实际利息收入、收到债券利息。

借：应收利息——A 公司　　59 000
　　持有至到期投资——A 公司债券——利息调整　　49 610
　贷：投资收益——A 公司债券　　108 610
借：存放中央银行款项　　59 000
　贷：应收利息——A 公司　　59 000

（5）2×12 年 12 月 31 日，确认 A 公司债券实际利息收入、收到债券利息。

借：应收利息——A 公司　　59 000
　　持有至到期投资——A 公司债券——利息调整　　54 571
　贷：投资收益——A 公司债券　　113 571
借：存放中央银行款项　　59 000
　贷：应收利息——A 公司　　59 000

（6）2×13 年 12 月 31 日，确认 A 公司债券实际利息收入、收到债券利息和本金。

借：应收利息——A 公司　　59 000
　　持有至到期投资——A 公司债券——利息调整　　59 719
　贷：投资收益——A 公司债券　　118 719
借：存放中央银行款项　　59 000
　贷：应收利息——A 公司　　59 000
借：存放中央银行款项　　1 250 000
　贷：持有至到期投资——A 公司债券——成本　　1 250 000

假定甲银行购买的 A 公司债券不是分次付息，而是到期一次还本付息，且利息不是以复利计算。此时，甲银行所购买 A 公司债券的实际利率 r 计算如下：

$$(59\,000\times5+125\,000)\times(1+r)^{-5}=1\,000\,000$$

由此计算得出 $r\approx9.05\%$。

据此，调整表 9—1 中相关数据后得表 9—2。

**表 9—2**　　单位：元

| 日期 | 现金流入 (a) | 实际利息收入 (b)＝期初 (d)×10% | 已收回的本金 (c)＝(a)－(b) | 摊余成本余额 (d)＝期初(d)－(c) |
|---|---|---|---|---|
| 2×09 年 1 月 1 日 | | | | 1 000 000 |
| 2×09 年 12 月 31 日 | 0 | 90 500 | －90 500 | 1 090 500 |
| 2×10 年 12 月 31 日 | 0 | 98 690.25 | －98 690.25 | 1 189 190.25 |
| 2×11 年 12 月 31 日 | 0 | 107 621.72 | －107 621.72 | 1 296 811.97 |
| 2×12 年 12 月 31 日 | 0 | 117 361.48 | －117 361.48 | 1 414 173.45 |
| 2×13 年 12 月 31 日 | 295 000 | 130 826.55* | 164 173.45 | 1 250 000 |
| 小计 | 295 000 | 545 000 | －250 000 | 1 250 000 |
| 2×13 年 12 月 31 日 | 1 250 000 | — | 1 250 000 | 0 |
| 合计 | 1 545 000 | 545 000 | 1 000 000 | — |

* 尾数调整：1 250 000＋295 000－1 414 173.45＝130 826.55（元）

根据表 9—2 中的数据，甲银行的有关账务处理如下：

(1) 2×09 年 1 月 1 日，购入 A 公司债券。

借：持有至到期投资——A 公司债券——成本　1 250 000

　贷：存放中央银行款项　1 000 000

　　　持有至到期投资——A 公司债券——利息调整　250 000

(2) 2×09 年 12 月 31 日，确认 A 公司债券实际利息收入。

借：持有至到期投资——A 公司债券——应计利息　59 000

　　　　　　　　　　　　　　　　——利息调整　31 500

　贷：投资收益——A 公司债券　90 500

(3) 2×10 年 12 月 31 日，确认 A 公司债券实际利息收入。

借：持有至到期投资——A 公司债券——应计利息　59 000

　　　　　　　　　　　　　　　　——利息调整　39 690.25

　贷：投资收益——A 公司债券　98 690.25

(4) 2×11 年 12 月 31 日，确认 A 公司债券实际利息收入。

借：持有至到期投资——A 公司债券——应计利息　59 000

　　　　　　　　　　　　　　　　——利息调整　48 621.72

　贷：投资收益——A 公司债券　107 621.72

(5) 2×12 年 12 月 31 日，确认 A 公司债券实际利息收入。

借：持有至到期投资——A 公司债券——应计利息　59 000

　　　　　　　　　　　　　　　　——利息调整　58 361.48

　贷：投资收益——A 公司债券　117 361.48

(6) 2×13 年 12 月 31 日，确认 A 公司债券实际利息收入、收回债券本金和票面利息。

借：持有至到期投资——A 公司债券——应计利息　59 000

　　　　　　　　　　　　　　　　——利息调整　71 826.55

　贷：投资收益——A 公司债券　130 826.55

借：存放中央银行款项　1 545 000

　贷：持有至到期投资——A 公司债券——成本　1 250 000

　　　　　　　　　　　　　　　　　——应计利息　295 000

## 第三节　可供出售金融资产

### 一、可供出售金融资产的概念

可供出售金融资产，是指初始确认时即被指定为可供出售的非衍生金融资产，以及没有划分为持有至到期投资和以公允价值计量且其变动计入当期损益的金融资产的金融资产。通常情况下，划分为此类的金融资产应当在活跃市场上有报价，因此，企业从二级市场上购入的有报价的股票、债券、基金等，没有划分为以公允价值计量且其变动计入当期损益的金融资产或持有至到期投资等金融资产的，可以划分为可供出售金融资产。

需要注意以下两类限售股权的分类：

（1）企业在股权分置改革过程中持有对被投资单位有重大影响以上的股权，应当作为长期股权投资，视对被投资单位的影响程度分别采用成本法或权益法核算；企业在股权分置改革过程中持有对被投资单位不具有控制、共同控制或重大影响的股权，应当划分为可供出售金融资产。

（2）企业持有上市公司限售股权（不包括股权分置改革过程中持有的限售股权），对上市公司不具有控制、共同控制或重大影响的，应当按照《企业会计准则第22号——金融工具确认和计量》（以下简称“金融工具确认和计量准则”）的规定，将该限售股权划分为可供出售金融资产或以公允价值计量且其变动计入当期损益的金融资产。

## 二、可供出售金融资产的计量

可供出售金融资产应当按取得该金融资产的公允价值和相关交易费用之和作为初始确认金额。支付的价款中包含的已宣告但尚未发放的现金股利和已到付息期但尚未领取的利息，应单独计入应收项目，不计入初始确认金额。在随后期间收到这部分股利或利息时，再冲减应收项目金额。

资产负债表日，可供出售金融资产应当以公允价值计量，且其公允价值变动计入资本公积（其他资本公积）。

## 三、可供出售金融资产的核算

### （一）账户设置

商业银行应设置“可供出售金融资产”科目，核算商业银行持有的可供出售金融资产的公允价值，包括划分为可供出售的股票投资、债券投资等金融资产。本科目按可供出售金融资产的类别和品种，分别按“成本”、“利息调整”、“应计利息”、“公允价值变动”等进行明细核算。本科目期末借方余额，反映商业银行可供出售金融资产的公允价值。

可供出售金融资产发生减值的，可以单独设置“可供出售金融资产减值准备”科目。

### （二）主要账务处理

（1）商业银行取得可供出售的金融资产，应按其公允价值与交易费用之和，借记“可供出售金融资产——成本”科目；按支付的价款中包含的已宣告但尚未发放的现金股利，借记“应收股利”科目；按实际支付的金额，贷记“存放中央银行款项”等科目。

商业银行取得的可供出售金融资产为债券投资的，应按债券的面值，借记“可供出售金融资产——成本”科目；按支付的价款中包含的已到付息期但尚未领取的利息，借记“应收利息”科目；按实际支付的金额，贷记“存放中央银行款项”等科目；按其差额，借记或贷记“可供出售金融资产——利息调整”科目。

(2) 资产负债表日，可供出售金融资产为分期付息、一次还本债券的，应按票面利率计算确定的应收未收利息，借记“应收利息”科目；按可供出售债券的摊余成本和实际利率计算确定的利息收入，贷记“投资收益”科目；按其差额，借记或贷记“可供出售金融资产——利息调整”科目。

可供出售金融资产为一次还本付息债券的，应按票面利率计算确定的应收未收利息，借记“可供出售金融资产——应计利息”科目；按可供出售债券的摊余成本和实际利率计算确定的利息收入，贷记“投资收益”科目；按其差额，借记或贷记“可供出售金融资产——利息调整”科目。

(3) 资产负债表日，可供出售金融资产的公允价值高于其账面余额的差额，借记“可供出售金融资产——公允价值变动”科目，贷记“资本公积——其他资本公积”科目；公允价值低于其账面余额的差额做相反的会计分录。

(4) 出售可供出售金融资产，应按实际收到的金额，借记“存放中央银行款项”等科目；按其账面余额，贷记“可供出售金融资产——成本、公允价值变动、利息调整、应计利息”科目；按应从所有者权益中转出的公允价值累计变动额，借记或贷记“资本公积——其他资本公积”科目；按其差额，贷记或借记“投资收益”科目。

**【例 9—4】** 2×09 年 5 月 20 日，甲银行从深圳证券交易所购入乙公司股票 1 000 000 股，占乙公司有表决权股份的 5%，支付价款合计 5 080 000 元，其中，证券交易税等交易费用 8 000 元，已宣告发放现金股利 72 000 元。甲银行没有在乙公司董事会中派出代表，甲银行将其划分为可供出售金融资产。

2×09 年 6 月 20 日，甲银行收到乙公司发放的 2×08 年现金股利 72 000 元。

2×09 年 6 月 30 日，乙公司股票收盘价为每股 5.20 元。

2×09 年 12 月 31 日，乙公司股票收盘价为 4.90 元。

2×10 年 4 月 20 日，乙公司宣告发放 2×09 年现金股利 2 000 000 元。

2×10 年 5 月 10 日，甲银行收到乙公司发放的 2×09 年现金股利。

2×15 年 1 月 10 日，甲银行以每股 4.50 元的价格将股票全部转让，同时支付证券交易税等交易费用 7 200 元。

假定不考虑其他因素，同时为方便计算，假定乙公司股票自 2×10 年 1 月 1 日至 2×14 年 12 月 31 日止，价格未发生变化，一直保持为 4.90 元/股，而且期间未再发放现金股利。

甲银行的账务处理如下：

(1) 2×09 年 5 月 20 日，购入乙公司股票 1 000 000 股。

| | | |
|---|---|---|
| 借：可供出售金融资产——成本 | 5 008 000 | |
| 　　应收股利——乙公司 | 72 000 | |
| 　贷：存放中央银行款项 | | 5 080 000 |

乙公司股票的单位成本＝(5 080 000－72 000)÷1 000 000＝5.008(元/股)

(2) 2×09 年 6 月 20 日，收到乙公司发放的 2×08 年现金股利 72 000 元。

| | | |
|---|---|---|
| 借：存放中央银行款项 | 72 000 | |
| 　贷：应收股利——乙公司 | | 72 000 |

(3) 2×09 年 6 月 30 日，确认乙股票公允价值变动为 192 000 元 ((5.20－5.008)×1 000 000)。

借：可供出售金融资产——公允价值变动 192 000

贷：资本公积——其他资本公积——公允价值变动 192 000

(4) 2×09 年 12 月 31 日，确认乙股票公允价值变动为－300 000 元（(4.90－5.20)×1 000 000)。

借：资本公积——其他资本公积——公允价值变动 300 000

贷：可供出售金融资产——公允价值变动 300 000

(5) 2×10 年 4 月 20 日，确认乙公司发放的 2×09 年现金股利中应享有的份额 100 000 元（2 000 000×5%)。

借：应收股利——乙公司 100 000

贷：投资收益 100 000

(6) 2×10 年 5 月 10 日，收到乙公司发放的 2×09 年现金股利。

借：存放中央银行款项 100 000

贷：应收股利——乙公司 100 000

(7) 2×10 年 1 月 1 日至 2×14 年 12 月 31 日止每年 12 月 31 日，乙股票公允价值变动为零，每年会计分录相同。

借：可供出售金融资产——公允价值变动 0

贷：资本公积——其他资本公积——公允价值变动 0

(8) 2×15 年 1 月 10 日，出售乙股票 1 000 000 股。

借：存放中央银行款项 4 492 800

投资收益 407 200

可供出售金融资产——公允价值变动 108 000

贷：可供出售金融资产 ——成本 5 008 000

乙公司股票出售价格＝4.50×1 000 000＝4 500 000(元)

出售乙公司股票取得的价款＝4 500 000－7 200＝4 492 800(元)

出售乙公司股票时的账面余额＝5 008 000＋(－108 000)＝4 900 000(元)

同时，

借：投资收益 108 000

贷：资本公积——其他资本公积——公允价值变动 108 000

应从所有者权益中转出的公允价值累计变动额＝192 000－300 000＝－108 000(元)

**【例 9—5】** 2×09 年 1 月 1 日，甲银行支付价款 1 000 000 元（含交易费用）从上海证券交易所购入 A 公司同日发行的 5 年期公司债券 12 500 份，债券票面价值总额为 1 250 000 元，票面年利率为 4.72%，于年末支付本年度债券利息（即每年利息为 59 000 元），本金在债券到期时一次性偿还。甲银行没有意图将该债券持有至到期，划分为可供出售金融资产。

其他资料如下：

(1) 2×09 年 12 月 31 日，A 公司债券的公允价值为 1 200 000 元（不含利息）。

(2) 2×10 年 12 月 31 日，A 公司债券的公允价值为 1 300 000 元（不含利息）。

(3) 2×11 年 12 月 31 日，A 公司债券的公允价值为 1 250 000 元（不含利息）。

(4) 2×12 年 12 月 31 日，A 公司债券的公允价值为 1 200 000 元（不含利息）。

(5) 2×13 年 1 月 20 日，通过上海证券交易所出售了 A 公司债券 12 500 份，取得价款 1 260 000 元。

假定不考虑所得税、减值损失等因素。

计算该债券的实际利率 $r$。

$$59\,000\times(1+r)^{-1}+59\,000\times(1+r)^{-2}+59\,000\times(1+r)^{-3}+59\,000\times(1+r)^{-4}+(59\,000+125\,000)\times(1+r)^{-5}=1\,000\,000$$

采用插值法，计算得出 $r=10\%$。

表 9—3 单位：元

| 日期 | 现金流入 (a) | 实际利息收入 (b)＝期初 (d)×10% | 已收回的本金 (c)＝(a)－(b) | 摊余成本余额 (d)＝期初(d)－(c) |
|---|---|---|---|---|
| 2×09 年 1 月 1 日 | | | | 1 000 000 |
| 2×09 年 12 月 31 日 | 59 000 | 100 000 | －41 000 | 1 041 000 |
| 2×10 年 12 月 31 日 | 59 000 | 104 100 | －45 100 | 1 086 100 |
| 2×11 年 12 月 31 日 | 59 000 | 108 610 | －49 610 | 1 135 710 |
| 2×12 年 12 月 31 日 | 59 000 | 113 571 | －54 571 | 1 190 281 |
| 2×13 年 12 月 31 日 | 59 000 | 118 719* | －59 719 | 1 250 000 |
| 小计 | 295 000 | 545 000 | －250 000 | 1 250 000 |
| 2×13 年 12 月 31 日 | 1 250 000 | — | 1 250 000 | 0 |
| 合计 | 1 545 000 | 545 000 | 1 000 000 | — |
| 2×13 年 1 月 20 日 | 1 260 000 | 69 719** | 1 190 281 | 0 |

* 尾数调整：1 250 000＋59 000－1 190 281＝118 719（元）

** 尾数调整：1 260 000－1 190 281＝69 719（元）

根据表 9—3 中的数据，甲银行的有关账务处理如下。

(1) 2×09 年 1 月 1 日，购入 A 公司债券。

借：可供出售金融资产——成本 1 250 000
　贷：存放中央银行款项 1 000 000
　　可供出售金融资产——利息调整 250 000

(2) 2×09 年 12 月 31 日，确认 A 公司债券实际利息收入、公允价值变动，收到债券利息。

借：应收利息——A 公司 59 000
　可供出售金融资产——利息调整 41 000
　贷：投资收益 100 000

借：存放中央银行款项 59 000
　贷：应收利息——A 公司 59 000

借：可供出售金融资产——公允价值变动 200 000
　贷：资本公积——其他资本公积——公允价值变动 200 000

(3) 2×10 年 12 月 31 日，确认 A 公司债券实际利息收入、公允价值变动，收到债券利息。

借：应收利息——A 公司 59 000
　可供出售金融资产——利息调整 45 100
　贷：投资收益 104 100

借：存放中央银行款项　59 000
　贷：应收利息——A 公司　59 000
借：可供出售金融资产——公允价值变动　100 000
　贷：资本公积——其他资本公积——公允价值变动　100 000

（4）2×11 年 12 月 31 日，确认 A 公司债券实际利息收入、公允价值变动，收到债券利息。

借：应收利息——A 公司　59 000
　　可供出售金融资产——利息调整　49 610
　贷：投资收益　108 610
借：存放中央银行款项　59 000
　贷：应收利息——A 公司　59 000
借：资本公积——其他资本公积——公允价值变动　50 000
　贷：可供出售金融资产——公允价值变动　50 000

（5）2×12 年 12 月 31 日，确认 A 公司债券实际利息收入、公允价值变动，收到债券利息。

借：应收利息——A 公司　59 000
　　可供出售金融资产——利息调整　54 571
　贷：投资收益　113 571
借：存放中央银行款项　59 000
　贷：应收利息——A 公司　59 000
借：资本公积——其他资本公积——公允价值变动　50 000
　贷：可供出售金融资产——公允价值变动　50 000

（6）2×13 年 1 月 20 日，确认出售 A 公司债券实现的损益。

借：存放中央银行款项　1 260 000
　　可供出售金融资产——利息调整　59 719
　　投资收益　130 281
　贷：可供出售金融资产——成本　1 250 000
　　　　　　　　　　　——公允价值变动　200 000

A 公司债券的成本＝1 250 000（元）

A 公司债券的利息调整余额＝－250 000＋41 000＋45 100＋49 610＋54 571
＝－59 719（元）

A 公司债券公允价值变动余额＝200 000＋100 000－50 000－50 000
＝200 000（元）

同时，

借：资本公积——其他资本公积——公允价值变动　200 000
　贷：投资收益　200 000

应从所有者权益中转出的公允价值累计变动额＝200 000＋100 000－50 000－50 000＝200 000（元）

假定甲银行购买的 A 公司债券不是分次付息，而是到期一次还本付息，且利息不是以复利计算。此时，甲银行所购买 A 公司债券的实际利率 $r$ 计算如下：

$$(59\,000\times5+125\,000)\times(1+r)^{-5}=1\,000\,000$$

由此计算得出 $r\approx9.05\%$。

据此，调整表 9—3 中相关数据后得表 9—4。

**表 9—4** 单位：元

| 日期 | 现金流入 (a) | 实际利息收入 (b)＝期初 (d)×10% | 已收回的本金 (c)＝(a)－(b) | 摊余成本余额 (d)＝期初(d)－(c) |
|---|---|---|---|---|
| 2×09 年 1 月 1 日 | | | | 1 000 000 |
| 2×09 年 12 月 31 日 | 0 | 90 500 | －90 500 | 1 090 500 |
| 2×10 年 12 月 31 日 | 0 | 98 690.25 | －98 690.25 | 1 189 190.25 |
| 2×11 年 12 月 31 日 | 0 | 107 621.72 | －107 621.72 | 1 296 811.97 |
| 2×12 年 12 月 31 日 | 0 | 117 361.48 | －117 361.48 | 1 414 173.45 |
| 2×13 年 12 月 31 日 | 259 000 | 130 826.55* | 164 173.45 | 1 250 000 |
| 小计 | 295 000 | 545 000 | －250 000 | 1 250 000 |
| 2×13 年 12 月 31 日 | 1 250 000 | — | 1 250 000 | 0 |
| 合计 | 1 545 000 | 545 000 | 1 000 000 | — |
| 2×13 年 1 月 20 日 | 1 260 000 | －154 173.45** | 1 414 173.45 | 0 |

* 尾数调整：1 250 000＋259 000－1 414 173.45＝130 826.55（元）

** 尾数调整：1 260 000－1 414 173.45＝－154 173.45（元）

根据表 9—4 中的数据，甲银行的有关账务处理如下：

(1) 2×09 年 1 月 1 日，购入 A 公司债券。

借：可供出售金融资产——成本　1 250 000

　贷：存放中央银行款项　1 000 000

　　　可供出售金融资产——利息调整　250 000

(2) 2×09 年 12 月 31 日，确认 A 公司债券实际利息收入、公允价值变动。

借：可供出售金融资产——应计利息　59 000

　　　　　　　　　——利息调整　31 500

　贷：投资收益　90 500

借：可供出售金融资产——公允价值变动。　200 000

　贷：资本公积——其他资本公积——公允价值变动　200 000

(3) 2×10 年 12 月 31 日，确认 A 公司债券实际利息收入、公允价值变动。

借：可供出售金融资产——应计利息　59 000

　　　　　　　　　——利息调整　39 690.25

　贷：投资收益　98 690.25

借：可供出售金融资产——公允价值变动　100 000

　贷：资本公积——其他资本公积——公允价值变动　100 000

(4) 2×11 年 12 月 31 日，确认 A 公司债券实际利息收入、公允价值变动。

借：可供出售金融资产——应计利息　59 000

　　　　　　　　　——利息调整　48 621.72

　贷：投资收益　107 621.72

借：资本公积——其他资本公积——公允价值变动　50 000

　贷：可供出售金融资产——公允价值变动　50 000

(5) 2×12 年 12 月 31 日，确认 A 公司债券实际利息收入、公允价值变动，收到债券利息。

借：可供出售金融资产——应计利息　59 000
　　　　　　　　　——利息调整　58 361.48
　贷：投资收益　117 361.48
借：资本公积——其他资本公积——公允价值变动　50 000
　贷：可供出售金融资产——公允价值变动　50 000

(6) 2×13 年 1 月 20 日，确认出售 A 公司债券实现的损益。

借：存放中央银行款项　1 260 000
　　可供出售金融资产——利息调整　71 826.55
　　投资收益　354 173.45
　贷：可供出售金融资产——成本　1 250 000
　　　　　　　　　　　——应计利息　236 000
　　　　　　　　　　　——公允价值变动　200 000

A 公司债券的成本＝1 250 000(元)

A 公司债券的利息调整余额＝－250 000＋31 500＋39 690.25＋48 621.72＋58 361.48
＝－1 826.55(元)

A 公司债券的应计利息余额＝59 000＋59 000＋59 000＋59 000＝236 000(元)

A 公司债券公允价值变动余额＝200 000＋100 000－50 000－50 000
＝200 000(元)

出售 A 公司债券实现的损益＝1 260 000－(1 250 000－71 826.55＋236 000＋200 000)
＝1 260 000－1 614 173.45＝－354 173.55(元)

同时，

借：资本公积——其他资本公积——公允价值变动　200 000
　贷：投资收益　200 000

应从所有者权益中转出的公允价值累计变动额＝200 000＋100 000－50 000－50 000＝200 000(元)

## 四、金融资产之间重分类的处理

(1) 商业银行因持有的意图或能力发生改变，使某项投资不再适合划分为持有至到期投资的，应当将其重分类为可供出售金融资产，并以公允价值进行后续计量。重分类日，该投资的账面价值与其公允价值之间的差额计入所有者权益，在该可供出售金融资产发生减值或终止确认时转出，计入当期损益。

(2) 持有至到期投资部分出售或重分类的金额较大，且不属于例外情况，使该投资的剩余部分不再适合划分为持有至到期投资的，商业银行应当将该投资的剩余部分重分类为可供出售金融资产，并以公允价值进行后续计量。重分类日，该投资剩余部分的账面价值与其公允价值之间的差额计入所有者权益，在该可供出售金融资产发生减值或终止确认时转出，计入当期损益。

以上两种情形下的账务处理为：在重分类日，按持有至到期投资的公允价值，借记“可供出售金融资产——成本”科目；按其账面余额，贷记“持有至到期投资——成本、利息调整、应计利息”科目；按其差额，贷记或借记“资本公积——其他资本公积”科目。已计提减值准备的，还应同时结转减值准备，借记“资产减值准备——持有至到期投资”科目，贷记“资本公积——其他资本公积”科目。

**【例9—6】** 2×08年1月1日，甲银行从深圳证券交易所购入B公司债券100 000份，支付价款11 000 000元，债券票面价值总额为10 000 000元，剩余期限为5年，票面年利率为8%，于年末支付本年度债券利息。甲银行将持有B公司债券划分为持有至到期投资。

2×09年7月1日，甲银行为解决资金紧张问题，通过深圳证券交易所按每张债券101元出售B公司债券20 000份。当日，每份B公司债券的公允价值为101元、摊余成本为100元。

假定出售债券时不考虑交易费用及其他相关因素。

甲银行出售B公司债券20 000份的相关账务处理如下：

(1) 2×09年7月1日，出售B公司债券20 000份。

| | | |
|---|---|---|
| 借：存放中央银行款项 | 2 020 000 | |
| 贷：持有至到期投资——成本、利息调整 | | 2 000 000 |
| 投资收益 | | 20 000 |

(2) 2×09年7月1日，将剩余的80 000份B公司债券重分类为可供出售金融资产。

| | | |
|---|---|---|
| 借：可供出售金融资产——成本 | 8 080 000 | |
| 贷：持有至到期投资——成本、利息调整 | | 8 000 000 |
| 资本公积——其他资本公积——公允价值变动 | | 80 000 |

## 第四节 金融资产投资的减值

### 一、金融资产减值损失的确认

银行应当在资产负债表日对以公允价值计量且其变动计入当期损益的金融资产以外的金融资产（含单项金融资产或一组金融资产，下同）的账面价值进行检查，有客观证据表明该金融资产发生减值的，应当确认减值损失，计提减值准备。

表明金融资产发生减值的客观证据，是指金融资产初始确认后实际发生的、对该金融资产的预计未来现金流量有影响且商业银行能够对该影响进行可靠计量的事项。金融资产发生减值的客观证据，包括下列各项：

(1) 发行方或债务人发生严重财务困难；

(2) 债务人违反了合同条款，如偿付利息或本金发生违约或逾期等；

(3) 债权人出于经济或法律等因素的考虑，对发生财务困难的债务人作出让步；

(4) 债务人很可能倒闭或进行其他财务重组；

(5) 因发行方发生重大财务困难，该金融资产无法在活跃市场继续交易；

(6) 无法辨认一组金融资产中的某项资产的现金流量是否已经减少，但根据公开的数据对其进行总体评价后发现，该组金融资产自初始确认以来的预计未来现金流量确已减少且可计量，如该组金融资产的债务人支付能力逐步恶化，或债务人所在国家或地区失业率提高、担保物在其所在地区的价格明显下降、所处行业不景气等；

(7) 发行方经营所处的技术、市场、经济或法律环境等发生重大不利变化，使权益工具投资人可能无法收回投资成本；

(8) 权益工具投资的公允价值发生严重或非暂时性下跌；

(9) 其他表明金融资产发生减值的客观证据。

银行在根据以上客观证据判断金融资产是否发生减值损失时，应注意以下几点：

(1) 这些客观证据相关的事项（也称“损失事项”）必须影响金融资产的预计未来现金流量，并且能够可靠地计量。对于预期未来事项可能导致的损失，无论其发生的可能性有多大，均不能作为减值损失予以确认。

(2) 商业银行通常难以找到某项单独的证据来认定金融资产是否已发生减值，因而应综合考虑相关证据的总体影响进行判断。

(3) 债务人或金融资产发行方信用等级下降本身不足以说明商业银行所持的金融资产发生了减值。但是，如果商业银行将债务人或金融资产发行方的信用等级下降因素，与可获得的其他客观的减值依据联系起来，往往能够对金融资产是否已发生减值作出判断。

(4) 对于可供出售权益工具投资，其公允价值低于成本本身不足以说明可供出售权益工具投资已发生减值，而应当综合相关因素判断该投资公允价值的下降是不是严重的或非暂时性下跌的。同时，商业银行应当从持有可供出售权益工具投资的整个期间来判断。

(5) 如果权益工具投资在活跃市场上没有报价，从而不能根据其公允价值下降的严重程度或持续时间来进行减值判断时，应当综合考虑其他因素（例如，被投资单位经营所处的技术、市场、经济或法律环境）是否发生重大不利变化。

(6) 对于以外币计价的权益工具投资，商业银行在判断其是否发生减值时，应当将该投资在初始确认时以记账本位币反映的成本，与资产负债表日以记账本位币反映的公允价值进行比较，同时考虑其他相关因素。

## 二、金融资产减值损失的计量

### （一）持有至到期投资减值损失的计量

(1) 持有至到期投资以摊余成本进行后续计量，其发生减值时，应当将该金融资产的账面价值与预计未来现金流量现值之间的差额，确认为减值损失，计入当期损益。

以摊余成本计量的金融资产的预计未来现金流量现值，应当按照该金融资产的原实际利率折现确定，并考虑相关担保物的价值（取得和出售该担保物发生的费用应当予以扣除）。原实际利率是初始确认该金融资产时计算确定的实际利率。持有至到期投资，在计算未来现金流量现值时可采用合同规定的现行实际利率作为折现率。即使合同条款因债务人或金融资产发行方发生财务困难而重新商定或修改，在确认减值损失时，仍用条款修改前所计算的该金融资产的原实际利率计算。

(2) 对于存在大量性质类似且以摊余成本后续计量金融资产的银行，在考虑金融资产减值测试时，应当先将单项金额重大的金融资产区分开来，单独进行减值测试。如有客观证据表明其已发生减值，应当确认减值损失，计入当期损益。对单项金额不重大的金融资产，可以单独进行减值测试，或包括在具有类似信用风险特征的金融资产组合中进行减值测试。实务中，银行可以根据具体情况确定单项金额重大的标准。该项标准一经确定，应当一直运用，不得随意变更。

单独测试未发现减值的金融资产（包括单项金额重大和不重大的金融资产），应当包括在具有类似信用风险特征的金融资产组合中再进行减值测试。已单项确认减值损失的金融资产，不要包括在具有类似信用风险特征的金融资产组合中进行减值测试。

银行对金融资产采用组合方式进行减值测试时，应当注意以下方面：

1）应当将具有类似信用风险特征的金融资产组合在一起，例如可按资产类型、行业分布、区域分布、担保物类型、逾期状态等进行组合。

2）对于已包括在某金融资产组合中的某项特定资产，一旦有客观证据表明其发生了减值，则应当将其从该组合中分出来，单独确认减值损失。

3）在对某金融资产组合的未来现金流量进行预计时，应当以与其具有类似信用风险特征组合的历史损失率为基础。如果商业银行缺乏这方面的数据或经验不足，则应当尽量采用具有可比性的其他资产组合的经验数据，并作必要调整。商业银行应当对预计资产组合未来现金流量的方法和假设进行定期检查，以最大限度地消除损失预计数和实际发生数之间的差异。

(3) 对持有至到期投资等以摊余成本计量的金融资产确认减值损失后，如果有客观证据表明该金融资产价值已恢复，且客观上与确认该损失后发生的事项有关（如债务人的信用评级已提高等），应在原确认的减值损失范围内按已恢复的金额予以转回，计入当期损益。但是，该转回后的账面价值不应当超过假定不计提减值准备情况下该金融资产在转回日的摊余成本。

(4) 外币金融资产发生减值的，预计未来现金流量现值应先按外币确定，在计量减值时再按资产负债表日即期汇率折算为以记账本位币反映的金额。该项金额小于相关外币金融资产以记账本位币反映的账面价值的部分，确认为减值损失，计入当期损益。

(5) 持有至到期投资等金融资产确认减值损失后，利息收入应当按照减值损失时对未来现金流量进行折现采用的折现率作为利率计算确认。

(6) 持有至到期投资减值的账务处理。确定持有至到期投资发生减值的，按应减记的金额，借记“资产减值损失”科目，贷记“持有至到期投资减值准备”科目。

对于已确认减值损失的持有至到期投资，如有客观证据表明该金融资产价值已恢复，且客观上与确认该损失后发生的事项有关的，应在原确认的减值损失范围内按已恢复的金额，借记“持有至到期投资减值准备”等科目，贷记“资产减值损失”等科目。

**【例 9—7】** 2×09 年 1 月 1 日，甲银行支付价款 1 000 000 元（含交易费用）从上海证券交易所购入 A 公司同日发行的 5 年期公司债券 12 500 份，债券票面价值总额为 1 250 000 元，票面年利率为 4.72%，于年末支付本年度债券利息（即每年利息为 59 000 元），本金在债券到期时一次性偿还。合同约定：A 公司在遇到特定情况时可以将债券赎回，且不需要为提前赎回支付额外款项。甲银行在购买该债券时，预计 A 公司不会提前赎回。而且甲银行有意图也有能力将该债券持有至到期，因此划分为持有至到期投资。有关资料如下：

(1) 2×10 年 12 月 31 日，有客观证据表明 A 公司发生了严重财务困难，甲银行据此认定对 A 公司的债券投资发生了减值，并预期 2×11 年 12 月 31 日将收到利息 59 000 元，2×12 年 12 月 31 日将收到利息 59 000 元，但 2×13 年 12 月 31 日将仅收到本金 800 000 元。

(2) 2×11 年 12 月 31 日，收到 A 公司支付的债券利息 59 000 元。

(3) 2×12 年 12 月 31 日，收到 A 公司支付的债券利息 59 000 元，并且有客观证据表明 A 公司财务状况显著改善，A 公司的偿债能力有所恢复，估计 2×13 年 12 月 31 日将收到利息 59 000 元，本金 1 000 000 元。

(4) 2×13 年 12 月 31 日，收到 A 公司支付的债券利息 59 000 元和偿还的本金 1 000 000 元。

假定不考虑所得税因素。

计算该债券的实际利率 $r$：

$$59\,000\times(1+r)^{-1}+59\,000\times(1+r)^{-2}+59\,000\times(1+r)^{-3}$$
$$+59\,000\times(1+r)^{-4}+(59\,000+125\,000)\times(1+r)^{-5}$$
$$=1\,000\,000$$

采用插值法，计算得出 $r=10\%$。

**表 9—5**　　　　单位：元

| 日期 | 现金流入 (a) | 实际利息收入 (b)＝期初 (d)×10% | 已收回的本金 (c)＝(a)－(b) | 摊余成本余额 (d)＝期初(d)－(c) |
|---|---|---|---|---|
| 2×09 年 1 月 1 日 | | | | 1 000 000 |
| 2×09 年 12 月 31 日 | 59 000 | 100 000 | −41 000 | 1 041 000 |
| 2×10 年 12 月 31 日 | 59 000 | 104 100 | −45 100 | 1 086 100 |
| 减值损失 | | | *382 651.47* | *703 448.53* |
| 2×11 年 12 月 31 日 | 59 000 | 108 610<br>*70 344.85* | −49 610<br>*−11 344.85* | 1 135 710<br>*714 793.38* |
| 2×12 年 12 月 31 日 | 59 000 | 113 571<br>*71 479.34* | −54 571<br>*−12 479.34* | 1 190 281<br>*727 272.72* |
| 减值恢复 | | | *−382 651.47* | *1 109 924.19* |
| 2×13 年 12 月 31 日 | 59 000 | 118 719*<br>*−50 924.19* ** | −59 719<br>*109 924.19* | 1 250 000<br>*1 000 000* |
| 小计 | 295 000<br>*295 000* | 545 000<br>*295 000* | −250 000<br>*0* | 1 250 000<br>*1 000 000* |
| 2×13 年 12 月 31 日 | 1 250 000<br>*1 000 000* | —<br>— | 1 250 000<br>*1 000 000* | 0<br>*0* |
| 合计 | 1 545 000<br>*1 295 000* | 545 000<br>*295 000* | 1 000 000<br>*1 000 000* | —<br>— |

* 尾数调整：1 250 000＋59 000－1 190 281＝118 719（元）

** 尾数调整：1 000 000＋59 000－1 109 924.19＝－50 924.19（元）

注：表中斜体数据表示计提减值准备后及恢复减值后应存在的数字。

根据表 9—5 中的数据，甲银行有关账务处理如下：

(1) 2×09 年 1 月 1 日，购入 A 公司债券。

借：持有至到期投资——A 公司债券——成本　　1 250 000

　贷：存放中央银行款项　　1 000 000

持有至到期投资——A 公司债券——利息调整 250 000

(2) 2×09 年 12 月 31 日，确认 A 公司债券实际利息收入、收到债券利息。

借：应收利息——A 公司 59 000

持有至到期投资——A 公司债券——利息调整 41 000

贷：投资收益——A 公司债券 100 000

借：存放中央银行款项 59 000

贷：应收利息——A 公司 59 000

(3) 2×10 年 12 月 31 日，确认 A 公司债券实际利息收入、收到债券利息。

借：应收利息——A 公司 59 000

持有至到期投资——A 公司债券——利息调整 45 100

贷：投资收益——A 公司债券 104 100

借：存放中央银行款项 59 000

贷：应收利息——A 公司 59 000

根据金融工具确认和计量准则规定，2×10 年 12 月 31 日甲银行对 A 公司债券应确认的减值损失按该日确认减值损失前的摊余成本与未来现金流量现值之间的差额确定。

根据表 9—5 可知：

1) 2×10 年 12 月 31 日，未确认减值损失前，甲银行对 A 公司债券投资的摊余成本为1 086 100 元。

2) 2×10 年 12 月 31 日，甲银行预计从对 A 公司债券投资中将收到的现金流量的现值计算如下：

$$59\,000\times(1+10\%)^{-1}+59\,000\times(1+10\%)^{-2}+800\,000\times(1+10\%)^{-3}$$
$$=53\,636.36+48\,760.33+601\,051.84$$
$$=703\,448.53(\text{元})$$

3) 2×10 年 12 月 31 日，甲银行应对 A 公司债券投资确认的减值损失＝1 086 100－703 448.53＝382 651.47 元。

4) 2×10 年 12 月 31 日，确认 A 公司债券投资的减值损失。

借：资产减值损失——持有至到期投资——A 公司债券 382 651.47

贷：持有至到期投资减值准备——A 公司债券 382 651.47

(4) 2×11 年 12 月 31 日，确认 A 公司债券实际利息收入、收到债券利息。

借：应收利息——A 公司 59 000

持有至到期投资——A 公司债券——利息调整 11 344.85

贷：投资收益——A 公司债券 70 344.85

2×11 年 12 月 31 日，应确认 A 公司债券实际利息收入＝703 448.53×10%＝70 344.85 元。

借：存放中央银行款项 59 000

贷：应收利息——A 公司 59 000

(5) 2×12 年 12 月 31 日，确认 A 公司债券实际利息收入、收到债券利息。

借：应收利息——A 公司 59 000

持有至到期投资——A 公司债券——利息调整 12 479.34

贷：投资收益——A 公司债券 71 479.34

借：存放中央银行款项　　59 000

　贷：应收利息——A 公司　　59 000

根据金融工具确认和计量准则的规定，2×12 年 12 月 31 日甲银行对 A 公司债券转回减值损失后的账面价值不应当超过假定不计提减值准备情况下该金融资产在转回日的摊余成本。

根据表 9—5 可知：

1）2×12 年 12 月 31 日，假定不计提减值准备情况下 A 公司债券投资的摊余成本为1 190 281 元。

2）2×12 年 12 月 31 日，甲银行可对 A 公司债券投资转回的减值准备金额＝382 651.47 元，小于 1 190 281－727 272.72＝463 008.28 元。

3）2×12 年 12 月 31 日，确认 A 公司债券投资减值损失的转回。

借：持有至到期投资减值准备——A 公司债券　　382 651.47

　贷：资产减值损失——持有至到期投资——A 公司债券　　382 651.47

（6）2×13 年 12 月 31 日，确认 A 公司债券实际利息收入、收到债券利息和本金。

借：应收利息——A 公司　　59 000

　　投资收益——A 公司债券　　50 924.19

　贷：持有至到期投资——A 公司债券——利息调整　　109 924.19

借：存放中央银行款项　　59 000

　贷：应收利息——A 公司　　59 000

借：存放中央银行款项　　1 000 000

　　投资收益——A 公司债券　　250 000

　贷：持有至到期投资——A 公司债券——成本　　1 250 000

### （二）可供出售金融资产减值损失的计量

（1）可供出售金融资产发生减值时，即使该金融资产没有终止确认，原直接计入所有者权益中的因公允价值下降形成的累计损失，也应当予以转出，计入当期损益。该转出的累计损失，等于可供出售金融资产的初始取得成本扣除已收回本金、已摊余金额、当前公允价值和原已计入损益的减值损失后的余额。

在活跃市场中没有报价且其公允价值不能可靠计量的权益工具投资，发生减值时，应当将该权益工具投资或衍生金融资产的账面价值，与按照类似金融资产当时市场收益率对未来现金流量折现确定的现值之间的差额，确认为减值损失，计入当期损益。与该权益工具挂钩并须通过交付该权益工具结算的衍生金融资产发生减值的，也应当采用类似的方法确认减值损失。

（2）对于已确认减值损失的可供出售债务工具，在随后的会计期间公允价值已上升且客观上与确认原减值损失后发生的事项有关的，应在原确认的减值损失范围内按已恢复的金额予以转回，计入当期损益。

（3）可供出售权益工具投资发生的减值损失，不得通过损益转回（即通过资本公积转回）。但是，在活跃市场中没有报价且其公允价值不能可靠计量的权益工具投资，或与该权益工具挂钩并须通过交付该权益工具结算的衍生金融资产发生的减值损失，不得转回。

（4）可供出售金融资产减值的账务处理。确定可供出售金融资产发生减值的，按应减记的金额，借记“资产减值损失”科目；按应从所有者权益中转出原计入资本公积的累计损失金额，贷记“资本公积——其他资本公积”科目；按其差额，贷记“可供出售金融资产——减值准备”科目。

对于已确认减值损失的可供出售金融资产，在随后会计期间内公允价值已上升且客观上与确认原减值损失后发生的事项有关的，应在原确认的减值损失范围内按已恢复的金额，借记“可供出售金融资产——减值准备”等科目，贷记“资产减值损失”科目。但可供出售金融资产为股票等权益工具投资（不含在活跃市场中没有报价且其公允价值不能可靠计量的权益工具投资）的，借记“可供出售金融资产——减值准备”等科目，贷记“资本公积——其他资本公积”科目。

**【例 9—8】** 2×09 年 1 月 1 日，甲银行支付价款 1 000 000 元（含交易费用）从上海证券交易所购入 A 公司同日发行的 5 年期公司债券 12 500 份，债券票面价值总额为 1 250 000 元，票面年利率为 4.72%，于年末支付本年度债券利息（即每年利息为 59 000 元），本金在债券到期时一次性偿还。甲银行没有意图将该债券持有至到期，划分为可供出售金融资产。

其他资料如下：

（1）2×09 年 12 月 31 日，A 公司债券的公允价值为 900 000 元（不含利息），A 公司仍可支付债券当年的利息。

（2）2×10 年，由于产品缺乏竞争力、内部管理松懈，A 公司财务状况恶化，但仍可支付债券当年的利息。2×10 年 12 月 31 日，A 公司债券的公允价值为 750 000 元（不含利息）。甲银行预计如果 A 公司不采取有效措施，该债券的公允价值会持续下跌。

（3）2×11 年 12 月 31 日，A 公司债券的公允价值下跌为 700 000 元（不含利息），A 公司仍可支付债券当年的利息。

（4）2×12 年，A 公司通过加强管理、技术创新和产品结构调整，财务状况有了显著改善。2×12 年 12 月 31 日，A 公司债券的公允价值上升为 1 200 000 元（不含利息），A 公司仍可支付债券当年的利息。

（5）2×13 年 1 月 20 日，甲银行通过上海证券交易所出售了 A 公司债券 12 500 份，取得价款 1 260 000 元。

假定不考虑所得税等因素。

计算该债券的实际利率 $r$：

$$
\begin{aligned}
&59\,000\times(1+r)^{-1}+59\,000\times(1+r)^{-2}+59\,000\times(1+r)^{-3}\\
&+59\,000\times(1+r)^{-4}+(59\,000+125\,000)\times(1+r)^{-5}\\
=&1\,000\,000
\end{aligned}
$$

采用插值法，计算得出 $r=10\%$。

**表 9—6** 单位：元

| 日期 | 现金流入 (a) | 实际利息收入 (b)=期初 (d)×10% | 已收回的本金 (c)=(a)−(b) | 摊余成本余额 (d)=期初(d)−(c) |
|---|---|---|---|---|
| 2×09 年 1 月 1 日 | | | | 1 000 000 |
| 2×09 年 12 月 31 日 | 59 000 | 100 000 | −41 000 | 1 041 000 |
| 2×10 年 12 月 31 日 | 59 000 | 104 100 | −45 100 | 1 086 100 |

续前表

| 日期 | 现金流入(a) | 实际利息收入(b)=期初(d)×10% | 已收回的本金(c)=(a)-(b) | 摊余成本余额(d)=期初(d)-(c) |
|---|---|---|---|---|
| 减值损失 | | | *250 000* | *836 100* |
| 2×11年12月31日 | 59 000 | 108 610<br>*83 610* | -49 610<br>*-24 610* | 1 135 710<br>*860 710* |
| 减值损失 | | | *50 000* | *810 710* |
| 2×12年12月31日 | 59 000 | 113 571<br>*81 071* | -54 571<br>*-22 071* | 1 190 281<br>*832 781* |
| 减值损失转回 | | | *-300 000* | *1 132 781* |
| 2×13年12月31日 | 59 000 | 118 719* | -59 719 | 1 250 000 |
| 小计 | 295 000 | 545 000 | -250 000 | 1 250 000 |
| 2×13年12月31日 | 1 250 000 | — | 1 250 000 | 0 |
| 合计 | 1 545 000 | 545 000 | 1 000 000 | — |
| 2×13年1月20日 | 1 260 000 | 127 219** | 1 132 781 | 0 |

* 尾数调整：1 250 000+59 000-1 109 281=118 719（元）
** 尾数调整：1 260 000-1 132 781=127 219（元）
注：表中斜体数据表示计提减值准备后及恢复减值后应存在的数字。

根据表 9—6 中的数据，甲银行的有关账务处理如下：

（1）2×09 年 1 月 1 日，购入 A 公司债券。

借：可供出售金融资产——A 公司债券——成本　　1 250 000
　贷：存放中央银行款项　　1 000 000
　　可供出售金融资产——A 公司债券——利息调整　　250 000

（2）2×09 年 12 月 31 日，确认 A 公司债券实际利息收入、公允价值变动，收到债券利息。

借：应收利息——A 公司　　59 000
　可供出售金融资产——A 公司债券——利息调整　　41 000
　贷：投资收益——A 公司债券　　100 000
借：存放中央银行款项　　59 000
　贷：应收利息——A 公司　　59 000
借：资本公积——其他资本公积——公允价值变动——A 公司债券　　100 000
　贷：可供出售金融资产——A 公司债券——公允价值变动　　100 000

（3）2×10 年 12 月 31 日，确认 A 公司债券实际利息收入、资产减值损失，收到债券利息。

借：应收利息——A 公司　　59 000
　可供出售金融资产——A 公司债券——利息调整　　45 100
　贷：投资收益——A 公司债券　　104 100
借：存放中央银行款项　　59 000
　贷：应收利息——A 公司　　59 000
借：资产减值损失——可供出售金融资产——A 公司债券　　250 000

贷：可供出售金融资产——A公司债券——减值准备　150 000
资本公积——其他资本公积——公允价值变动——A公司债券　100 000

由于A公司债券的公允价值预计会持续下跌，甲银行应对其确认减值损失＝900 000－750 000＋100 000＝250 000元。

(4) 2×11年12月31日，确认A公司债券实际利息收入、资产减值损失，收到债券利息。

借：应收利息——A公司　59 000
可供出售金融资产——A公司债券——利息调整　24 610
贷：投资收益——A公司债券　83 610

借：存放中央银行款项　59 000
贷：应收利息——A公司　59 000

借：资产减值损失——可供出售金融资产——A公司债券　50 000
贷：可供出售金融资产——A公司债券——减值准备　50 000

(5) 2×12年12月31日，确认A公司债券实际利息收入、减值损失转回、公允价值变动，收到债券利息。

借：应收利息——A公司　59 000
可供出售金融资产——A公司债券——利息调整　22 071
贷：投资收益——A公司债券　81 071

借：存放中央银行款项　59 000
贷：应收利息——A公司　59 000

借：可供出售金融资产——A公司债券——减值准备　200 000
——公允价值变动　100 000
贷：资产减值损失——可供出售金融资产——A公司债券　300 000

确认原减值损失的转回＝250 000＋50 000＝300 000(元)

借：可供出售金融资产——A公司债券——公允价值变动　200 000
贷：资本公积——其他资本公积——公允价值变动——A公司债券　200 000

公允价值变动＝1200 000－(700 000＋300 000)＝200 000(元)

(6) 2×13年1月20日，确认出售A公司债券实现的损益。

借：存放中央银行款项　1 260 000
可供出售金融资产——A公司债券——利息调整　117 219
投资收益——A公司债券　72 781
贷：可供出售金融资产——A公司债券——成本　1 250 000
——公允价值变动　200 000

A公司债券的成本＝1 250 000(元)

A公司债券的利息调整余额＝－250 000＋41 000＋45 100＋24 610＋22 071
＝－117 219(元)

A公司债券公允价值变动余额＝－100 000＋100 000＋200 000＝200 000(元)

A公司债券减值准备余额＝－150 000－50 000＋200 000＝0(元)

同时，

借：资本公积——其他资本公积——公允价值变动——A公司债券　200 000

　贷：投资收益——A公司债券　200 000

应从所有者权益中转出的公允价值累计变动额＝100 000－100 000＋200 000
＝200 000(元)

**【例9—9】**　2×09年5月20日，甲银行从深圳证券交易所购入乙公司股票1 000 000股，占乙公司有表决权股份的5%，支付价款合计5 080 000元，其中，证券交易税等交易费用8 000元，已宣告发放现金股利72 000元。甲银行没有在乙公司董事会中派出代表，甲银行将其划分为可供出售金融资产。

2×09年6月20日，甲银行收到乙公司发放的2×08年现金股利72 000元。

2×09年6月30日，乙公司的股票收盘价跌为每股4.20元，甲银行预计乙公司股票价格下跌是暂时的。

2×09年12月31日，乙公司股票收盘价继续下跌为每股3.90元。

2×10年4月20日，乙公司宣告发放2×09年现金股利2 000 000元。

2×10年5月10日，甲银行收到乙公司发放的2×09年现金股利。

2×10年6月30日，乙公司财务状况好转，业绩较上年有较大提升，乙公司股票收盘价上涨为每股4.50元。

2×10年12月31日，乙公司股票收盘价继续上涨为每股5.50元。

2×11年1月10日，甲银行以每股6.50元的价格将股票全部转让。

假定不考虑其他因素。

甲银行的账务处理如下：

(1) 2×09年5月20日，购入乙公司股票1 000 000股。

借：可供出售金融资产——乙公司股票——成本　5 008 000

　　应收股利——乙公司　72 000

　贷：存放中央银行款项　5 080 000

乙公司股票的单位成本＝(5 080 000－72 000)÷1 000 000＝5.008(元/股)

(2) 2×09年6月20日，收到乙公司发放的2×08年现金股利72 000元。

借：存放中央银行款项　72 000

　贷：应收股利——乙公司　72 000

(3) 2×09年6月30日，确认乙公司股票公允价值变动。

借：资本公积——其他资本公积——公允价值变动　808 000

　贷：可供出售金融资产——乙公司股票——公允价值变动　808 000

公允价值变动＝(4.20－5.008)×1 000 000＝－808 000(元)

(4) 2×09年12月31日，确认乙公司股票减值损失。

借：资产减值损失——可供出售金融资产——乙公司股票　1 108 000

　贷：资本公积——其他资本公积——公允价值变动　808 000

　　　可供出售金融资产——乙公司股票——减值准备　300 000

公允价值变动＝(3.90－4.20)×1 000 000＝－300 000(元)

乙公司股票减值损失＝300 000＋808 000＝1 108 000(元)

(5) 2×10 年 4 月 20 日，确认乙公司发放的 2×09 年现金股利中应享有的份额。

借：应收股利——乙公司　　100 000

　贷：投资收益——乙公司股票　　100 000

应享有乙公司发放的 2×09 年现金股利的份额＝2 000 000×5％
＝100 000(元)

(6) 2×10 年 5 月 10 日，收到乙公司发放的 2×09 年现金股利。

借：存放中央银行款项　　100 000

　贷：应收股利——乙公司　　100 000

(7) 2×10 年 6 月 30 日，乙公司财务状况好转，确认乙公司股票公允价值变动。

借：可供出售金融资产——乙公司股票——公允价值变动　　600 000

　贷：资本公积——其他资本公积——公允价值变动　　600 000

公允价值变动＝(4.50－3.90)×1 000 000＝600 000(元)

(8) 2×10 年 12 月 31 日，确认乙公司股票公允价值变动。

借：可供出售金融资产——乙公司股票——公允价值变动　　1 000 000

　贷：资本公积——其他资本公积——公允价值变动　　1 000 000

公允价值变动＝(5.50－4.50)×1 000 000＝1 000 000(元)

(9) 2×11 年 1 月 10 日，出售乙公司股票 1 000 000 股。

借：存放中央银行款项　　6 500 000

　　可供出售金融资产——乙公司股票——减值准备　　300 000

　贷：可供出售金融资产——乙公司股票——成本　　5 008 000

　　　　　　　　　　　　　　　　　——公允价值变动　　792 000

　　　投资收益——乙公司股票　　1 000 000

乙公司股票出售价格＝6.50×1 000 000＝6 500 000(元)

乙公司股票成本＝5 008 000(元)

乙公司股票减值准备＝－300 000(元)

乙公司股票公允价值变动＝－808 000＋600 000＋1 000 000＝792 000(元)

出售乙公司股票时的账面余额＝5 008 000－300 000＋792 000＝5 500 000(元)

同时，

借：资本公积——其他资本公积——公允价值变动　　1 600 000

　贷：投资收益——乙公司股票　　1 600 000

应从所有者权益中转出的公允价值累计变动额＝－808 000＋808 000＋600 000＋1 000 000
＝1 600 000(元)

## □ 复习思考题

1. 商业银行如何确认交易性金融资产的投资收益?
2. 持有至到期投资与长期股权投资相比，有何特点?
3. 简述持有至到期投资的利息处理以及溢折价的摊销。
4. 简述可供出售金融资产的核算。

# 第十章 Chapter 10 其他资产负债业务核算

**学习目标：**

熟悉固定资产的概念和基本特征、确认条件、初始计量、后续计量的会计核算；

掌握固定资产折旧的概念和折旧的计提范围、折旧方法和账务处理；

掌握在建工程的核算，以及相关账务处理和固定资产减值的确认；

熟悉固定资产后续支出的处理要求；

熟悉无形资产的概念和基本特征，掌握无形资产的初始计量；

掌握无形资产摊销的规定，无形资产的报废和处置的账务处理；

掌握应付债券的计量和账务处理。

**重点难点：**

固定资产的折旧和减值的会计处理；

应付债券的计量和账务处理。

## 第一节 固定资产的核算

### 一、固定资产的概念与特征

固定资产通常是指使用期限较长、单位价值较高，并且在使用过程中保持原有实物形态的有形资产。我国会计准则关于固定资产的规定为，固定资产是指同时具有下列特征的有形资产：（1）为生产商品、提供劳务、出租或经营管理持有的；（2）使用年限超过一个会计年度的。从该定义可以看出固定资产具有以下三个特征：

第一，固定资产是为生产商品、提供劳务、出租或经营管理持有而不是以出售为目的。企业的各种备用的器件和维修设备通常确认为存货，但某些备品备件和维修设备需要与相关固定资产组合发生效用，比如民用航空运输企业的高价周转件，应当确认为固定资产。“出租”不包括作为投资性房地产的、以经营租赁方式租出的建筑物。作为投资性房地产的建筑物，其会计处理适用于《企业会计准则第3号——投资性房地产》。“持有”可能是该企业拥有对该资产的所有权，也可能是法律形式上并不拥有对该资产的所有权，而实质上企业能够控制该资产，如以融资租赁方式租入的固定资产。

第二，固定资产的使用年限超过一个会计年度。固定资产的使用年限是指企业使用固定资产的预计期间，或者该固定资产所能够生产产品或提供劳务的数量。

第三，固定资产为有形资产。固定资产具有实物特征，该特征将固定资产与无形资产区别开来。无形资产与固定资产的根本区别是其没有实物形态。

## 二、固定资产的分类

为加强对固定资产的管理，便于组织会计核算，企业要根据不同的管理需要和核算要求以及不同的分类标准，对固定资产进行不同的分类，主要有以下几种分类方法。

### （一）按照经济用途分类

按经济用途，固定资产可以分为生产经营用固定资产和非生产经营用固定资产。

（1）生产经营用固定资产是指直接服务于企业生产、经营过程的各种固定资产。如生产经营用的房屋、建筑物、机器、设备、器具、工具等。

（2）非生产经营用固定资产是指不直接服务于生产、经营过程的各种固定资产。如职工宿舍、食堂、健身房等使用的房屋、设备和其他固定资产等。

### （二）按固定资产使用情况分类

按使用情况，固定资产可分为使用中固定资产、未使用固定资产和不需用固定资产。

（1）使用中固定资产是指正在使用中的经营性和非经营性固定资产。暂时停止使用的固定资产仍属于企业使用中的固定资产；企业因经营性租赁出租给其他单位使用的固定资产和内部替换使用的固定资产也属于使用中的固定资产。

（2）未使用固定资产是指已完工或已购建的尚未交付使用的新增固定资产以及因进行改建、扩建等原因暂停使用的固定资产。如企业购建的尚待安装的固定资产、由于经营任务变更停止使用的固定资产等。

（3）不需用固定资产是指本企业多余或不适用的各种固定资产。

### （三）按固定资产的所有权分类

按所有权归属，固定资产可分为自有固定资产和租入固定资产。

（1）自有固定资产是指企业拥有的可供企业自由支配使用的固定资产。

（2）租入固定资产是指企业采用融资租赁方式从其他单位租入的固定资产。

### （四）综合分类

按经济用途、使用情况和所有权归属等标准进行综合分类，可把企业的固定资产分为七大类：

（1）生产经营用固定资产。

（2）非生产经营用固定资产。

（3）经营性租赁方式下租出固定资产。

（4）不需用固定资产。

（5）未使用固定资产。

（6）土地，指过去已经估价单独入账的土地。因征地而支付的补偿费，应计入与土地有关的房屋、建筑物的价值内，不单独作为土地价值入账。企业取得的土地使用权不能作为固定资产管理。

（7）融资租入固定资产，指企业以融资租赁方式租入的固定资产，在租赁期内，应视同自有固定资产进行管理。

商业银行企业可以根据各自的具体情况和经营管理、会计核算的需要进行必要的分类，制定适合本企业实际情况的固定资产目录、每类或每项固定资产的折旧年限及折旧方法，作为固定资产核算的依据。

## 三、固定资产的初始计量

固定资产应当按照成本进行初始计量。这里的成本指历史成本，即原始价值。由于固定资产价值较大，使用期限较长，其价值会随着尚可使用期限的缩短而逐渐减少，因此还需要揭示固定资产的折余价值。固定资产的计价主要有三种方法：历史成本、重置完全价值和净值。

固定资产的历史成本是指企业购建某项固定资产达到预定可使用状态前所发生的一切合理、必要的支出。企业新购建固定资产的计价、确定计提折旧的依据等均采用这种计价方法。其主要优点是具有客观性和可验证性，也就是说，按这种计价方法确定的价值，均是实际发生并有支付凭据的支出。正是由于这种计价方法具有客观性和可验证性的特点，它被作为固定资产的基本计价标准。在我国会计实务中，固定资产的计价均采用历史成本。但当经济环境和市场物价水平发生变化时，历史成本法确定的原价就不能反映固定资产的真实价值了。

重置完全价值是指在现时的生产技术和市场条件下，重新购置同样的固定资产所需要支付的全部代价。重置完全价值所反映的是固定资产的现时价值，理论上讲比原始价值计价更合理。但由于重置完全价值本身经常变化，在会计实务中不具有可操作性，因此，重置完全价值只能作为固定资产的一个辅助计价标准来使用。

固定资产净值亦称折余价值，是指固定资产原始价值或重置完全价值减去已提折旧后的净额。它可以反映企业实际占用在固定资产上的资金数额和固定资产的新旧程度。这种计价方法主要用于计算盘盈、盘亏等固定资产的溢余或损失等。

固定资产同时满足下列条件的，才能予以确认：（1）与该固定资产有关的经济利益很可能流入企业；（2）该固定资产的成本能够可靠地计量。固定资产的各组成部分具有不同使用年限或者以不同方式为企业提供经济利益，适用不同折旧率或折旧方法的，应当分别将各组成部分确认为单项固定资产。

商业银行企业取得的固定资产，按其来源不同分为：外购的固定资产、自行建造的固定资产、投资者投入的固定资产、融资租赁方式租入的固定资产、债务重组中取得的固定资产、接受捐赠的固定资产以及盘盈的固定资产等。商业银行企业应当分别按照不同来源进行会计处理。

### （一）购置固定资产的核算

外购固定资产的成本，包括购买价款、进口关税和其他税费，以及使固定资产达到预定可使用状态前所发生的可归属于该项资产的场地整理费、运输费、装卸费、安装费和专业人员服务费等。

以一笔款项购入多项没有单独标价的固定资产，应当按照各项固定资产公允价值比例对总成本进行分配，分别确定各项固定资产的成本。

购买固定资产的价款超过正常信用条件延期支付、实质上具有融资性质的，固定资产的成本以购买价款的现值为基础确定。实际支付的价款与购买价款的现值之间的差额，除按照《企业会计准则第 17 号——借款费用》应予资本化的以外，应当在信用期间计入当期损益。应计入固定资产成本的借款费用，则按照《企业会计准则第 17 号——借款费用》处理。

商业银行企业设置"固定资产"科目，核算企业持有的固定资产原价。建造承包商的临时设施，以及企业购置计算机硬件所附带的、未单独计价的软件，也通过本科目核算。本科目可按固定资产类别和项目进行明细核算。融资租入的固定资产，可在本科目设置"融资租入固定资产"明细科目。本科目期末借方余额，反映企业固定资产的原价。

（1）作为商业银行企业购入不需要安装的固定资产，按购入时实际支付的买价、包装费、运输费、增值税、进口关税等相关税费，作为计入固定资产成本的金额，借记"固定资产"科目，贷记"银行存款"等科目。

**【例 10—1】**　甲商业银行购入一台不需要安装的设备，发票注明价格 100 000 元，增值税额 17 000 元，另外发生运费 2 000 元，款项以银行存款支付。

甲商业银行应做如下账务处理：

借：固定资产　　119 000

　　贷：银行存款　　119 000

（2）商业银行企业购入需要安装的固定资产，按购入时实际支付的买价、包装费、运输费、增值税、进口关税等相关税费，借记"在建工程"科目核算，待安装完毕使固定资产达到预定可使用状态时，再借记"固定资产"科目，贷记"在建工程"科目。

**【例 10—2】**　甲商业银行购入一台需要安装的计算机数据处理设备，取得的增值税专用发票上注明的设备买价为 200 000 元，增值税额为 34 000 元，另外支付的运输费为2 000 元。安装设备时，另购买材料物资价值 1 500 元，购进该批材料支付的增值税额为 255 元，另外支付工资 2 500 元。

甲商业银行应做如下账务处理：

1）支付设备价款、税款、运输费时。

借：在建工程——计算机数据处理设备安装工程　　236 000

　　贷：银行存款　　236 000

2）购买安装材料、支付工资等费用时。

借：在建工程——计算机数据处理设备安装工程　　4 255
　贷：银行存款　　1 755
　　应付职工薪酬——工资　　2 500

3）设备安装完毕达到预定可使用状态时，汇总工程开支 240 255 元。

借：固定资产　　240 255
　贷：在建工程——计算机数据处理设备安装工程　　240 255

（3）购入固定资产超过正常信用条件延期支付价款、实质上具有融资性质的，按应付购买价款的现值，借记“固定资产”或“在建工程”科目；按应支付的金额，贷记“长期应付款”科目；按其差额，借记“未确认融资费用”科目。

**（二）自行建造固定资产的核算**

自行建造固定资产的成本，由建造该项资产达到预定可使用状态前所发生的必要支出构成。

商业银行企业设置“在建工程”科目，本科目期末借方余额，反映企业尚未达到预定可使用状态的在建工程的成本。

商业银行企业采用出包方式建造的固定资产，应按支出给承包单位的工程价款作为该固定资产的成本。企业发包的在建工程，应按合理估计的发包工程进度和合同规定结算的进度款，借记“在建工程”科目，贷记“银行存款”等科目。将设备交付建造承包商建造安装时，借记“在建工程——在安装设备”科目，贷记“工程物资”科目。工程完成时，按合同规定补付的工程款，借记“在建工程”科目，贷记“银行存款”科目。达到预定可使用状态时，按实际发生的全部支出，借记“固定资产”科目，贷记“在建工程”科目。

**【例 10—3】** 2×08 年 3 月 8 日，甲商业银行将一幢办公楼房的装修工程出包给乙公司，按规定先向承包单位预付工程价款 500 000 元，以银行存款转账支付。2×08 年 6 月 4 日，工程达到预定可使用状态后，收到承包单位的有关工程结算单据，补付工程款 150 000 元，以银行存款转账支付。2×08 年 6 月 5 日，工程达到预定可使用状态经验收后交付使用，企业将该工程转入固定资产项目核算。

甲商业银行应做如下账务处理：

（1）2×08 年 3 月 8 日预付工程款时。

借：在建工程——装修工程　　500 000
　贷：银行存款　　500 000

（2）2×08 年 6 月 4 日企业补付工程款时。

借：在建工程——装修工程　　150 000
　贷：银行存款　　150 000

（3）2×08 年 6 月 5 日，工程达到预定可使用状态经验收后交付使用时。

借：固定资产　　650 000
　贷：在建工程——装修工程　　650 000

**（三）投资者投入固定资产的核算**

投资者投入固定资产的成本，应当按照投资合同或协议约定的价值确定，但合同或协议约定价值不公允的除外。

商业银行企业对投资者投资转入的固定资产，一方面反映本企业固定资产的增加，另一方面反映所有者权益的增加。

**【例 10—4】** 甲商业银行收到其他投资单位投入固定资产一台，该固定资产的账面原价为 200 000 元，计提折旧 50 000 元。甲商业银行接受投资时，双方同意按原固定资产的净值确认投资额。

甲商业银行应做如下账务处理：

借：固定资产　150 000

　贷：实收资本　150 000

**（四）盘盈固定资产的核算**

我国《企业会计准则第 4 号——固定资产》规定，企业财产清查中有盘盈固定资产的，应作为前期差错记入“以前年度损益调整”科目核算。

**【例 10—5】** 甲商业银行在固定资产清查中，发现一台电子仪器没有记录在账簿中。该仪器当前的市场价格为 8 000 元，根据其新旧程度，估计价值损耗为 3 000 元。

甲商业银行应作账务处理如下：

（1）盘盈电子仪器的入账价值为 5 000 元，登记入账。

借：固定资产　5 000

　贷：待处理财产损溢——待处理固定资产损溢　5 000

（2）报经批准后，盘盈电子仪器的价值转入“以前年度损益调整”科目。

借：待处理财产损溢——待处理固定资产损溢　5 000

　贷：以前年度损益调整　5 000

此外，需要说明的是，固定资产满足下列条件之一的，应当予以终止确认：

（1）该固定资产处于处置状态；

（2）该固定资产预期通过使用或处置不能产生经济利益。

## 四、固定资产的后续计量

**（一）固定资产折旧**

1. 折旧

企业的固定资产在使用过程中，由于损耗，其价值逐渐丧失。它的价值将随着固定资产的使用而逐渐转移到生产的产品成本中，或构成企业的费用。固定资产损耗包括有形损耗和无形损耗。有形损耗是指固定资产由于使用和自然力影响而引起的使用价值和价值的损失；无形损耗是指由于科学技术进步等引起的价值损失。随着固定资产损耗而逐渐转移的价值即称为固定资产的折旧。

固定资产折旧是在固定资产使用年限内，按照确定的方法对应计折旧额进行系统分摊。从本质上讲，折旧也是一种费用，只不过该项费用没有在计提期间付出实实在在的货币资金，但这种费用是前期已经发生的支出，而这种支出的收益在资产投入使用后的有效使用期内实现，根据权责发生制确认和计量的要求，遵从收入与费用配比原则，通过计提折旧才能正确计算企业的营业成本和损益。

2. 影响固定资产折旧的因素

影响固定资产折旧的因素主要有：固定资产原值、预计净残值和预计使用年限。

首先，固定资产原值是固定资产折旧的基础。折旧作为一种成本分摊，计算分配到各期的折旧额时首先应考虑的就是固定资产的取得成本，即固定资产原值。

其次，企业应当根据固定资产的性质和使用情况，合理确定固定资产的预计净残值。预计净残值是指假定固定资产预计使用年限已满并处于使用年限终了时的预期状态，企业目前从该项资产处置中获得的扣除预计处置费用后的金额。净残值不应分摊到固定资产的各服务期间，在计算固定资产应计折旧额时应予扣除。

应计折旧额是指应当计提折旧的固定资产的原价扣除其预计净残值后的金额。已计提减值准备的固定资产，还应当扣除已计提的固定资产减值准备累计金额。

由于固定资产应计折旧的计算是在固定资产报废之前，所以需要对未来的净残值预先予以估计。我国相关制度规定，固定资产预计净残值占固定资产原值的比例即预计净残值率为3%～5%。如果企业的某项固定资产净残值率预计低于3%或超过5%，需报经有关部门批准。企业持有待售的固定资产，应当对其预计净残值进行调整。

最后，企业应当根据固定资产的性质和使用情况，合理确定固定资产的使用年限。固定资产预计使用年限是固定资产应计折旧额的分摊期限，是固定资产的折旧年限。

企业确定固定资产使用年限，应当考虑下列因素：

(1) 预计生产能力或实物产量；

(2) 预计有形损耗和无形损耗；

(3) 法律或者类似规定对资产使用的限制。

需要说明的是，固定资产的使用年限、预计净残值一经确定，不得随意变更。但是，企业至少应当于每年年度终了，对固定资产的使用年限、预计净残值进行复核。使用年限预计数与原先估计数有差异的，应当调整固定资产使用年限。预计净残值预计数与原先估计数有差异的，应当调整预计净残值。固定资产使用年限、预计净残值的改变应当作为会计估计变更。

3. 计提折旧的固定资产范围

除了已提足折旧仍继续使用的固定资产、未提足折旧提前报废的固定资产和单独计价入账的土地以外，企业应当对所有固定资产计提折旧。

应计提折旧固定资产的具体范围包括：(1) 房屋和建筑物；(2) 机器设备、仪表仪器、运输工具、工具器具；(3) 融资租赁方式租入的固定资产；(4) 以经营租赁方式租出的固定资产。以融资租赁方式租入的固定资产和以经营租赁方式租出的固定资产，应当计提折旧；以融资租赁方式租出的固定资产和以经营租赁方式租入的固定资产，不应当计提折旧。已达到预定可使用状态但尚未办理竣工决算的固定资产，应当按照估计价值确定其成本，并计提折旧；待办理竣工决算后，再按实际成本调整原来的暂估价值，但不需要调整原已计提的折旧额。

融资租入的固定资产，应当采用与自有应计折旧资产相一致的折旧政策。能够合理确定租赁期届满时将会取得租赁资产所有权的，应当在租赁资产尚可使用年限内计提折旧；无法合理确定租赁期届满时能否取得租赁资产所有权的，应当在租赁期与租赁资产尚可使用年限两者中较短的期间内计提折旧。

企业因更新改造等原因而调整固定资产价值的，应当根据调整后的价值、预计尚可使用的年限和净残值，按选定的折旧方法计提折旧。

4. 固定资产折旧方法

企业应当根据与固定资产有关的经济利益的预期实现方式，合理选择固定资产折旧方法。可选用的折旧方法包括年限平均法、工作量法、双倍余额递减法和年数总和法等。固定资产的折旧方法一经确定，不得随意变更。

固定资产应当按月计提折旧。当月增加的固定资产，当月不提折旧，从下月起计提折旧；当月减少的固定资产，当月仍要计提折旧，从下月起不提折旧。

（1）年限平均法，亦称直线法，是以固定资产预计使用年限为分摊标准，将固定资产的应计折旧总额均衡分摊到各使用年限中的一种方法。计算公式为：

年折旧率＝(1－预计净残值率)÷预计使用的年限×100％

月折旧率＝年折旧率÷12

月折旧额＝固定资产原价×月折旧率

其中，固定资产原价是月初应提折旧的固定资产原始价值。

**【例10—6】** 甲商业银行有一设备，原价为100 000元，预计可使用10年，按照有关规定，该设备报废时的净残值率为5％。

甲商业银行折旧率和折旧额的计算如下：

年折旧率＝(1－5％)÷10×100％＝9.5％

月折旧率＝9.5％÷12＝0.79％

月折旧额＝100 000×0.79％＝790(元)

上述计算的折旧率是按个别固定资产单独计算的，称为个别折旧率，即某项固定资产在一定期间的折旧额与该项固定资产原价的比率。此外，还有分类折旧率和综合折旧率。

分类折旧率是指固定资产分类折旧额与该类固定资产原价的比率。采用这种方法，应先把性质、结构和使用年限接近的固定资产归为一类，再按类计算平均折旧率。其优点是计算方法简单，但准确性不如个别折旧率。

综合折旧率是指某一期间企业全部固定资产折旧额与全部固定资产原价的比率。由于其计算结果的准确性较差，一般不采用。

采用年限平均法计提折旧简便易行，但也存在一些明显的局限性，没有考虑以下事实：（1）固定资产在不同使用年限的工作效率不同，提供的经济效益也不同；（2）固定资产在不同的使用年限发生的维修费用不同，固定资产的维修费用将随着其使用时间的延长而不断增大；（3）使用固定资产各期的负荷程度不一定相同，提取的折旧数与固定资产的损耗程度也不一定相符。

（2）工作量法，是将固定资产的应计折旧额在固定资产预计总工作量中平均分摊的一种方法。这种方法弥补了平均年限法只重使用时间，不考虑使用强度的缺点。其计算公式为：

单位工作量折旧额＝固定资产原价×(1－预计净残值率)÷预计总工作量

某项固定资产月折旧额＝某项固定资产当月工作量×单位工作量折旧额

【例 10—7】 甲商业银行的一辆运货卡车的原价为 50 000 元，预计总行驶里程为 50 万公里，其报废时的残值率为 5%，本月行驶 4 000 公里。

甲商业银行该辆汽车的月折旧额计算如下：

单位里程折旧额＝50 000×(1－5%)÷500 000＝0.095(元/公里)
本月折旧额＝4 000×0.095＝380(元)

工作量法比较适用于采矿设备、运输工具等固定资产。工作量法具有简便、实用的优点，同时还可以使固定资产各期的使用强度与该期应分摊的折旧额相匹配，但这个方法不能充分反映固定资产无形损耗对折旧计算的要求。

(3) 双倍余额递减法，是在不考虑固定资产残值的情况下，根据每期期初固定资产账面余额和双倍的直线法折旧率计算固定资产折旧的一种方法。应用这种方法计提折旧额时，由于每年年初固定资产净值没有扣除预计净残值，因此应当在其固定资产折旧年限到期以前两年内，将固定资产净值扣除预计净残值后的余额平均摊销。其计算公式为：

年折旧率＝2÷预计使用年限×100%
月折旧率＝年折旧率÷12
月折旧额＝固定资产年初账面余额×月折旧率

【例 10—8】 甲商业银行一项设备的原价为 240 万元，预计使用年限为 5 年，预计净残值率为 4%。假设甲商业银行没有对该设备计提减值准备。甲商业银行按双倍余额递减法对该设备计算折旧。

甲商业银行每年的折旧额计算如下：

年折旧率＝2÷5×100%＝40%
第一年应提的折旧额＝240×40%＝96(万元)
第二年应提的折旧额＝(240－96)×40%＝57.6(万元)
第三年应提的折旧额＝(240－96－57.6)×40%＝34.56(万元)

从第四年起改按平均年限法（直线法）计提折旧。

第四、第五年的年折旧额＝(240－96－57.6－34.56－240×4%)÷2
＝21.12(万元)

各月份折旧额按年折旧额除以 12 求得。

(4) 年数总和法，亦称合计年限法，是将固定资产的原值减去净残值后的余额，乘以一个逐期递减的分数作为折旧率来计算各期折旧额的方法。这个逐期递减的分数是以固定资产尚可使用年限为分子，以固定资产预计使用年限之和作为分母。有关计算公式为：

年折旧率＝尚可使用年限÷预计使用年限的年数之和×100%
某年折旧额＝(固定资产原值－预计净残值)×某年折旧率
月折旧额＝年折旧额÷12

【例 10—9】 沿用例 10—8，采用年数总和法计算的各年折旧额如表 10—1 所示。

表 10—1　　折旧计算表　　单位：万元

| 年份 | 尚可使用年限 | 原值一净残值 | 年折旧率 | 年折旧额 | 累积折旧 |
|---|---|---|---|---|---|
| 第 1 年 | 5 | 230.4 | 5/15 | 76.8 | 76.8 |
| 第 2 年 | 4 | 230.4 | 4/15 | 61.44 | 138.24 |
| 第 3 年 | 3 | 230.4 | 3/15 | 46.08 | 184.32 |
| 第 4 年 | 2 | 230.4 | 2/15 | 30.72 | 215.04 |
| 第 5 年 | 1 | 230.4 | 1/15 | 15.36 | 230.4 |

双倍余额递减法和年数总和法，亦称加速折旧法，其特点是固定资产有效使用年限的前期提取折旧多，后期提取折旧逐年减少，目的是使固定资产成本在有效使用年限中加快得到补偿。

5. 固定资产折旧的核算

固定资产应按月计提折旧，并根据用途分别计入相关资产的成本或当期费用。企业在实际计提固定资产折旧时，应以月初可提取折旧的固定资产账面原值为依据。企业各月计算提取折旧时，可以在上月计提折旧的基础上，对上月固定资产的增减情况进行调整后计算当月应计提的折旧额。其计算公式为：

$$\begin{matrix}\text{当月固定资产}\\\text{应计提的折旧额}\end{matrix}=\begin{matrix}\text{上月固定资产}\\\text{计提的折旧额}\end{matrix}+\begin{matrix}\text{上月增加固定资产}\\\text{应计提的折旧额}\end{matrix}-\begin{matrix}\text{上月减少固定资产}\\\text{应计提的折旧额}\end{matrix}$$

商业银行企业设置“累计折旧”科目，核算企业固定资产的累计折旧。本科目可按固定资产的类别或项目进行明细核算。“累计折旧”科目是固定资产的备抵科目，贷方登记计提的固定资产折旧额和因增加固定资产而相应增加其已提的折旧额；借方登记因出售、报废清理、盘亏等原因减少固定资产而相应转销其所提的折旧额；该科目的余额在贷方，反映企业现有固定资产的累计折旧额。在资产负债表中，累计折旧作为固定资产的减项处理，不单独列示。

商业银行按期（月）计提固定资产的折旧，应借记“业务及管理费”、“研发支出”、“其他业务成本”等科目，贷记“累计折旧”科目。处置固定资产还应同时结转累计折旧。

**【例 10—10】** 甲商业银行 2×07 年 1 月份固定资产计提折旧情况如下：

(1) 营业大楼计提折旧 280 000 元，机器设备计提折旧 23 500 元；

(2) 管理部门设备计提折旧 80 000 元，运输工具计提折旧 10 500 元；

(3) 后勤部门房屋建筑物计提折旧 35 000 元，运输工具计提折旧 25 000 元；

(4) 本月新购置一台电子设备，价值为 50 000 元，预计使用年限为 10 年。

新购置的设备本月不计提折旧。应计提的费用总额为：

$$280\,000+23\,500+80\,000+10\,500+35\,000+25\,000=454\,000(\text{元})$$

甲商业银行应做如下账务处理：

借：业务及管理费用　　454 000

　贷：累计折旧　　454 000

需要说明的是，固定资产的折旧方法一经确定不得随意变更。但是，企业至少应当于每年年度终了，对固定资产的折旧方法进行复核。与固定资产有关的经济利益预期实现方式有重大改变的，应当改变固定资产折旧方法。固定资产折旧方法的改变应当作为会计估计变更。

商业银行的固定资产投入使用后，为了适应新技术发展的需要，或者为维护或提高固定资产的使用效益，往往需要对现有固定资产进行维护、改建、扩建或者改良而发生固定资产后续支出。与固定资产有关的后续支出，如果符合与该固定资产有关的经济利益很可能流入企业和该固定资产的成本能够可靠地计量两个条件的，应当计入固定资产成本；否则，应将这些后续支出予以费用化，计入发生当期的损益。

### （二）固定资产的后续支出

1. 资本化的后续支出

与固定资产有关的后续支出，如果符合与该固定资产有关的经济利益很可能流入企业和该固定资产的成本能够可靠地计量两个条件的，应当资本化，计入固定资产成本。但是，应当终止确认被替换部分的账面价值。

在对固定资产发生可资本化的后续支出时，商业银行应将该固定资产的原价、已计提的累计折旧和减值准备转销，将固定资产的账面价值转入在建工程。固定资产发生的可资本化的后续支出，通过“在建工程”科目核算。如果资本化的后续支出替换原有固定资产某部分价值的，应当终止确认被替换部分的账面价值，通过“固定资产清理”科目核算。在固定资产发生的后续支出完工并达到预定可使用状态时，应在后续支出资本化后从“在建工程”科目转入“固定资产”科目。

商业银行以经营租赁方式租入的固定资产发生的改良支出，应予资本化，作为长期待摊费用，合理进行分摊。

**【例10—11】** 甲商业银行有关固定资产业务资料如下：

(1) 2×05年12月，该商业银行购入一台计算机服务器，原价为468 000元，预计可使用6年，预计净残值率为5%，采用年限平均法计提折旧。

(2) 2×08年1月1日，由于业务增长的需要，现有计算机服务器的数据处理能力已难以满足银行发展的需要，但若购置新的计算机服务器成本过高，安装调试周期过长，于是企业决定对现有计算机服务器进行改扩建，以提高其数据处理能力。2×08年1月1日至2×08年3月31日，3个月的改扩建发生支出188 000元，全部用银行存款支付。该部分改扩建替换原有固定资产的部分价值为93 600元，变卖残料获得收入8 000元。

(3) 2×08年3月31日，该计算机服务器改扩建工程达到预定可使用状态后，大大提高了数据处理能力，且延长了使用年限4年，共计为10年。假设该计算机服务器的预计净残值率和折旧方法不变。改扩建工程达到预定可使用状态后，该计算机服务器预计能给银行带来的可收回金额为650 000元。

(4) 假定不考虑其他相关税费，固定资产没有发生减值。

甲商业银行应做如下账务处理：

由于对计算机服务器的改扩建支出提高了计算机服务器的数据处理能力并延长了其使用年限，所以与该固定资产有关的经济利益很可能流入企业，且成本能够可靠地计量，因此，该后续支出应当资本化。

(1) 2×08年1月1日，处置改扩建被替代部分的固定资产时，已计提累计折旧为93 600×(1−5%)÷6×2=29 640元。

借：固定资产清理 63 960
　　累计折旧 29 640
　贷：固定资产 93 600

借：银行存款 8 000
　贷：固定资产清理 8 000

借：营业外支出 55 960
　贷：固定资产清理 55 960

（2）2×08 年 1 月 1 日，将固定资产净值转入在建工程时，因改扩建替换固定资产部分的价值为 93 600 元，应终止确认该部分资产的价值，即转入改扩建的固定资产为 374 400 元（468 000－93 600）。此时已计提累计折旧为(468 000－93 600)×(1－5%)÷6×2＝118 560 元。

借：在建工程 255 840
　　累计折旧 118 560
　贷：固定资产 374 400

（3）2×08 年 1 月 1 日至 2×08 年 3 月 31 日，支付后续支出时。

借：在建工程 188 000
　贷：银行存款 188 000

（4）2×08 年 3 月 31 日，改扩建工程达到预定可使用状态时。

借：固定资产 443 840
　贷：在建工程 443 840

2×08 年 3 月 31 日，改扩建工程达到预定可使用状态后，固定资产的账面价值为 443 840 元，从 2×08 年 4 月开始计提折旧。

2. 费用化的后续支出

固定资产有关的后续支出，如果不符合与该固定资产有关的经济利益很可能流入企业或该固定资产的成本能够可靠地计量两个条件之一的，应将这些后续支出予以费用化，计入发生当期的损益。

**【例 10—12】** 甲商业银行对管理部门用的一台设备进行经常性修理，支付修理费 3 000 元，用银行存款转账支付。

甲商业银行应做如下账务处理：

借：业务及管理费用 3 000
　贷：银行存款 3 000

### （三）固定资产减值

固定资产减值是指固定资产的可收回金额低于其账面价值。

1. 固定资产减值的认定

企业的固定资产在使用过程中，由于固定资产自然磨损、技术陈旧或其他经济原因，发生资产价值的减值是正常的、必然的。如果对已发生的资产价值减值不予以确认，会导致虚夸资产的价值，这不符合客观性、谨慎性原则。因此，企业应当在资产负债表日判断资产是否存在可能发生减值的迹象。存在下列迹象的，表明资产可能发生了减值：

（1）固定资产的市价当期大幅度下跌，其跌幅明显高于因时间的推移或者正常使用而预计的下跌。

（2）企业经营所处的经济、技术或者法律等环境以及固定资产所处的市场在当期或者将在近期发生重大变化，从而对企业产生不利影响。

（3）市场利率或者其他市场投资报酬率在当期已经提高，从而影响企业计算固定资产预计未来现金流量现值的折现率，导致固定资产可收回金额大幅度降低。

（4）有证据表明固定资产已经陈旧过时或者其实体已经损坏。

（5）固定资产已经或者将被闲置、终止使用或者计划提前处置。

（6）企业内部报告的证据表明固定资产的经济绩效已经低于或者将低于预期，如固定资产所创造的净现金流量或者实现的营业利润（或者亏损）远远低于（或者高于）预计金额等。

（7）其他表明固定资产可能已经发生减值的迹象。

2. 固定资产可收回金额的估计

固定资产存在减值迹象的，应当估计其可收回金额。企业应当在资产负债表日判断资产是否存在可能发生减值的迹象。固定资产存在减值迹象的，应当进行减值测试，估计固定资产的可收回金额。在估计固定资产可收回金额时，应当遵循重要性要求。

首先，以前报告期间的计算结果表明，固定资产可收回金额显著高于其账面价值，之后又没有发生消除这一差异的交易或者事项的，资产负债表日可以不重新估计该固定资产的可收回金额。

其次，以前报告期间的计算与分析表明，固定资产可收回金额相对于某种减值迹象反应不敏感，在本报告期间又发生了该减值迹象的，可以不因该减值迹象的出现而重新估计该固定资产的可收回金额。比如，当期市场利率或市场投资报酬率上升，对计算资产未来现金流量现值采用的折现率影响不大的，可以不重新估计固定资产的可收回金额。

可收回金额应当根据固定资产的公允价值减去处置费用后的净额与固定资产预计未来现金流量的现值两者之间较高者确定。处置费用包括与固定资产处置有关的法律费用、相关税费、搬运费以及为使固定资产达到可销售状态所发生的直接费用等。固定资产的公允价值减去处置费用后的净额与固定资产预计未来现金流量的现值，只要有一项超过了固定资产的账面价值，就表明固定资产没有发生减值，不需再估计另一项金额。

固定资产的公允价值减去处置费用后的净额，应当根据公平交易中销售协议价格减去可直接归属于该固定资产处置费用的金额确定。不存在销售协议但存在固定资产活跃市场的，应当按照该固定资产的市场价格减去处置费用后的金额确定。固定资产的市场价格通常应当根据固定资产的买方出价确定。在不存在销售协议和固定资产活跃市场的情况下，应当以可获取的最佳信息为基础，估计固定资产的公允价值减去处置费用后的净额，该净额可以参考同行业类似资产的最近交易价格或者结果进行估计。企业按照上述规定仍然无法可靠估计固定资产的公允价值减去处置费用后的净额的，应当以该固定资产预计未来现金流量的现值作为其可收回金额。

3. 预计固定资产未来现金流量

预计固定资产未来现金流量的现值，应当按照固定资产在持续使用过程中和最终处置时所产生的预计未来现金流量，选择恰当的折现率对其进行折现后的金额加以确定。预计固定资产未来现金流量的现值，应当综合考虑固定资产的预计未来现金流量、使用年限和折现率等因素。

（1）预计的固定资产未来现金流量应当包括下列各项：

1）固定资产持续使用过程中预计产生的现金流入。

2）为使固定资产持续使用过程中产生的现金流入所必需的预计现金流出（包括为使固定资产达到预定可使用状态所发生的现金流出）。该现金流出应当是直接归属于或者可通过合理和一致的基础分配到固定资产中的现金流出。

3）固定资产使用年限结束时，处置固定资产所收到或者支付的净现金流量。该现金流量应当是在公平交易中，熟悉情况的交易双方自愿进行交易时，企业预期可从固定资产的处置中获取或者支付的、减去预计处置费用后的金额。

（2）预计固定资产未来现金流量应当考虑以下主要因素：

1）预计固定资产未来现金流量和折现率，应当在一致的基础上考虑因一般通货膨胀而导致物价上涨等因素的影响。如果折现率考虑了这一影响因素，固定资产预计未来现金流量也应当考虑；折现率没有考虑这一影响因素的，预计未来现金流量则不予考虑。

2）预计固定资产未来现金流量，应当分析以前期间现金流量预计数与实际数的差异情况，以评判预计当期现金流量所依据的假设的合理性，通常应当确保当期预计现金流量所依据的假设与前期实际结果相一致。

3）预计固定资产未来现金流量应当以资产的当前状况为基础，不应包括与将来可能会发生的、尚未做出承诺的重组事项有关或者与固定资产改良有关的预计未来现金流量。未来发生的现金流出是为了维持资产正常运转或者原定正常产出水平所必需的，预计固定资产未来现金流量时应当将其考虑在内。

4）预计在建工程、开发过程中的固定资产等的未来现金流量，应当包括预期为使该固定资产达到预定可使用状态而发生的全部现金流出。

5）固定资产的未来现金流量受内部转移价格影响的，应当采用在公平交易前提下企业管理层能够达成的最佳价格估计数进行预计。

（3）预计固定资产未来现金流量的方法。预计固定资产未来现金流量，通常根据固定资产未来期间最有可能产生的现金流量进行预测。其中最常用的是期望现金流量法。即固定资产未来现金流量应当根据每期现金流量期望值进行预计各种可能情况下的现金流量乘以相应的发生概率加总计算。

（4）折现率的确定方法。折现率的确定通常以该固定资产的市场利率为依据。无法从市场获得的，可以使用替代利率估计折现率。替代利率可以根据加权平均资金成本、增量借款利率或者其他相关市场借款利率作适当调整后确定。调整时，应当考虑与固定资产预计未来现金流量有关的特定风险以及其他有关货币风险和价格风险等。

估计固定资产未来现金流量现值时，通常使用单一的折现率；固定资产未来现金流量的现值对未来不同期间的风险差异或者利率的期限结构反应敏感的，应当使用不同的折现率。

**（四）固定资产减值损失的确定**

可收回金额的计量结果表明固定资产的可收回金额低于其账面价值的，应当将固定资产的账面价值减记至可收回金额。减记的金额确认为固定资产减值损失，计入当期损益，同时计提相应的固定资产减值准备。

固定资产减值损失确认后，减值固定资产的折旧应当在未来期间作相应调整，以使该固定资产在剩余使用年限内，系统地分摊调整后的资产账面价值（扣除预计净残值）。固定资产减值损失一经确认，在以后会计期间不得转回。

### （五）固定资产减值准备的账务处理

固定资产减值准备应按单项资产计提。企业设置“固定资产减值准备”科目，核算企业固定资产的减值准备。本科目期末贷方余额，反映企业已计提但尚未转销的固定资产减值准备。

资产负债表日，固定资产发生减值的，按应减记的金额，借记“资产减值损失”科目，贷记“固定资产减值准备”科目。处置固定资产还应同时结转减值准备。

## 五、固定资产的处置与盘亏

### （一）固定资产的终止确认

商业银行在生产经营过程中，对那些不适用或不需用的固定资产，可以通过对外出售的方式进行处置；对那些由于使用而不断磨损直至最终报废，或由于技术进步等原因发生提前报废，又或由于遭受自然灾害等非常损失发生毁损的固定资产应及时进行清理。此外，由于对外投资、抵债以及盘亏等原因而减少的固定资产，也属于固定资产的处置范围。

商业银行企业设置“固定资产清理”科目，核算企业因出售、报废、毁损、对外投资、非货币性资产交换、债务重组等原因转出的固定资产价值以及在清理过程中发生的费用等。本科目可按被清理的固定资产项目进行明细核算。本科目期末借方余额，反映企业清理完毕的固定资产清理净损失；期末贷方余额，反映企业清理完毕的固定资产清理净收益。

### （二）固定资产出售、转让、报废的核算

商业银行出售、转让、报废固定资产，应当将处置收入扣除账面价值和相关税费后的金额计入当期损益。固定资产的账面价值是固定资产成本扣减累计折旧和累计减值准备后的金额。固定资产盘亏造成的损失，应当计入当期损益。企业因出售、转让等原因处置固定资产的主要账务处理如下：

1. 结转固定资产账面价值

商业银行因出售、报废、毁损、对外投资、非货币性资产交换、债务重组等转出的固定资产，按该项固定资产的账面价值，借记“固定资产清理”科目；按已计提的累计折旧，借记“累计折旧”科目；按已计提的减值准备，借记“固定资产减值准备”科目；按固定资产账面原价，贷记“固定资产”科目。

2. 应支付的相关税费及其他费用

按固定资产清理过程中应支付的相关税费及其他费用，借记“固定资产清理”科目，贷记“银行存款”、“应交税费——应交营业税”等科目。

3. 出售收入和残料等的处理

按商业银行收回出售固定资产的价款、残料价值和变价收入等，借记“银行存款”等科目，贷记“固定资产清理”科目。

4. 保险公司或过失人赔偿的处理

商业银行获得由保险公司或过失人赔偿的损失，按其数额借记“银行存款”或“其他应收款”等科目，贷记“固定资产清理”科目。

5. 清理净损益的处理

固定资产清理完成后，属于经营期间正常的处理损失，借记“营业外支出——处置非流动资产损失”科目，贷记“固定资产清理”科目；属于自然灾害等非正常原因造成的损失，借记“营业外支出——非常损失”科目，贷记“固定资产清理”科目。如为贷方余额，借记“固定资产清理”科目，贷记“营业外收入”科目。

**【例 10—13】** 甲商业银行有一台设备，因使用期满经批准报废。该设备原值480 000元，已提折旧456 000元。在清理过程中，以银行存款支付清理费用12 000元，拆除的残料变价收入为5 000元，已存入银行。假定企业未对固定资产提取减值准备。

甲商业银行应做如下账务处理：

（1）固定资产净值转入清理。

| | | |
|---|---|---|
| 借：固定资产清理 | 24 000 | |
| 　　累计折旧 | 456 000 | |
| 　贷：固定资产 | | 480 000 |

（2）支付清理费用。

| | | |
|---|---|---|
| 借：固定资产清理 | 12 000 | |
| 　贷：银行存款 | | 12 000 |

（3）收到材料变价收入。

| | | |
|---|---|---|
| 借：银行存款 | 5 000 | |
| 　贷：固定资产清理 | | 5 000 |

（4）结转固定资产清理净损益。

| | | |
|---|---|---|
| 借：营业外支出——处置非流动资产损失 | 31 000 | |
| 　贷：固定资产清理 | | 31 000 |

**【例 10—14】** 甲商业银行的一辆汽车，在一次交通事故中报废，原价180 000元，已提折旧50 000元，支付清理费1 200元，收回过失人赔偿款100 000元，汽车残料变卖收入6 000元，已计提固定资产减值准备3 000元。

甲商业银行应做如下账务处理：

（1）将报废汽车转销。

| | | |
|---|---|---|
| 借：固定资产清理 | 127 000 | |
| 　　累计折旧 | 50 000 | |
| 　　固定资产减值准备 | 3 000 | |
| 　贷：固定资产 | | 180 000 |

（2）收到过失人赔偿款及残料变卖收入。

| | | |
|---|---|---|
| 借：银行存款 | 106 000 | |
| 　贷：固定资产清理 | | 106 000 |

（3）支付清理费。

借：固定资产清理 1 200

贷：银行存款 1 200

（4）结转固定资产净损益。

借：营业外支出——非常损失 22 200

贷：固定资产清理 22 200

【例 10—15】 甲商业银行出售一座办公楼，原价 3 000 000 元，已经使用 6 年，计提折旧 900 000 元，支付清理费用 14 000 元，出售收入为 2 500 000 元，按照税法规定适用营业税率 5%，其他有关税费省略。假定该企业未对固定资产计提减值准备。

甲商业银行应做如下账务处理：

（1）固定资产净值转入清理。

借：固定资产清理 2 100 000

累计折旧 900 000

贷：固定资产 3 000 000

（2）支付清理费用。

借：固定资产清理 14 000

贷：银行存款 14 000

（3）收到处置收入。

借：银行存款 2 500 000

贷：固定资产清理 2 500 000

（4）计算应交的营业税：2 500 000×5%＝125 000 元。

借：固定资产清理 125 000

贷：应交税费——应交营业税 125 000

（5）结转固定资产清理净损益。

借：固定资产清理 261 000

贷：营业外收入——处置非流动资产利得 261 000

### （三）固定资产清查中盘亏、毁损的核算

商业银行设置“待处理财产损溢”科目，核算企业在清查财产过程中查明的各种财产盘盈、盘亏和毁损的价值。商业银行如有盘盈固定资产的，应作为前期差错记入“以前年度损益调整”科目。本科目可按盘盈、盘亏的资产种类和项目进行明细核算。企业的财产损益，应查明原因，在期末结账前处理完毕，处理后本科目应无余额。

盘亏、毁损的固定资产，借记“待处理财产损溢——待处理非流动资产损溢”科目，贷记“固定资产”科目。

盘亏、毁损的固定资产，按管理权限报经批准后处理时，按残料价值，借记“原材料”等科目；按可收回的保险赔偿或过失人赔偿，借记“其他应收款”科目；按“待处理财产损溢——待处理非流动资产损溢”科目余额，贷记“待处理财产损溢——待处理非流动资产损溢”科目，按其借方差额，借记“营业外支出”等科目。

【例 10—16】 甲商业银行在固定资产定期清查中，发现少了一台电脑，该电脑的账面价值为 4 500 元，已经计提折旧 1 500 元。

甲商业银行应做如下账务处理：

（1）报经批准处理前，注销盘亏电脑的账面价值和已计提的累计折旧。

借：待处理财产损溢——待处理固定资产损溢 3 000

累计折旧 1 500

贷：固定资产 4 500

（2）经批准处理后，将盘亏电脑的净值转入营业外支出。

借：营业外支出——固定资产盘亏 3 000

贷：待处理财产损溢——待处理固定资产损溢 3 000

## 第二节 无形资产与其他长期资产的核算

### 一、无形资产的概念与特征

无形资产，是指企业拥有或者控制的没有实物形态的可辨认非货币性资产，通常包括专利权、非专利技术、商标权、著作权、特许权、土地使用权等。

**（一）无形资产的特征**

1. 由企业拥有或者控制并能为其带来未来经济利益的资源

无形资产作为一项资产，具有一般资产的本质特征，即由企业拥有或者控制并能为其带来未来经济利益。通常情况下，企业拥有或者控制的无形资产应当拥有其所有权并且能够为企业带来未来经济利益。但在某些情况下并不需要企业拥有其所有权，如果企业有权获得某项无形资产产生的未来经济利益，并能约束其他方获得这些经济利益，则表明企业控制了该无形资产。例如，对于会产生经济利益的技术知识，若其受版权、贸易协议约束（如果允许）等法定权利的保护，那么说明该企业控制了相关利益。

客户关系、人力资源等，由于企业无法控制其带来的未来经济利益，不符合无形资产的定义，不应将其确认为无形资产。

2. 不具有实物形态

无形资产通常表现为某种权利、某项技术或是某种获取超额利润的综合能力，它们不具有实物形态，比如，土地使用权、非专利技术等。需要指出的是，某些无形资产的存在有赖于实物载体，比如，计算机软件需要存储在介质中，但这并不改变无形资产本身不具有实物形态的特性。在确定一项包含无形和有形要素的资产是属于固定资产，还是属于无形资产时，需要通过判断来加以确定，通常以哪个要素更重要作为判断的依据。例如，计算机控制的机械工具没有特定计算机软件就不能运行时，则说明该软件构成相关硬件不可缺少的组成部分，该软件应作为固定资产处理；如果计算机软件不是相关硬件不可缺少的组成部分，则该软件应作为无形资产处理。

3. 具有可辨认性

要作为无形资产进行核算，该资产必须是能够区别于其他资产可单独辨认的，如企业特有的专利权、非专利技术、商标权、土地使用权、特许权等。满足下列条件之一的，应当认定其具有可辨认性：

(1) 能够从企业中分离或者划分出来，并能单独或者与相关合同、资产或负债一起，用于出售、转移、授予许可、租赁或交换。

(2) 源自合同性权利或其他法定权利，无论这些权利是否可以从企业或其他权利和义务中转移或者分离。如一方通过与另一方签订特许权合同而获得的特许使用权，通过法律程序申请获得的商标权、专利权等。

商誉通常是与企业整体价值联系在一起的，其存在无法与企业自身相分离，不具有可辨认性，不属于本章所指无形资产。

4. 属于非货币性资产

非货币性资产是指企业持有的货币资金和将以固定或可确定的金额收取的资产以外的其他资产。无形资产在持有过程中为企业带来未来经济利益的情况不确定，不属于以固定或可确定的金额收取的资产，属于非货币性资产。

5. 在创造经济利益方面具有较大的不确定性

无形资产的经济价值在很大程度上受企业外部因素的影响，如相关新技术更新换代的速度、利用无形资产所生产产品的市场接受程度等，其预期的获利能力不能加以确定。无形资产的取得成本不能代表其经济价值，一项取得成本较高的无形资产可能为企业带来较少的经济利益，而取得成本较低的无形资产却能为企业带来较大的经济利益。无形资产在创造价值方面存在较大的不确定性，要求在对无形资产进行核算时更为谨慎。

**(二) 无形资产的确认条件**

无形资产应当在符合定义的前提下，同时满足以下两个确认条件时，才能予以确认：

1. 与该无形资产有关的经济利益很可能流入企业

作为无形资产确认的项目，必须具备其所产生的经济利益很可能流入企业这一条件。通常情况下，无形资产产生的未来经济利益可能包含在销售商品、提供服务的收入当中，或者企业使用该项无形资产而减少或节约了成本，又或者体现在获得的其他利益当中。例如，生产加工企业在生产工序中使用了某种知识产权，使其降低了未来生产成本。

会计实务中，要确定无形资产所创造的经济利益是否很可能流入企业，需要实施职业判断。在实施这种判断时，需要对无形资产在预计使用寿命内可能存在的各种经济因素作出合理估计，并且应当有确凿的证据支持。例如，企业是否有足够的人力资源、高素质的管理队伍、相关的硬件设备、相关的原材料等来配合无形资产为企业创造经济利益。同时，更为重要的是关注一些外界因素的影响。例如，是否存在与该无形资产相关的新技术、新产品冲击，或其生产的产品是否存在市场等。在实施判断时，企业管理层应该对在无形资产的预计使用寿命内存在的各种因素作出最稳健的估计。

2. 该无形资产的成本能够可靠地计量

成本能够可靠地计量是确认资产的一项基本条件，对于无形资产而言，这个条件显得更为重要。例如，企业内部产生的品牌、报刊名、刊头、客户名单和类似项目的支出，由于不能与整个业务开发成本区分开来，成本无法可靠计量，因此，不应确认为无形资产。

## 二、无形资产的内容及其分类

### （一）无形资产的内容

无形资产的内容一般包括专利权、非专利技术、商标权、著作权、特许经营权、土地使用权等。

1. 专利权

专利权，是指国家专利主管机构依法授予专利申请人对其发明创造在法定期限内所享有的专有权利。在我国，专利权包括发明使用权、实用新型专利权和外观设计专利权。

2. 非专利技术

非专利技术，也称专有技术，是指不为外界所知、在生产经营活动中已被采用但不享有法律保护的各种技术和经验。非专利技术一般包括工业专有技术、商业贸易专有技术、管理专有技术等。非专利技术以蓝图、配方、技术记录、操作方法的说明等具体资料表现出来，也可以通过卖方派出技术人员进行指导，或接受买方人员进行技术实习等手段体现。非专利技术具有经济性、机密性和动态性等特点。

3. 商标权

商标是用来认定商品或劳务的标记。商标权指专门在某类指定的商品上使用特定的名称或图案的权利。商标权包括独占使用权和禁止权两个方面。独占使用权指商标权持有人在商标的注册范围内独家使用其商标的权利；禁止权指商标权持有人有权排除或禁止他人对商标独占与使用权进行侵权的权利。

4. 著作权

著作权又称版权，指作者对其创造的文学、科学和艺术作品依法享有的某些特殊权利。著作权包括两方面的权利，即精神权利（人身权利）和经济权利（财产权利）。前者指作品署名、发表作品、确认作者身份、保护作品的完整性、修改已经发表的作品等多项权利，即包括发表权、署名权、修改权和保护作品完整权；后者指以出版、表演、广播、展览、录制唱片、摄制影片等方式使用作品或者授权他人使用作品而获取经济利益的权利。

5. 特许权

特许权，又称特许经营权、专营权，指企业在某一地区经营或销售某种特定商品的权利或是一家企业接受另一家企业使用其商标、商号、技术秘密等的权利。前者一般是由政府机构授权，准许企业使用或在一定地区享有经营某种业务的权利。如水、电、邮电通信等专营权，烟草专卖权等。后者指企业间依照签订的合同，有期限或无期限使用另一家企业的某些权利，如连锁店分店使用总店的名称等。

6. 土地使用权

土地使用权，指经国家准许，某企业在一定期间内对国有土地享有开发、利用、经营的权利。国有土地可依法确定给国有企业、集体企业等单位，其使用权可依法转让。取得土地使用权时花费了支出，则应将其资本化，作为无形资产核算。这里有两种情况：一是根据《中华人民共和国城镇国有土地使用权出让金和转让暂行条例》，向政府土地管理部门申请土地使用权，企业要支付一笔出让金，在这种情况下，企业应予资本化，作为无形资产核算。企业原先通过行政划拨获得的土地使用权，没有入账核算的，在将土地使用权有偿转让、出租、抵押、作价入股和投资时，应按规定将补交的土地出让款予以资本化，作为无形资产入账核算。

### （二）无形资产的分类

按取得方式的不同，可以将无形资产分为外部取得无形资产和内部自创无形资产两大类。其中，外部取得无形资产又可以分为外购无形资产、通过非货币性交易换入无形资产、投资者投入无形资产、通过债务重组取得无形资产、接收捐赠取得无形资产等。

## 三、无形资产的初始计量

无形资产通常按照实际成本进行初始计量，即以取得无形资产并使之达到预定用途而发生的全部支出作为无形资产的成本。对于不同来源取得的无形资产，其成本构成不尽相同。

### （一）外购无形资产的成本

外购无形资产的成本，包括购买价款、相关税费以及直接归属于使该项资产达到预定用途所发生的其他支出。其中，直接归属于使该项资产达到预定用途所发生的其他支出包括使无形资产达到预定用途所发生的专业服务费用、测试无形资产是否能够正常发挥作用的费用等，但不包括为引入新产品进行宣传发生的广告费用、管理费用及其他间接费用，也不包括在无形资产已经达到预定用途以后发生的费用。

购买无形资产的价款超过正常信用条件延期支付，实质上具有融资性质的，无形资产的成本应以购买价款的现值为基础确定。实际支付的价款与购买价款的现值之间的差额作为未确定融资费用，在信用期间内采用实际利率法进行摊销，摊销金额除满足借款费用资本化条件应当计入无形资产成本外，均应当在信用期间内确认为财务费用，计入当期损益。

### （二）投资者投入无形资产的成本

投资者投入无形资产的成本，应当按照投资合同或协议约定的价值确定，但合同或协议约定价值不公允的除外。

### （三）通过非货币性资产交换和债务重组等方式取得无形资产的成本

非货币性资产交换、债务重组等方式取得的无形资产的成本，应分别按照企业会计准则相关具体准则的内容规定进行确认。

### （四）自行研发无形资产

1. 研究与开发阶段的区分

对于企业自行进行的研究开发项目，应当区分研究阶段与开发阶段分别进行核算。

关于研究阶段与开发阶段的具体划分，企业应当根据自身实际情况以及相关信息加以判断。

（1）研究阶段。研究是指为了获取并理解新的科学或技术知识等进行的独创性的有计划的调查。研究活动包括：意在获取知识而进行的活动；研究成果或其他知识的应用研究、评价和最终选择；材料、设备、产品、工序、系统或服务替代品的研究；新的或经改进的材料、设备、产品、工序、系统或服务的可能替代品的配制、设计、评价和最终选择等。

研究阶段基本上是探索性的，是为进一步的开发活动进行资料及相关方面的准备，已经进行的研究活动将来是否会转入开发、开发后是否会形成无形资产等均具有较大的不确定性。在这一阶段一般不会形成阶段性成果。

（2）开发阶段。开发是指在进行商业性生产或使用前，将研究成果或其他知识应用于某项计划或设计，以生产出新的或具有实质性改进的材料、装置、产品等。开发活动包括：生产前或使用前的原型和模型的设计、建造和测试；含新技术的工具、夹具、模具和冲模的设计；不具有商业性生产经济规模的试生产设施的设计、建造和运营；新的或经改造的材料、设备、产品、工序、系统或服务所选定的替代品的设计、建造和测试等。

相对于研究阶段而言，开发阶段应当已完成研究阶段的工作，在很大程度上具备了形成一项新产品或新技术的基本条件。

2. 研究与开发支出的确认

（1）研究阶段支出。考虑到研究阶段的探索性及其成果的不确定性，企业无法证明其能够带来未来经济利益的无形资产的存在，因此，对于企业内部研究开发项目，研究阶段的有关支出，应当在发生时全部费用化，计入当期损益（业务及管理费）。

（2）开发阶段支出。考虑到进入开发阶段的研发项目形成成果的可能性比较大，因此，如果企业能够证明开发支出符合无形资产的定义及相关确认条件，则可将其确认为无形资产。具体来讲，对于企业内部研究开发项目，开发阶段的支出同时满足了下列条件的才能资本化，确认为无形资产，否则应当计入当期损益（业务及管理费）。

1）完成该无形资产以使其能够使用或出售在技术上具有可行性。企业在判断无形资产的开发在技术上是否具有可行性时，应当以目前阶段的成果为基础，提供相关证据和材料，证明企业进行开发所必需的技术条件等已经具备，不存在技术上的障碍或其他不确定性。例如，企业已经完成了全部计划、设计和测试活动，这些活动是使资产能够达到设计规划书中的功能、特征和技术所必需的活动。

2）具有完成该无形资产并使用或出售的意图。企业研发项目形成成果以后，是对外出售，还是自己使用并从使用中获得经济利益，应当由企业管理层的意图而定。企业管理层应当能够说明其开发无形资产的目的，并具有完成该项无形资产开发以及使其能够使用或出售的可能性。

3）无形资产产生经济利益的方式，包括能够证明运用该无形资产生产的产品存在市场或无形资产自身存在市场，无形资产将在内部使用的，应当证明其有用性。如果无形资产在形成以后，主要用于生产新产品，企业应当对运用该无形资产生产的产品的市场情况进行可靠预计，证明所生产的产品存在市场，并能带来经济利益的流入；如果无形资产开发以后，主要用于对外出售，则企业应当能够证明市场上存在对该类无形资产的需求，其开发以后存在外在的市场可以出售并能够带来经济利益的流入；如果无形资产开发以后，不是用于生产产品，也不是用于对外出售，而是在企业内部使用的，则企业应能够证明其对企业的有用性。

4）有足够的技术、财务资源和其他资源支持，以完成该无形资产的开发，并有能力使用或出售该无形资产。

5）归属于该无形资产开发阶段的支出能够可靠地计量。企业对于开发活动所发生的支出应单独核算，例如，直接发生的开发人员的薪酬、材料费以及相关设备折旧费等。在企业同时从事多项开发活动的情况下，所发生的支出同时用于支持多项开发活动的，应按照合理的标准在各项开发活动之间进行分配；无法合理分配的，应予费用化计入当期损益，不计入开发活动的成本。

（3）无法区分的研究阶段和开发阶段的支出。无法区分的研究阶段和开发阶段的支出，应当在发生时费用化，计入当期损益（业务及管理费）。

3. 内部开发的无形资产的计量

内部开发活动形成的无形资产的成本，由可直接归属于该资产的创造、生产并使该资产能够以管理层预定的方式运作的所有必要支出组成。可直接归属成本包括：开发该无形资产时耗费的材料、劳务成本、注册费、在开发该无形资产过程中使用的其他专利权和特许权的摊销、按照借款费用的处理原则可以资本化的利息费用等。在开发无形资产过程中发生的，除上述可直接归属于无形资产开发活动之外的其他销售费用、管理费用等间接费用，无形资产达到预定用途前发生的可辨认的无效和初始运作损失，为运行该无形资产发生的培训支出等不构成无形资产的开发成本。

值得强调的是，内部开发无形资产的成本仅包括在满足资本化条件的时点至无形资产达到预定用途前发生的支出总和，对于同一项无形资产在开发过程中达到资本化条件之前已经费用化计入当期损益的支出不再进行调整。

4. 内部研究开发费用的会计处理

企业自行开发无形资产发生的研发支出，不满足资本化条件的，借记“研发支出——费用化支出”科目，满足资本化条件的，借记“研发支出——资本化支出”科目，两者均贷记“银行存款”、“应付职工薪酬”等科目。

研究开发项目达到预定用途形成无形资产的，应按“研发支出——资本化支出”科目的余额，借记“无形资产”科目，贷记“研发支出——资本化支出”科目。

期末，应将不符合资本化条件的研发支出转入当期业务及管理费，借记“业务及管理费”科目，贷记“研发支出——费用化支出”科目；将符合资本化条件但尚未完成的开发费用继续保留在“研发支出”科目中，待开发项目达到预定用途形成无形资产时，再将其发生的实际成本转入无形资产。

外购或以其他方式取得的、正在研发过程中应予资本化的项目，应按确定的金额，借记“研发支出——资本化支出”科目，贷记“银行存款”等科目。以后发生的研发支出，应当比照上述原则进行会计处理。

**【例10—17】** 2×09年1月1日，甲商业银行的董事会批准研发某项新型技术，该公司董事会认为，研发该项目具有可靠的技术和财务等资源的支持，并且一旦研发成功将降低该公司的生产成本。2×10年1月31日，该项新型技术研发成功并已经达到预定用途。研发过程中所发生的直接相关的必要支出情况如下：

（1）2×09 年度发生材料费用 9 000 000 元，人工费用 4 500 000 元，计提专用设备折旧 750 000 元，以银行存款支付其他费用 3 000 000 元，总计 17 250 000 元，其中，符合资本化条件的支出为 7 500 000 元。

（2）2×10 年 1 月 31 日前发生材料费用 800 000 元，人工费用 500 000 元，计提专用设备折旧 50 000 元，其他费用 20 000 元，总计 1 370 000 元。

本例中，甲商业银行经董事会批准研发某项新型技术，并认为完成该项新型技术无论从技术上，还是财务等方面都能够得到可靠的资源支持，一旦研发成功将降低公司的生产成本，并且有确凿证据予以支持。因此，符合条件的开发费用可以资本化。

其次，甲商业银行在开发该项新型技术时，累计发生了 18 620 000 元的研究与开发支出，其中符合资本化条件的开发支出为 8 870 000 元，符合“归属于该无形资产开发阶段的支出能够可靠地计量”的条件。

甲商业银行的账务处理为：

（1）2×09 年度发生研发支出。

| | | |
|---|---|---|
| 借：研发支出——××技术——费用化支出 | 9 750 000 | |
| ——资本化支出 | 7 500 000 | |
| 贷：原材料 | | 9 000 000 |
| 应付职工薪酬 | | 4 500 000 |
| 累计折旧 | | 750 000 |
| 银行存款 | | 3 000 000 |

（2）2×09 年 12 月 31 日，将不符合资本化条件的研发支出转入当期管理费用。

| | | |
|---|---|---|
| 借：业务及管理费用——研究费用 | 9 750 000 | |
| 贷：研发支出——××技术——费用化支出 | | 9 750 000 |

（3）2×10 年 1 月份发生研发支出。

| | | |
|---|---|---|
| 借：研发支出——××技术——资本化支出 | 1 370 000 | |
| 贷：原材料 | | 800 000 |
| 应付职工薪酬 | | 500 000 |
| 累计折旧 | | 50 000 |
| 银行存款 | | 20 000 |

（4）2×10 年 1 月 31 日，该项新型技术已经达到预定用途。

| | | |
|---|---|---|
| 借：无形资产——××技术 | 8 870 000 | |
| 贷：研发支出——××技术——资本化支出 | | 8 870 000 |

## 四、无形资产的后续计量

### （一）无形资产的使用寿命

无形资产的后续计量以其使用寿命为基础。商业银行应于取得无形资产时分析判断其使用寿命。如果无形资产的使用寿命是有限的，则应当估计该使用寿命的年限或者构成使用寿命的产量等类似计量单位数量；如果无法预见无形资产为企业带来经济利益的期限，则应当视为使用寿命不确定。

无形资产的使用寿命包括法定寿命和经济寿命两个方面：有些无形资产的使用寿

命受法律、规章或合同的限制，称为法定寿命；经济寿命则是指无形资产可以为企业带来经济利益的年限。

在估计无形资产的使用寿命时，应当综合考虑以下因素：

(1) 运用该资产生产的产品通常的寿命周期、可获得的类似资产使用寿命的信息；

(2) 技术、工艺等方面的现实情况及对未来发展的估计；

(3) 以该资产生产的产品或提供的服务的市场需求情况；

(4) 现有或潜在的竞争者预期将采取的行动；

(5) 为维持该资产产生未来经济利益的能力预期的维护支出，以及企业预计支付有关支出的能力；

(6) 对该资产的控制期限，以及对该资产使用的法律或类似限制，如特许使用期间、租赁期等；

(7) 与企业持有的其他资产使用寿命的关联性等。

**(二) 无形资产使用寿命的确定**

(1) 源自合同性权利或其他法定权利取得的无形资产，其使用寿命通常不应超过合同性权利或其他法定权利的期限。例如，企业以支付土地出让金方式取得一块土地50年的使用权，如果企业准备持续持有，在50年期间内没有计划出售，则该项土地使用权预期为企业带来未来经济利益的期间为50年。但如果企业使用资产的预期期限短于合同性权利或其他法定权利规定的期限，则应当按照企业预期使用的期限来确定其使用寿命。例如，企业取得的某项实用新型专利权，法律规定的保护期限为10年，企业预计运用该项实用新型专利权所生产的产品在未来6年内会为企业带来经济利益，则该项专利权的预计使用寿命为6年。

如果合同性权利或其他法定权利能够在到期时因续约等延续，则仅当有证据表明企业续约不需要付出重大成本时，续约期才能够包括在使用寿命的估计中。下列情况下，一般说明企业无须付出重大成本即可延续合同性权利或其他法定权利：有证据表明合同性权利或法定权利将被重新延续，如果在延续之前需要第三方同意，则还需有第三方将会同意的证据；有证据表明为获得重新延续所必需的所有条件将被满足，以及企业为延续持有无形资产所付出的成本相对于预期从重新延续中流入企业的未来经济利益相比不具有重要性。如果企业为延续无形资产持有期间而付出的成本与预期从重新延续中流入企业的未来经济利益相比具有重要性，则从本质上来看是企业获得的一项新的无形资产。

(2) 没有明确的合同或法律规定无形资产的使用寿命的，企业应当综合各方面因素判断，例如，企业经过努力，聘请相关专家进行论证、与同行业的情况进行比较以及参考企业的历史经验等，来确定无形资产为企业带来未来经济利益的期限。

(3) 经过上述努力仍无法合理确定无形资产为企业带来经济利益的期限的，则将其作为使用寿命不确定的无形资产。例如，企业取得了一项在过去几年中市场份额领先的畅销产品的商标，该商标按照法律规定还有5年的使用寿命，但是在保护期届满时，企业可每10年以较低的手续费申请延期，同时有证据表明企业有能力申请延期。此外，有关的调查表明，根据产品生命周期、市场竞争等方面综合判断，该商标将在不确定的期间内为企业带来现金流量。综合各方面情况，该商标可视为使用寿命不确定的无形资产。又如，企业通过公开拍卖取得一项出租车运营许可，按照所在地的规定，以现有出租车运营许可权为限，不再授予新的运营许可权，而且在旧的出租车报废以后，有关的运营许可权可用于新的出租车。企业估计在有限的未来，将持续经营出租车行业。对于该运营许可权，由于其能为企业带来未来经济利益的期限从目前情况来看，无法可靠地估计，因而应将其视为使用寿命不确定的无形资产。

**（三）无形资产使用寿命的复核**

企业至少应当于每年年度终了，对使用寿命有限的无形资产的使用寿命进行复核。如果有证据表明无形资产的使用寿命与以前估计不同的，应当改变其摊销期限，并按照会计估计变更进行处理。例如，企业使用的某项专利权，原预计使用寿命为 10 年，使用至第 3 年年末时，该企业计划再使用 2 年即不再使用，为此，在第 3 年年末，企业应当变更该项无形资产的使用寿命，并作为会计估计变更进行处理。

企业应当在每个会计期间对使用寿命不确定的无形资产的使用寿命进行复核。如果有证据表明该无形资产的使用寿命是有限的，则应当按照《企业会计准则第 28 号——会计政策、会计估计变更和差错更正》进行处理，并按照使用寿命有限的无形资产的处理原则进行会计处理。

**（四）使用寿命有限的无形资产的摊销**

使用寿命有限的无形资产，应以成本减去累计摊销额和累计减值损失后的余额进行后续计量。无形资产的减值参见本书第九章的相关内容。这里仅重点介绍使用寿命有限的无形资产摊销的处理。使用寿命有限的无形资产，应在其预计的使用寿命内采用系统合理的方法对应摊销金额进行摊销。

无形资产的应摊销金额，是指其成本扣除预计残值后的金额。已计提减值准备的无形资产，还应扣除已计提的无形资产减值准备累计金额。无形资产的残值一般为零，但有第三方承诺在无形资产使用寿命结束时购买该无形资产的，可以根据活跃市场得到预计残值信息，并且该市场在无形资产使用寿命结束时很可能存在的除外。

无形资产的残值意味着，在其经济寿命结束之前，企业预计将会处置该无形资产，并且从该处置中获得利益。估计无形资产的残值应以资产处置时的可收回金额为基础。此时的可收回金额是指在预计出售日，出售一项使用寿命已满且处于类似使用状况下，同类无形资产预计的处置价格（扣除相关税费）。残值确定以后，在持有无形资产的期间内，至少应于每年年末进行复核，预计其残值与原估计金额不同的，应按照会计估计变更进行处理。如果无形资产的残值重新估计以后高于其账面价值的，则无形资产不再摊销，直至残值降至低于账面价值时再恢复摊销。

无形资产的摊销期自其可供使用（即达到预定用途）时起至终止确认时止。企业选择的无形资产摊销方法，应当能够反映与该项无形资产有关的经济利益的预期实现方式，并一致地运用于不同会计期间。具体摊销方法有多种，包括直线法、产量法等。例如，受技术陈旧因素影响较大的专利权和专有技术等无形资产，可采用类似固定资产加速折旧的方法进行摊销；有特定产量限制的特许经营权或专利权，应采用产量法进行摊销。无法可靠确定其预期实现方式的，应当采用直线法进行摊销。

企业至少应当于每年年度终了，对使用寿命有限的无形资产的使用寿命及摊销方法进行复核，如果有证据表明无形资产的使用寿命及摊销方法与以前估计不同的，应当改变其摊销年限和摊销方法，并按照会计估计变更进行处理。

无形资产的摊销金额一般应计入当期损益，但如果某项无形资产是专门用于生产某种产品或其他资产的，其所包含的经济利益是通过转入到所生产的产品或其他资产中实现的，则该无形资产的摊销金额应当计入相关资产的成本。例如，一项专门用于生产某种产品的专利技术，其摊销金额应构成所生产产品成本的一部分，计入制造该产品的业务及管理费。

**【例 10—18】** 2×09 年 1 月 1 日，甲商业银行从外单位购得一项新专利技术用于产品生产，支付价款 75 000 000 元，款项已支付。该项专利技术法律保护期间为 15 年，公司预计运用该项专利生产的产品在未来 10 年内会为公司带来经济利益。假定这项无形资产的净残值为零，并按年采用直线法摊销。

本例中，甲商业银行外购的专利技术的预计使用期限（10 年）短于法律保护期间（15 年），则应当按照企业预期使用期限确定其使用寿命，同时这也就表明该项专利技术是使用寿命有限的无形资产，且该项无形资产用于产品生产，因此，应当将其摊销金额计入相关产品的成本。

甲商业银行的账务处理如下：

（1）取得无形资产时。

借：无形资产——专利权　75 000 000

　贷：银行存款　75 000 000

（2）按年摊销时。

借：业务及管理费用——专利权摊销　7 500 000

　贷：累计摊销　7 500 000

假设 2×11 年 1 月 1 日，就上述专利技术，第三方向甲商业银行承诺在 3 年内以其最初取得时公允价值的 60％购买该项专利技术，从公司管理层目前的持有计划来看，准备在 3 年内将其出售给第三方。为此，甲商业银行应当在 2×11 年变更该项专利技术的估计使用寿命为 3 年，变更净残值为 45 000 000 元（75 000 000×60％），并按会计估计变更进行处理。

2×11 年该项无形资产的摊销金额为 5 000 000 元（(75 000 000－7 500 000×2－45 000 000)÷3）。

甲商业银行 2×11 年对该项专利技术按年摊销的账务处理为：

借：业务及管理费用——专利权摊销　5 000 000

　贷：累计摊销　5 000 000

**（五）使用寿命不确定无形资产的减值测试**

根据可获得的相关信息判断，有确凿证据表明无法合理估计其使用寿命的无形资产，应作为使用寿命不确定的无形资产。对于使用寿命不确定的无形资产，在持有期间内不需要进行摊销，但应当至少在每年年度终了按照《企业会计准则第 8 号——资产减值》的有关规定进行减值测试。如经减值测试表明已发生减值，则需要计提相应的减值准备，具体账务处理为：借记“资产减值损失”科目，贷记“无形资产减值准备”科目。

**【例 10—19】** 2×09 年 1 月 1 日，甲商业银行自行研发的某项非专利技术已经达到预定可使用状态，累计研究支出为 800 000 元，累计开发支出为 2 500 000 元（其中符合资本化条件的支出为 2 000 000 元）。有关调查表明，根据产品生命周期、市场竞争等方面情况综合判断，该非专利技术将在不确定的期间内为企业带来经济利益。由此，该非专利技术可视为使用寿命不确定的无形资产，在持有期间内不需要进行摊销。

2×10 年年底，甲商业银行对该项非专利技术按照资产减值的原则进行减值测试，经测试表明其已发生减值。2×10 年年底，该非专利技术的可收回金额为 1 800 000 元。

甲商业银行的账务处理为：

（1）2×09 年 1 月 1 日，非专利技术达到预定用途。

借：无形资产——非专利技术　2 000 000
　贷：研发支出——资本化支出　2 000 000

（2）2×10 年 12 月 31 日，非专利技术发生减值。

借：资产减值损失——非专利技术（2 000 000－1 800 000）　200 000
　贷：无形资产减值准备——非专利技术　200 000

## 五、无形资产的处置和报废

无形资产的处置和报废，主要是指无形资产对外出租、出售，或是未来无法为企业带来经济利益时，应予转销并终止确认。

### （一）无形资产出租

商业银行让渡无形资产使用权并收取租金，在满足收入确认条件的情况下，应确认相关的收入和费用。

出租无形资产取得租金收入时，借记“银行存款”等科目，贷记“其他业务收入”等科目；摊销出租无形资产的成本和发生与转让有关的各种费用支出时，借记“其他业务成本”、“营业税金及附加”等科目，贷记“累计摊销”、“应交税费”等科目。

**【例 10—20】** 2×09 年 1 月 1 日，甲商业银行将某无形资产出租给乙公司使用，租期为 4 年，每年收取租金 150 000 元。租金收入适用的营业税税率为 5%，甲商业银行在出租期间内不再使用该无形资产。该无形资产是甲商业银行 2×08 年 1 月 1 日购入的，初始入账价值为 1 800 000 元，预计使用年限为 15 年，采用直线法摊销。假定不考虑营业税以外的其他税费，并按年摊销。

甲商业银行的账务处理为：

（1）每年取得租金。

借：银行存款　150 000
　贷：其他业务收入——出租无形资产　150 000

（2）按年对该商标权进行摊销并计算应交的营业税。

借：其他业务成本——无形资产摊销　120 000
　　营业税金及附加（150 000×5%）　7 500
　贷：累计摊销　120 000

应交税费——应交营业税 7 500

### （二）无形资产出售

商业银行出售无形资产，表明企业放弃该无形资产的所有权，应将所取得的价款与该无形资产账面价值的差额作为资产处置利得或损失，计入当期损益。但是，值得注意的是，企业出售无形资产确认其利得的时点，应按照收入确认中的相关原则进行确定。

出售无形资产时，应按实际收到的金额，借记"银行存款"等科目；按已计提的累计摊销额，借记"累计摊销"科目；原已计提减值准备的，借记"无形资产减值准备"科目；按应支付的相关税费及其他费用，贷记"应交税费"、"银行存款"等科目；按其账面余额，贷记"无形资产"科目；按其差额，贷记"营业外收入——处置非流动资产利得"科目或借记"营业外支出——处置非流动资产损失"科目。

**【例 10—21】** 甲商业银行出售一项无形资产 A，所得价款为 1 200 000 元，应交纳的营业税为 60 000 元（不考虑其他税费）。该无形资产的成本为 3 000 000 元，出售时已摊销的金额为 1 800 000 元，已计提的减值准备为 300 000 元。

甲商业银行的账务处理为：

借：银行存款 1 200 000
　　累计摊销 1 800 000
　　无形资产减值准备——无形资产 A 300 000
　贷：无形资产——无形资产 A 3 000 000
　　　应交税费——应交营业税 60 000
　　　营业外收入——处置非流动资产利得 240 000

### （三）无形资产报废

如果无形资产预期不能为企业带来经济利益，例如，某无形资产已被其他新技术所替代或超过法律保护期，不能再为企业带来经济利益的，则不再符合无形资产的定义，应将其报废并予以转销，其账面价值转作当期损益。

转销时，应按已计提的累计摊销额，借记"累计摊销"科目；按已计提的减值准备，借记"无形资产减值准备"科目；按无形资产账面余额，贷记"无形资产"科目；按其差额，借记"营业外支出"科目。

**【例 10—22】** 甲商业银行原拥有一项非专利技术，采用直线法进行摊销，预计使用期限为 10 年。现该项非专利技术已被内部研发成功的新技术所替代，并且根据市场调查，用该非专利技术生产的产品已没有市场，预期不能再为企业带来任何经济利益，故应予以转销。转销时，该项非专利技术的成本为 9 000 000 元，已摊销 6 年，累计计提减值准备 2 400 000 元，该项非专利技术的残值为零。假定不考虑其他相关因素。

甲商业银行的账务处理为：

借：累计摊销 5 400 000
　　无形资产减值准备——专利权 2 400 000
　　营业外支出——处置非流动资产损失 1 200 000
　贷：无形资产——专利权 9 000 000

# 第三节　发行债券业务的核算

## 一、债券概述

企业债券是企业筹集长期使用资金而发行的一种书面凭证。企业发行的超过一年期以上的债券，构成企业的长期负债，会计上通过“应付债券”科目核算。

企业发行债券一般应在债券上注明：债券面值、债券利率、付息日和到期日。债券上记载的利息、期限等，表明发行债券的企业允诺在未来某一特定日期还本付息。

企业发行债券，必须具备规定的发行资格与条件。我国规定，企业发行债券应由国务院证券管理部门批准。企业申请时应提交企业登记证明、企业章程、企业债券募集办法、企业资产评估报告和验资报告等文件，经过审核批准，才能发行债券。为了便于债券的发行，债券发行企业可以委托银行或其他金融机构代为发行。债券的发行均附有发行条款规定，以说明债券的发行条款及企业用作担保的抵押限制。

企业发行的债券可以按不同的方式进行分类。按债券上是否记有持券人的姓名，分为记名债券和无记名债券；按能否转换为公司股票，分为可转换债券和不可转换债券；按有无特定的财产担保，分为抵押债券和信用债券；按利率的不同，分为固定利率债券和浮动利率债券；按付息和偿还方式，分为到期还本付息债券和分期付息到期还本债券。

企业发行债券所筹集的资金，必须用于当初审批的用途，不得用于弥补亏损和非生产性支出，否则会损害债权人的利益。

## 二、商业银行发行普通债券的核算

企业应设置“应付债券”科目核算企业为筹集长期资金而实际发行的债券。“应付债券”科目下设置“面值”、“利息调整”、“应计利息”、“可转换公司债券”四个明细科目。本科目期末贷方余额，反映企业尚未偿还的长期债券摊余成本。

发行债券的商业银行应当设置“企业债券备查簿”，详细登记企业债券的票面金额、债券票面利率、还本付息期限与方式、发行总额、发行日期和编号、委托代售单位、转换股份等资料。企业债券到期兑付，在备查簿中应予注销。

### （一）债券的发行

债券的发行价格受同期市场利率的影响较大。如果债券的票面利率高于市场利率，可按照超过票面价值的价格发行，称为溢价发行。溢价发行表明企业在将来实际支付的利息高于按市场利率计算的利息，它是企业为以后多付利息而事先得到的补偿。如果债券的票面利率低于市场利率，可按照低于票面价值的价格发行，称为折价发行。折价发行表明企业在将来实际支付的利息低于按市场利率计算的利息，它是企业为以后少付利息而事先付出的代价。如果债券的票面利率等于市场利率，可按票面价值发行，称为按面值发行。溢价或折价是发行债券的企业在债券存续期内对利息费用的一种调整。

商业银行发行债券，应按实际收到的金额，借记“银行存款”等科目；按债券票面金额，贷记“应付债券——面值”科目；按发行价格与票面金额之间的差额，借记或贷记“应付债券——利息调整”科目。

1. 按面值发行债券的核算

**【例 10—23】** A 商业银行2008年1月1日发行票面年利率为6%，面值为10 000 000元的3年期债券，债券发行完毕，款项收到。市场年利率为6%。

A 商业银行应做如下账务处理：

| | | |
|---|---|---|
| 借：银行存款 | 10 000 000 | |
| 贷：应付债券——面值 | | 10 000 000 |

2. 溢价发行债券的核算

**【例 10—24】** A 商业银行2008年1月1日发行面值为40 000 000元的5年期债券，用于购建一批ATM设备。债券票面年利率为5%，实际发行价格为41 800 000元，每年年末支付一次利息。债券发行完毕，款项存入银行。

A 商业银行应做如下账务处理：

| | | |
|---|---|---|
| 借：银行存款 | 41 800 000 | |
| 贷：应付债券——面值 | | 40 000 000 |
| 应付债券——利息调整 | | 1 800 000 |

3. 折价发行债券的核算

**【例 10—25】** A 商业银行2008年3月5日发行面值30 000 000元的3年期债券，用于公司债务偿还周转使用。债券票面年利率为3%，实际发行价格27 500 000元，债券本息到期一次还本付息。债券发行完毕，款项存入银行。

A 商业银行应做如下账务处理：

| | | |
|---|---|---|
| 借：银行存款 | 27 500 000 | |
| 应付债券——利息调整 | 2 500 000 | |
| 贷：应付债券——债券面值 | | 30 000 000 |

**（二）债券应计利息和利息调整的核算**

资产负债表日，对于一次还本付息的债券，按摊余成本和实际利率计算确定的债券利息费用，借记“在建工程”、“业务及管理费”、“研发支出”等科目；按票面利率计算确定的应付未付利息，贷记“应付债券——应计利息”科目；按其差额借记或贷记“应付债券——利息调整”科目。

对于分期付息、一次还本的债券，其利息属于流动负债，故在“应付利息”科目核算。按摊余成本和实际利率计算确定的债券利息费用，借记“在建工程”、“业务及管理费”、“研发支出”等科目；按票面利率计算确定的应付未付利息，贷记“应付利息”科目；按其差额借记或贷记“应付债券——利息调整”科目。在实际利率与合同约定的名义利率差异较小时，也可以采用票面利率计算利息费用。

**【例 10—26】** A 商业银行于2008年1月1日溢价发行面值100 000元的5年期债券，用于购买一批电脑服务器设备。债券票面年利率为10%，发行时的市场利率为8%，实际发行价格为107 985元，每年年末付一次利息，到期还本。债券发行完毕，款项存入银行。

（1）根据资料，编制“应付债券溢价摊销表”（见表10—2）。

每年利息费用＝100 000×10%＝10 000(元)

**表10—2**　　应付债券溢价摊销表（实际利率法）　　单位：元

| 会计期间 | 票面利息 | 每期期初账面价值 | 当期利息费用 | 利息调整 |
|---|---|---|---|---|
| | a | b | c | d |
| 第一年 | 10 000 | 107 985 | 8 639 | 1 361 |
| 第二年 | 10 000 | 106 624 | 8 530 | 1 470 |
| 第三年 | 10 000 | 105 154 | 8 412 | 1 588 |
| 第四年 | 10 000 | 103 566 | 8 285 | 1 715 |
| 第五年 | 10 000 | 101 851 | 8 149 | 1 851 |
| 合计 | 50 000 | 100 000 | 42 015 | 7 985 |

（2）以第二年的计算为例说明如下：

a＝100 000×10%＝10 000（元）
b＝107 985－1 361＝106 624（元）
c＝106 624×8%＝8 530（元）
d＝10 000－8 530＝1 470（元）

第二年年末按实际利率法摊销债券溢价。

借：在建工程——电脑服务器购建工程　　8 530
　　应付债券——利息调整　　1 470
　贷：应付利息　　10 000

假设上述发行债券业务，实际利率是12%，债券票面年利率10%，发行期限为5年，面值为100 000元，实际发行金额为92 791元。折价摊销计算结果如表10—3所示。

**表10—3**　　应付债券折价摊销表（实际利率法）　　单位：元

| 会计期间 | 票面利息 | 每期期初账面价值 | 当期利息费用 | 利息调整 |
|---|---|---|---|---|
| | a | b | c | d |
| 第一年 | 10 000 | 92 791 | 11 135 | 1 135 |
| 第二年 | 10 000 | 93 926 | 11 271 | 1 271 |
| 第三年 | 10 000 | 95 197 | 11 424 | 1 424 |
| 第四年 | 10 000 | 96 621 | 11 594 | 1 594 |
| 第五年 | 10 000 | 98 215 | 11 785 | 1 785 |
| 合计 | 50 000 | 100 000 | 57 209 | 7 209 |

以第二年的计算为例说明如下：

a＝100 000×10%＝10 000（元）
b＝92 791＋1 135＝93 926（元）
c＝93 926×12%＝11 271（元）
d＝11 271－10 000＝1 271（元）

第二年年末按实际利率法摊销债券折价。

借：在建工程——电脑服务器购建工程　　11 271
　贷：应付利息　　10 000
　　　应付债券——利息调整　　1 271

**（三）债券偿还的核算**

债券到期清偿，无论当初是按债券面值发行，还是溢价发行或折价发行，其最终的账面价值都等于债券面值。这是因为溢价或折价发行的债券，其溢折价在债券的整个存续期内均已摊销完毕，从而使应付债券的账面价值等于债券面值。因此，如果是到期一次还本付息，在偿付本息时借记“应付债券——面值”、“应付债券——应计利息”科目，贷记“银行存款”科目。如果是分期付息到期还本，在偿还时，借记“应付债券——面值”科目，贷记“银行存款”科目。

**【例 10—27】** 接例 10—26，偿还到期债券时，A 商业银行应做如下账务处理：

借：应付债券——面值　　100 000
　　应付利息　　10 000
　贷：银行存款　　110 000

## 三、可转换公司债券

可转换公司债券是指企业按照法定程序发行，在一定期间内按规定的转换比率或转换价格可以转换成企业股票的债券。

可转换公司债券既具有债券的性质，又具有股票的性质，因而可称为混合性证券。我国发行可转换公司债券采取无记名式无纸化发行方式。债券最短期限为 3 年，最长期限为 5 年。在会计核算中，作为企业的一项长期负债处理。

企业发行的可转换公司债券应在“应付债券——可转换公司债券”明细科目核算。按实际收到的金额，借记“银行存款”等科目，按该项可转换公司债券，贷记“应付债券——可转换公司债券（面值）”科目；按权益成分的公允价值，贷记“资本公积——其他资本公积”科目；按其差额，借记或贷记“应付债券——利息调整”科目。

可转换公司债券在转换为股票之前，应当比照应付债券的规定进行处理。可转换公司债券持有人行使转换权利时，将其持有的债券转换为股票，按可转换公司债券的余额，借记“应付债券——可转换公司债券（面值）”、“应付债券——可转换公司债券（利息调整）”、“应付债券——可转换公司债券（应计利息）”等科目；按其权益成分的金额，借记“资本公积——其他资本公积”科目；按股票面值和转换的股数计算的股票面值总额，贷记“股本”科目；按其差额，贷记“资本公积——股本溢价”科目。如有用现金支付不可转换股票的部分，还应贷记“银行存款”等科目。

# 第四节　应交税费及其他负债业务的核算

企业在一定时期内取得的营业收入和实现的利润，要按照规定向国家交纳各种税费，这些应交税费在尚未交纳之前形成企业的一项流动负债。

商业银行应设置“应交税费”科目，核算企业按照税法等规定计算应交纳的各种税费，包括营业税、城市建设维护税、教育费附加、房产税、土地使用税、车船使用税、所得税等。企业代扣代缴的个人所得税等，也通过本科目核算。本科目可按应交的税费项目进行明细核算。本科目期末贷方余额，反映企业尚未交纳的税费；期末如为借方余额，反映企业多交或尚未抵扣的税费。

## 一、应交营业税

营业税是对在我国境内提供应税劳务、转让无形资产或者销售不动产的单位和个人征收的一种流转税，其计税依据是营业额。这里的营业额为纳税人提供应税劳务、转让无形资产或者销售不动产向对方收取的全部价款和价外费用。价外费用包括向对方收取的手续费、基金、集资费、代收款项、代垫款项及其他各种性质的价外费用。营业税税款的计算比较简单，按照营业额和规定的营业税税率计算出应纳税额即可。计算公式为：

应纳税额＝营业额×税率

### （一）根据本期营业额计算的账务处理

企业按其营业额和规定的税率计算应交纳的营业税额，借记“营业税金及附加”科目，贷记“应交税费——应交营业税”科目。

**【例 10—28】** A 商业银行本期取得营业额为 10 000 万元，适用的营业税税率 5%。

A 商业银行应做如下账务处理：

| | | |
|---|---|---|
| 借：营业税金及附加 | 500 | |
| 　贷：应交税费——应交营业税 | | 500 |

### （二）转让无形资产的账务处理

企业转让无形资产的使用权或所有权按规定应交纳营业税。在会计核算时，企业转让无形资产使用权所发生的支出通过“其他业务成本”科目核算；转让无形资产所有权所发生的损益通过“营业外支出”科目和“营业外收入”科目核算。转让无形资产时，按规定应交纳的营业税，借记“营业税金及附加”科目，贷记“应交税费——应交营业税”科目。

**【例 10—29】** A 商业银行转让某项无形资产的使用权，取得收入 1 000 000 元。营业税税率 5%。

A 商业银行应做如下账务处理：

| | | |
|---|---|---|
| 借：银行存款 | 1 000 000 | |
| 　贷：其他业务收入 | | 1 000 000 |
| 借：营业税金及附加 | 50 000 | |
| 　贷：应交税费——应交营业税 | | 50 000 |

**【例 10—30】** A 商业银行转让某项无形资产的所有权，取得收入 1 000 000 元。营业税税率 5%。该项无形资产账面余额为 600 000 元，已提减值准备 20 000 元。

A 商业银行应做如下账务处理：

借：银行存款　　1 000 000
　　无形资产减值准备　　20 000
　　营业税金及附加　　50 000
　贷：无形资产　　600 000
　　　应交税费——应交营业税　　50 000
　　　营业外收入——处置非流动资产利得　　420 000

**（三）销售不动产的账务处理**

企业销售不动产按规定应交纳营业税。出售不动产应交的营业税，借记“固定资产清理”等科目，贷记“应交税费——应交营业税”科目。

**【例 10—31】** A 商业银行出售一幢闲置办公楼，原价 600 000 元，已提折旧 350 000 元。出售取得收入 400 000 元，款项已存入银行，用银行存款支付清理费 20 000 元。营业税税率 5%。

A 商业银行应做如下账务处理：

借：固定资产清理　　250 000
　　累计折旧　　350 000
　贷：固定资产　　600 000
借：银行存款　　400 000
　贷：固定资产清理　　400 000
借：固定资产清理　　20 000
　贷：银行存款　　20 000
借：固定资产清理　　20 000
　贷：应交税费——应交营业税　　20 000
借：固定资产清理　　110 000
　贷：营业外收入——处置非流动资产所得　　110 000

## 二、应交城市维护建设税

城市维护建设税（以下简称“城建税”），是国家对缴纳增值税、消费税、营业税（以下简称“三税”）的单位和个人就其实际缴纳的“三税”税额为依据而征收的一种税。

企业按规定计算出应交纳的城市维护建设税时，借记“营业税金及附加”等科目，贷记“应交税费——应交城市维护建设税”科目。交纳城市维护建设税时，借记“应交税费——应交城市维护建设税”科目，贷记“银行存款”科目。

## 三、应交教育费附加

教育费附加是国家为了发展我国的教育事业，提高人民的文化素质而征收的一项费用。这项费用按照企业缴纳的“三税”的一定比例计算，并与流转税一起交纳。企业按规定计算应交纳教育费附加时，借记“营业税金及附加”等科目，贷记“应交税费——应交教育费附加”科目。

## 四、应交房产税、土地使用税、车船使用税

房产税是以房产为征税对象，依据房产价格或房产租金收入向房产所有人或经营人征收的一种税。土地使用税是以城镇土地为征税对象，对拥有土地使用权的单位和个人征收的一种税。车船使用税是指国家对行驶于境内公共道路的车辆和航行于境内河流、湖泊或者领海的船舶，依法征收的一种税。

企业按规定计算应交的房产税、土地使用税、车船使用税，借记“业务及管理费”科目，贷记“应交税费——应交房产税、应交土地使用税、应交车船使用税”科目。实际交纳时，借记“应交税费——应交房产税、应交土地使用税、应交车船使用税”科目，贷记“银行存款”科目。

## 五、应交所得税

所得税是对企业的生产、经营所得和其他所得征收的一种收益税。企业应交纳的所得税在“应交税费”科目下设置“应交所得税”明细科目核算；当期应计入损益的所得税，作为一项费用，在净收益前扣除。企业按照税法规定计算应交的所得税，借记“所得税费用”等科目，贷记“应交税费——应交所得税”科目。交纳所得税时，借记“应交税费——应交所得税”科目，贷记“银行存款”等科目。核算利润时，借记“本年利润”科目，贷记“所得税费用”科目。

需要说明的是，按照规定实行所得税先征后返的企业，应当在实际收到返还的所得税时，冲减当期的所得税费用。

## 六、应交个人所得税

个人所得税是对个人（自然人）取得的各项应税所得征收的一种税。企业按规定计算应代扣代缴工资、薪金所得的个人所得税时，借记“应付职工薪酬——工资”科目，贷记“应交税费——代扣代交个人所得税”科目。交纳个人所得税时，借记“应交税费——代扣代交个人所得税”科目，贷记“银行存款”科目。

需要说明的是，企业交纳的印花税以及其他不需要预计应交数额的税金，不在“应交税费”科目核算，而直接通过“库存现金”、“银行存款”科目核算。

企业交纳印花税时，借记“业务及管理费”等科目，贷记“库存现金”、“银行存款”科目。

## 七、其他流动负债

### （一）应付利息

应付利息是指企业按照规定应支付给存款人或债权人的利息。

企业设置“应付利息”科目，核算企业按照合同约定应支付的利息，包括吸收存款、发行企业债券等应支付的利息。本科目可按存款人或债权人进行明细核算。本科目期末贷方余额，反映企业应付未付的利息。

资产负债表日，应按计算确定的利息费用，借记“利息支出”、“在建工程”、“研发支出”、“业务及管理费”等科目，贷记“应付利息”科目。实际支付利息时，借记“应付利息”科目，贷记“银行存款”等科目。

### （二）应付股利

企业作为独立核算的经济实体，对其实现的经营成果除了按照税法及有关规定缴纳各种税费外，还必须对运用投资者投入的资金给予一定的回报，作为投资者应该分享的所得税后的利润分配，取得投资收益。因此，企业分配给投资者的现金股利或者利润，在实际未支付给投资者之前，形成了一笔负债。

企业设置“应付股利”科目，核算企业分配的现金股利或利润。本科目可按投资者进行明细核算。应付股利包括应付给投资者的现金股利、应付给国家以及其他单位和个人的利润等，但不包括分配方案中分配的股票股利。企业与其他单位或个人的合作项目，如按协议或合同规定，应支付给其他单位或个人的利润也通过“应付股利”科目核算。本科目期末贷方余额，反映企业应付未付的现金股利或利润。

企业根据股东大会或类似机构审议批准的利润方案，按应支付的现金股利或利润，借记“利润分配——应付现金股利或利润”科目，贷记“应付股利”科目。实际支付现金股利或利润时，借记“应付股利”科目，贷记“银行存款”等科目。

董事会或类似机构通过的利润分配方案中分配的现金股利或利润，不做账务处理，但应在附注中披露。

### （三）其他应付款

其他应付款是指企业应付、暂收其他单位或个人的款项，具体包括：（1）应付经营租入固定资产租金；（2）职工未按期领取的工资；（3）存入保证金（如押金等）；（4）应付、暂收所属单位、个人的款项；（5）其他应付、暂收款项。

企业设置“其他应付款”科目，核算企业除应付职工薪酬、应付利息、应付股利、应交税费、长期应付款等以外的其他各项应付暂收的款项。本科目可按其他应付款的项目和对方单位（或个人）进行明细核算。本科目期末贷方余额，反映企业应付未付的其他应付款项。

企业发生的其他各种应付、暂收款项，借记“业务及管理费”科目，贷记“其他应付款”科目；支付的其他各种应付、暂收款项，借记“其他应付款”科目，贷记“银行存款”等科目。

## □ 复习思考题

1. 确认固定资产的具体标准是什么？固定资产一般有哪几种分类？
2. 试述企业不同来源取得的固定资产的价值构成。

3. 简述计提固定资产折旧的方法及各种方法的特点。
4. 简述无形资产的概念及特征。
5. 企业自行开发无形资产过程中发生的支出如何区分和入账？
6. 无形资产如何进行摊销？如何理解引入“累计摊销”科目？
7. 简述转让无形资产使用权和所有权有什么不同。
8. 简述债券发行的账务处理。
9. 简述营业税的账务处理。

# 第十一章
# Chapter 11 损益和所有者权益核算

**学习目标：**

掌握收入确认的原则和核算方法；

掌握成本费用的确认原则和核算方法；

掌握利润组成和利润分配的核算；

掌握所有者权益的核算。

**重点难点：**

商业银行利息收入的确认原则和核算方法；

商业银行利息支出的确认原则和核算方法。

## 第一节　收入的核算

商业银行作为经营货币和货币资本的企业，通过开展业务取得收入，在抵减了相关的成本和费用以后的差额形成了当期的损益，即当期的经营成果。正确地核算经营成果首先要准确地核算商业银行的收入。

### 一、收入概述

**（一）收入的定义**

收入是指企业在销售商品、提供劳务及让渡资产的使用权等日常活动中所形成的经济利益的流入。收入必须是商业银行日常活动中所取得的，不包括为第三方或者客户代收的款项。日常活动是商业银行为完成经营目标而从事的所有活动，如贷款业务、拆借业务、结算业务和外汇买卖业务等。

日常业务以外的活动所取得的收益通常称为利得，利得是商业银行偶然发生的交易或事项的结果，如无形资产的转让和固定资产的处置等；利得属于不需要经过经营过程取得的收益或不曾预期的收益，比如政府的补贴、收取的违约金等；利得在利润表中通常以净额反映，与主营业务收入相比利得的可持续性较差。

### （二）收入的内容

商业银行的业务具有一定的特殊性，经营取得的收入包括利息收入、金融企业往来收入、手续费及佣金收入、汇兑收益和其他业务收入。

### （三）收入的特点

商业银行的收入具有以下特点：

（1）收入表现为经济利益的流入，可以是资产的增加，比如应收利息的增加；也可以是负债的减少，或者两者兼而有之。根据会计基本等式，收入会使所有者权益增加，但是并非所有使所有者增加的事项都是收入，比如所有者增加投资。

（2）收入只包括本银行经济利益的流入，不包括代收的款项，因为代收的款项使资产增加的同时使负债增加，并不增加所有者权益。

（3）收入必须能够以货币计量。只有能够以货币计量才会为收入的确认、计量、记录和报告提供准确的依据，便于与为取得收入而发生的费用进行合理的配比，从而确定当期的经营成果。

## 二、收入的确认条件

商业银行收入的确认与其他企业一样必须坚持权责发生制原则、配比原则，同时《企业会计准则》规定商业银行和一般企业一样必须在满足以下条件时才能确认收入：

（1）与交易相关的经济利益能够流入企业。只有当与交易相关的经济利益能够流入银行时，才能够确认收入。银行应根据客户的信用状况、以往的经验、双方达成的协议和其他方面的信息来判断经济利益是否能够流入。如果流入的可能性不大，即使满足其他条件也不应当确认为与该交易相关的收入。

（2）收入的金额能够可靠地计量。能够可靠地计量是收入确认的基本前提，如果取得的利益不能用货币金额可靠计量则不能确认。

商业银行企业在经营过程中发生的与经营有关的支出，包括各项利息支出（含贴息）扣除允许资本化的部分、手续费支出、佣金支出、应计入损益的各种准备和其他有关支出，应当按照国家有关规定计入当期损益。

## 三、收入的核算

### （一）利息收入

利息收入是商业银行在经营贷款和银行存款时的收入，下设利息收入和金融企业往来的利息收入明细科目核算。商业银行向单位或者个人发放的各类贷款（包括贷款、贴现、透支和垫款）所发生的应计入本期损益的利息，都计入利息收入。

利息收入是商业银行最重要的收入来源之一，贷款利息应根据贷款本金规定的利率及贷款计息期限计算利息，通过“利息收入”科目核算。

商业银行发放的贷款，应按期计提利息并确认利息收入。计提利息的计入利息收入和应收利息。

发放贷款到期（含展期，下同）90 天及以上尚未收回的，其应计利息停止计入当期利息收入，转做表外核算；已计提的贷款应收利息在贷款本金到期 90 天后仍未收回的，或者应收利息逾期 90 天后仍未收回的冲减已经计入损益的利息收入，转做表外核算。

（1）结息日按规定计收利息或实际收到利息的核算，应根据利息结算清单或其他付款凭证编制会计分录如下：

借：活期存款——××单位户

　　贷：利息收入——××利息收入户

（2）会计期末结算利息的核算。根据权责发生制的原则，在每个会计期末对于已经发生但尚未收取的利息要定期结算，列入当期损益。其会计分录为：

借：应收利息——××单位户

　　贷：利息收入——××利息收入户

实际收到利息时冲减已经计提的应收利息。其会计分录为：

借：活期存款——××单位户（或现金）

　　贷：应收利息——××单位户

（3）应收利息超过规定的期限转入表外的核算。贷款本金或利息逾期超过 90 天的相应的应收利息转做表外，不再计入当期损益。对于已经计入损益的应收利息应冲减利息收入，转做表外核算。按规定，已纳入损益的应收利息退出损益时，会计分录如下：

借：应收利息——应收贷款欠息

　　贷：应收利息——应收利息

同时，贷记“利息收入（红字）”，贷记“应收利息——未收应收贷款欠息”科目。收回已纳入“应收利息——应收贷款欠息”和“应收利息——未收应收贷款欠息”科目核算的欠息时，按照支付利息方式借记有关科目——现金或者活期存款等，贷记“应收利息——应收贷款欠息”科目；借记“应收利息——未收应收贷款欠息”科目，贷记“利息收入”。同时登记相应的表外科目，年末利息收入转入本年利润计算损益。

**（二）金融企业往来收入**

金融企业往来收入是商业银行在经营过程中，与中央银行、其他商业银行和非银行金融机构、联行系统内其他行之间由于存入款项、资金拆借和资金账务往来而发生的利息收入、存贷款利差收入和下级行处上缴的管理费收入。以上收入通过“金融企业往来收入”科目核算。本科目按照收入项目和往来单位进行明细核算。

1. 存放央行款项利息收入

存放在中央银行的各项存款取得的利息收入，根据有关凭证编制借贷方记账凭证办理转账，会计分录为：

借：存放中央银行款项

　　贷：金融机构往来收入——存放中央银行款项利息收入

2. 同业往来利息收入

用于核算本行与其他银行各项业务（包括存放、拆放、转贴现、债券回售、信贷资产回售、衍生工具交易及存放他行的财务资金）所取得的利息收入。

根据有关凭证编制借贷方记账凭证办理转账，会计分录为：

借：存放同业款项

　贷：同业往来利息收入

3. 系统内往来利息收入

用于核算本行存放系统内的款项、向系统内其他行出借的款项所取得的利息收入，营运资金占用费收入以及其他系统内往来收入。根据利息通知或划款凭证编制借贷方记账凭证办理转账，会计分录为：

借：同业有关科目

　贷：金融机构往来收入——拆放同业款项利息收入

**（三）手续费及佣金收入**

手续费及佣金收入是商业银行在办理各项中间业务（支付结算、银行卡、担保承诺、基金代销和托管、委托贷款、代客理财）过程中取得的收入，以上收入通过“手续费及佣金收入”科目核算。

1. 支付结算手续费

商业银行办理转账结算业务，需按照《银行结算业务收费表》规定的范围和标准向客户收取手续费。手续费采取当时收取和定期汇总计收两种方式。其会计分录为：

借：活期存款——××单位（或库存现金）

　贷：手续费及佣金收入

2. 结汇手续费

商业银行在办理贸易和非贸易项目外汇结算中，根据具体的业务要向客户收取手续费，商业银行收取此项手续费通常与具体业务一并收取。其会计分录为：

借：活期存款——××单位　（人民币）

　贷：外汇买卖　（人民币）

借：外汇买卖　（外币）

　贷：存放国外同业　（外币）

　　手续费及佣金收入——结汇手续费　（外币）

3. 委托贷款手续费

委托贷款手续费是商业银行受委托方委托，按其指定的对象和条件发放的贷款，按一定比例收取的手续费。商业银行收到委托贷款利息分成而得到的手续费，计入手续费及佣金收入，会计分录为：

借：代收委托贷款利息

　贷：手续费及佣金收入

**（四）汇兑收益**

汇兑收益科目应根据外汇买卖的币种设置明细账进行核算。发生汇兑收益时会计分录为：

借：外汇买卖

　贷：汇兑收益

### （五）其他业务收入

商业银行除贷款、存款、投资、汇兑、证券买卖、租赁、金融企业往来等业务以外的其他收入，比如咨询顾问业务收入、代保管箱业务收入、贷款金融衍生金融工具业务收入都属于其他业务收入。

### （六）投资收益

商业银行持有股权取得的收益或损失在持有债券期间取得的利息收入或应计利息都计入投资收益。具体内容见本书第九章商业银行投资业务核算。

### （七）营业外收入

商业银行发生的与经营活动没有直接关系的各项收入，比如罚款收入、固定资产盘盈、固定资产清理净收益、处置无形资产净收益、处置抵债资产溢价收益以及确实无法支付的应付款项，如出纳长款、错账、久悬未取款等。

# 第二节　成本和费用的核算

商业银行开展业务必然会发生相应的成本和费用支出，准确地组织成本和费用的核算，将收入与费用进行适当的配比既是对外进行报告的需要，也是商业银行加强内部成本控制的要求。

## 一、成本费用概述

成本是企业为提供劳务而发生的各种耗费，不包括为客户垫付的各种款项。费用是企业为销售商品、提供劳务等日常活动所发生的经济利益的流出。成本和费用是两个并行的概念，成本是对象化了的费用，是指一定业务所发生的耗费，而费用与一定的会计期间相联系，无法与特定的对象相联系。

银行的营业成本是指银行在业务经营过程中与业务经营有关的支出，包括利息支出、金融机构往来支出、手续费及佣金支出、汇兑损失等。业务及管理费用是银行在业务经营和管理工作中发生的各项费用，主要包括固定资产折旧、业务宣传费、业务招待费、电子设备运转费、安全保卫费、企业财产保险费、邮电费、劳动保护费、低值易耗品摊销费、职工工资与福利费、职工教育经费、工会经费、差旅费、水电费、租赁费、修理费、房产税、车船使用税、土地使用税、印花税、会议费、诉讼费、广告费、董事会费用、公证费、咨询费、审计费用、研究开发费用、劳动保险费等。

费用具有以下两个基本特征：

（1）费用将最终减少企业的资源，本质上是经济资源的流出，与资产运用所取得的经济利益流入所形成的收入相反。

（2）费用最终会减少企业的所有者权益，与收入会增加所有者权益相反。但是并非所有的减少所有者权益的项目都属于费用，比如利润分配和对外捐赠，作为费用的只能是由于开展正常经营活动为取得收入而发生的耗费使所有者权益减少。

由于费用具有以上两个基本特征，因此必须使收入与费用合理配比，准确地确定企业的经营成果。

## 二、成本费用的确认

### （一）费用确认的基本原则

费用本质上是经济资源的耗费，但并非所有的经济资源的耗费都可以作为费用。因为费用的发生都是为了取得收入，因此费用的确认应当与收入的确认相联系，费用的确认必须坚持以下基本原则：

1. 划分收益性支出与资本性支出原则

商业银行的成本核算，应当严格区分本期成本与下期成本的界限、成本支出与营业外支出的界限、收益性支出与资本性支出的界限。如果某项支出的效益基于几个会计年度，则该项支出应该予以资本化，不能作为当期的费用；相反，如果某项支出的效益仅基于本会计年度，则应作为本期的费用。正确地划分资本性支出与收益性支出，可以保证正确地计量资产的价值和计算各期的劳务成本和期间费用。

2. 权责发生制原则

金融企业会计制度规定，凡是当期已经发生或应当负担的费用，无论款项是否支付，都应当作为当期的费用；凡是不属于当期的费用，即使款项当期已经支付也不能作为当期的费用。权责发生制原则界定了确认费用的时点。

3. 配比原则

商业银行应当注重费用支出与经济效益的配比，实行费用支出的归口、分级管理和预算控制，确定必要的费用支出范围、标准和报销审批程序。按照配比原则，凡是为了当期取得收入而发生的费用，都应当确认为当期的费用。相反，不以取得收入为目的的支出都不能作为费用。当收入已经实现，某些业务已经发生，则应当在确认收入的同时确认相关的成本和费用。如果收入要到未来才能够实现，则与之相关的费用要递延分配于未来实际受益期间。因此要根据与收入的相关程度，确定哪些资产的耗费或负债的增加应当从本期收入中抵减。如果耗费不能产生一定的收入，则应当作为损失处理而不能作为费用。

商业银行应当强化费用支出约束，对业务宣传费、业务招待费、差旅费、会议费、通信费、维修费、出国经费、董事会经费等实行重点监控。商业银行的业务宣传费、委托代办手续费、业务招待费一律按规定据实列支，不得预提。

只有遵循以上原则才能准确地划分本期营业成本、营业费用和下期营业成本和营业费用，不得任意预提和摊销费用来调节利润。

### （二）成本核算应注意的问题

对于业务成本的核算必须注意以下几点：

（1）必须严格按照财务制度的规定如实反映成本支出，不得随意摊提费用和擅自提高开支标准，扩大开支范围，以便正确地计算本期损益，保证经营成果的真实性。

（2）划清成本界限，正确计算成本。在成本核算中必须划清以下界限：一是本期成本与下期成本的界限，不得提前或者延后列支；二是划清成本支出与营业外支出的界限，不属于成本开支范围的不得列入成本，属于成本开支范围的也不得作为营业外支出。

（3）金融企业的成本核算，应当以季（月）、年为计算期。同一计算期内，核算成本和营业收入的起止日期、计算范围和口径应当一致。

## 三、成本核算

### （一）利息支出

利息支出是商业银行向单位、个人吸收的各种存款按照规定计付的利息。利息支出是商业银行营业成本中最重要的项目之一。利息支出都在“利息支出”科目下核算，可以根据不同的利息支出种类设置明细账。

1. 存款利息

单位存款利息一般采用定期结息的方式于结息日转入存款人的活期存款账户，会计分录为：

借：利息支出——××利息支出户
　贷：活期存款——××单位

单位定期存款利息是在到期时一次还本付息，但按照权责发生制的原则要在会计期末对已经发生尚未支付的利息进行计提。期末计提利息时的会计分录为：

借：利息支出——××利息支出户
　贷：应付利息——××单位

存款到期时转入相关账户时的会计分录为：

借：应付利息——××单位
　贷：活期存款——××单位

储蓄存款利息支出按照同样的方法核算，转入活期储蓄存款或者定期储蓄存款账户。

2. 债券利息

商业银行发行的金融债券应根据不同的计息和利息的支付方式定期提取利息记入当期的损益。提取利息的会计分录为：

借：利息支出（非资本化部分）
　　在建工程（资本化部分）
　贷：应付利息——××单位（分期付息债券）或 应付债券——应计利息（到期付息债券）

### （二）金融机构往来支出

金融机构往来支出是商业银行在经营过程中与中央银行、其他商业银行和非银行金融机构、联行系统内其他行之间由于存入款项、资金拆借和资金账务往来而发生的利息支出，包括借入中央银行款项的利息支出、同业拆入、同业存放款项、系统内存放款项的利息支出。以上支出都通过“金融机构往来支出”科目核算，同时按照不同的支出项目设置明细账，比如中央银行往来利息支出、同业往来利息支出、系统内往来利息支出、联行往来利息支出、与其他金融企业往来利息支出等。

发生金融企业往来支出时，按照业务发生的凭证，会计分录如下：

借：金融机构往来支出——××支出户

　贷：存放中央银行款项或存放同业款项、辖内往来、联行往来

### （三）手续费及佣金支出

商业银行委托其他单位代办业务根据经营情况支付必要的佣金、手续费等支出，应当签订合同，明确支出标准和执行责任。除对个人代理人外，不得以现金支付手续费。

手续费及佣金支出指银行委托其他单位代办业务而支付的手续费，如代办储蓄存款手续费、代办其他业务手续费。“手续费及佣金支出”科目按照手续费的种类设置明细账。手续费可以转账支付，也可以用现金支付，支付手续费时的会计分录如下：

借：金融机构往来支出——××支出户

　贷：库存现金或存放中央银行款项、存放同业款项、辖内往来

## 四、业务及管理费核算

以下根据重要性原则对业务及管理费中的主要项目的核算做简单的阐述。

### （一）固定资产折旧和无形资产的摊销

固定资产折旧费是银行根据不同种类的固定资产的特点确定的折旧率所定期提取的折旧。其会计分录如下：

借：业务及管理费用——折旧费

　贷：累计折旧

有限寿命的无形资产需要在一定的期限内摊销，原理同固定资产的折旧，其会计分录如下：

借：业务及管理费用——无形资产摊销

　贷：无形资产

寿命不确定或者无限寿命的无形资产不需要摊销，只需要定期进行减值测试，如果发生减值则需要提取减值准备，提取的减值准备计入当期损益。无形资产提取减值准备的会计处理如下：

借：资产减值损失——无形资产减值准备

　贷：无形资产减值准备

### （二）业务宣传费

业务宣传费是银行在开展业务宣传活动中所支付的费用，根据相应的凭证，其会计分录为：

借：业务及管理费用——业务宣传费

　贷：银行存款或库存现金

**（三）职工工资和相关费用的核算**

商业银行根据有关法律、法规和政策的规定，为职工缴纳的基本医疗保险、基本养老保险、失业保险和工伤保险等社会保险费用，应当据实列入成本（费用）。

参加基本医疗保险、基本养老保险且按时足额缴费的商业银行，具有持续盈利能力和支付能力的，可以根据有关法律、法规的规定，为职工建立补充医疗保险和补充养老保险（企业年金）制度，相关费用应当按照国家有关规定列支。

职工工资是指在职职工工资、奖金、津贴和补贴。职工工资的核算通过"应付职工薪酬"科目核算，每月月初按照规定的开支渠道，将本月应发放的工资按照不同的开支项目进行分配，编制"工资分配表"，根据工资分配表编制记账凭证办理转账，会计分录为：

借：业务及管理费用——职工工资
　　在建工程
　贷：应付职工薪酬

同时，需要按照工资总额的2%和1.5%拨交工会经费和提取职工教育经费，会计分录为：

借：业务及管理费用——工会经费
　　　　　　　　　——职工教育经费
　贷：应付职工薪酬——工会经费
　　　　　　　　　——职工教育经费

**（四）税金**

在业务及管理费用中列支的税金包括房产税、车船使用税、土地使用税和印花税。期末计算前三项税金时，会计分录为：

借：业务及管理费用——税金
　贷：应交税费——应交房产税
　　　应交税费——应交车船使用税
　　　应交税费——应交土地使用税

银行在发生印花税应税行为后应以自行帖足印花税票的方式纳税，因此不需要与税务机关结算，无须通过应交税费科目核算，而是直接通过银行存款科目。其会计分录为：

借：业务及管理费用——印花税
　贷：银行存款

**（五）汇兑损失**

汇兑损失是指银行在进行结售汇、外汇买卖和外币兑换时因汇率变动而发生的损失。汇兑损失科目应该按照外汇买卖的币种进行明细核算。发生汇兑损失时，会计分录为：

借：汇兑损失
　贷：外汇买卖

金融企业发生的资产损失，包括信贷资产损失、坏账损失、投资损失、固定资产及在建工程损失等，应当及时核实，查清责任，追偿损失，并按照国家有关规定进行处理。

# 第三节　利润的核算

利润反映了商业银行的最终经营成果，所有的会计信息使用者对利润的信息都比较关注。准确地核算利润也是进行利润分配的前提。

## 一、利润及其组成

利润是企业在一定会计期间的经营成果，商业银行应分步计算利润。

（1）营业利润是营业收入减去营业支出后的净额。其中营业收入包括利息净收入、手续费及佣金净收入、投资收益、汇兑收益、公允价值变动收益、金融机构往来收入和其他业务收入。利息净收入等于利息收入减去利息支出；手续费及佣金净收入等于手续费及佣金收入减去手续费及佣金支出。营业支出包括营业税金及附加、业务及管理费、资产减值损失、其他业务成本。

（2）利润总额是营业利润加上营业外收入，减去营业外支出后的金额。营业外收支是企业发生的与其正常经营业务活动无直接关系的各项收入和支出。商业银行营业外收入包括固定资产盘盈、无形资产处置的净收入、罚款净收入等，商业银行营业外支出包括固定资产处置净损失、处置无形资产净损失、对外捐赠支出、债务重组损失、处置抵债资产的净损失等。营业外收入和支出应当分别核算，在利润表中分别反映。

（3）所得税是商业银行按照《企业会计准则第 18 号——所得税》的规定确认的应当计入当期损益的所得税费用。

（4）净利润，又称税后利润，扣除资产损失后的利润总额减去所得税费用后的余额。

分步计算利润，以上各项目的关系用公式表示如下：

营业利润＝营业收入－营业支出

利润总额＝营业利润＋营业外收入－营业外支出

净利润＝利润总额－所得税

净利润集中反映当期的经营成果，是衡量企业经营管理的重要综合指标，经过上述计算如果结果为正数则为盈利，为负数则为亏损。

## 二、利润组成部分核算

### （一）营业税金及附加

营业税金及附加反映商业银行开展业务按照税法规定应该缴纳的营业税、城市维护建设税及教育费附加。银行按照经营所取得的营业额的大小交纳营业税，营业税计税收入的范围、税率和纳税时间按照税法的规定办理。营业税的应纳税额＝营业额×税率。从 2002 年 1 月 1 日起，金融企业适用税率为 5%。在交纳营业税的基础上，商业银行还应交纳城市维护建设税和教育费附加。城市维护建设税和教育费附加是根据当期应交纳营业税额为计税依据。其中城市维护建设税应纳税额＝应交营业税×适用税率。根据纳税人所在地是市区、县城或者镇适用税率分别是7%和5%，纳税人不在市区、县城或者镇的适用税率是1%。教育费附加=应交营业税×征收比率，现行的教育费附加的征收比率是3%。

为了核算营业税金及附加，商业银行应设置“营业税金及附加”科目。该科目是损益类科目，借方登记发生的营业税金及附加，贷方登记结转本年利润的数额，结转后本科目无余额。发生营业税金及附加时，会计分录为：

借：营业税金及附加

　贷：应交税费——应交营业税

　　　　　　——应交教育费附加

　　　　　　——应交城市维护建设税

交纳时会计分录为：

借：应交税费——应交营业税

　　　　　——应交教育费附加

　　　　　——应交城市维护建设税

　贷：存放中央银行款项

期末结转利润时，应将“营业税金及附加”科目的余额转入“本年利润”科目。

借：本年利润

　贷：营业税金及附加

### （二）投资收益

投资收益包括商业银行进行股权投资获得的利润、股利和债券投资所取得的利息收入。

### （三）营业外收支

营业外收支应分别设置“营业外收入”和“营业外支出”科目进行核算。这两个科目均属于损益类科目，应按照内容分别设置明细科目，期末转入“本年利润”科目。

1. 营业外收入

营业外收入是与商业银行经营无直接关系的各项收入，具体包括固定资产盘盈、处置固定资产净收益、出纳长款收入、处置抵债资产净收益、罚没收入等。

（1）固定资产盘盈和出售净收益。发现固定资产盘盈时，按照重置完全价值和估计折旧报经批准以后列为营业外收入。其会计分录为：

借：待处理财产损益

　贷：营业外收入——固定资产盘盈

出售固定资产净收益是指因固定资产不需用或不适用而将其出售所得到的净收益，即出售所得价款减去固定资产账面净值、清理费用和税金后的差额。当银行发生固定资产出售净收益时，将净收益金额从“固定资产清理”科目转入“营业外收入”，其会计分录为：

借：固定资产清理

　贷：营业外收入——固定资产出售净收益

（2）出纳长款收入。出纳发生长款时，应及时查明，退回原主。如果当天无法查明，经会计主管批准，填制现金收入传票，先做以下处理：

借：库存现金

贷：其他应付款——待处理出纳长款

经过查找，但是确实无法退还的，经过一定的批准手续，列为“营业外收入”，会计分录为：

借：其他应付款——待处理出纳长款

贷：营业外收入—— 出纳长款收入

（3）罚没收入。罚没收入是商业银行对在有关方面违反合同和结算规定的客户而向其收取的罚款和没收收入。商业银行在收取罚款时的会计分录为：

借：库存现金或活期存款

贷：营业外收入——罚款收入

（4）无法支付的应付款项。商业银行在办理业务的过程中偶然发生无法支付的应付款项时，经过批准后转为营业外收入，会计分录为：

借：有关科目

贷：营业外收入——无法支付的应付款项

2. 营业外支出

营业外支出是商业银行发生的与经营业务无关的支出，包括固定资产盘亏、处置固定资产净损失、处置无形资产净损失、处置抵债资产损失、债务重组损失、出纳短款、罚款支出、非常损失和捐赠支出等。

（1）固定资产盘亏、损毁、报废和出售净损失。固定资产盘亏首先要通过“待处理财产损益”科目核算，发生固定资产盘亏时，按照原价扣除累计折旧后的余额入账，经过批准后列为“营业外支出”，会计分录为：

借：营业外支出——固定资产盘亏

贷：待处理财产损益——待处理固定资产损益

固定资产损毁净损失是按照原价扣除累计折旧后、过失人的赔偿和保险公司赔偿后的差额；固定资产报废损失是固定资产的清理收入减去清理费用和账面净值后的差额；固定资产出售净损失是固定资产出售收入减去清理费用和账面净值后的差额。发生固定资产的损毁、报废、出售净损失后，“固定资产清理”科目为借方余额。结转固定资产清理损失时的会计分录为：

借：营业外支出——固定资产清理损失

贷：固定资产清理

（2）出纳短款。在出纳工作中发生短款，应组织力量查找原因。在当天未能查明原因和找回时，经过一定的审批手续，填制现金付出传票，做出账务处理，其会计分录为：

借：其他应收款——应收出纳短款

贷：库存现金

经查确属责任事故又无法找回时，按照规定的审批权限，转为损失，其会计分录为：

借：营业外支出——出纳短款

贷：其他应收款——应收出纳短款

(3) 非常损失。非常损失是指非正常的出乎意料的灾害造成的各项资产净损失，即被毁坏的各项资产的净值扣除保险公司的赔偿和废料残值的差额。损失发生后，经过批准应将扣除废料残值和保险赔偿后的余额作为营业外支出，其会计分录为：

借：营业外支出——非常损失

贷：待处理财产损益——待处理流动资产损益等

(4) 捐赠支出。商业银行发生的公益性、救济性捐赠应作为当期的营业外支出，其会计分录为：

借：营业外支出——捐赠支出

贷：库存现金或银行存款等

(5) 违约和赔偿支出。违约和赔偿支出是商业银行因未履行经济合同而向对方支付的赔偿金、违约金、罚息等惩罚性支出。发生违约和赔偿支出时的会计分录为：

借：营业外支出——违约赔偿金

贷：银行存款等

**(四) 资产减值损失**

根据会计准则的规定，银行应当定期检查各项资产，根据谨慎性原则的要求，合理预计各项资产可能发生的损失，并计提资产减值准备。根据现行的会计准则的要求，商业银行应当计提以下资产减值准备：坏账准备、贷款损失准备、固定资产减值准备、长期股权投资减值准备、可供出售金融资产减值准备、持有至到期金融资产减值准备、无形资产减值准备、抵债资产减值准备和在建工程减值准备。计提资产减值准备需计入资产减值损失和资产减值准备或者资本公积科目，具体资产减值损失的会计核算可参见第十章商业银行其他资产负债业务的核算中有关资产减值的会计核算的内容。

商业银行应当合理计提资产减值准备，但不得设立秘密准备。如果有确凿证据显示商业银行设立了秘密准备，应当作为重大会计差错予以更正，并在会计报表附注中说明事项的性质、调整金额以及差错对商业银行当期财务状况和经营成果的影响。

**(五) 所得税费用**

金融企业发生年度亏损的，可以用下一年度的税前利润弥补。下一年度的税前利润不足以弥补的，可以逐年延续弥补。延续弥补期超过法定税前弥补期限的，可以用缴纳所得税后的利润弥补。

所得税费用是应计入当期损益的所得税，它是根据当期的会计利润总额按照税法的规定予以调整以后，按适用税率计算得出的，通过“所得税”科目进行核算。该科目的借方登记当期的所得税费用，期末转入“本年利润”科目。

由于税法和会计准则对收入和费用的确认标准不同，会计利润和应纳所得税之间会存在差异，两者之间的差异可以分为两类：暂时性差异和永久性差异。

对于暂时性差异有两种不同的会计处理方法：应付税款法和纳税影响会计法。应付税款法不确认暂时性差异对当期所得税费用的影响，直接按照当期的应纳税额作为当期的所得税费用。在此方法下所得税费用等于当期的应纳税额。其会计分录为：

借：所得税

贷：应交税费——应交所得税

应付税款法具有简单易行的特点，但是不符合收入与费用配比的原则，因此产生了纳税影响会计法。纳税影响会计法确认暂时性差异对所得税费用的影响金额，按照当期的应纳税额和暂时性差异对所得税影响的合计确认为当期的所得税费用。在纳税影响会计法下暂时性差异对当期所得税的影响金额被递延到以后各期。企业采用纳税影响会计法，所得税被视为企业取得收益时发生的一项费用，并随同有关的收入和费用计入同一会计期间，以达到收入和费用配比的目的。暂时性差异对所得税的影响金额反映在利润表中的所得税费用和资产负债表中的递延税款余额中。

新会计准则要求采用纳税影响会计法核算所得税费用，规定只能采用纳税影响会计法下的资产负债表债务法进行核算。

在确认当期的所得税费用、递延税款和应交税费后，会计分录为：

借：所得税

　　递延所得税资产（或者递延所得税负债，计入贷方）

　贷：应交税费——应交所得税

转回以前各期所确认的递延税款的资产时，会计分录为：

借：所得税

　贷：递延所得税资产

转回递延所得税负债时，会计分录如下：

借：递延所得税负债

　贷：所得税

**（六）期末利润的结转**

在会计期期末，将各项收入和费用转入“本年利润”科目。如果该科目的期末余额在贷方表示盈利，借方余额则表示亏损。

期末结转收入类科目时，会计分录为：

借：利息收入

　　手续费及佣金收入

　　金融机构往来收入

　　其他业务收入

　　汇兑收益

　　投资收益

　　营业外收入

　贷：本年利润

期末结转成本和费用类科目时，会计分录为：

借：本年利润

　贷：利息支出

　　　手续费及佣金支出

　　　金融机构往来支出

　　　其他业务支出

　　　汇兑损益

　　　投资损失

营业外支出
业务及管理费用
营业税金及附加
所得税

期末将本年利润科目的余额转入“利润分配——未分配利润”科目。如果“本年利润”科目的余额在贷方，则会计分录为：

借：本年利润
　贷：利润分配——未分配利润

如果是借方余额，则结转的会计分录相反。

## 第四节　所有者权益的核算

所有者权益又称净资本或者自有资本，体现了商业银行的经营实力，也是对债权人利益保障程度的一个重要指标。同时银行监管机构对于商业银行的资本充足监管也需要以真实的所有者权益信息为基础。

### 一、实收资本（或股本）

实收资本是投资者按照商业银行的章程、合同或者协议的约定实际投入商业银行的资本。根据法律法规，投资者可以采用货币资金、实物资产和无形资产投入商业银行。

#### （一）商业银行实收资本数额的一般规定

为了保证商业银行的稳健运行，防范金融风险，中国人民银行规定了设立商业银行的最低资本要求。目前中资银行的最低资本要求是设立有分支机构的全国性商业银行的最低资本为20亿元人民币；不设立分支机构的全国性商业银行的最低资本为10亿元人民币；区域性银行最低资本为8亿元人民币；合作银行的最低资本为5亿元人民币。在经济特区设立外资银行总行或中外合资银行的最低注册资本为8 000万元人民币等值外汇，其中实收资本不得低于50%；在经济特区设立的外资银行分行必须持有其总行拨给的不低于4 000万元人民币的等值外汇。

我国目前实行的是注册资本制度，要求银行的实收资本与注册资本保持一致。当银行的实收资本比原来的资本增减超过20%时，应持资金使用证明或验资证明向原登记机关申请变更登记，不得擅自改变注册资本或抽逃资金。

#### （二）实收资本（或股本）的核算

为了准确地反映投资者投入资本的情况，应设立“实收资本”或“股本”科目进行核算，前者适用于非股份制银行，后者适用于股份制银行。该账户属于权益类账户，用于核算商业银行实际收到投资者投入的资本。由于我国对减少资本有严格的限制，该账户的借方一般不做记录，只在银行回购股份、减少注册资本和合并时登记减少数；

贷方登记所有者投入的资金，需按照投资者进行明细核算。

1. 以货币资金投资的核算

当投资者以货币资金投入商业银行时，按照实际收到的货币资金记入货币资金科目，按照投资者实际享有的权益记入实收资本，实际投入货币资金超过应享有的权益的份额的差额记入资本公积科目。其会计分录为：

借：库存现金

　　银行存款或存放中央银行款项

　贷：实收资本或股本

　　　资本公积

2. 以实物投资的核算

商业银行收到投资者投入的实物资产，以评估确认的价值或合同协议约定的价值入账。其会计分录为：

借：固定资产或其他资产

　贷：实收资本或股本

3. 无形资产投资

投资者以无形资产投资时，银行按照以评估确认的价值或合同协议约定的价值入账。其会计分录为：

借：无形资产

　贷：实收资本或股本

4. 以外币投资

投资者以外币投资，按照实际收到款项当日的汇率记入银行存款和实收资本（股本）。其会计分录为：

借：银行存款——外币户

　贷：实收资本或股本

股份制银行的股本应按照核定的股本总额范围由股东出资认购，按照实际收到的资金记入银行存款，按照股份面值记入股本科目，两者之间的差额记入“资本公积——股本溢价”科目。

除投资者投入外，实收资本增加的途径有两个：一是将资本公积转为资本，会计处理为借记“资本公积”，贷记“实收资本”或“股本”；二是将盈余公积转为资本，会计处理为借记“盈余公积”，贷记“实收资本”或“股本”。

## 二、资本公积

资本公积是由投资者投入但是不能构成实收资本，或从其他来源取得，由全体所有者享有的资金。资本公积和实收资本虽然都属于所有者权益，但又有所不同。实收资本是投资者对企业的投资，通过投资来谋求回报；而资本公积有特定的来源，由所有投资者共同享有，某些来源形成的资本公积不需要由原投资者投入，也不需要谋求回报。资本公积的主要内容包括：资本溢价和股本溢价、接受非现金资产捐赠、外币资本折算差额、关联交易差价、股权投资准备和可供出售金融资产的公允价值变动。

1. 接受捐赠

接受捐赠是银行从外部无偿取得的资产，捐赠人并不谋求回报，也不对企业承担任何义务，但增加了银行的所有者权益。根据《金融企业会计制度》的规定，接受捐赠的非现金资产扣除未来应交的所得税后的余额记入“资本公积——接受非现金资产捐赠”；接受的现金资产捐赠，直接记入“资本公积——接受现金资产捐赠”。

接受现金资产捐赠的会计分录为：

借：库存现金

　　存放中央银行款项

　贷：资本公积——接受现金资产捐赠

接受非现金资产捐赠的会计分录为：

借：固定资产或无形资产

　贷：递延税款——递延所得税

　　　资本公积——接受非现金资产捐赠

2. 资本或股本溢价

投资者投入资金大于所享有权益的差额和股票发行所得款项大于所发行的股票面值的差额记入“资本公积——资本或股本溢价”，其会计分录为：

借：相关资产科目

　贷：实收资本或股本

　　　资本公积——资本或股本溢价

3. 法定资产重估增值

法定资产重估增值是商业银行按照规定对其财产价值进行重估时重估的价值高于原账面价值的差额。按照我国现行法规的规定，银行的各项财产应按照历史成本记账，但在以下情况下可以进行价值重估：一是国有资产变动时；二是进行股份制改造时；三是国家开展清产核资时。

银行法定财产重估增值的会计分录为：

借：固定资产或无形资产

　贷：资本公积——法定资产重估增值

## 三、盈余公积

盈余公积是为了保证企业的持续经营，维护债权人利益而提取的留存收益，包括法定盈余公积、任意盈余公积。

法定盈余公积是商业银行根据规定的标准从税后利润中提取的积累基金；任意盈余公积是商业银行在规定的标准之外经过股东大会或类似权力机构批准从税后利润中提取的盈余公积，主要用于弥补亏损或转增资本。

商业银行的盈余公积由总行统一提取，目前规定的法定盈余公积按照当前净利润的10%提取。提取盈余公积时的会计分录为：

借：利润分配——提取盈余公积

　贷：盈余公积——法定盈余公积

　　　　　　——任意盈余公积

总行提取的盈余公积，可以用于弥补亏损或者转增资本。弥补亏损的会计分录与提取时相反。

## 四、利润分配的核算

利润分配是将商业银行所实现的税后利润，按照有关法规和投资协议所确认的比例，由商业银行的股东大会或类似权力机构决定当期利润分配方案。董事会或者类似权力机构向股东大会或类似权力机构提出利润分配方案，由股东大会或类似权力机构批准通过后实施。在股东大会或类似权力机构召开会议前应按照董事会或类似权力机构提请表决的分配方案列入报告年度的利润分配表，如果最终通过的方案与提请表决的分配方案不一致，其差额应调整报告年度会计报表有关项目的年初数。

### （一）利润分配的顺序和原则

商业银行本年实现净利润（减弥补亏损，下同），应当按照提取法定盈余公积金、提取一般准备、向投资者分配利润的顺序进行分配。

法定盈余公积金按照本年实现净利润的10%提取，法定盈余公积金累计达到注册资本50%时，可不再提取。

商业银行还应当于每年年终根据承担风险和损失的资产余额的一定比例提取一般准备，用于弥补尚未识别的可能性损失。

以前年度未分配的利润，并入本年实现净利润向投资者分配。按照《金融企业财务规则》的规定，商业银行应当按照以下顺序向投资者分配利润：

（1）支付优先股股利；

（2）提取任意盈余公积金；

（3）支付普通股股利；

（4）转作资本（股本）。

资本充足率、偿付能力充足率、净资本负债率未达到有关法律、行政法规规定标准的，不得向投资者分配利润。任意盈余公积金按照公司章程或者股东（大）会决议提取和使用。

经股东（大）会决议，金融企业可以用法定盈余公积金和任意盈余公积金弥补亏损或者转增资本。法定盈余公积金转为资本时，所留存的该项公积金不得少于转增前金融企业注册资本的25%。

### （二）利润分配的核算

商业银行在期末将“本年利润”账户的余额转入“利润分配——未分配利润”账户，按照规定的顺序分配利润。

1. 提取盈余公积

银行从税后利润中提取盈余公积时的会计分录为：

借：利润分配——提取法定盈余公积

　　　　　　——提取任意盈余公积

　贷：盈余公积——法定盈余公积

——任意盈余公积

2. 提取一般准备

商业银行提取的贷款损失准备、一般风险准备作为利润分配处理，同时一般风险准备记入所有者权益。会计分录为：

借：利润分配——提取一般准备

　贷：一般准备

3. 向投资者分配利润

商业银行按照董事会或其他权力机构制定的利润分配方案向投资者分配利润时的会计分录为：

借：利润分配——应付股利

　贷：应付股利

最后将当期的利润分配转入未分配利润科目，会计分录为：

借：利润分配——未分配利润

　贷：利润分配——提取法定盈余公积

　　　　　　——提取任意盈余公积

　　　　　　——提取盈余公积

　　　　　　——提取一般准备

　　　　　　——应付股利

如果未分配利润科目有贷方余额即为当期的未分配利润，留待以后年度进行利润分配。

## □ 复习思考题

1. 商业银行收入确认的基本原则有哪些?
2. 商业银行成本费用主要有哪些种类，会计核算应该遵循什么原则?
3. 商业银行利润应该按照什么顺序进行分配?

# 第十二章 Chapter 12 年度决算

**学习目标：**

了解年度决算的意义；

熟悉年度决算的程序和内容；

熟悉决算前的准备工作和决算日工作内容。

**重点难点：**

年度决算的程序和内容；

决算前的准备工作和决算日工作内容。

会计基本假设要求会计核算必须划分会计期间，银行会计核算也应进行分期，具体分为年度、季度和月份。作为会计核算的总结，每年终了必须办理年度决算。《中华人民共和国会计法》规定会计年度自公历 1 月 1 日起至 12 月 31 日止，12 月 31 日为年度决算日，独立核算的各级银行必须在当天进行年度决算，不得提前或拖后。根据我国银行体制为联行制的特点，总行为对外报告的会计主体。银行系统内部凡独立会计核算单位（总行、分行、支行）都应进行年度决算，附属会计核算单位（分理处、营业所）则应当以总账或报表方式，由管辖行合并进行年度决算。本章重点讨论年度决算前准备工作及决算日工作内容。

## 第一节　年度决算概述

### 一、年度决算的意义

银行年度决算是根据全年会计核算资料，将整个年度的业务经营活动和财务收支成果进行整理汇总和数据总结，通过会计报表等形式对会计年度内财务状况及经营成果进行数字总结和文字说明的一项综合性工作。它是考核银行经营活动及其成果、对外公布财务会计信息的一项重要工作。办理好年度决算，对于银行提高经营管理水平，向管理当局、投资者、债权人等各类利益相关者提供真实、准确、完整的会计信息，充分发挥银行的职能作用，都具有重要意义。

**（一）年度决算的重要性**

年度决算是一切企事业单位都需办理的重要工作，但银行的年度决算，其重要性尤为突出。它可以综合反映国民经济各部门、各单位、各企业经济活动；反映各级预算执行情况、财政金库的上缴、拨解的年度总结、全年的货币发行与回笼，以及现金出纳计划的执行情况、信贷资金的收支、投向和规模等信贷政策的执行情况；反映国家外汇收支和结售汇情况，以及国际结算和外汇清算的全面情况。

**（二）年度决算的必要性**

通过年度决算，对银行的内外账务进行全面核对，如有问题，在年终前及时调整；清理资金、盘点财产实物以确保账款、账实、账账一致，如有溢缺应查明原因并作相应处理。同时还可正确反映银行的经营成果。

### 二、年度决算的程序和内容

年度决算日为12月31日，但决算工作不是年末一天所能完成的，大量的工作是在决算日前和决算日后进行的。决算工作的程序，大体上可分为四个阶段，即：

（1）决算前的准备工作；

（2）决算日工作内容；

（3）决算报表的编审与汇总；

（4）决算后的处理。

## 第二节 决算前的准备工作

决算工作的大部分内容，是在决算日之前进行的。一般情况下，总行颁发办理当年决算的通知，提出当年决算中应注意的事项和相应的处理原则和要求。如遇会计准则等规范发生变更的情况，则要提出详细的处理方法，以便全行统一口径。各管辖分行应根据总行通知，结合辖内具体情况，提出决算要求，组织和监督各行处准确及时办理年度决算。各行处根据上级行有关决算工作的提要，明确本年度决算工作的重点和各项内容，作出准备阶段的工作和日程安排，以及有关部门和人员的分工等，并规定工作质量要求。具体工作分为以下几个方面。

### 一、全面核对内外账务

银行账务涉及很多方面，反映了银行的各项资产、负债、业务经营、财务收支及内外往来等情况。在年终决算前，要对银行内部所有的据、账、簿、卡、表进行一次全年的检查和核对，做到账与账、账与款、账与据、账与实、账与表，以及内外账务全面核对相符。

**（一）账账核对相符**

按照银行的账务组织体系，综合核算与明细核算，各科目总账与明细账以及卡片账、登记簿等，发生额、余额都要做到账账、账卡之间相符。

**（二）账款核对相符**

这是每天工作应做到的，库存现金科目总账余额与现金库存簿和库存现金核对相符。年终决算前更应按各类券别逐捆查对。经办外汇业务的行处，应将各类外币库存逐一核对相符。尚未发行的基金，应将未发行券与发行基金分户账核对相符。

**（三）账据核对相符**

这是会计核算的基本要求。决算前可作重点检查或抽样检查。同时，审阅核查凭证种类的使用，填写的基本内容是否正确完整，附件是否齐全，大小写金额是否一致，有无涂改，以及有关人员的印章和有权审批人员的签章是否符合规定等。

**（四）账实核对相符**

账实的核对，一般在年末前一两个月开始进行。根据账面记录对各项财产（含器具设备、车辆等）逐一核对。大宗印刷品和低值易耗品，可作重点检查或抽查。盘点过程中发现的账实不符，应查明原因，正常损耗短缺，可列单报批核销。库存重要空白单证（成本、成捆的）应逐项盘点，与登记簿余额核对，如发现不符，应彻查原因，不能随意调整转销。

**（五）账表核对相符**

一般情况下，账表的数据应该是相符的。但有时因错账冲正、中途变更科目等原因，使账表发生脱节，出现金额不一致的情况。因此，在决算前，应核实确认各项报表与有关账簿的数据，特别要注意以往月份的报表未变而账簿上有所变动的现象。

**（六）内外账务核对相符**

银行与对外往来单位间的双方账务要核对相符，这是决算的一项重要任务。银行与企业、事业单位，以及同业和联行往来（包括国际业务的收付往来），平时（或按月）以副联账单代对账单寄送对方核对，年底前还需全面发对账单，收回对账回单，并要核计复验对方单位在回单上填注的未达金额。发现不符的，应与对方单位联系查明。

## 二、清理资金

**（一）清理存款资金**

银行的各项活期存款，包括储蓄和单位存款，如一年以上没有收付往来，即视为“久悬户”。无收付的活存户，一般在年终转入集中开立的久悬账户。以后，客户持存折提取或结户时，应从久悬账户中支付。

**（二）清理到期贷款和逾期贷款**

年终决算前，银行应对贷款账户进行审查，查实是否存在到期未还贷款或已经展期但仍未归还的贷款未按规定转入逾期贷款科目。对各项呆滞资金，要进行具体分析，区别对待。

**（三）清理其他业务资金**

除存款、贷款之外的业务资金，如各类投资、借入资金、拆出资金等，也要全面清理，发现问题及时解决，如暂时无法解决要注明原因，按规定处理。

**（四）清理结算资金**

银行对于各类结算资金，应根据使用票据和结算方式的不同，进行全面清理。该划出的款项要及时划出，应收回的款项要积极收回。对于没有解付的应解汇款以及汇出的汇票久未兑付的，年末前应查询清理并作相应处理。

**（五）清理内部资金**

内部资金是指银行内部暂时的过渡性资金，主要包括其他应收应付款、待摊费用、呆账准备金、坏账准备金及投资风险准备金等。对这些资金要逐项清理，发现问题及时解决，如暂时无法解决要注明原因，以备日后查考和处理。

## 三、清点财产物资

银行的资产除了大量以货币资金反映的信贷资产外，还有实物财产，如库存现金、金银、各种外币、有价单证、固定资产及低值易耗品等。银行应对此类资产进行清点，与账面数进行核对相符。如发现短缺溢余，要查明原因并按有关规定进行账务处理。

**（一）清点库存实物**

对库存现金、金银、外币、有价单证和重要空白凭证等，都要进行实物清点并与账面数核对一致。

**（二）清点固定资产和低值易耗品**

对房屋、器具、设备等固定资产以及各种低值易耗品，应根据有关账卡记录进行盘点。

## 四、核实损益

**（一）核实各项业务收支**

（1）利息收支是财务收支的主要部分。决算时，要对各季的利息收支进行全面复查，包括计息的范围、利率的使用、天数的计算，以及账务调整所带来的积数调整等，并与有关凭证、账簿核对相符。

（2）对于金融机构往来收入和支出、手续费及佣金收支、营业外收支等账户进行检查核实。

(3) 核实业务及管理费开支。应按开支范围和费用标准进行复查，检查是否超过规定标准，应经有关主管审批的手续是否齐全。

此外，还要检查列账是否正确，有无错误列账；本年的收支有否转移到下年度列账；应列本年的收入，是否有转移至其他科目或转作账外。

**(二) 调整损益账户**

1. 计提应付利息

年末应全部提足本年应付利息数，并把实付利息从应付利息科目中冲销。

2. 调整应收利息

计收贷款利息时，如单位存款不足并超过一定期限未收回，银行应将表内“应收利息”转至表外“未收贷款利息”列账。结算前，应检查相关账务调整是否正确。

3. 调整实务财产溢缺

根据盘点结果，进行分析，并按规定进行相关账务处理。

4. 调整应交税费

按照规定，营业税金及附加按季预缴，年终调整。年终前要计算四季度应交税费额，统算全年应交税费。

5. 计提固定资产折旧和摊销无形资产、递延资产

年终应按各类固定资产规定的折旧率提足全年折旧金额；计算无形资产和递延资产本年应负担的摊销额，并进行相应处理。

6. 计提各项资产减值准备金

年终应对包括贷款在内的资产进行减值测试，提足各种减值准备。

### 五、试算平衡

为确保报表准确无误，每年 12 月间，检验从年初到 11 月底为止，总账各科目的累积发生额与 11 个月度报表发生额加计核对相符；根据 11 月底总账各科目上年底余额、年初累计发生额和月末余额，编制 11 个月试算表；根据 1—11 月的 11 份月计表的借、贷发生额，按科目汇总加计，将各科目的借、贷方发生额合计数，与上述试算表各科目累计发生额逐一核对是否相符，并根据上年末余额加减本年借、贷方发生额，看其结果是否与 11 月末余额相符；上年末余额、本年发生额和 11 月末余额各栏的借方和贷方合计数是否各自平衡。纵横加计核对中，如发现问题，应查明原因，纠正差错。

## 第三节　决算日工作内容

我国银行以每年 12 月 31 日作为年度决算日，按规定该日即使适逢例假，也不更改调整。年度决算工作量大，很大一部分是事前做好准备，分步进行。决算日是年度最后一个核算工作日，必须把应列入本年核算处理的各项账务调整、损益结转等，全

部纳入当日账。具体工作如下。

## 一、组织当日业务全部入账

决算日当天，金融机构照常营业，这一天发生的全部账务应于当日全部入账。办妥票据交换及托收入账、及时处理异地结算业务、办妥交换差额清算和存放中央银行款项、现金收付全部入账，并及时处理、轧平当日账务。

## 二、检查各项库存

结算日营业终了，应对库存现金、金银、外币、有价证券、实物进行一次全面核对，保证账款、账实相符。

## 三、调整金银和外汇买卖记账价格

决算日，应将金银和各种外币买卖账户余额，根据年末日牌价折算成人民币余额，其差额以其他业务收支和汇兑损益科目列账处理。

## 四、调整账务

将遗留的待处理的账务在决算日全部调整入账，凡应计入本年收入、支出和费用的，必须列入本年账内。

## 五、结转损益

决算日营业终了，应将各损益科目各账户最后余额，分别结转到本年利润账户。结账后，损益类各账户应无余额。“本年利润”科目余额在贷方表示盈利，在借方为亏损。

## 六、办理新旧账簿结转

各独立核算单位在结转全年损益后，应办理新旧账簿结转，结束旧账、建立新账。

年度终了，总账全部结转新账，把各科目年末余额过入次年各科目新账“上年末余额”栏。

各科目分户账，除规定可以继续沿用外（包括卡片账、登记簿等），均应更新账页。在分户账（旧账页）最后一行余额下加盖“结转下年”戳记；分户账新账页第一行写明新年度 1 月 1 日，填记上年末余额，并在摘要栏加盖“上年结转”戳记。上年末余额过入新账后，应将各科目新账页余额加计与总账各该科目核对相符。

银行的各种表外科目和其他登记簿，年终也应根据其是否可继续使用而采用不同的处理方式。若登记簿可以继续使用，则不需要结转，下年度继续使用；若按年设立的登记簿，则需要结转，比照明细账进行。

经过年度结算后，银行要编审年度决算报告，这是年度决算中的一项重要工作。决算报告是反映全年业务活动、财务收支和经营成果的全面性、总结性的重要报表。银行一般在新年度开始后短期内完成编制决算报表，并按规定时间逐级审核汇编上报。

此外，在年度决算后续处理中要做好以下三项工作：

（1）上划损益。地市以下行处在决算日结出的损益，应于次年规定时间内上划地市行。

（2）中央经费限额拨款的签证上划。年度终了，各用款单位应按规定编制“限额支出签证单”送开户银行核对相关数据并确认无误，进行年终对账签证，并逐级上划中国人民银行总行。

（3）清查上年联行未达。次年初，须将上年报单与本年报单严格区分，处理好上年联行往来，直至清查全部未达账项为止。

## 复习思考题

1. 简述年度决算的程序和内容。
2. 决算前的准备工作有哪些?
3. 简述决算日工作内容。

# 第十三章 Chapter 13 财务报告与分析

**学习目标：**

了解商业银行财务报表的结构；

掌握财务报表的编制方法；

掌握财务报表分析的基本方法。

**重点难点：**

商业银行财务报表的编制方法；

商业银行财务比率分析。

## 第一节　商业银行财务报告概述

商业银行需要按照规定定期对外报告经营成果、财务状况和现金流量，为外部信息的使用者提供决策所需要的信息。同时商业银行还需要向银行监管机构定期报送监管信息。由于监管信息使用者是银行业监管机构，一般使用者难以获得，本章主要基于商业银行的公开财务报告进行分析。

按照《商业银行信息披露办法》（银监会 2007 年第 7 号）的规定，商业银行应披露财务会计报告、各类风险管理状况、公司治理、年度重大事项等信息。

商业银行的财务报告包括财务报表、报表附注和财务情况说明书。商业银行财务报告的核心是财务报表，包括资产负债表、利润表、所有者权益变动表、现金流量表和附注。财务报表是会计核算的最终成果，也是商业银行对外提供信息的主要手段。

### 一、财务会计报告体系

#### （一）财务会计报告的含义

财务会计报告是指企业对外提供的反映企业某一特定日期财务状况和某一会计期

间经营成果、现金流量的文件。

商业银行必须定期编制财务会计报告。商业银行的财务会计报告是根据日常会计核算资料，按照一定的格式和科学的指标体系，定期编制的总括反映经营成果、财务状况和现金流量状况的文件，是商业银行对外传递信息的主要手段，也是投资者、国家机关和相关人员进行决策的重要信息来源。

**（二）财务会计报告体系**

财务会计报告按照编制时间可以分为年度、半年度、季度和月度财务会计报告。除年度报告以外，半年度、季度和月度报表统称为中期财务会计报告。年度、半年度财务会计报告应当包括：财务报表、财务报表附注、财务情况说明书，而季度和月度报告则相对简单，一般只包括财务报表。我国上市银行的年度报告必须经过会计师事务所的审计，而中期报告则无此强制性要求。财务情况说明书至少应当对下列情况做出说明：企业生产经营的基本情况；利润实现和分配情况；资金增减和周转情况；对企业财务状况、经营成果和现金流量有重大影响的其他事项。

**（三）财务会计报告的编制要求**

财务会计报告作为对外提供信息的主要工具，为了保证提供信息的真实可靠，商业银行在编制财务会计报告时必须遵循以下要求：

（1）财务会计报告必须真实完整。真实性是一项基本的会计原则，商业银行的财务会计报告必须坚持真实性原则。为了保证财务报表的真实性，在编制财务报表之前，要认真核对账簿、表册和财产物资，保证账账、账实、账表、账据、账款、账簿和内外账核对相符。同时财务会计报告必须完整，不得遗漏对报告使用人决策有重大影响的会计信息。商业银行的财务会计报告包括财务报表、财务报表附注、财务情况说明书，必须按照规定编制，对决策有重大影响的信息，无法用数字反映的必须在财务报表附注中说明。

（2）编制口径必须一致。可比性是会计核算的一项基本原则。为了保证会计信息的可比性，商业银行的会计报告应当按照国家统一的会计准则规定的编制基础、依据、原则和方法编制，确保会计信息的可比性。

（3）及时编制财务会计报告。及时性是会计信息有用性的基本要求，再有用的信息如果不能及时提供，也就失去了意义。根据证券监管规定和《商业银行会计制度》规定，季度财务报告应当在季度终了 15 天内提供；半年度会计报告应当在年度中期结束后 60 天内提供；而年度财务会计报告应当于年度终了后 4 个月内提供。

## 二、财务报表的组成

财务报表是商业银行财务会计报告的核心，它通过有固定格式的表格文件向会计信息的使用者提供所需的信息。商业银行向外提供的财务报表必须包括：资产负债表、利润表、现金流量表、所有者权益变动表和其他有关附表。

由于商业银行业务的特殊性及其高风险特征，为了使信息使用者更好地了解银行的财务状况和经营情况，商业银行在其财务报告中必须提供详细的信息。目前，按照规定，商业银行在报表附注中披露本行的会计政策和会计估计及其变更、重大关联方交易及事项、报表重要项目的明细资料、资本充足状况等。

商业银行应在会计报表附注中说明会计报表中重要项目的明细资料包括：

（1）按存放境内、境外同业披露存放同业款项。

（2）按拆放境内、境外同业披露拆放同业款项。

（3）按信用贷款、保证贷款、抵押贷款、质押贷款分别披露贷款的期初数、期末数。

（4）按贷款风险五级分类的结果披露不良贷款的期初数、期末数。五级分类分为：正常、关注、次级、可疑和损失，其中后三类为不良贷款。

（5）贷款减值准备的期初数、本期计提数、本期转回数、本期核销数、期末数，一般准备、专项准备和特种准备应分别披露。

（6）应收利息余额及变动情况。

（7）按种类披露投资的期初数、期末数。

（8）按境内、境外同业披露同业拆入款项。

（9）应付利息计提方法、余额及变动情况。

（10）银行承兑汇票、对外担保、融资保函、非融资保函、贷款承诺、开出即期信用证、开出远期信用证、金融期货、金融期权等表外项目，包括上述项目的年末余额及其他具体情况。

## 第二节 资产负债表

资产负债表是反映会计主体在某一特定日期的资产、负债和所有者权益的财务报表，是反映会计主体财务状况的财务报表。

### 一、资产负债表的性质和作用

资产负债表是按照“资产＝负债＋所有者权益”的基本会计等式编制的反映财务状况的报表。资产是指过去的交易、事项形成并由企业拥有或者控制的资源，该资源预期会给企业带来经济利益。负债是指过去的交易、事项形成的现时义务，履行该义务预期会导致经济利益流出企业。所有者权益是指所有者在企业资产中享有的经济利益，其金额为资产减去负债后的余额。

资产负债表可以向会计信息的使用者提供财务状况和偿债能力的信息，主要包括：银行所掌握的经济资源、银行的负债渠道及构成、银行所有者权益的构成、银行的资金运用和银行的偿债能力。

### 二、资产负债表的内容及格式

资产负债表的格式按照报表项目的排列方式可以分为报告式与账户式两种。

报告式资产负债表又称为垂直式资产负债表，按照“资产－负债＝所有者权益”

的等式垂直排列，先列示资产，然后是负债，最后是所有者权益的排列方式（见表13—1）。目前，上市银行采用的都是报告式资产负债表。

**表 13—1**　　××商业银行资产负债表

2013 年 12 月 31 日　　单位：万元

| | 合并报表 | | 母公司 | |
|---|---|---|---|---|
| | 期末余额 | 期初余额 | 期末余额 | 期初余额 |
| 资产： | | | | |
| 现金及存放中央银行款项 | 787 776 | 703 657 | 787 524 | 703 245 |
| 存放同业款项 | 15 662 | 15 637 | 13 435 | 14 182 |
| 贵金属 | | | | |
| 拆出资金 | 123 125 | 190 869 | 91 210 | 155 272 |
| 交易性金融资产 | 42 520 | 21 156 | 40 773 | 19 388 |
| 衍生金融资产 | 11 690 | 10 539 | 11 105 | 10 364 |
| 买入返售金融资产 | 73 636 | 39 218 | 72 730 | 39 218 |
| 应收利息 | 1 116 034 | 1 106 163 | 1 116 034 | 1 106 163 |
| 发放贷款和垫款 | 3 696 433 | 3 533 978 | 3 602 966 | 3 454 432 |
| 可供出售金融资产 | 448 420 | 504 60 | 435 901 | 492 706 |
| 持有至到期投资 | 1 384 261 | 1 228 937 | 1 392 657 | 1 236 211 |
| 长期股权投资 | 121 | 127 | 7 805 | 7 810 |
| 固定资产 | 81 104 | 84 180 | 80 845 | 83 911 |
| 在建工程 | 2 718 | 2 563 | 2 718 | 2 563 |
| 递延所得税资产 | 1 349 | 1 699 | 1 346 | 1 699 |
| 其他资产 | 95 957 | 567 928 | 90 351 | 63 941 |
| 资产总计 | 7 880 806 | 7 506 651 | 7 747 400 | 7 391 105 |
| 负债和股东权益 | | | | |
| 负债： | | | | |
| 向中央银行借款 | 4 601 | | | |
| 同业及其他金融机构存放款项 | 535 501 | 367 494 | 535 776 | 368 098 |
| 拆入资金 | 45 842 | 32 824 | 27 484 | 30 475 |
| 交易性金融负债 | | | | |
| 衍生金融负债 | 3 000 | 2 613 | 2 332 | 2 382 |
| 卖出回购金融资产款 | 24 984 | 48 610 | 25 411 | 49 119 |
| 吸收存款 | 6 560 019 | 6 351 423 | 6 462 700 | 6 251 403 |
| 应付职工薪酬 | 7 603 | 7 073 | 7 496 | 6 921 |
| 应交税费 | 29 220 | 22 004 | 28 886 | 21 788 |
| 应付利息 | | | | |
| 应付债券 | 43 847 | 44 405 | 35 000 | 35 000 |
| 递延所得税负债 | 2 556 | 3 083 | 2 431 | 2 961 |
| 其他负债 | 138 281 | 159 855 | 136 532 | 157 545 |
| 负债合计 | 7 395 454 | 7 039 384 | 7 264 048 | 6 925 692 |
| 股东权益： | | | | |
| 股本 | 334 019 | 334 019 | 334 019 | 334 019 |
| 资本公积 | 109 233 | 109 701 | 107 653 | 108 050 |
| 减：库存股 | | | | |
| 盈余公积 | 5 466 | 5 464 | 5 461 | 5 461 |
| 一般风险准备 | 12 733 | 12 719 | 12 719 | 12 719 |

续前表

| | 合并报表 | | 母公司 | |
|---|---|---|---|---|
| | 期末余额 | 期初余额 | 期末余额 | 期初余额 |
| 未分配利润 | 24 405 | 5 715 | 23 636 | 5 276 |
| 外币报表折算差额 | －504 | －351 | －136 | －112 |
| 股东权益合计 | 485 352 | 467 267 | 483 352 | 465 413 |
| 负债和股东权益总计 | 7 880 806 | 7 506 651 | 7 747 400 | 7 391 105 |

账户式资产负债表又称为水平式资产负债表，按照“资产＝负债＋所有者权益”等式分左右双方排列，左边列示资产，右边列示负债和所有者权益。资产应当按照其流动性分类分项列示，包括流动资产、固定资产、无形资产及其他资产。银行的各项资产有特殊性的，按照其性质分类分项列示。负债应当按照其流动性分类分项列示，包括流动负债、长期负债等。银行的各项负债有特殊性的，按照其性质分类分项列示。所有者权益应当按照实收资本（或者股本）、资本公积、盈余公积、未分配利润等项目分项列示。

## 三、资产负债表的编制

### （一）资产负债表各项目年初数填列方法

资产负债表“年初数”栏内各项数字，应根据上年末资产负债表“期末数”栏内所列数字填列。如果本年度资产负债表规定的各个项目的名称和内容同上年度不相一致，应对上年年末资产负债表各项目的名称和数字按照本年度的规定进行调整，填入资产负债表“年初数”栏内。

### （二）资产负债表各项目的内容和期末数填列方法

商业银行在期末根据总账科目的归属关系编制资产负债表。

1. 资产项目

（1）“货币资金”项目，反映商业银行库存现金以及存放在中央银行款项和各项准备金存款，本项目根据“库存现金”、“银行存款”、“存放中央银行款项”科目的期末余额合计填列。其中库存现金科目包括银行的库存现金、现金收付以及运送中的本外币现金；银行存款是银行财务部门用于内部财务活动开支的存款，该科目期末余额一般为零；存放中央银行款项反映商业银行存入中央银行的各种存款，包括业务备付金、准备金存款、存放中央银行清算汇票款、缴存中央银行财政性存款、存放中央银行特种存款等。

（2）“存放同业款项”项目，反映商业银行与同业之间资金往来业务而存放于境内、境外银行和非银行金融机构的存款。本项目应根据“存放国内同业款项”、“存放国外及港澳台活期存款”、“存放国外及港澳台定期存款”科目的期末余额和“法定存款准备金”的期末借方余额填列。

（3）“贵金属”项目，反映商业银行在国家允许的范围内买入的黄金、白银等贵重金属。本项目应根据“贵金属”科目的期末余额填列，反映的是“贵金属”成本或者市价（成本与市价孰低法计价）。

（4）“拆出资金”项目，反映商业银行与其他商业银行之间进行的资金拆借减去所提取的“拆借资金减值准备”所属明细科目后的余额，反映银行拆借给境内外其他金融机构的款项。本项目根据“拆放同业”、“拆放金融性公司”和“拆放境内非银行金融机构”等科目的期末余额填列。

（5）“交易性金融资产”项目，根据银行的“交易性金融资产”科目的期末余额填列，反映银行为短期获利目的而持有的债券投资、股票投资、基金投资等交易性金融资产的公允价值。

（6）“衍生金融资产”项目，反映衍生工具、套期工具、被套期项目中属于衍生金融资产的部分，应根据“衍生工具”、“套期工具”、“被套期项目”等科目的期末借方余额计算填列。如果衍生金融工具科目的期末余额在贷方则填入“衍生金融负债”项目。

（7）“买入返售金融资产”项目，根据“买入返售金融资产”科目的期末余额填列，反映商业银行与交易对手签订返售协议先买入再按照固定价格返售的票据、证券和贷款等金融资产的摊余成本。

（8）“应收利息”项目，根据“应收利息”科目的余额填列，反映商业银行所持有的交易性金融资产、持有至到期投资、可供出售金融资产、发放贷款、存入中央银行款项、拆出资金、买入返售金融资产等应收取而尚未收到的利息，根据“应收利息”科目的期末余额填列。

（9）“发放贷款和垫款”项目，反映商业银行发放的各类贷款和信用证、银行承兑汇票业务而垫付的款项减去“贷款减值准备”所属明细科目后的余额。本项目应根据“贴现”、“短期贷款”、“中长期贷款”、“国际贸易融资”、“个人贷款”（包括个人小额质押贷款、个人短期经营贷款、个人中长期经营贷款、个人住房贷款、个人汽车消费贷款、个人耐用消费品贷款、个人助学贷款等）、“银行卡透支”、“垫款”、“中长期房地产贷款”、“中长期个人消费贷款”、“质押贷款”、“应收进出口押汇”、“呆账准备”、“开出信用证”、“逾期贷款”等科目的期末余额计算填列。

（10）“可供出售金融资产”项目，反映商业银行持有的可供出售金融资产的公允价值，根据“可供出售金融资产”科目的期末余额减去“可供出售资产减值准备”的期末余额后的金额填列。

（11）“持有至到期投资”项目，反映商业银行准备并且有能力持有至到期的投资的摊余成本，期末根据“持有至到期投资”科目的期末余额减去“持有至到期投资减值准备”的期末余额后的金额填列。

（12）“长期股权投资”项目，反映商业银行持有的按照成本法和权益法核算的对联营和合营企业及子公司的股权。目前我国商业银行持有的联营和合营企业股权是非上市公司的股权，应根据“长期股权投资”科目的期末余额减去“长期股权投资减值准备”的期末余额后的金额填列。

（13）“投资性房地产”项目，反映商业银行持有的待售和出租房产，根据“投资性房地产”科目的期末余额减去相应的“减值准备净额”（以成本计价的投资性房地产）填列。如以市价计价则根据该科目的余额填列。

（14）“应收投资款项”项目，是指商业银行持有的由于剥离不良资产给管理公司而持有对方的债券，应收的中国人民银行专项和定向票据、财政部特别国债以及金融机构债券等债权。

（15）“固定资产”项目，根据“固定资产”科目的期末余额减去“累计折旧”、“固定资产减值准备”科目的期末余额后填列，反映商业银行所有自用的固定资产，包括房屋和建筑物及其设备、运输工具等的净值。

“在建工程”项目可以并入“固定资产”项目反映，也可单独反映。“在建工程”项目反映尚未完工的在建工程，本项目根据“在建工程”科目的期末余额减去“在建工程减值准备”后填列。“在建工程”科目的期末余额，反映商业银行期末各项未完工程的实际支出和尚未使用的工程物资的实际成本。

（16）“无形资产”项目，反映商业银行各项无形资产扣除摊销后的净额，主要包括土地使用权、电脑软件等。本项目应根据“无形资产”科目的期末余额减去“无形资产减值准备”科目的期末余额后的金额填列。

（17）“递延所得税资产”项目，反映商业银行按照资产负债表债务法确认的可抵扣暂时性差异产生的所得税资产，根据“递延所得税资产”科目的期末余额填列。

（18）“其他资产”项目，反映商业银行除以上资产以外的存出保证金、应收及暂付款项、抵债资产等减去相应的减值准备，以及待处理财产损益。本项目应根据有关科目的期末余额填列。应收及暂付款项主要包括应收待结算及清算款项。

2. 负债项目

（1）“向中央银行借款”项目，反映商业银行尚未归还的中央银行借款余额及国家外汇存款，根据“向中央银行借款”科目的期末余额填列。

（2）“同业及其他金融机构存放款项”项目，反映商业银行吸收的同业和其他金融机构的存款的余额和向同业拆入资金，直接根据“同业存放款项”、“非银行金融机构活期存款”、“外汇储备存款”、“联行存放款项（包括国内联行存放、境外联行存放）”的期末贷方余额填列。

“拆入资金”项目反映商业银行为了弥补头寸的不足而从境内外金融机构拆入的资金余额，本项目应根据“同业拆入”和“金融性公司拆入”科目的期末余额填列。

（3）“交易性金融负债”项目，反映商业银行承担的交易性金融负债的公允价值，直接根据“交易性金融负债”科目的期末余额填列。

（4）“衍生金融负债”项目，根据“衍生金融工具”科目的期末贷方余额填列，如果衍生金融工具科目的期末余额在借方则填入“衍生金融资产”项目。

（5）“卖出回购金融资产款”项目，反映商业银行与其他企业按合同或协议，卖给交易对手一批金融资产，到一定日期后再按照卖出时约定的价格买回该批资产。卖出金融资产时收到的款项在本项目反映。本项目应根据“卖出回购金融资产款”科目的期末余额填列。

（6）“吸收存款”项目，反映商业银行吸收的各类存款的余额，包括吸收的单位存款、居民储蓄存款和财政性存款，根据“活期存款”、“定期存款”、“活期储蓄存款”、“银行卡存款”、“定期储蓄存款”和“财政性存款”等科目的有关明细科目的期末余额计算填列。在报表附注中要按照存款种类详细反映各类存款变动的信息。

（7）“应付职工薪酬”项目，反映商业银行应支付给职工的各种薪酬，包括工资、福利、补贴、解除劳动关系的补偿、社会保险费和以现金结算的股份等，根据“应付职工薪酬”科目的期末余额填列。

（8）“应交税费”项目，反映商业银行根据税法的规定应交纳的各种税费，包括营业税、所得税、土地增值税、城市维护建设税、房产税、土地使用税、教育费附加和车船使用税等。本项目应根据“应交税费”科目的期末余额填列。

(9)“应付利息”项目，反映商业银行按照合同约定应支付的利息，包括吸收存款、分期付息到期还本的长期借款、同业拆入资金、卖出回购金融资产款、发行金融债券的利息，直接根据“应付利息”科目的期末余额填列。

(10)“预计负债”项目，反映商业银行因为诉讼等事项产生未来预计很可能发生的支付义务，根据“预计负债”科目的期末余额填列。

(11)“应付债券”项目，反映商业银行发行在外的债券余额，包括长期债券和短期债券，根据“应付债券”以及商业银行为弥补资本不足而发行的“长期次级债券”科目的期末余额直接填列。

(12)“递延所得税负债”项目，反映商业银行确认的应纳税暂时性差异产生的所得税负债，根据“递延所得税负债”科目的期末余额填列。

(13)“其他负债”项目，根据“本票”、“外汇买卖”(轧差后贷方余额)、“应解汇款”、“汇出汇款”、“应付股利”等科目的期末余额计算填列。

3. 所有者权益项目

(1)“股本”项目，反映商业银行实际收到的资本总额。本项目应根据“股本”科目及各明细科目的期末余额计算填列。

(2)“资本公积”项目和“盈余公积”项目，分别反映商业银行的资本公积和盈余公积的期末余额。分别根据“资本公积”科目和“盈余公积”科目的期末余额填列。

(3)“库存股”项目，反映商业银行为减少注册资本、激励高级管理人员和与其他企业合并而回购尚未注销的本公司股份，根据“库存股”科目的期末借方余额填列。

(4)“一般准备”项目，反映商业银行根据金融监管规定提取的一般准备的余额，其作用是弥补尚未识别的风险，根据“一般准备”科目的期末余额填列。

(5)“未分配利润”项目，反映商业银行盈利尚未分配的部分。本项目根据“本年利润”科目和“利润分配”科目的期末余额计算填列。未弥补的亏损应在本项目内用“—”号表示。

## 第三节 利润表和所有者权益变动表

利润表是反映会计主体在某一时期经营结果的财务报表。所有者权益变动表是反映会计主体当期所有者权益变动及其影响因素的财务报表。

### 一、利润表的内容及格式

利润表通过将本期的收入与相应的成本与费用配比来核算当期的经营成果。我国目前采用的是多步式利润表，主要分为以下几个部分：第一部分是反映主要营业收入的构成情况，包括：利息净收入、手续费及佣金净收入、投资收益、公允价值变动收益、汇兑收益和其他业务收入；第二部分是营业支出，反映商业银行开展业务的成本和费用支出，包括营业税金及附加、业务及管理费、资产减值损失和其他业务成本；第三部分是营业外收支，反映与经营业务没有直接关系而产生的收入与支出；第四部分是利润总额和净利润（见表 13—2）。

表 13—2 ××商业银行利润表

2013 年

单位：万元

| 项目 | 合并数 | | 母公司 | |
|---|---|---|---|---|
| | 本期金额 | 上期金额 | 本期金额 | 上期金额 |
| 一、营业收入 | 54 520 | | 53 618 | |
| 利息净收入 | 48 102 | | 47 602 | |
| 利息收入 | 78 476 | | 76 877 | |
| 利息支出 | 30 374 | | 29 275 | |
| 手续费及佣金净收入 | 6 470 | | 6 154 | |
| 手续费及佣金收入 | 6 993 | | 6 641 | |
| 手续费及佣金支出 | 523 | | 487 | |
| 投资收益（损失以“—”号填列） | 455 | | 377 | |
| 其中：对联营企业和合营企业的投资收益 | 2 | | 2 | |
| 公允价值变动收益（损失以“—”号填列） | 74 | | 107 | |
| 汇兑收益（损失以“—”号填列） | —707 | | —730 | |
| 其他业务收入 | 126 | | 108 | |
| 二、营业支出 | 26 737 | | 26 373 | |
| 营业税金及附加 | 3 078 | | 3 040 | |
| 业务及管理费 | 16 295 | | 15 977 | |
| 资产减值损失 | 7 355 | | 7 356 | |
| 其他业务成本 | 9 | | | |
| 三、营业利润（亏损以“—”号填列） | 27 783 | | 27 245 | |
| 加：营业外收入 | 355 | | 293 | |
| 减：营业外支出 | 185 | | 183 | |
| 其中：非流动资产处置损失 | 4 | | 3 | |
| 四、利润总额（亏损总额以“—”号填列） | 27 953 | | 27 355 | |
| 减：所得税费用 | 9 061 | | 8 995 | |
| 五、净利润（净亏损以“—”号填列） | 18 892 | | 18 360 | |
| 六、每股收益： | | | | |
| （一）基本每股收益 | 0 | | | |
| （二）稀释每股收益 | 0 | | | |

## 二、利润表的编制

编制本表是为了向外部的使用者提供商业银行经营成果的信息，利润表同时也是商业银行管理者和监管机构考核商业银行利润（亏损）计划的执行结果，分析盈亏增减变化原因的工具。

利润表“本期金额”栏，反映各项目的本期实际发生数。在编报年度报表时，填列上年全年累计实际发生数，并将“本期金额”栏改成“本年金额”栏。如果上年度利润表与本年度利润表的项目名称和内容不相一致，应对上年度报表项目的名称和数字按本年度的规定进行调整，填入本表“上年金额”栏。

利润表各项目的内容和填列方法如下：

（1）“营业收入”项目，反映商业银行取得经营业务各种收入的总额。本项目根据“利息净收入”、“手续费及佣金净收入”、“投资收益”、“公允价值变动收益”、“汇兑收益”等项目加总计算填列。

（2）“利息净收入”反映商业银行当期取得的利息收入与利息支出的差额。

“利息收入”项目，反映商业银行提供资金给客户和同业所取得的利息收入，包括发放各类贷款（银团贷款、贸易融资、贴现和转贴现融出资金、协议透支、信用卡透支、转贷款、垫款等）、与其他金融机构（中央银行、同业等）之间发生资金往来业务、买入返售金融资产和债券投资等实现的利息收入等。本项目应根据“利息收入”、“金融机构往来收入”、“中央银行往来收入”、“同业往来利息收入”、“联行往来利息收入”和“其他金融企业往来收入”等科目期末结转利润科目的数额填列。

“利息支出”项目，反映商业银行各项借款和吸收存款的利息支出，包括吸收的各种存款（单位存款、个人存款、信用卡存款、特种存款、转贷款资金等）、与其他金融机构（中央银行、同业等）之间发生资金往来业务、卖出回购金融资产和发行债券等产生的利息支出。本项目根据“利息支出”、“金融机构往来支出”、“中央银行往来利息支出”、“同业往来利息支出”、“联行往来利息支出”等科目期末结转利润科目的数额填列。

（3）“手续费及佣金净收入”项目，反映商业银行手续费及佣金收入和支出的差额。

“手续费及佣金收入”项目，反映商业银行办理包括结算、咨询顾问、担保、代保管、信用承诺等代理业务以及办理受托贷款及投资业务等取得的手续费及佣金，如结算手续费收入、佣金收入、业务代办手续费收入、基金托管收入、咨询服务收入、担保收入、受托贷款手续费收入、代保管收入，代理买卖证券、代理承销证券、代理兑付证券、代理保管证券、代理保险业务等代理业务以及其他相关服务实现的手续费及佣金收入等。本项目根据“手续费及佣金收入”科目期末结转利润科目的数额填列。

“手续费及佣金支出”项目，反映商业银行委托其他企业代办业务而支付的手续费、佣金等支出。本项目根据“手续费及佣金支出”科目期末结转利润科目的数额填列。

（4）“投资收益”项目，反映商业银行对外投资，按合同或协议规定分回的投资利润、股利收入、持有至到期债券投资的债息收入等。本项目应根据“投资收益”科目期末结转利润科目的数额填列，如为损失则以“—”号列示。

（5）“公允价值变动收益”项目，反映商业银行所持有的交易性金融资产、交易性金融负债，以及采用公允价值模式计量的投资性房地产、衍生工具、套期保值业务等公允价值变动形成的应计入当期损益的利得或损失。在该项资产或负债终止确认前的公允价值变动在本项目反映，终止确认时将相关的“公允价值变动收益”转到“投资收益”项目。商业银行指定为以公允价值计量且其变动计入当期损益的金融资产或金融负债公允价值变动形成的应计入当期损益的利得或损失也在本项目反映。“公允价值变动收益”项目根据“公允价值变动收益”期末余额填列。

（6）“汇兑收益”项目，反映商业银行进行外汇买卖或外币兑换等业务而发生的汇兑收益。本项目应根据“汇兑损失”和“汇兑收益”科目期末对比轧差后填列，损失以“－”填列。

（7）“其他业务收入”项目，反映商业银行除了存款、贷款、投资、汇兑、证券买卖、金融企业往来业务以外的其他业务收入，如证券买卖差价收入、咨询服务收入、证券销售差价收入、证券发行差价收入等。本项目根据“买入返售证券的差价收入”、“证券销售差价”、“证券发行差价收入”等科目期末结转利润科目的数额填列。其中“证券销售差价收入”项目，反映商业银行经营证券买卖业务，买入证券与卖出证券的差价收入。本项目应根据“证券销售差价收入”科目期末结转利润科目的数额填列。“证券发行差价收入”项目，反映商业银行代理客户发行证券，承购价与包销价之间的差价收入。本项目应根据“证券发行差价收入”科目期末结转利润科目的数额填列。

（8）“营业支出”项目，反映商业银行业务所发生的营业税金及附加、业务及管理费、资产减值损失和其他业务支出等。本项目根据“营业税金及附加”、“业务及管理费用”、“资产减值损失”、“其他业务支出”等项目的期末余额汇总计算填列。

（9）“营业税金及附加”项目，反映商业银行按规定缴纳应由经营收入负担的各种税金及附加费，包括营业税、城市维护建设税、教育费附加等。本项目应根据“营业税金及附加”科目期末结转利润科目的数额填列。

（10）“业务及管理费用”项目，反映商业银行为经营业务而发生的各种业务费用、管理费用以及其他有关的营业费用。本项目根据“业务及管理费用”科目期末结转利润科目的数额填列。

（11）“资产减值损失”项目，反映商业银行计入损益的资产减值准备，不包括可供出售金融资产所提取的资产减值准备。可供出售金融资产所提取的资产减值准备计入资本公积，相关资产终止确认时转入投资收益。商业银行应收款项、抵债物资、在建工程、采用成本计量的投资性房地产、长期股权投资、持有至到期投资、固定资产、无形资产、贷款等资产发生的减值都在本项目反映，目的是便于使用者了解当期资产减值对损益的影响。

（12）“其他业务成本”项目，反映商业银行确认的除营业收入以外的其他经营活动所发生的支出，如卖出回购证券的差价支出等。本项目根据“其他业务成本”科目期末结转利润科目的数额填列。

（13）“营业利润”项目，反映商业银行当期的经营利润，发生经营亏损也在本项目，用“－”号表示。本项目等于“营业收入”项目减去“营业支出”项目。

（14）“营业外收入”项目，反映商业银行发生的各项营业外收入，主要包括非流动资产处置利得、非货币性资产交换利得、债务重组利得、与收益相关的政府补助、盘盈利得、接受捐赠利得等。

（15）“营业外支出”项目，反映商业银行发生的各项营业外支出，包括非流动资产处置损失、非货币性资产交换损失、债务重组损失、公益性捐赠支出、非常损失、盘亏损失等。“营业外收入”和“营业外支出”两个项目应严格区分营业和非营业的界限，不应将营业收入和支出列入营业外收入和支出。这两个项目根据“营业外收入”和“营业外支出”科目期末结转利润科目的数额填列。营业外收支各明细项目，还应在利润表补充资料内详细列示。

（16）“利润总额”项目，反映商业银行当期实现的全部利润（或亏损）总额。如为亏损，则以“－”号在本项目内填列。本项目等于营业利润加上营业外收入减去营业外支出。

（17）“所得税”项目，反映商业银行按照资产负债表债务法确认的应从当期利润中扣除的所得税费用，根据“所得税”科目期末余额填列。

（18）“净利润”项目，反映商业银行的税后利润，本项目等于利润总额项目减去所得税项目。

（19）“每股收益”项目，包括“基本每股收益”和“稀释每股收益”，上市银行应当按照归属于普通股股东的当期净利润，除以发行在外普通股加权平均数计算基本每股收益。

发行在外普通股加权平均数按下列公式计算：

$$\begin{array}{c}\text{发行在外普通股}\\\text{加权平均数}\end{array}=\begin{array}{c}\text{期初发行在外}\\\text{普通股股数}\end{array}+\begin{array}{c}\text{当期新发行}\\\text{普通股股数}\end{array}\times\begin{array}{c}\text{已发行}\\\text{时间}\end{array}\div\begin{array}{c}\text{报告期}\\\text{时间}\end{array}-\begin{array}{c}\text{当期回购}\\\text{普通股股数}\end{array}\times\begin{array}{c}\text{已回购}\\\text{时间}\end{array}\div\begin{array}{c}\text{报告期}\\\text{时间}\end{array}$$

已发行时间、报告期时间和已回购时间一般按照天数计算；在不影响计算结果合理性的前提下，也可以采用简化的计算方法。

上市银行存在稀释性潜在普通股的，应当分别调整归属于普通股股东的当期净利润和发行在外普通股的加权平均数，并据以计算稀释每股收益。

稀释性潜在普通股，是指假设当期转换为普通股会减少每股收益的潜在普通股。潜在普通股主要包括：可转换公司债券、认股权证和股票期权等。计算稀释每股收益，应当根据下列事项对归属于普通股股东的当期净利润进行调整：

1）当期已确认为费用的稀释性潜在普通股的利息；

2）稀释性潜在普通股转换时将产生的收益或费用。

## 三、所有者权益变动表的编制

### （一）所有者权益变动表的内容和结构

所有者权益变动表是综合反映构成所有者权益各组成部分当期增减变动情况的报表，包括会计政策变更和前期会计差错更正对期初余额的影响，当期损益对所有者权益的影响，直接计入权益的利得和损失对所有者权益的影响，所有者当期投入和减少资本的影响以及利润分配对所有者权益的影响，同时反映所有者权益内部结构的变化，具体结构见表 13—3。

表 13—3　　××商业银行所有者权益变动表

2013 年　　单位：万元

| 项目 | 本年金额 | | | | | | 上年金额 | | | | | |
|---|---|---|---|---|---|---|---|---|---|---|---|---|
| | 股本 | 资本公积 | 减：库存股 | 盈余公积 | 未分配利润 | 所有者权益合计 | 股本 | 资本公积 | 减：库存股 | 盈余公积 | 未分配利润 | 所有者权益合计 |
| 一、上年年末余额 | | | | | | | | | | | | |
| 加：会计政策变更 | | | | | | | | | | | | |
| 前期差错更正 | | | | | | | | | | | | |
| 二、本年年初余额 | | | | | | | | | | | | |
| 三、本年增减变动金额（减少以“—”号填列） | | | | | | | | | | | | |
| （一）净利润 | | | | | | | | | | | | |
| （二）直接计入所有者权益的利得和损失 | | | | | | | | | | | | |
| 1. 可供出售金融资产公允价值变动净额 | | | | | | | | | | | | |
| 2. 现金流量套期工具公允价值变动净额 | | | | | | | | | | | | |
| 3. 权益法下对投资单位其他所有者权益变动的影响 | | | | | | | | | | | | |
| 4. 对计入所有者权益项目相关的所得税的影响 | | | | | | | | | | | | |
| 5. 其他 | | | | | | | | | | | | |
| 上述（一）和（二）小计 | | | | | | | | | | | | |
| （三）所有者投入和减少资本 | | | | | | | | | | | | |
| 1. 所有者投入资本 | | | | | | | | | | | | |
| 2. 股份支付计入所有者权益的金额 | | | | | | | | | | | | |
| 3. 其他 | | | | | | | | | | | | |
| （四）利润分配 | | | | | | | | | | | | |
| 1. 提取盈余公积 | | | | | | | | | | | | |
| 2. 对所有者（或股东）的分配 | | | | | | | | | | | | |
| 3. 其他 | | | | | | | | | | | | |
| （五）所有者权益内部结转 | | | | | | | | | | | | |
| 1. 资本公积转增资本（或股本） | | | | | | | | | | | | |
| 2. 盈余公积转增资本（或股本） | | | | | | | | | | | | |
| 3. 盈余公积弥补亏损 | | | | | | | | | | | | |
| 4. 其他 | | | | | | | | | | | | |
| 四、本年年末余额 | | | | | | | | | | | | |

### （二）编制方法

（1）所有者权益变动表“上年年末余额”项目，反映商业银行上年资产负债表中股本（实收资本）、资本公积、盈余公积、未分配利润的年末余额。

“会计政策变更”和“前期差错更正”项目，分别反映商业银行采用追溯调整法处理的会计政策变更的累积影响金额和采用追溯调整法处理的会计差错更正的累积影响金额。为了反映会计政策变更和会计差错更正的影响，商业银行应当在上期期末所有者权益余额的基础上进行调整得到本期期初的所有者权益，根据“盈余公积”、“利润分配”、“以前年度损益调整”等科目的发生额填列。

（2）“本年增减变动额”项目的内容包括：

1）“净利润”项目，反映商业银行当年实现的净利润（或亏损）金额，对应填列在“未分配利润”一栏。本项目的数字应与“利润表”上“净利润”项目的“本年累计数”一致。

2）“直接计入所有者权益的利得和损失”项目，反映商业银行当期直接计入所有者权益的利得和损失，其中，“可供出售金融资产公允价值变动净额”项目，反映商业银行持有的可供出售金融资产公允价值变动金额，对应填在“资本公积”栏，其中转入当期损益的金额填入“未分配利润”栏；“现金流量套期工具公允价值变动净额”项目，反映商业银行现金流量套期工具的公允价值变动计入权益的金额，对应填在“资本公积”栏，其中转入当期损益的金额填入“未分配利润”栏；“权益法下被投资单位其他所有者权益变动的影响”项目，反映商业银行对权益法核算的长期股权投资，在被投资单位除了实现净利润外其他所有者权益变动中应该享有的份额，对应填在“资本公积”栏；“对计入所有者权益项目相关的所得税的影响”项目，反映商业银行按照《企业会计准则第 18 号——所得税》的规定应计入所有者权益项目的当年所得税影响金额，对应填在“资本公积”栏。

3）“所有者投入和减少资本”项目，反映所有者当年投入和（或）减少的资本，其中，“所有者投入资本”项目，反映所有者投资所形成的股本和股本溢价，对应填在“股本”（或者“实收资本”）和“资本公积”栏；“股份支付计入所有者权益的金额”项目，反映商业银行处于等待期内的权益结算的股份支付当年计入资本公积的金额，对应填在“资本公积”栏。

4）“利润分配”项目下的各项目，反映商业银行当期对股东（投资者）分配的股利（利润）和按照规定提取的盈余公积金额，对应填在“未分配利润”和“盈余公积”栏。其中，“提取盈余公积”项目，反映商业银行当期按照规定的比率从当期利润中提取的盈余公积，对应填在“盈余公积”栏；“对股东（所有者）的分配”项目，反映企业应付给股东（所有者者）的利润，对应填在“未分配利润”栏；“提取的一般准备”项目，反映企业当期提取的一般准备，对应填在“一般准备”栏。

5）“所有者权益内部结转”下各项目，反映不影响当年所有者权益总额的所有者权益年度各项目之间的相互结转，包括资本公积转增资本（股本）、盈余公积转增资本（股本）、盈余公积弥补亏损等。其中，“资本公积转增资本（股本）”项目，反映企业用资本公积转增资本（股本）的金额；“盈余公积转增资本（股本）”项目，反映企业用盈余公积转增资本（股本）的金额；“盈余公积弥补亏损”项目，反映企业用盈余公积弥补亏损的金额。

## 第四节　现金流量表

会计信息的使用者除了要了解商业银行的财务状况和经营成果外，还需要了解银行的现金充足状况的信息，因此需要编制商业银行的现金流量表提供现金流量信息。

## 一、现金流量表的含义

流动性对于商业银行来说是最重要的风险衡量指标。现金流量表是反映商业银行在一定的会计期间内的经营活动、投资活动和筹资活动所产生的现金流入和流出情况的报表。利润表是建立在权责发生制基础上的，不能反映银行的现金流量状况，而现金流量表是严格建立在收付实现制基础上的，能够反映现金和现金等价物的变动情况，可以为投资者预测商业银行未来现金流量提供必要的信息。

现金是指库存现金和随时能够用于支付的存款；现金等价物指持有期限短、流动性强、易于转换为已知金额的现金和价值变动较小的投资。对于商业银行来说现金和现金等价物一般包括现金和银行存款、存放境内外同业的活期和三个月内到期的款项、存放中央银行的备付金。

## 二、现金流量表的内容及格式

现金流量表要求按照不同的业务分别反映现金的流入、流出和净流量。一般分为经营业务、投资业务和筹资业务三大类来反映每一类业务的现金流量。

现金流量表的正表要求用直接法编制，同时要求在附表中用间接法来反映现金的变动。具体格式如表 13—4 所示。

**表 13—4** ××商业银行现金流量表

2013 年

单位：万元

| 项目 | 合并数 | | 母公司 | |
|---|---|---|---|---|
| | 本期金额 | 上期金额 | 本期金额 | 上期金额 |
| 一、经营活动产生的现金流量： | | | | |
| 客户存款和同业存放款项净增加额 | 376 603 | | 378 975 | |
| 向中央银行借款净增加额 | | | | |
| 向其他金融机构拆入资金净增加额 | | | | |
| 收取利息、手续费及佣金的现金 | 75 154 | | 73 060 | |
| 收到其他与经营活动有关的现金 | 8 637 | | 8 156 | |
| 经营活动现金流入小计 | 460 394 | | 460 191 | |
| 客户贷款及垫款净增加额 | 200 213 | | 210 334 | |
| 存放中央银行和同业款项净增加额 | 71 771 | | 69 411 | |
| 支付手续费及佣金的现金 | 28 737 | | 27 456 | |
| 支付给职工以及为职工支付的现金 | 9 544 | | 9 346 | |
| 支付的各项税费 | 4 938 | | 4 786 | |
| 支付其他与经营活动有关的现金 | 39 022 | | 37 020 | |
| 经营活动现金流出小计 | 354 225 | | 358 353 | |
| 经营活动产生的现金流量净额 | 106 169 | | 101 838 | |
| 二、投资活动产生的现金流量： | | | | |
| 收回投资收到的现金 | 211052 | | 203 119 | |

续前表

| 项目 | 合并数 | | 母公司 | |
|---|---|---|---|---|
| | 本期金额 | 上期金额 | 本期金额 | 上期金额 |
| 取得投资收益收到的现金 | 128 | | 127 | |
| 收到其他与投资活动有关的现金 | | | | |
| 投资活动现金流入小计 | 211 180 | | 203 246 | |
| 投资支付的现金 | 579 424 | | 571 354 | |
| 购建固定资产、无形资产和其他长期资产支付的现金 | 767 | | 664 | |
| 支付其他与投资活动有关的现金 | | | | |
| 投资活动现金流出小计 | 580 191 | | 572 018 | |
| 投资活动产生的现金流量净额 | －369 011 | | －368 772 | |
| 三、筹资活动产生的现金流量： | | | | |
| 吸收投资收到的现金 | | | | |
| 发行债券收到的现金 | | | | |
| 收到其他与筹资活动有关的现金 | | | | |
| 筹资活动现金流入小计 | 0 | | 0 | |
| 偿还债务支付的现金 | | | | |
| 分配股利、利润或偿付利息支付的现金 | 176 | | 144 | |
| 支付其他与筹资活动有关的现金 | | | | |
| 筹资活动现金流出小计 | 176 | | 144 | |
| 筹资活动产生的现金流量净额 | －176 | | －144 | |
| 四、汇率变动对现金及现金等价物的影响 | －789 | | －351 | |
| 五、现金及现金等价物净增加额 | －263 807 | | －267 429 | |
| 加：期初现金及现金等价物余额 | 506 794 | | 476 170 | |
| 六、期末现金及现金等价物余额 | 242 987 | | 208 741 | |
| **补充资料** | | | | |
| 1. 将净利润调节为经营活动现金流量： | | | | |
| 净利润 | 18 892 | | 18 360 | |
| 加：资产减值准备 | 7 355 | | 7 356 | |
| 固定资产折旧 | 2 121 | | 2 109 | |
| 无形资产摊销 | 335 | | 321 | |
| 长期待摊费用摊销 | | | | |
| 处置固定资产、无形资产和其他长期资产的损失（收益以“－”号填列） | 89 | | －28 | |
| 固定资产报废损失（收益以“－”号填列） | 41 | | | |
| 公允价值变动损失（收益以“－”号填列） | 74 | | －107 | |
| 财务费用（收益以“－”号填列） | | | 299 | |
| 投资损失（收益以“－”号填列） | 149 | | －115 | |
| 递延所得税资产减少（增加以“－”号填列） | －167 | | 167 | |
| 递延所得税负债增加（减少以“－”号填列） | | | | |
| 经营性应收项目减少（增加以“－”号填列） | －297 928 | | －191 632 | |

续前表

| 项目 | 合并数 | | 母公司 | |
|---|---|---|---|---|
| | 本期金额 | 上期金额 | 本期金额 | 上期金额 |
| 经营性应付项目增加（减少以“－”号填列） | 375 529 | | 265 423 | |
| 已减值贷款利息冲转 | －321 | | －315 | |
| 经营活动产生的现金流量净额 | 106 169 | | 101 838 | |
| 2. 不涉及现金收支的重大投资和筹资活动： | | | | |
| 债务转为资本 | | | | |
| 一年内到期的可转换公司债券 | | | | |
| 融资租入固定资产 | | | | |
| 3. 现金及现金等价物净变动情况： | | | | |
| 现金的期末余额 | 37 409 | | 37 166 | |
| 减：现金的期初余额 | 31 446 | | 31 213 | |
| 加：现金等价物的期末余额 | 205 578 | | 171 575 | |
| 减：现金等价物的期初余额 | 475 348 | | 444 957 | |
| 现金及现金等价物净增加额 | －263 807 | | －267 429 | |

## 三、现金流量表的编制

合并现金流量表以合并资产负债表、合并损益表及其他有关现金流入、现金流出的资料为基础编制。

### （一）经营活动产生的现金流量

（1）“客户存款和同业存放款项净增加额”项目，反映商业银行本期吸收客户存款及境内外金融机构以及非同业存放以外的各种存款的增加额。本项目可以根据“××存款”、“同业存放”、“其他金融机构存放”等科目的记录填列。商业银行也可以根据实际情况将本项目分解成更为详细的项目反映。

（2）“向中央银行借款净增加额”项目，反映商业银行本期向中央银行借入款项的净增加额，根据“向中央银行借款”科目的记录填列。

（3）“向其他金融机构拆入资金净增加额”项目，反映商业银行向境内外金融机构拆入款项所取得现金减去拆借给境内外金融机构款项而支付的现金后的增加额，本项目根据“拆入资金”和“拆出资金”科目的记录填列。

（4）“收取利息、手续费及佣金的现金”项目，反映商业银行本期收到的利息、手续费及佣金减去支付的利息、手续费及佣金的净额，本项目可以根据“利息收入、手续费及佣金收入”、“应收利息”等科目的记录填列。

（5）“收到其他与经营活动有关的现金”项目，反映商业银行收到的其他与经营活动有关的现金。

（6）“客户贷款及垫款净增加额”项目，反映商业银行本期发放的各种贷款，办理商业票据贴现、转贴现融入及融出资金等业务的净增加额，本项目可以根据“贷款”、

“贴现”科目的记录填列。如果是净减少额则作为经营活动的流入项目。

(7)“存放中央银行和同业款项净增加额”项目，反映商业银行本期存放于中央银行及境内外金融机构的款项净增加额，本项目根据“存放中央银行款项”、“存放同业款项”等科目的记录填列。

(8)“支付手续费及佣金的现金”项目，反映商业银行支付的利息、手续费及佣金，本项目可以根据“手续费及佣金支出”等科目的记录填列。

(9)“支付给职工以及为职工支付的现金”项目，反映商业银行为职工支付的各种费用，包括工资、养老金、医疗保险、失业保险以及工伤保险、解除劳动关系的补偿及其他福利费，本项目根据“现金”、“银行存款”、“应付职工薪酬”等科目的记录填列。

(10)“支付的各项税费”项目，反映商业银行按照规定支付的各种税费，包括本期发生本期支付的税费、本期支付以前各期发生的税费和预交的税费，具体是指营业税、印花税、房产税、土地增值税、所得税和教育费附加等。本项目根据“银行存款”、“应付税费”等科目的记录填列。

(11)“支付其他与经营活动有关的现金”项目，反映商业银行支付的其他与经营活动有关的现金。

其中(1)～(5)项合计列入“经营活动现金流入小计”项目，(6)～(11)项合计列入“经营活动现金流出小计”项目。经营活动现金流入小计与经营活动现金流出小计相减后得到经营活动的现金流量净额。

### (二)投资活动产生的现金流量

(1)“收回投资收到的现金”项目，反映商业银行出售、转让或者到期收回除现金等价物以外的“持有至到期投资”、“投资性房地产”、“固定资产”、“处置子公司及其他营业单位收到的现金”的净额。银行也可以根据实际情况将本项目细分。本项目可以根据“持有至到期投资”、“投资性房地产”、“固定资产”、“长期股权投资”、“库存现金”、“银行存款”等科目的记录填列。

(2)“取得投资收益收到的现金”项目，反映商业银行因股权投资而分得的股利，从子公司、联营企业或者合营企业分得利润而得到现金股利以及债券性投资的利息。本项目应根据“应收股利”、“应收利息”、“投资收益”、“库存现金”、“银行存款”等科目的记录填列。

(3)“投资支付的现金”项目，反映商业银行因对外投资而支付的现金，根据“长期股权投资”、“持有至到期投资”、“库存现金”、“银行存款”等科目的记录填列。

(4)“购建固定资产、无形资产和其他长期资产支付的现金”项目，反映商业银行购买建造固定资产、取得无形资产和其他长期资产而支付的现金及税款，根据“固定资产”、“在建工程”、“无形资产”、“库存现金”、“银行存款”等科目的记录填列。

### (三)筹资活动产生的现金流量

(1)“吸收投资收到的现金”项目，反映商业银行利用发行股票方式筹集资金实际收到的款项净额，其中发行过程中由银行直接支付的审计费用、咨询费、法律费用等直接费用在收到的款项中扣除。根据“实收资本（或股本）”、“资本公积”、“无形资产”、“库存现金”、“银行存款”等科目的记录填列。

（2）“发行债券收到的现金”项目，反映商业银行利用发行债券方式筹集资金实际收到的款项净额，其中发行过程中由银行直接支付的审计费用、咨询费、法律费用等直接费用在收到的款项中扣除。根据“应付债券”、“库存现金”、“银行存款”等科目的记录填列。

（3）“偿还债务支付的现金”项目，反映商业银行偿还长期债务本金而支付的现金，根据“应付债券”、“库存现金”、“银行存款”等科目的记录填列。

（4）“分配股利、利润或偿付利息支付的现金”项目，反映商业银行因分配股利、利润或偿付债券利息支付的现金，根据“应付债券”、“应付股利”、“库存现金”、“银行存款”等科目的记录填列。

## 第五节　商业银行财务分析

商业银行的财务报表是根据会计准则编制并对外公布的一般目的财务报表，对于会计信息的不同使用者需要通过一定的方法分析得出对特定决策有用的信息。

商业银行的财务分析一般从风险程度、盈利能力、资产质量、偿付能力和发展能力进行评价。银行监管者、投资者和存款人关注的重点有所不同。

### 一、商业银行的风险分析

商业银行是经营风险的企业，商业银行面临的风险主要有政策风险、利率风险、汇率风险、流动性风险、操作风险等。其中流动性风险对于银行来说是最为关注的风险，因为商业银行随时都面临着存款人提取存款的波动性的威胁。

#### （一）存贷款比例指标分析

存贷款比例是反映商业银行流动性风险的传统指标。主要计算公式为：

（1）本外币合并指标：

存贷款比例＝各项贷款期末余额/各项存款期末余额

（2）外汇指标：

存贷款比例＝外汇各项贷款期末余额/外汇各项存款期末余额

该比例很大程度上反映了存款资金被贷款占用的程度。存贷款比例越高，说明商业银行的流动性越低，其风险程度越大。一般来讲，商业银行在初级阶段存贷款比例较低，随着经营管理水平的不断提高，该比例也不断上升。同时该比例也随商业银行规模的扩大而不断增加。此外各商业银行不同的经营方针在一定程度上也决定了该比例的大小，如强调进取的商业银行与稳健经营的商业银行相比，该比例就较高，因为前者侧重于盈利性而后者更强调安全性。

银行监管部门通常将存贷比作为监管银行流动性的指标，通过调整存贷比来调节货币的供给量，但是统一的存贷比监管指标也存在一定的缺陷。它并没有反映出由于存贷款在期限、质量和收付方式等方面存在差异而产生的流动性风险程度，因此为更好地反映商业银行的流动性风险程度，往往还需考核其他流动性风险指标。

**（二）中长期贷款比例分析**

该指标是存贷款比例指标的分解和补充。其计算公式为：

（1）人民币指标：

中长期贷款比例＝中长期贷款期末余额/贷款期末余额

（2）外汇指标：

中长期贷款比例＝外汇中长期贷款期末余额/外汇贷款期末余额

在商业银行的资产负债管理中，要求商业银行恰当安排资产期限和种类以确保支付，合理搭配资产和负债期限以提高变现能力、减少支付准备、提高资产收益率。中长期存贷款比例指标反映了商业银行的中长期资产负债结构的匹配程度。

**（三）资产流动性分析**

流动资产比例指标是在侧重资产管理的方针下，商业银行衡量流动性风险程度的重要指标之一。该比例越高，表明商业银行的流动性风险越小，但同时也意味着其盈利能力的降低。其计算公式为：

（1）本外币合并指标：

资产流动性比例＝流动性资产期末余额/流动性负债期末余额

（2）外币指标：

资产流动性比例＝外汇各项流动性资产期末余额/外汇各项流动性负债期末余额

流动性资产是指1个月内（含1个月）可变现的资产，包括库存现金、在中国人民银行的存款、存放同业款项、国库券、1个月内到期的同业净拆出款、1个月内到期的贷款、1个月内到期的银行承兑汇票、其他经中国人民银行核准的证券。流动性负债是指1个月内（含1个月）到期的存款和同业净拆入款。

**（四）拆借资金比例分析**

拆入、拆出资金是指商业银行因资金周转需要，与其他银行和非银行金融机构之间借入、借出的资金头寸。其计算公式为：

拆入资金比例＝拆入资金期末余额/各项存款期末余额
拆出资金比例＝拆出资金期末余额/各项存款期末余额

拆借资金比例是衡量商业银行流动性风险及其程度的指标之一。商业银行处理流动性风险的主要方法和措施有三种：资产的流动性管理战略、负债的流动性管理战略以及资产负债的流动性管理战略。一般来讲，资产的流动性管理战略由于依赖储备的流动性而具有较高的成本，负债的流动性管理战略由于依赖借入的流动性而具有较大的风险，而资产负债的流动性管理战略则采取了总量平衡、结构均衡的管理方式。

拆借资金属于负债流动性管理战略中的一种。它主要用于弥补商业银行经营过程中因某种突发因素或特殊因素所造成的临时流动性不足。拆借资金与各项存款的关系非常密切，无论拆出或拆入资金都要考虑资金的承受能力。拆出资金需要考虑即期的资金能力；拆入资金要考虑预期是否有足够的资金来源。同时由于货币市场利率的频繁波动，增加了影响商业银行收益和盈利目标的不稳定因素，因此必须对拆借资金进行控制。

表 13—5 中国银行流动性比率（2008—2010 年）

| | 2010 年 | 2009 年 | 2008 年 |
|---|---|---|---|
| 存贷比披露数 | 70.20% | 70.30% | 61.30% |
| 拆入资金比例 | 1.73% | 1.36% | 3.31% |
| 拆出资金比例 | 1.53% | 1.81% | 6.46% |

资料来源：中国银行历年年报。

从表 13—5 可以看出，中国银行存贷比在 2009—2010 年基本保持在 70%左右，低于监管部门规定的 75%，但是与 2008 年相比有较大的提高。2008 年中国银行存款用于拆借给同业的比重较高。而 2009 年和 2010 年拆出资金占存款的比率逐年下降。吸收存款如果主要用于发放贷款则引起存贷比的上升，而拆除资金的比率下降。

**（五）备付金比例指标分析**

备付金是商业银行为保证存款支付和资金清算在中央银行保留的一般性存款。备付金比例指标的计算公式是：

（1）人民币指标：

$$\frac{\text{在中国人民银行备付金存款期末余额}+\text{库存现金期末余额}}{\text{各项存款期末余额}}\geqslant 5\%$$

（2）外汇指标：

$$\frac{\text{外汇存放同业款项期末余额}+\text{库存现汇期末余额}}{\text{各项外汇存款期末余额}}\geqslant 5\%$$

为保护存款人利益，控制金融风险，各国金融监管当局一般都建立了存款准备金制度，它和资本充足率、市场准入制度等一起构成了维护银行体制的重要预防性监管措施。我国于 1984 年开始建立了法定存款准备金制度，并制定了相应的法定准备金率。按照规定法定存款准备金不得用于支付和清算。

商业银行的备付金比率应维持在合理的水平。备付金比率高，意味着一部分资金闲置，资金周转效益差；备付金比率低，商业银行的正常支付将难以得到保证，资金的清算、款项的划拨将受到影响。

## 二、资产质量指标

商业银行的资产主要是贷款和其他投资性金融资产，其中贷款又是资产的最重要形式，贷款质量的高低反映了商业银行所面临的信用风险。贷款质量的衡量有不同指标，从期限来说包括正常贷款、逾期贷款、呆滞贷款、呆账贷款，拖欠时间越长偿还的可能性越低。但是单纯的期限指标是以是否逾期作为衡量指标，未到期的贷款也有可能无法收回，因此目前我国银行业监管机构制定的监管指标是以贷款五级分类为基础的不良贷款监管指标，包括不良贷款率、拨备覆盖率和拨贷比。

$$不良贷款率=\frac{次级类贷款+可疑类贷款+损失类贷款}{各类贷款余额}\times 100\%$$

$$拨备覆盖率=\frac{贷款减值准备}{次级类贷款+可疑类贷款+损失类贷款}\times 100\%$$

拨贷比＝贷款减值准备/贷款余额×100％

## 三、盈利能力分析

商业银行经营的最终目标是获取利润，商业银行盈利能力是财务报表使用者尤其是投资者关心的内容。

### （一）衡量盈利能力的指标

1. 资本利润率（净资产收益率）（return on equity，ROE）

资本利润率(净资产收益率)＝净利润/净资产平均余额×100％

净资产平均余额＝(年初所有者权益余额＋年末所有者权益余额)/2

该指标反映银行资本盈利能力，资本利润率受到总资产盈利能力和财务杠杆的共同影响，取决于净利润和所有者权益的相对增长速度。如果净利润增长快于所有者权益的增长速度则 ROE 上升，否则 ROE 会下降。资产收益能力相对稳定的情况下通过提高财务杠杆可以提升股东权益的报酬率，因此银行管理层倾向于不断扩大财务杠杆比率，但是银行业监管者为了保持银行业体系的整体稳定，通过资本充足率监管来限制银行业过度使用财务杠杆带来的风险。

2. 资产收益率指标（return on assets，ROA）

资产收益率(总资产报酬率)＝利润总额/资产平均总额×100％

资产平均总额＝(年初资产总额＋年末资产总额)/2

该指标反映商业银行运用资产获利的能力。该指标受到资产周转率和利润率的共同影响，而利润率则反映一个银行对费用控制能力。

3. 支出效益指标

成本收入比＝业务及管理费用/营业收入×100％

收入利润率＝营业利润/营业收入×100％

支出利润率＝营业利润/营业支出×100％

以上指标从不同角度反映商业银行费用和支出所取得的效益，说明商业银行一定的业务及管理费用和支出的获利能力。

从表13—6可以看出中国银行无论总资产收益率还是净资产收益率从2008年到2010年均呈现稳步提高的趋势，成本收入比在2009—2010年基本稳定。

表13—6　　中国银行盈利能力指标（2008—2010年）

| 项目 | 2010年 | 2009年 | 2008年 |
|---|---|---|---|
| 总资产收益率 | 1.14% | 1.09% | 1.00% |
| 净资产收益率 | 18.87% | 16.48% | 14.26% |
| 息差率 | 2.07% | 2.04% | 2.63% |
| 成本收入比 | 34.16% | 34.92% | 31.52% |

资料来源：中国银行历年年报。

上市银行则可以通过每股收益来衡量其盈利能力。计算方法是：

每股收益＝利润总额/加权平均股本总额

**（二）盈利能力分析**

（1）盈利能力以及可持续性。银行的盈利能力主要通过相对指标来反映，盈利能力比率必须与同行业其他银行比较才能说明本行的相对盈利能力，或者与以前年度对比来反映盈利能力的变化趋势。

同时还要分析商业银行的利润来源，如有的利润主要来自存贷款利差，而有的则更多地来自投资收益，还有的中间业务的收入较高等。从中可以发现该银行的业务能力和竞争优势所在，有利于把握该银行的发展潜力。不同的利润来源的可持续性不同，通过分析可以反映盈利的可持续性。

（2）盈利能力必须与商业银行的流动性指标结合进行分析。不同的经营策略主要体现在流动性和盈利能力的结合上。商业银行必须在确保安全性的前提下提高盈利能力，否则盲目追求盈利能力的结果是丧失清偿能力。

## 四、偿付能力分析

偿付能力是商业银行满足存款人提取存款和债权人要求偿还债务的能力，具体衡量指标包括：资本充足率、净资本负债率和资产负债率等。

资本充足率是反映商业银行资本充足程度的指标，我国2012年1月1日开始实施的资本充足监管指标可以分为总资本充足率、一级资本充足率和核心一级资本充足率三个指标。

**（一）资本充足率分析**

资本充足率＝(总资本－扣除项)/风险加权资产×100%

一级资本充足率＝(一级资本－扣除项)/风险加权资产×100%

核心一级资本充足率＝(核心一级资本－扣除项)/风险加权资产×100%

其中，总资本包括表13—7中的（1）、（2）、（3）三个项目，一级资本包括核心一级资本和其他一级资本，风险加权资产包括信用风险加权资产、市场风险加权资产和操作风险加权资产。

表 13—7　　　　　　　　　　　　　　**商业银行资本组成**

<table>
<tr><th>资本</th><th>具体内容</th><th>(4) 资本扣除项</th></tr>
<tr><td>(1) 核心一级资本</td><td>合格实收资本或普通股；<br>资本公积（扣除可供出售股权和债券类投资公允价值变动净利得、可供出售贷款和应收款公允价值变动利得、现金流量套期有效部分套期工具和被套期项目公允价值变动净利得、固定资产重估储备、可转换债券确认为权益部分）；<br>盈余公积；<br>一般准备；<br>未分配利润（扣除交易性金融资产公允价值变动累计未实现净利得、当期利润中预计分配尚未分配部分等）；<br>少数股东资本可计入部分；<br>外币报表折算差额。</td><td rowspan="3">商誉；<br>其他无形资产（土地使用权除外）；<br>非暂时性因素形成的递延所得税资产；<br>贷款损失准备缺口；<br>与资产证券化销售相关的收益；<br>养老金资产抵扣递延所得税负债后的净额、直接或间接持有本行的股票。</td></tr>
<tr><td>(2) 其他一级资本</td><td>合格的其他一级资本工具及其溢价；<br>少数股东资本可计入部分。</td></tr>
<tr><td>(3) 二级资本（附属资本）</td><td>二级资本工具及其溢价；<br>超额贷款损失准备；<br>少数股东资本可计入部分；<br>可供出售金融资产公允价值变动形成的净利得部分的 50%；<br>固定资产重估准备的 70%；<br>交易性金融资产公允价值变动累计未实现净利得。</td></tr>
</table>

资料来源：中国银行业监督管理委员会：《商业银行资本管理办法》。

从 2012 年开始我国商业银行的上述三项监管指标的最低要求分别是 8%、6% 和 5%。

资本充足率指标是衡量商业银行业务经营是否稳健的重要指标，它反映了商业银行的资本既能经受坏账损失的风险，又能正常营运、达到盈利水平的能力。一般来讲，只要一家商业银行总的现金流入超过其现金流出，它就具备了清偿能力。由于商业银行的债务利息支付是强制性的，而资本能够通过推迟支付股票红利而减少强制性的现金流出，因此商业银行资本构成了其他各种风险的最终防线。一家商业银行的资本充足率越高，其能够承受违约资产风险的能力就越大，其资本风险也就越小。但从盈利角度看，资本充足率并非越高越好，因为较低的资本充足率，意味着商业银行开展资产业务所需资本的支持数量相对较少，资金成本也相应提高。

从中国银行的资本充足率（见表 13—8）可以看出核心资本充足率相对稳定，而总资本充足率 3 年内波动比较明显。

表 13—8　　　　　　　　**中国银行资本充足率（2008—2010 年）**

| | 2010 年 | 2009 年 | 2008 年 |
|---|---|---|---|
| 资本充足率 | 12.58% | 11.14% | 13.43% |
| 核心资本充足率 | 10.09% | 9.07% | 10.81% |

资料来源：中国银行历年年报。

### （二）净资本负债率

净资本负债率反映银行的自有资金与负债之间的关系，商业银行属于高杠杆经营企业，该比率远超过一般工商业企业。

净资本负债率＝期末净资本/期末负债×100％

其中，负债指对外负债，不含代理买卖证券款。

**（三）资产负债率**

资产负债率反映商业银行的总资产的融资渠道。商业银行自有资金极低，主要通过吸收负债取得资金，因此商业银行资产负债率远高于工商业企业。

资产负债率＝期末负债总额/期末资产总额×100％

其中，资产指自身资产，不含代买卖证券款对应的资产；负债指对外负债，不含代理买卖证券款。

## □ 复习思考题

1. 如何分析商业银行的经营风险？
2. 什么是资本充足率？资本充足率分析能够反映什么内容？
3. 商业银行财务比率分析主要有哪些种类，分别反映什么内容？

# 附录1　商业银行资产负债表、利润表和所有者权益变动表格式

**资产负债表**

会商银01表

编制单位：　　　　　　　　　　年　月　日　　　　　　　　　　单位：元

| 资产 | 期末余额 | 年初余额 | 负债和所有者权益（或股东权益） | 期末余额 | 年初余额 |
|---|---|---|---|---|---|
| 资产： | | | 负债： | | |
| 库存现金及存放中央银行款项 | | | 向中央银行借款 | | |
| 存放同业款项 | | | 同业及其他金融机构存放款项 | | |
| 贵金属 | | | 拆入资金 | | |
| 拆出资金 | | | 交易性金融负债 | | |
| 交易性金融资产 | | | 衍生金融负债 | | |
| 衍生金融资产 | | | 卖出回购金融资产款 | | |
| 买入返售金融资产 | | | 吸收存款 | | |
| 应收利息 | | | 应付职工薪酬 | | |
| 发放贷款和垫款 | | | 应交税费 | | |
| 可供出售金融资产 | | | 应付利息 | | |
| 持有至到期投资 | | | 预计负债 | | |
| 长期股权投资 | | | 应付债券 | | |
| 投资性房地产 | | | 递延所得税负债 | | |
| 固定资产 | | | 其他负债 | | |
| 无形资产 | | | 负债合计 | | |
| 递延所得税资产 | | | 所有者权益（或股东权益）： | | |
| 其他资产 | | | 实收资本（或股本） | | |
| | | | 资本公积 | | |
| | | | 减：库存股 | | |
| | | | 盈余公积 | | |
| | | | 一般准备 | | |
| | | | 未分配利润 | | |
| | | | 所有者权益（或股东权益）合计 | | |
| 资产总计 | | | 负债和所有者权益（或股东权益）总计 | | |

利润表

会商银 02 表

编制单位：　　　　年　月　日　　　　单位：元

| 项目 | 本期金额 | 上期金额 |
|---|---|---|
| 一、营业收入 | | |
| 利息净收入 | | |
| 利息收入 | | |
| 利息支出 | | |
| 手续费及佣金净收入 | | |
| 手续费及佣金收入 | | |
| 手续费及佣金支出 | | |
| 投资收益（损失以“—”号填列） | | |
| 其中：对联营企业和合营企业的投资收益 | | |
| 公允价值变动收益（损失以“—”号填列） | | |
| 汇兑收益（损失以“—”号填列） | | |
| 其他业务收入 | | |
| 二、营业支出 | | |
| 营业税金及附加 | | |
| 业务及管理费 | | |
| 资产减值损失 | | |
| 其他业务成本 | | |
| 三、营业利润（亏损以“—”号填列） | | |
| 加：营业外收入 | | |
| 减：营业外支出 | | |
| 四、利润总额（亏损总额以“—”号填列） | | |
| 减：所得税费用 | | |
| 五、净利润（净亏损以“—”号填列） | | |
| 六、每股收益： | | |
| （一）基本每股收益 | | |
| （二）稀释每股收益 | | |

## 所有者权益变动表

会商银 04 表

编制单位：　　　　年度　　　　单位：元

| 项目 | 本年金额 | | | | | | | 上年金额 | | | | | | |
|---|---|---|---|---|---|---|---|---|---|---|---|---|---|---|
| | 实收资本（或股本） | 资本公积 | 减：库存股 | 盈余公积 | 一般风险准备 | 未分配利润 | 所有者权益合计 | 实收资本（或股本） | 资本公积 | 减：库存股 | 盈余公积 | 一般风险准备 | 未分配利润 | 所有者权益合计 |
| 一、上年年末余额 | | | | | | | | | | | | | | |
| 加：会计政策变更 | | | | | | | | | | | | | | |
| 前期差错更正 | | | | | | | | | | | | | | |
| 二、本年年初余额 | | | | | | | | | | | | | | |
| 三、本年增减变动金额（减少以“—”号填列） | | | | | | | | | | | | | | |
| （一）净利润 | | | | | | | | | | | | | | |
| （二）直接计入所有者权益的利得和损失 | | | | | | | | | | | | | | |
| 1. 可供出售金融资产公允价值变动净额 | | | | | | | | | | | | | | |
| （1）计入所有者权益的金额 | | | | | | | | | | | | | | |
| （2）转入当期损益的金额 | | | | | | | | | | | | | | |
| 2. 现金流量套期工具公允价值变动净额 | | | | | | | | | | | | | | |
| （1）计入所有者权益的金额 | | | | | | | | | | | | | | |
| （2）转入当期损益的金额 | | | | | | | | | | | | | | |
| （3）计入被套期项目初始确认金额中的金额 | | | | | | | | | | | | | | |
| 3. 权益法下被投资单位其他所有者权益变动的影响 | | | | | | | | | | | | | | |

续前表

| 项目 | 本年金额 | | | | | | | 上年金额 | | | | | | |
|---|---|---|---|---|---|---|---|---|---|---|---|---|---|---|
| | 实收资本（或股本） | 资本公积 | 减：库存股 | 盈余公积 | 一般风险准备 | 未分配利润 | 所有者权益合计 | 实收资本（或股本） | 资本公积 | 减：库存股 | 盈余公积 | 一般风险准备 | 未分配利润 | 所有者权益合计 |
| 4. 与计入所有者权益项目相关的所得税影响 | | | | | | | | | | | | | | |
| 5. 其他 | | | | | | | | | | | | | | |
| 上述（一）和（二）小计 | | | | | | | | | | | | | | |
| （三）所有者投入和减少资本 | | | | | | | | | | | | | | |
| 1. 所有者投入资本 | | | | | | | | | | | | | | |
| 2. 股份支付计入所有者权益的金额 | | | | | | | | | | | | | | |
| 3. 其他 | | | | | | | | | | | | | | |
| （四）利润分配 | | | | | | | | | | | | | | |
| 1. 提取盈余公积 | | | | | | | | | | | | | | |
| 2. 提取一般风险准备 | | | | | | | | | | | | | | |
| 3. 对所有者（或股东）的分配 | | | | | | | | | | | | | | |
| 4. 其他 | | | | | | | | | | | | | | |
| （五）所有者权益内部结转 | | | | | | | | | | | | | | |
| 1. 资本公积转增资本（或股本） | | | | | | | | | | | | | | |
| 2. 盈余公积转增资本（或股本） | | | | | | | | | | | | | | |
| 3. 盈余公积弥补亏损 | | | | | | | | | | | | | | |
| 4. 一般风险准备弥补亏损 | | | | | | | | | | | | | | |
| 5. 其他 | | | | | | | | | | | | | | |
| 四、本年年末余额 | | | | | | | | | | | | | | |

# 附录2　商业银行信息披露办法

## 商业银行信息披露办法

（银监会令 2007 年第 7 号　2007 年 7 月 3 日）

### 第一章　总则

**第一条**　为加强商业银行的市场约束，规范商业银行的信息披露行为，有效维护存款人和其他客户的合法权益，促进商业银行安全、稳健、高效运行，依据《中华人民共和国银行业监督管理法》、《中华人民共和国商业银行法》等法律法规，制定本办法。

**第二条**　本办法适用于在中华人民共和国境内依法设立的商业银行，包括中资商业银行、外资独资银行、中外合资银行、外国银行分行。

本办法对商业银行的规定适用于农村合作银行、农村信用社、村镇银行、贷款公司、城市信用社，本办法或银监会另有规定的除外。

本办法所称农村信用社包括农村信用合作社、县（市、区）农村信用合作联社、县（市、区）农村信用合作社联合社、地（市）农村信用合作联社、地（市）农村信用合作社联合社和省（自治区、直辖市）农村信用社联合社。

**第三条**　商业银行应按照本办法规定披露信息。本办法规定为商业银行信息披露的最低要求。商业银行可在遵守本办法规定基础上自行决定披露更多信息。

**第四条**　商业银行披露信息应当遵守法律法规、国家统一的会计制度和中国银行业监督管理委员会的有关规定。

**第五条**　商业银行应遵循真实性、准确性、完整性和可比性的原则，规范地披露信息。

**第六条**　商业银行披露的年度财务会计报告须经具有相应资质的会计师事务所审计。资产规模少于 10 亿元人民币的农村信用社可不经会计师事务所审计。

**第七条**　中国银行业监督管理委员会根据有关法律法规对商业银行的信息披露进行监督。

### 第二章　信息披露的内容

**第八条**　商业银行应按照本办法规定披露财务会计报告、各类风险管理状况、公司治理、年度重大事项等信息。

**第九条** 商业银行财务会计报告由会计报表、会计报表附注和财务情况说明书组成。

**第十条** 商业银行披露的会计报表应包括资产负债表、利润表（损益表）、现金流量表、所有者权益变动表及其他有关附表。

**第十一条** 商业银行应在会计报表附注中说明会计报表编制基础不符合会计核算基本前提的情况。

**第十二条** 商业银行应在会计报表附注中说明本行的重要会计政策和会计估计，包括：会计报表编制所依据的会计准则、会计年度、记账本位币、记账基础和计价原则；贷款的种类和范围；投资核算方法；计提各项资产减值准备的范围和方法；收入确认原则和方法；衍生金融工具的计价方法；外币业务和报表折算方法；合并会计报表的编制方法；固定资产计价和折旧方法；无形资产计价及摊销政策；长期待摊费用的摊销政策；所得税的会计处理方法等。

**第十三条** 商业银行应在会计报表附注中说明重要会计政策和会计估计的变更；或有事项和资产负债表日后事项；重要资产转让及其出售。

**第十四条** 商业银行应在会计报表附注中披露关联方交易的总量及重大关联方交易的情况。

**第十五条** 商业银行应在会计报表附注中说明会计报表中重要项目的明细资料，包括：

（一）按存放境内、境外同业披露存放同业款项。

（二）按拆放境内、境外同业披露拆放同业款项。

（三）按信用贷款、保证贷款、抵押贷款、质押贷款分别披露贷款的期初数、期末数。

（四）按贷款风险分类的结果披露不良贷款的期初数、期末数。

（五）贷款损失准备的期初数、本期计提数、本期转回数、本期核销数、期末数；一般准备、专项准备和特种准备应分别披露。

（六）应收利息余额及变动情况。

（七）按种类披露投资的期初数、期末数。

（八）按境内、境外同业披露同业拆入款项。

（九）应付利息计提方法、余额及变动情况。

（十）银行承兑汇票、对外担保、融资保函、非融资保函、贷款承诺、开出即期信用证、开出远期信用证、金融期货、金融期权等表外项目，包括上述项目的年末余额及其他具体情况。

（十一）其他重要项目。

**第十六条** 商业银行应在会计报表附注中披露资本充足状况，包括风险资产总额、资本净额的数量和结构、核心资本充足率、资本充足率。

**第十七条** 商业银行应披露会计师事务所出具的审计报告。

商业银行在会计师事务所出具审计报告前，应与会计师事务所、银行业监督管理机构进行三方会谈。

**第十八条** 财务情况说明书应当对本行经营的基本情况、利润实现和分配情况以及对本行财务状况、经营成果有重大影响的其他事项进行说明。

**第十九条** 商业银行应披露下列各类风险和风险管理情况：

（一）信用风险状况。商业银行应披露信用风险管理、信用风险暴露、信贷质量和收益的情况，包括产生信用风险的业务活动、信用风险管理和控制政策、信用风险管理的组织结构和职责划分、资产风险分类的程序和方法、信用风险分布情况、信用风险集中程度、逾期贷款的账龄分析、贷款重组、资产收益率等情况。

（二）流动性风险状况。商业银行应披露能反映其流动性状况的有关指标，分析影响流动性的因素，说明本行流动性管理策略。

（三）市场风险状况。商业银行应披露其市场风险状况的定量和定性信息，包括所承担市场风险的类别、总体市场风险水平及不同类别市场风险的风险头寸和风险水平；有关市场价格的敏感性分析；市场风险管理的政策和程序；市场风险资本状况等。

（四）操作风险状况。商业银行应披露由于内部程序、人员、系统的不完善或失误，或外部事件造成的风险，并对本行内部控制制度的完整性、合理性和有效性作出说明。

（五）其他风险状况。其他可能对本行造成严重不利影响的风险因素。

**第二十条** 商业银行应从下列四个方面对各类风险进行说明：

（一）董事会、高级管理层对风险的监控能力。

（二）风险管理的政策和程序。

（三）风险计量、检测和管理信息系统。

（四）内部控制和全面审计情况。

**第二十一条** 商业银行应披露下列公司治理信息：

（一）年度内召开股东大会情况。

（二）董事会的构成及其工作情况。

（三）监事会的构成及其工作情况。

（四）高级管理层成员构成及其基本情况。

（五）银行部门与分支机构设置情况。

商业银行应对独立董事的工作情况单独披露。

**第二十二条** 商业银行披露的本行年度重要事项，至少应包括下列内容：

（一）最大 10 名股东名称及报告期内变动情况。

（二）增加或减少注册资本、分立合并事项。

（三）其他有必要让公众了解的重要信息。

**第二十三条** 外国银行分行的信息由主报告行汇总后披露。

外国银行分行无须披露本办法规定的仅适用于法人机构的信息。

外国银行分行应将其总行所披露信息摘要译成中文后披露。

**第二十四条** 商业银行应按本办法规定的内容进行信息披露。本办法没有规定的，但若遗漏或误报某个项目或信息会改变或影响信息使用者的评估或判断时，商业银行应将该项目视为关键性项目予以披露。

## 第三章 信息披露的管理

**第二十五条** 商业银行应将信息披露的内容以中文编制成年度报告，于每个会计年度终了后的4个月内披露。因特殊原因不能按时披露的，应至少提前15日向中国银行业监督管理委员会申请延迟。

**第二十六条** 商业银行应将年度报告在公布之日5日以前报送中国银行业监督管理委员会。

**第二十七条** 商业银行应确保股东及相关利益人能及时获取年度报告。

商业银行应将年度报告置放在商业银行的主要营业场所，并按银监会相关规定及时登载于互联网网络，确保公众能方便地查阅。中国银行业监督管理委员会鼓励商业银行通过媒体向公众披露年度报告的主要信息。

**第二十八条** 商业银行董事会负责本行的信息披露。未设立董事会的，由行长（单位主要负责人）负责。

商业银行的董事会、行长（单位主要负责人）应当保证所披露的信息真实、准确、完整，并就其保证承担相应的法律责任。

**第二十九条** 对在信息披露中提供虚假的或者隐瞒重要事实的财务会计报告的商业银行，由中国银行业监督管理委员会按照《中华人民共和国商业银行法》第七十五条给予行政处罚，对有关责任人按照《中华人民共和国银行业监督管理法》第四十八条采取相应措施。

对出具虚假审计报告的会计师事务所及有关责任人员，按照有关法律、法规采取相应措施。

## 第四章　附则

**第三十条** 资产总额低于10亿元人民币或存款余额低于5亿元人民币的商业银行，按照本办法规定进行信息披露确有困难的，经说明原因并制定未来信息披露计划，报中国银监会批准后，可免于信息披露。

**第三十一条** 本办法由中国银行业监督管理委员会负责解释。

**第三十二条** 本办法自公布之日起施行。本办法公布之前有关规定与本办法相抵触的，以本办法为准。